重庆统计年鉴

STATISTSCAL YEARBOOK OF CHONGQING

1996 年

重 庆 市 统 计 局 编

中国统计出版社

(京)新登字 041 号

图书在版编目(CIP)数据

重庆统计年鉴 1996/重庆市统计局编, - 北京:中国统计出版社,1996.8

ISBN 7-5037-2211-8

Ⅰ.重… Ⅱ.重… Ⅲ.统计资料-重庆-1996-年鉴 Ⅳ.

C832.71-54

中国统计出版社出版
(北京复外三里河月坛南街 38 号 100826)
重庆新华印刷厂印刷
★
787×1092 毫米 16 开本 26.8 印张 68 万字
1996 年 7 月第 1 版 1996 年 7 月重庆第 1 次印刷
印数:1-2000 册
★
定价:75.00 元

编者说明

一、《重庆统计年鉴—1996》是一部全面反映重庆市国民经济和社会发展情况的综合性资料年刊。本书收录了全市和各区(市)县1995年经济社会科技各方面大量的统计数据,充实了微观统计信息资料,附录了全国、四川省、十九个重点城市以及渝万涪黔的主要统计指标。本书突出了“八五”时期经济、社会发展成就,主要指标列有建国以来重要年份数据。

二、《重庆统计年鉴—1996》共有二十部分内容,即:1、行政区划和土地状况;2、综合;3、人口;4、从业人员和职工工资;5、固定资产投资;6、能源、原材料消费和库存;7、财政、物价;8、人民生活;9、区(市)县概况;10、农业;11、工业;12、建筑业;13、交通运输邮电通讯业;14、批发零售贸易和餐饮业;15、对外经济贸易和旅游业;16、金融和保险业;17、教育、科技和文化;18、体育、卫生、社会福利和其他;19、大中型企业情况;20、附录。

三、资料中所使用的度量衡单位均采用国际统一标准计量单位。

四、本年鉴表中符号的使用说明:

“…”表示数据不足本表最小单位数;

“空格”表示该项统计指标数据不详;

“—”表示无该项统计指标数据;

“#”表示其中的主要项。

五、《重庆统计年鉴》出版以来,得到了有关部门的支持和广大读者的关心,对年鉴的内容和编辑工作提出了许多宝贵的建议,对此我们深表谢意。限于我们的水平,欢迎读者继续对年鉴的不足之处批评指正,帮助我们进一步改进统计年鉴的编辑工作。

六、本书由重庆市统计局综合处具体负责组织编辑,重庆市统计学会发行,重庆市统计局计算中心电脑排版,重庆新华印刷厂印刷。

《重庆统计年鉴》编辑部

1996年7月

目　　录

CONTENTS

重庆市统计局关于1995年重庆市国民经济和社会发展的公报 …… (1)
企业简介:中国邮电器材重庆公司简介 …… (6)
重庆宾馆 …… (6)

一、行政区划和土地状况
ANMINISTRATIVE DIVISION AND LAND CHARACTERISTICS

1-1 行政区划(1995年) …… (9)
1-2 行政区划一览表(1995年) …… (10)
1-3 历届市人民代表大会代表人数 …… (12)
1-4 历届市政治协商会议委员人数 …… (12)
1-5 人口和土地状况 …… (13)
1-6 气候状况(1995年) …… (14)

二、综　合
GENERAL SURVEY

2-1 国民经济主要指标 …… (17)
2-2 国民经济主要指标增长速度 …… (20)
2-3 国民经济主要比例关系 …… (22)
2-4 社会经济主要指标年平均每人水平 …… (23)
2-5 平均每天主要社会经济指标 …… (24)
2-6 国内生产总值 …… (25)
2-7 国内生产总值指数 …… (26)
2-8 国内生产总值及构成(1995年) …… (27)
2-9 主要年份工农业总产值 …… (28)
2-10 主要年份工农业总产值构成 …… (28)
2-11 主要年份工农业总产值指数(以上年=100) …… (29)
2-12 主要年份工农业总产值指数(以1952年=100) …… (29)
2-13 分区(市)县国内生产总值(1995年) …… (30)
2-14 分区(市)县工农业总产值(1995年) …… (30)
2-15 城市基础设施和园林绿化 …… (31)
主要统计指标解释 …… (33)

三、人　口
POPULATION

3-1 主要年份总户数、总人口数 …… (37)
3-2 主要年份人口按构成分 …… (38)
3-3 主要年份人口自然变动 …… (39)
3-4 区(市)县镇人口及农业、非农业人口数(1995年) …… (40)
主要统计指标解释 …… (40)

四、从业人员和职工工资
EMPLOYMENT AND WAGE

4-1 城镇经济活动独立核算单位数 …… (43)
4-2 分区市县城镇经济活动独立核算单位数(1995年末) …… (44)
4-3 从业人员构成(1978-1995年末) …… (45)
4-4 分行业从业人员人数(1985-1995年末) …… (46)
4-5 乡村经济分行业从业人员人数(1985-1995年末) …… (47)
4-6 城镇私营企业及个体分行业从业人员人数(1985-1995年末) …… (47)
4-7 城镇经济单位分行业职工人数(1985-1995年末) …… (48)
4-8 国有经济单位分行业职工人数 …… (49)
4-9 城镇集体经济单位分行业职工人数 …… (49)
4-10 城镇其他各种经济单位分行业职工人数 …… (50)
4-11 城镇经济单位女职工人数 …… (51)
4-12 城镇经济单位合同制职工人数 …… (52)
4-13 城镇经济单位从业人员(1995年末) …… (53)
4-14 城镇经济单位企业从业人员(1995年末) …… (54)
4-15 城镇经济单位事业、机关从业人员(1995年末) …… (55)
4-16 城镇经济单位职工工资总额及指数(1978-1995年) …… (56)
4-17 城镇经济单位分行业职工工资总额(1985-1995年) …… (57)
4-18 国有经济单位分行业职工工资总额 …… (58)
4-19 城镇集体经济单位分行业职工工资总额 …… (58)
4-20 城镇其他各种经济行业职工工资总额 …… (59)
4-21 城镇经济单位从业人员劳动报酬(1995年) …… (60)
4-22 城镇经济单位职工平均工资及指数(1985-1995年) …… (61)
4-23 城镇经济单位分行业职工平均工资(1985-1995年) …… (62)
4-24 国有经济单位分行业职工平均工资 …… (62)

4－25 城镇集体经济单位分行业职工平均工资……………………………………………………（62）
4－26 城镇其他各种经济单位分行业职工平均工资 ………………………………（64）
4－27 城镇经济单位从业人员平均劳动报酬（1995 年） ………………………………（65）
4－28 城镇经济单位保险福利费总额及离休、退休、退职人数 ……………………………（66）
4－29 城镇经济单位在职职工保险福利费用构成情况（1995 年） ………………………（67）
4－30 城镇经济单位离休、退休、退职人数及保险福利费用构成情况（1995 年） ……（67）
4－31 国有经济单位分行业在职职工保险福利费（1995 年） ……………………………（68）
4－32 城镇就业人员来源…………………………（69）
4－33 城镇就业人员安置去向……………………（69）
4－34 城镇失业人数及失业率……………………（69）
主要统计指标解释 ……………………………（70）

五、固定资产投资

INVESTMNTIN FIXED ASSETS

5－1 全社会按各种分组的固定资产投资……（73）
5－2 全社会按三次产业分的固定资产投资（1995 年） ……………………………………（77）
5－3 按行业分的全社会固定资产投资（1995 年） ……………………………………（78）
5－4 按经济类型分的全社会固定资产投资（1995 年） ……………………………………（79）
5－5 按经济类型分的全社会固定资产投资（1994 年） ……………………………………（79）
5－6 全社会房屋竣工面积……………………………（80）
5－7 全社会房屋造价………………………………（81）
5－8 分区（市）县全社会固定资产投资（1995 年） ……………………………………（82）
5－9 基本建设按各种分组的投资……………………………………………（86）
5－10 基本建设按构成分的投资……………………………………………（87）
5－11 基本建设生产性和非生产性投资……………………………………………（87）
5－12 基本建设新建和改扩建项目投资……………………………………………（88）
5－13 能源工业和运输邮电业基本建设投资……………………………………………（88）
5－14 国民经济各行业基本建设投资……………………………………………（89）
5－15 工业各行业基本建设投资……………………………………………（90）
5－16 分行业基本建设新增固定资产……………………………………………（91）
5－17 基本建设新增主要生产能力或设施……………………………………………（92）
5－18 按行业分的基本建设施工、建成投产项目（1995 年） ………………………………（93）
5－19 按行业分的基本建设投资（1995 年）……………………………………………（94）
5－20 按各种分组的更新改造投资……………………………………………（95）
5－21 更新改造新增主要产品生产能力……………………………………………（96）
5－22 按行业分的更新改造施工、建成投产项目（1995 年） ………………………………（97）
5－23 按行业分的更新改造投资（1995 年）……………………………………………（98）
5－24 房地产开发投资情况……………………（99）
5－25 农村集体单位固定资产投资 …………（100）
5－26 按行业分的农村集体单位施工、建成投产项目（1995 年）…………………………（101）
5－27 按行业分的农村集体单位固定资产投资（1995 年）………………………………（102）
5－28 城镇和工矿区个人建房情况 …………（103）
5－29 农村个人固定资产投资和建房情况……………………………………………（103）
5－30 城镇集体单位按各种分组的固定资产投资 ……………………………………（104）
5－31 按行业分的城镇集体单位施工、建成投产项目（1995 年）………………………………（105）
5－32 按行业分的城镇集体单位固定资产投资（1995 年）………………………………（106）
5－33 国有经济单位其他固定资产投资按各种分组的投资 ……………………………（107）
5－34 按行业分的国有经济单位其他施工、建成投产项目（1995 年）…………………………（108）
5－35 按行业分的国有经济单位其他固定资产投资（1995 年）………………………………（108）
5－36 按各种分组的其他固定资产投资 ……（109）
5－37 按行业分的其他固定资产施工、建成投产项目（1995 年）………………………………（110）
5－38 按行业分的其他固定资产投资（1995 年）……………………………………（110）
主要统计指标解释 ……………………………（111）

六、能源、原材料、消费与库存

ENERGY, RAW AND PROCESSED MATERIALS CONSUME AND RESERVE

6－1 历年能源生产、消费总量 ………………… (115)
6－2 原煤平衡表(实物量) …………………… (115)
6－3 综合能源平衡表 ………………………… (116)
6－4 电力平衡表(实物量) …………………… (117)
6－5 天然气、汽油、煤油、柴油平衡表
(实物量)(1994年) ……………………… (117)
6－6 分行业主要能源品种消费量
(1994年) …………………………………… (118)
6－7 分行业能源、消费及库存总值
(1994年) …………………………………… (119)
6－8 重点工业企业工业产值综合能耗
(1995年) …………………………………… (121)
6－9 分行业原材料能源消费与库存总值
(1995年) …………………………………… (122)
6－10 主要原材料消费量(1995年) ………… (124)
6－11 分行业钢材、铜材、铝材、木材消费量
(1995年) …………………………………… (125)
主要统计指标解释 ……………………… (126)

七、财政、物价

PUBLIC FINANCE AND PRICES

7－1 地方财政收入与支出 …………………… (129)
7－2 地方预算内财政收入与支出 …………… (130)
7－3 物价总指数(上年＝100)………………… (132)
7－4 分月居民消费价格指数和零售
物价指数(1995年,上年＝100) ……… (132)
主要统计指标解释 ……………………… (134)

八、人民生活

PEOPLE'S LIVELIHOOD

8－1 人民物质文化生活提高情况 ………… (137)
8－2 城镇居民家庭基本情况 ……………… (138)
8－3 城镇居民家庭平均每百户年末耐用消费品
拥有量 …………………………………… (138)
8－4 城镇居民家庭平均每人全年收入及构成
(1995年,按收入等级分组) ………… (139)
8－5 城镇居民家庭平均每人全年分类消费支出
(1995年,按收入等级分组) ………… (140)
8－6 城镇居民家庭生活基本情况(1995年,
按平均每人每月生活费收入分组) … (141)
8－7 城镇居民家庭平均每人全年购买的
主要商品数量 …………………………… (141)
8－8 城镇居民家庭平均每人全年主要商品
消费量 …………………………………… (142)
8－9 农村居民家庭基本情况 ……………… (143)
8－10 农村居民家庭平均每人总收入、总支出和
纯收入 …………………………………… (144)
8－11 农村居民家庭现金收、支、存情况 …… (146)
8－12 农村居民家庭平均每人主要消费品消费量
…………………………………………… (147)
8－13 农村居民家庭平均每百户年末耐用消费品
拥有量 …………………………………… (147)
8－14 农村居民家庭平均每人房屋使用情况
…………………………………………… (148)
8－15 农村家庭平均每百户拥有主要生产性固定
资产数量 ………………………………… (148)
主要统计指标解释 ……………………… (149)

九、区(市)县概况

DISTRICTS (CITIES) AND COUNTIES CONDITIONS

山城心脏—渝中 ………………………… (153)
9－1 渝中区主要社会经济指标 …………… (154)
今日新钢城—大渡口 ………………… (156)
9－2 大渡口区主要社会经济指标 ………… (157)
重庆的北大门—江北 ………………… (159)
9－3 江北区主要社会经济指标 …………… (160)
文化中心—沙坪坝 …………………… (162)
9－4 沙坪坝区主要社会经济指标 ………… (163)
腾飞的九龙坡 ………………………… (165)
9－5 九龙坡区主要社会经济指标 ………… (166)
长江之滨一颗明珠—南岸 …………… (168)
9－6 南岸区主要社会经济指标 …………… (169)
旅游胜地—北碚 ……………………… (171)
9－7 北碚区主要社会经济指标 …………… (172)
煤矿基地—万盛 ……………………… (174)
9－8 万盛区主要社会经济指标 …………… (175)
新兴的小城镇—双桥 ………………… (177)
9－9 双桥区主要社会经济指标 …………… (178)
交通重镇—渝北 ……………………… (180)
9－10 渝北区主要社会经济指标 …………… (181)
渝南新区—巴南 ……………………… (183)
9－11 巴南区主要社会经济指标 …………… (184)
柑桔之乡—江津 ……………………… (186)
9－12 江津市主要社会经济指标 …………… (187)
发展中的合川 ………………………… (189)
9－13 合川市主要社会经济指标 …………… (190)
食品工业基地—永川 ………………… (192)
9－14 永川市主要社会经济指标 …………… (193)
川东鱼米之乡—长寿 ………………… (195)
9－15 长寿县主要社会经济指标 …………… (196)
重庆的南大门—綦江 ………………… (198)
9－16 綦江县主要社会经济指标 …………… (199)
黄桃之乡—潼南 ……………………… (201)
9－17 潼南县主要社会经济指标 …………… (202)

彩龙故乡—铜梁 ………………………… (204)
9－18 铜梁县主要社会经济指标 …………… (205)
石刻之乡—大足 ………………………… (207)
9－19 大足县主要社会经济指标 …………… (208)
繁荣昌盛的荣昌 ………………………… (210)
9－20 荣昌县主要社会经济指标 …………… (211)
正在崛起的渝西卫星城—璧山 ……… (213)
9－21 璧山县主要社会经济指标 …………… (214)
9－22 重庆经济技术开发区主要经济指标 … (216)
9－23 重庆高新技术产业开发区主要经济指标 …………………………………… (216)

十、农　业
AGRKULTURE

10－1　农村基层组织情况……………………… (219)
10－2　乡村劳动力……………………………… (220)
10－3　耕地面积………………………………… (221)
10－4　现价农村社会总产值…………………… (222)
10－5　主要年份农林牧渔总产值及指数…… (223)
10－6　农业商品产值和商品率……………… (224)
10－7　农业机械拥有量………………………… (225)
10－8　有效灌溉面积和化肥施用量………… (226)
10－9　农村用电量……………………………… (226)
10－10 主要农作物播种面积…………………… (227)
10－11 主要农作物产量………………………… (228)
10－12 林牧渔业生产情况……………………… (228)
10－13 主要农副产品产量……………………… (230)
10－14 主要农副产品产量与建国以来最高年产量比较 ……………………………… (232)
10－15 乡镇企业基本情况……………………… (233)
10－16 乡镇企业主要财务指标……………… (234)
主要统计指标解释 …………………… (235)

十一、工　业
INDUSTRY

11－1　各种经济类型工业企业单位数和总产值 ……………………………… (239)
11－2　全部工业企业单位数………………… (240)
11－3　工业总产值(90 年不变价) ………… (241)
11－4　工业总产值指数(上年＝100) ……… (242)
11－5　全部工业企业总产值(90 年不变价) …………………………………… (243)
11－6　按各种分组的现价工业总产值……… (244)
11－7　全部工业企业现价总产值…………… (245)
11－8　全部工业产品产量…………………… (246)
11－9　主要年份全部工业产品产量………… (249)
11－10 全部独立核算工业企业主要指标…… (253)
11－11 国有独立核算工业企业主要指标…… (254)
11－12 集体独立核算工业企业主要指标…… (255)
11－13 全部独立核算工业企业主要经济效益指标 ………………………………… (255)
11－14 国有独立核算工业企业主要经济效益指标 ………………………………… (256)
11－15 集体独立核算工业企业主要经济效益指标 ………………………………… (256)
11－16 全部独立核算工业企业主要财务指标(1995 年) ………………………… (257)
11－17 国有独立核算工业企业主要财务指标(1995 年) ………………………… (261)
11－18 集体独立核算工业企业主要财务指标(1995 年) ………………………… (264)
11－19 独立核算乡办工业企业主要财务指标(1995 年) ………………………… (266)
11－20 村办工业企业主要指标(1995 年) … (267)
11－21 分行业全部独立核算工业企业主要经济效益指标(1995 年) ……………… (268)
11－22 分行业独立核算国有工业企业主要经济效益指标(1995 年) ……………… (269)
主要统计指标解释 …………………… (270)

十二、建 筑 业
CONSTRUCTION

12－1　建筑业企业单位数和总产值………… (275)
12－2　建筑施工企业主要经济指标(1995 年) ……………………………… (276)
12－3　按经济类型分的建筑业总产值(1995 年) ……………………………… (277)
12－4　建筑业总产值构成及竣工产值(1995 年) ……………………………… (278)
12－5　建筑业企业个数及施工、竣工单位工程数(1995 年) ……………………………… (279)
12－6　建筑业企业施工、竣工房屋面积(1995 年) ……………………………… (280)
12－7　建筑业企业技术装备情况(1995 年) ……………………………… (281)
12－8　建筑业企业增加值(1995 年) ……………………………… (282)
12－9　按经济类型分的建筑业增加值(1995 年) ……………………………… (283)
12－10 建筑企业主要财务指标和劳动生产率(1995 年) ……………………………… (284)
12－11 建筑业企业利税总额(1995 年) …… (286)
主要统计指标解释 …………………… (287)

十三、交通运输邮电通讯业
TRANSPORTATION, POSTS AND,

13－1 全社会民用车辆拥有量…………………… (291)
13－2 全社会民用船舶拥有量…………………… (291)
13－3 客运量……………………………………… (292)
13－4 旅客周转量………………………………… (292)
13－5 货运量……………………………………… (293)
13－6 货物周转量………………………………… (293)
13－7 按系统分的旅客运输量…………………… (294)
13－8 按系统分的货物运输量…………………… (294)
13－9 公路线路里程……………………………… (295)
13－10 交通运输系统运输工具数 ……………… (295)
13－11 主要铁路干线营业里程 ………………… (296)
13－12 民用航空线航程………………………… (296)
13－13 港口吞吐量……………………………… (297)
13－14 邮电业务总量…………………………… (297)
13－15 邮电局所数及邮电线路 ………………… (298)
13－16 邮电通信工具拥有量 …………………… (299)
13－17 邮电通信企业主要财务指标 …………… (299)
主要统计指标解释 ………………………… (300)

十四、批发零售贸易和餐饮业

WHOLESALE AND RETAIC TRANE, CATERING SERVICE

14－1 分经济类型批发零售贸易业、餐饮业机构网点和人员 …………………… (303)
14－2 批发贸易业机构、网点和人员(1995年) …………………………… (304)
14－3 零售贸易业机构、网点和人员(1995年) …………………………… (306)
14－4 餐饮业机构、网点和人员(1995年) ………………………………………… (307)
14－5 主要年份分行业社会消费品零售总额和指数 ……………………… (308)
14－6 按销售地区、经济类型和行业分的社会消费品零售总额 ……………… (309)
14－7 批发、零售贸易业商品购进、销售、库存总额(1995年) ………………… (310)
14－8 批发零售贸易业商品分类销售和库存(1995年) …………………………… (312)
14－9 大中型批发零售贸易业商品销售和库存数量(1995年) ………………… (313)
14－10 城乡集市贸易情况(1995年) ……… (314)
14－11 大中型批发零售贸易业、餐饮业财务状况 ……………………………… (315)
主要统计指标解释 ………………………… (316)

十五、对外经济贸易和旅游业

FOREIGE TRADE AND TOURISM

15－1 进出口总值………………………………… (319)
15－2 重庆海关进出口商品总值(1995年) ………………………………………… (320)
15－3 主要商品出口量…………………………… (321)
15－4 利用外资情况……………………………… (323)
15－5 对外承包工程和劳务合作………………… (323)
15－6 外商投资企业(项目)数和投资额……… (324)
15－7 旅游人数和外汇收入……………………… (325)
15－8 重庆与国外友好城市交流………………… (326)
15－9 重庆与国外结成友好城市一览 ………… (326)
主要统计指标解释 ………………………… (327)

十六、金融和保险业

BANKING AND INSURANCE

16－1 保险业务经济技术指标…………………… (331)
16－2 银行各项存款年末余额…………………… (332)
16－3 银行各项贷款年末余额…………………… (332)
16－4 银行现金收入和支出……………………… (333)
16－5 城乡居民储蓄存款余额…………………… (334)
主要统计指标解释 ………………………… (334)

十七、教育、科技和文化

SCIENCE, EDUCATION AND CULTURE

17－1 教育事业基本情况………………………… (337)
17－2 分区(市)县教育基本情况………………… (338)
17－3 各级各类学校数…………………………… (339)
17－4 各级各类学校专任教师数………………… (339)
17－5 各级各类学校在校学生数………………… (340)
17－6 各级各类学校招生数……………………… (340)
17－7 各级各类学校毕业生数…………………… (341)
17－8 技工学校数和学生数……………………… (341)
17－9 普通高等学校基本情况(1995年) ………………………………………… (342)
17－10 普通高等学校分科学生数(1995年) ………………………………………… (343)
17－11 中等专业学校基本情况(1995年) ………………………………………… (343)
17－12 成人教育基本情况(1995年) ………………………………………… (344)
17－13 成人中、小学和成人技术培训基本情况(1995年) ………………………… (344)
17－14 社会力量办学班数和学生数 …………… (345)
17－15 社会力量办学学校数和教师数 ………… (345)
17－16 科学研究与技术开发机构和人员数 ………………………………………… (346)
17－17 自然科学技术研究获奖项目数 ………… (346)
17－18 科协系统科技活动情况(1995年) … (347)

17－19 技术市场交易项数和金额……………… (349)
17－20 专利受理量及批准量………………… (350)
17－21 各类技术合同签定及执行情况
(1995 年) ………………………… (350)
17－22 文化事业机构和人员数……………… (351)
17－23 艺术事业机构和人员数(1995 年) … (351)
17－24 艺术表演团体收支情况(1995 年) … (352)
17－25 群众艺术馆、文化馆业务活动及经费
情况(1995 年) …………………… (352)
17－26 公共图书馆基本情况(1995 年) …… (353)
17－27 文物机构业务活动及经费情况
(1995 年)……………………………… (353)
17－28 图书出版数…………………………… (354)
17－29 分类图书出版数量(1995 年) ……… (354)
17－30 重点文物和名胜古迹………………… (355)
17－31 广播电台及节目制作情况…………… (356)
17－32 电视台及节目制作情况……………… (356)
主要统计指标解释 ………………… (357)

十八、体育、卫生、社会福利和其他

SPORTS, PUBLIC HEALTH, SOCIAL WELFARE AND OTHERS

18－1 体育活动情况………………………… (363)
18－2 业余体育学校基本情况……………… (363)
18－3 等级运动员和等级裁判员分项发展
人数(1995 年) …………………… (364)
18－4 体育运动打破纪录项数和人数……… (364)
18－5 卫生事业基本情况…………………… (365)
18－6 卫生机构数…………………………… (366)
18－7 卫生机构床位数……………………… (367)
18－8 卫生机构人员数……………………… (367)
18－9 卫生事业机构、床位和人员数
(1995 年) ………………………… (368)
18－10 卫生机构各类人员数………………… (369)
18－11 卫生机构医疗工作情况(1995 年) … (370)
18－12 社会福利事业、企业单位数和工作人员
…………………………………… (371)
18－13 社会福利事业单位基本情况………… (371)
18－14 享受补助、救济人员情况…………… (372)
18－15 自然灾害救济情况…………………… (372)
18－16 “三废”排放、处理及综合利用情况
…………………………………… (373)
18－17 企事业污染治理情况………………… (373)
18－18 律师、公证、调解工作基本情况……… (374)
18－19 国内公证文件………………………… (374)
18－20 涉外公证文书………………………… (375)
18－21 调解纠纷……………………………… (375)
主要统计指标解释 ………………… (376)

十九、大中型企业情况

LARGE AND MEDIUM ENTERPRISES CONDITIONS

19－1 大中型工业企业概况(1995 年) …… (379)
19－2 大中型工业企业更新改造投资……… (380)
19－3 大中型工业企业技术开发人员状况
(1995 年) ………………………… (381)
19－4 大中型工业企业技术开发活动经费支出
情况(1995 年) …………………… (382)
19－5 大中型工业企业技术开发项目情况
(1995 年) ………………………… (383)
19－6 大中型建筑企业科技活动人员构成
(1995 年) ………………………… (385)
19－7 大中型建筑企业科技经费使用情况
(1995 年) ………………………… (386)
19－8 大中型建筑企业科技活动产出情况
(1995 年) ………………………… (387)
19－9 大中型建筑企业研究与发展活动情况
(1995 年) ………………………… (388)
19－10 工业企业排序资料(1995 年) ……… (389)
19－11 建筑业企业排序资料(1995 年) …… (390)
19－12 批发零售贸易企业排序资料
(1995 年) ………………………… (391)
19－13 外商投资企业排序资料(1995 年)
…………………………………… (392)
19－14 大中型工业企业技术开发排序资料
(1995 年) ………………………… (393)
19－15 饲料工业基本情况…………………… (394)
19－16 区(市)县饲料工业产值、产量 ……… (394)

二十、附　录

APPENDIX

20－1 全国国民经济主要指标……………… (397)
20－2 四川省国民经济主要指标…………… (398)
20－3 十九个重点城市主要社会经济指标
(一)(1995 年) …………………… (399)
20－4 十九个重点城市主要社会经济指标
(二)(1995 年) …………………… (403)
20－5 渝万涪黔国民经济和社会发展主要
指标(1995 年) …………………… (407)

1995年重庆市
国民经济和社会发展情况统计公报

1995年,是"八五"计划最后一年,全市人民在中共重庆市委、市人民政府的领导下,坚持党的基本路线,深入贯彻中央"抓住机遇,深化改革,扩大开放,促进发展,保持稳定"的方针,正确处理"改革、发展、稳定"三者之间的关系,解放思想,开拓进取,实现了国经济持续、稳定、健康发展,全面完成了"八五"计划和市政府年初提出的各项目标任务。城市综合经济实力明显增强,各项社会事业取得新的成就。初步统计,全市实现国内生产总值740亿元,按可比价格计算,比上年增长10.8%,提前5年实现了比1980年翻两番的战略目标。其中,第一产业(农业)154亿元,增长3.0%;第二产业(工业和建筑业)340亿元,增长11.0%;第三产业246亿元,增长15.3%,实现人均国内生产总值4880元。

国民经济运行中的主要问题是:农业基础较弱,整体经济运行质量不高,国有企业活力不足,市场物价涨幅仍然偏高,部分低收入居民家庭生活水平下降。

一、农村经济

1995年,全市进一步贯彻落实党的农村政策,深化农村改革,大力推进科技兴农,增加农业投入,农业生产稳步上升,农村经济全面发展。全年农业增加值达154亿元,按可比价格计算,比上年增长3.0%。粮食生产连续三年喜获丰收,粮食产量达587万吨,比上年增长2.3%。生猪出栏963万头,节粮型畜禽发展加快,全年肉类量76.74万吨,比上年增长2.9%。主要农产品产量如下:

		1995年	比上年增长%
粮　食	(万吨)	586.94	2.3
油菜籽	(万吨)	6.17	26.7
甘　蔗	(万吨)	7.42	-7.2
烤　烟	(万吨)	0.15	-33.2
蚕　茧	(万吨)	2.47	-14.5
茶　叶	(万吨)	1.02	-20.3
水　果	(万吨)	24.27	4.8
肉　类	(万吨)	76.74	2.9
其中:禽肉	(万吨)	6.89	8.3
禽　蛋	(万吨)	9.07	6.2
牛　奶	(万吨)	3.87	-16.9
水产品	(万吨)	8.5	11.8

农业生产条件进一步改善。年末全市农业机械部总动力209.37万千瓦,比上年增长5.18%;农村年末用电量10.26亿千瓦时,比上年增长8.6%;年内农村化肥施用量26.98万吨(折纯量),比上年增长10.03%。林业生产稳步发展,全市造林面积2.5万公顷。

乡镇企业继续保持强劲发展势头。1995年我市农村乡村两级企业增加值65.99亿元。比上年增长35.9%;营业收入226.37亿元,比上年增长41.61%;利润总额4.58亿元,比上年增长12.46%;税金10.22亿元,上年增长3.07%。乡镇企业已成为我市农村经济发展的主体力量。

二、工业和建筑业

工业生产持续稳定发展。1995年,全市实现工业增加值300.0亿元,(现价,下同),按可比价计算,比上年增长10.8%。其中轻工业实现增加值92亿元,重工业实现增加值208亿元。作为全市工业生产主要支柱和优势产品的汽车、摩托车工业增长势头较强,汽车产量10.88万辆,比上年增加2.12万辆,增长24.01%;摩托车产量突破二百万辆大关,达219.76万辆,增长29.1%。被誉为我市"企业排头兵,效益支撑点"的工业五十强企业再传捷报。据初步统计全年完成销售收入277。84亿元,实现利税41.97亿元,分别占全市工业的47.0%和93.0%。

主要工业产品产量如下:

		1995年	比上年增长%
原　煤	(万吨)	1934.60	10.0
发电量	(亿千瓦时)	94.07	-1.7
天然气	(辖区内,亿立方米)	3.91	-31.7
焦　炭	(万吨)	107.02	-21.5
钢	(万吨)	154.08	12.5
钢材(成品)	(万吨)	110.00	15.8
生　铁	(万吨)	129.45	0.3
烧　碱	(万吨)	8.23	21.1
硫　酸	(万吨)	19.11	63.9
合成氨	(万吨)	21.27	-9.1
合成橡胶	(万吨)	0.99	22.9
化学医药	(万吨)	1.74	-18.7
化　肥	(万吨)	19.55	2.4
化学农药	(吨)	6362.00	8.4
塑　料	(吨)	2545.00	9.1
水　泥	(万吨)	422.42	9.8
汽　车	(辆)	108777.00	24.0
内燃机	(万千瓦)	327.62	-39.4
发电设备	(万千瓦)	51.92	157.5
纱	(万吨)	4.30	-1.0
布	(万米)	35944.98	-16.0
毛　线	(吨)	1109.00	-5.6
摩托车	(万辆)	219.76	29.1
房间空调器	(台)	3433.00	-57.4
电视机	(万台)	6.38	33.5
其中:彩电	(万台)	3.74	82.4
家用洗衣机	(万台)	32.02	-32.8
家用电冰箱	(万台)	3.40	-42.1
电风扇	(万台)	145.03	59.8
十种有色金属	(万吨)	4.01	28.7
金属切削机床	(台)	3894.00	1.3
合成洗涤剂	(万吨)	2.97	3.2
服　装	(万件)	4186.24	-17.4
机制纸及纸板	(万吨)	13.59	0.8
化学纤维	(万吨)	3.01	-1.6

工业经济效益有待改善。全民乡及乡以上独立核算工业企业实现利税45.2亿元,比上年减少6.66亿元。工业品产销率为96.3%,比上年上升0.9个百分点;资金利税率为6.2%,同比下降2.4个百分点;成本利润率为0.7%,同比下降2.0个百分点、流动资金周转次数为1.28次,加快0.01次。全员劳动生产率(按增加值计算)12997元/人,较上年增长8.8%,工业经济效益综合指数为73.0%,比上年下

降7.5个百分点。部分工业企业生产经营困难,全市工业企业亏损面32%,亏损额较上年净增6.25亿元。

建筑业生产继续发展。1995年实现建筑业增加值40.0亿元,按可价格计算,比上年增长12.8%。全市国有建筑企业经济效益有所好转,全员劳动生产率33920元/人,比上年同期增长11.1%。

三、固定资产投资

1995年,我市继续加强基础产业和基础设施的建设,加大了主导行业和优势产业的设资力度,全国固定资产投资保持较快增长。全社会完成固定资产投资200.93亿元,比上年增长30.2%。其中,基本建设投资42.5亿元,比上年增长6.9%;更新改造投资58.6亿元,增长34.8%,占投资总额的比重为29.2%。商品房投资43.6%亿元,增长68.2%,增幅比上年下降75.7个百分点,占投资总额的比重为21.7%。按投资用途划分,生产性建设投资112.05亿元,比上年增长25.2%;非生产性投资88.89亿元,比上年增长37! 8%。从投资产业结构看。第三产业投资比重继续上升,其中,交通、邮电上升了0.7个百分点。重点工程建设进度较快,大中型项目和限上项目完成投资26.93亿元。

1995年,全市竣工工程项目1046个,建设项目投产率为53.7%,新增固定资产110.89亿元,比上年增长12.66%。施工房屋建筑面积3587.4万平方米,比上年增长25.2%;竣工房屋建筑面积2087.62万平方米,增长15.4%。固定资产投资新增生产能力和效益主要有:铝加工5.28万吨/年,发电机组容量20万千瓦,输电线路250公里,水泥34万吨/年,汽车5.6万辆/年,中小学学生席位93816个,市内电话自动交换机43.4万门,长途自动电话交换设备2.5万路端,道路扩建长度9公里,改建公路34公里。

四、能源、运输、邮电

1995年,我市继续加强能源开发和节能工作并取得较好成效。全市一次性能源生产量1445.80万吨(折标准煤,下同),比上年增长1.1%,一次能源消费量1783.85万吨,比上年增长5.4%。其中工业消费能源1238.53万吨。全市工业节约能源64.45万吨,节能率4.9%。

交通运输业进一步发展。1995年交通运输部门完成货运量4911.4万吨,比上年增长2.0%;完成客运总量14941.6万人次,比上年下降2.0%。全市运输部门全年完成货物周转量253.2亿吨公里,比上年增长3.3%。其中铁路周转量159亿吨公里,增长29.9%;水运周转量91.09亿吨公里,增长6.7%;航空货运量4万吨,增长32.5%。全市运输部门运送旅客周转量119.66亿人公里,比上年增长10.6%。其中铁路周转量53.2亿人公里,比上年下降2.6%;公路周转量42.84亿人公里,比上年增长16.9%;水运周转量16.09亿人公里,比上年下降5.0%;航空客运量233.3万人次,比上年增长25.4%。全市港口吞吐量507万吨,比上年增长17.9%。

邮电通讯业迅猛发展。全市完成邮电业务总量8.97亿元,比上年增长57.1%。无线寻呼迅速发展,BP机用户达到17.15万户,比上年净增6.87万户。年末市话交换机总容量达67.86万门,移动电话用户3.24万户,增加1.58万户。全市长途电话业务量524.19万张,比上年增长72.1%,其中出口信函49.45万件。城镇居民电话普及率为12.0%,全市居民电话普及率3.3%。

五、商业和市场物价

1995年,我市城乡市场繁荣,全年实现社会消费品零售总额274.46亿元,比上年增长25.3%,其中城镇218.02亿元,增长23.7%,农村56.44亿元,增长31.9%。各种经济类型的商业企业竞争激烈,其中国有企业及国有控股企业,商品零售额比上年下降1.68%,集体企业商品零售额比上年上升14.2%,私营、个体经济零售额大幅度上升,比上年增长39.8%。

城乡集市交易十分活跃,全市集贸市场已达1113个。全年成交额达183亿元,比上年增长49.0%。市场建设投入力度加大,市场设施面貌明显改观。全市用于商品市场建设的资金达12亿元,比上年增长20.0%,新增营业面积60万平方米,市政府确定的67个市场建设目标项目超额完成,重庆作为区域性商品物资集散中心的贸易功能进一步增强。

物价调控取得成效,圆满完成市政府控价目标。1995年,我市各级党政部门加强了对市场物价的监管工作,对关系国计民生的重要商品价格采取了切实有效的调控措施,市场物价涨幅逐月回落,全年商品零售价格总指数为116.3%,比上年回落10.2个百分点,居民消费价格总指数为119.4%,回落10.3个百分点,圆满完成了市政府年初提出的控价目标。

六、对外经济和联合协作

1995年,我市继续加大对外开放的广度和力度,全市外贸进出口总额达到14.8亿美元,比上年增长12.9%,其中进口6.2亿美元,增长8.9%,出口8.6亿美元,增长16.0%。

1995年,我市实际利用外资5.1亿美元,比上年下降20%,招商引资质量进一步提高,吸收外资项目朝规模化方向发展。全年新批利用外资项目314,协议外资金额8.46亿美元,平均每个项目协议外资额比上年增长 75.5%。其中,新批各类外商投资企业 261 家,协议金额 4.8 亿美元,实际利用外资 3.2 亿美元。

截止 1995 年底,全市共批各类外商投资企业 1944 家,已工商注册 17844 家其中近 60%已开业经营,全年实现销售收入 85.7 亿元,利税 3.7 亿元,出口创汇 6320 万美元。

1995 年,重庆经济技术开发区加快软硬环境建设,招商引资取得进展。全年引进外商投资企业 26 户,投资总额 11705 万美元。比 1994 年增长 2.6 倍;利用外资 9031 万美元,比上年增长 1.8 倍。新成立的内资企业 18 户,注册资金 8839 万元。区内国民经济迅速发展,已开工企业达 530 多家,全年实现国内生产总值 7.27 亿元。比上年增长 17.8%;工业总产值 12.94 亿元,比上年增长 60.0%;完成税收总额 9132 万元。比上年增长 51.8%;完成财政收入 7261 万元。比上年增长 20.0%。经济技术开发区已成为我市利用外资和发展外向型经济的重要基地。

国际旅游业取得了良好的经济效益和社会效益。1995 年来渝旅游访问以及从事各项活动的外国人、华侨、港澳台同胞 12.49 万人。基中外国人 8.49 万。全年旅游外汇收入达 4900 万美元,比上年增长 8.4%扩大对外开放的同时,进一步扩大对内开放,积极发展横向经济联合协作,1995 年全市新增经济联合组织 386 个,执行经济技术协作项目 755 项,联合项目投资总额 14.27 亿元,协作引进重点项目资金 9.10 亿元。

七、财政、金融、保险业

1995 年,我市各级财税部门努力克服困难,积极强化税收征管工作,千方百计开辟财源,财政收入稳定增长。全年地方预算内财政收入完成 34.42 亿元,比上年增长 26.2%。金融形势良好,全市金融部门大力组织存款,年末银行存款余额达 391.98 亿元,比上年增长 28.1%;银行贷款余额 460.40 亿元,比上年增长 21.6%。全市企事业单位投保企业财产、机动车辆、货物运输责任险 38 万户,有 182 万户城乡居民投保家庭财产保险。全年共处理各类赔损案 9 万件,赔付金额达 3 亿元。

八、城市建设

1995 年,我市城市基础设施进一步完善,城市综合综合功能明显增强。年末全市城市道路长度达 1160 公里,人行道 324 万平方米,人行天桥 40 座,公共厕所 2189 座,路灯 45415 盏 。年末拥有环卫车辆 349 辆,公共汽电车 2070 辆,其中电车 144 辆,小公共汽车 663 辆。长江、嘉陵江滨江路建设进展顺利,目前已基本实现简易通车。和尚山水厂一、二期工程和梁沱水厂一期工程基本完成,重庆发电厂西厂 20 万千瓦技改工程并网发电,城市居民用气增加 2.2 万户。

城市园林绿化建设取得新发展,全年绿化植树 165 万株,年末公园达到 26 个,建成区绿化覆盖为 24.6%。人均公共绿地面积 2.0 平方米。

城市环境质量有所改善。全年完成限期治理污染项目 60 项,投资 3572.5 万元,比上年增长 67.2%。同时,不断强化环保监察执法,严格处罚各类违规排放污染物单位,全年 征收 超标排污费 2271.2 万元。

九、科学、教育、文化、卫生、体育

1995 年,我市继续深化科技体制改革,全面实施“科技兴渝百亿工程”计划,投入资金 8 亿元,实现销售收入 92.6 亿元,实现利税 10.1 亿元,创节汇 3636 万美元。全年新上重点科技计划项目 103 项,完成市级重大科研成果 380 项,重点推广应用科技成果 4 项,科技攻关项目 50 项,星火计划项目 15 项,火炬计划项目 12 项。发展高新技术企业 30 家。

1995 年,全市获国家科技进步奖 13 项,发明奖 1 项,获四川省科技进步奖 65 项,市级科技进步奖 100 项。国家专利局批准授予我市专利权 316 件。

技术市场不断发展,技术商品贸易活跃。1995 年签订技术合同 2077 项,合同交易额达 2.64 亿元。民营科技企业机构总数达 2283 个,技工贸总收入达到 30 多亿元,比去年增长 20.0%。

重庆高新技术产业开发区初具规模,区内现有三资企业 192 家,内资企业 1500 家,从业人员 3.2 万多人,注册资金 11 亿元人民币,全年协议使用外资 3.8 亿美元,实现技工贸总收入 21 亿元,比上年增长 40%。

普通高等教育不断发展。1995 年全市招收本、专科学生 2.37 万人;在校学生 7.18 万人,增长 2.4%,毕业生 2.17 万人,其中博士、硕士研究生共 620 人。

全市各类中等职业技术学校在校生 6.77 万人(含技工学校学生 2.76 万人),占高中阶段在校学生的比重达到 37.0%,初步形成了多层次、多学科、多形式的中等职业技术教育体系。

九年制义务教育进一步普及。全市初中在校学生 57.8 万人。比上年增加 26.2%,小学在校学生 133.0 万人。7—11 周岁学龄儿童入学率达 99.93%。小学毕业生升学率达 93.2%。小学学生流失率已降至 0.1%,初中学生流失率 3.9%,比上年下降 1.15 个百分点。成人教育效果明显。1995 年各类成人高等学校招生 2.00 万人,在校学生 5.66 万人,毕业生 1.33 万人。成人中等专业学校在校学生 2.57 万人,毕业生 0.6 万人。成人技术培训学校在校学生98.66万人,毕(结)业学生183.59万人。

文化、新闻、出版、广播、电视事业取得新发展。重庆彩电中心已基本建成,开始投入使用。1995年我市制作广播剧5部5集,电视剧3部20集。市广播电台每日播出自办节目108小时51分,市电视台每周播放自办节目168小时40分,重庆有线电视台传送节目达到7套。全年共发行各种影片244部,放映电影7.92万场,出版各类图书1007种,15219万册。全市电视覆盖率达到75%,广播覆盖率达到85%,进一步丰富了人民群众的文化生活。

卫生事业稳步发展,1995年全市卫生机构2224个,床位45032张,比上年增长1.1%。卫生技术人员5.6万人,其中医生2.5万人,平均每千人拥有卫生技术37名。

体育事业成绩显著。1995年我市运动员在第三届世界武术锦标赛中,获得女子刀术冠军;在第九届世界跳水比赛中获得男子团体冠军、男子混合团体冠军以及男子十米双人同步跳水冠军和一米板亚军。在第三届全国城市运动会上,我市运动员获得金牌5枚、银牌16枚、铜牌19枚,取得团体总分和奖牌总数第四的好成绩。在国际国内体育比赛中,我市运动员有1人1次创破1项亚洲青年纪录,有3人5次创破4项全国纪录。群众体育活动广泛开展,全市106.64万人达到国家体育锻炼标准,达标率94.1%。

十、人民生活与人口

人民生活继续得到改善。1995年,全市职工工资总额102.51亿元,比上年增长13.3%,职工平均工资4850元,比上年增长13.8%,据抽样调查资料表明,全市城镇居民年人均生活费收入达到4052.68元,比上年增长20.4%,农民人均纯入1554.14元,比上年增加399.69元,扣除价格上涨因素,城乡居民实际收入分别增长0.8%和5.7%。城乡居民储蓄大幅度增加,年末居民储蓄存款余款达304.5亿元,比上年净增90.28亿元,增长42.1%。

劳动制度改革向纵深发展,新的就业体系正逐步形成。1995年全市指导安置城镇就业人员5.72万人,就业前培训4.72万次。随着劳动用工制度改革力度加大,企业全员劳动合同制已在我市全面推进,年末合同制职工达90.07万人,占城镇职工的42.6%。社会保障体系正逐步建立和完善,全市城镇基本实行了“全方位一体化”的养老和失业保险制度,社会保险覆盖率已达85%,有72%的职工享受了养老和失业保险。1995年末全市职工人数为212.90万人,城镇失业率为2.4%。

社会福利事业不断发展。1995年全市建立社区服务设施1385个,便民利民服务网点1776个;国家、集体办各种社会福利院、敬老院736个,床位1.72张,在院人数1.20万人。去年,全市新增扶贫户2.95万户,已有2.89万户贫困户脱贫。社会福利企业较快发展,年末全市福利企业达1076个,安置残疾人1.2万人,完成增加值3.92亿元,实现利润5200万元。

1995年末,全市总人口已达1520.4万人,比上年增加8万人,增长0.5%。

中国邮电器材重庆公司简介

中国邮电器材重庆公司创建于一九五零年，隶属于中国邮电器材总公司领导。公司现有固定资产3000万余元，现有职工140人，其中技术管理人员60余人，销售额达2.5亿元，先后被国家统计局授予全国批发零售贸易企业优秀统计单位、四川省物资局、统计局四川省社会经济评价中心评为‘95四川省物资流通企业销售200强列为43名、‘95四川物资流通企业利润50强第十名，最近又被重庆市精神文明办公室验收合格为市级文明单位。

公司有四十余年邮电物资供应经营历史，有机械化仓库三千余平方米，总占地面积二万四千余平方米，并在市中心建有7000余平方米综合业务大楼，负责重庆地区的邮电物资供应管理工作，物资经销业务面幅射全国，具有较强的物资筹供能力和组织工程配套供应能力。

公司主要经营有：有线通信设备、电缆、光缆、程控交换设备、微波、传真、载波数据传输、电话机等配套设备；无线通信设备、手持机、车载机、BP机传呼机通信设备，主要产品为美国摩托罗拉和台湾大洋机；邮电专用长安汽车 和五十铃各型汽车；重庆康明斯柴油发电机组和英国劳斯莱斯柴油发电机组，规格型号齐全；同时提供星级宾馆服务和餐饮、娱乐服务。

公司经营的邮电通信产品，品种齐全，质量精良、价格合理，公司严守“信誉第一、服务至上”的经营宗旨，赢得了全国各地用户的认可。

公司地址：重庆市渝中区两路口重庆村44号。

法定代表人总经理：李传江　　电话：3600120

邮政编码：630015　　电话总机3608383

联系电话：3600109　　统计联系人：瞿天福

重　庆　宾　馆

Chongqing Guest House

重庆宾馆是荣获全国最佳星级饭店称号的，重庆市历史最悠久的一家四星级涉外饭店，位于重庆市繁华的商业中心解放碑附近，交通、通讯十分方便，是中外宾客来渝旅游和商务的理想下榻之处。

数百间装饰典雅、舒适的客房，其中包括各种套房，公寓房及写字间，贵宾楼八楼为专门的商务客房，提供一流的商务服务，先进的卫星节目接收系统，可以24小时收视国外卫星节目。

设有龙凤餐厅、雅兰西餐厅、阳光海鲜城、火锅厅等由著名厨师主理，提供地道的川菜、西餐、粤菜，以及各种名特小吃。

娱乐城为西南最大的综合性娱乐场所，内设阿波罗夜总会、卡拉OK厅、KTV、DTV包房等娱乐设施。

宾馆附设商场、桑拿、健身、按摩、美容中心、室内游泳池。“宾客至上、服务一流”是重庆宾馆的宗旨。全馆员工积极向上，训练有素、竭诚欢迎阁下光临。

地址：四川省重庆市渝中区民生路235#

电话：3845888　　邮编：630010

行政区划和土地状况 1

ADMINISTRATIVE DIVISION AND LAND CHARACTERISTICS

- 1995年,全市设11个区,3个县级市,7个县。

- 全市土地面积23113.95平方公里,人口密度每平方公里658人。

资料整理

阳志静

1-1行 政 区 划

(1995年)

区(市)县	乡(个)	镇(个)	街道办事处(个)	居委会(个)	村委会(个)	土地面积(平方公里)	人口密度(人/平方公里)
全市合计	**144**	**375**	**68**	**2018**	**8347**	**23113.95**	**658**
渝中区	-	-	13	307	1	21.90	26296
大渡口区	-	3	4	94	32	94.39	2159
江北区	1	3	8	167	82	213.52	2057
沙坪坝区	-	12	13	172	87	383.45	1626
九龙坡区	1	11	6	194	192	443.03	1484
南岸区	-	9	8	134	139	278.78	1506
北碚区	2	15	2	104	301	755.42	818
万盛区	3	5	2	50	92	565.58	473
双桥区	2	-	1	6	14	37.48	1057
渝北区	14	21	-	48	630	1452.03	535
巴南区	12	29	2	99	507	1830.30	459
江津市	20	46	-	130	928	3200.22	453
合川市	8	50	6	133	916	2356.21	633
永川市	14	17	3	96	631	1575.68	646
长寿县	14	22	-	31	571	1415.49	615
綦江县	10	23	-	54	585	2182.14	427
潼南县	9	22	-	19	567	1584.97	558
铜梁县	8	25	-	41	573	1341.73	603
大足县	10	22	-	35	502	1390.21	648
荣昌县	10	20	-	66	539	1079.01	733
璧山县	6	20	-	38	458	912.41	650

注:1995年行政区划调整涉及渝中区(原市中区)、江北区、南岸区、沙坪坝区、九龙坡区、大渡口区、北碚区、渝北区(原江北县)和巴南区(原巴县)。

1-2行政区划一览表

(1995年)

区(市)县	街道、镇乡(居、村委会)
渝中区	七星岗、较场口、解放碑、朝天门、望龙门、南纪门、菜园坝、两路口、王家坡、上清寺、大溪沟、大坪、化龙桥13个街道办事处及石桥镇的红岩村。
大渡口区	新山村、跃进村、九宫庙、茄子溪4个街道办事处;八桥、建胜、跳磴3个镇。
江北区	华新、石马河、大石坝、观音桥、五里店、寸滩、江北城、郭家沱(不包括广阳坝居委会)8个街道办事处;唐家沱、鱼嘴、复盛3个镇;五宝乡和峡口镇郭家沱村。
沙坪坝区	小龙坎、沙坪坝、磁器口、井口、詹家溪(不包括十二居委会)、石井坡、童家桥、渝碚路、天星桥、土湾、新桥、山洞、歌乐山13个街道办事处;覃家岗、歌乐山、井口、陈家桥、曾家、虎溪、西永、土主、青木关、凤凰、回龙坝、中梁12个镇及石桥镇联芳村。
九龙坡区	杨家坪、谢家湾、石坪桥、黄桷坪、中梁山、石桥铺6个街道办事处;九龙、华岩、西彭、铜罐驿、陶家、白市驿、巴福、走马、金凤、含谷、石桥(不包括联芳村、红岩村)11个镇及石板乡。
南岸区	南坪、龙门浩、海棠溪、玄坛庙、弹子石、大佛段、铜元局、花园路8个街道办事处;南坪、南山、峡口(不包括郭家沱村)、涂山、鸡冠石、黄桷桠、长生桥、迎龙、广阳9个镇和郭家沱镇广阳坝居委会、花溪镇的二塘村。
北碚区	天生、朝阳2个街道办事处;歇马、龙凤桥、天府、童家溪、澄江、蔡家岗、东阳、北温泉、施家梁、水土(不包括清南村、十字村)、复兴、静观、柳荫、三圣、偏岩15个镇;皮家山、石坝2个乡。
万盛区	万盛、东林2个街道办事处;万东、南桐、青年、关坝、丛林5个镇;南天、金桥、景星3个乡。
双桥区	双路街道办事处;双路、通桥2个乡。
渝北区	两路、沙坪、回兴、石坪、龙溪、人和、木耳、大竹林、礼嘉、鸳鸯、王家、兴隆、茨竹、大湾、中河、龙兴、洛碛、石船、统景、麻柳沱、大盛21个镇;古路、高嘴、永庆、石鞋、华秦、天保寨、舒家、关兴、张关、明月、龙安、白岩、黄印、悦来14个乡及詹家溪街道十二居委会、水土镇清南村、十字村。
巴南区	李家沱、土桥2个街道办事处;鱼洞、鹿角、惠民、木洞、青山、丰盛、二圣、双河口、麻柳嘴、五布、东泉、姜家、天星寺、天赐、接龙、小观、花石、石龙、石滩、一品、安澜、跳石、圣灯山、百节、界石、南彭、公平、花溪(不包括二塘村)、南泉29个镇;清溪、清和、白鹤塘、凉水、双新、和平桥、龙岗、陈家、仁流、南龙、忠兴、石岗12个乡。

1-2续表

区(市)县	街道、镇乡(居、村委会)
江津市	几江、德感、白沙、四面山、珞璜、油溪、石门、吴滩、石蟆、永兴、龙门滩、先锋、李市、河坝、双溪、碑槽、龙吟、嘉坪、黄泥、滩盘、罗坝、付家、羊石、稿子、塘河、东胜、广兴、长冲、金刚、慈云、和平、高歇、津福、蔡家、柏林、仁汶、贾嗣、杜市、朱杨、夏坝、亨堂、夹滩、吴市、顺江、马宗、中山46个镇;大桥、嘉乐、紫云、月沱、临峰、鹅公、刁家、金泉、两岔、清溪沟、长林、麻柳、洞塘、沙埂、现龙、仙鱼、三口、秦家、毗罗、凤场20个乡。
合川市	合阳城、高石坎、南津街、凉亭子、东津沱、钓鱼城6个街道办事处;盐井、草街、滩子、十塘、官渡、双凤、狮滩、福寿、云门、天星、高龙、大石、尖山、利泽、古楼、铜溪、油桥、张桥、渭沱、皂角、太和、龙井、隆兴、木莲、佛盐、三庙、七间、炉山、合隆、燕窝、二郎、龙凤、钱塘、沙鱼、金子、泥溪、龙市、涞滩、码头、肖家、正觉、渭溪、黄土、香龙、小沔、宝华、三汇、清平、土场、保合50个镇;九岭、小河、凤山、赤水、会龙、佛门、响水、大沔8个乡。
永川市	中山路、胜利路、南大街3个街道办事处;大安、石竹、陈食、临江、双竹、何埂、松既、朱沱、仙龙、五间、来苏、宝峰、永荣、红炉、双石、三教、板桥17个镇;青峰、永隆、黄文、金龙、茶店、莲花、聚美、大河、张家、寒坡、王坪、万寿、寿永、花桥14个乡。
长寿县	凤城、朱家、狮子滩、葛兰、晏家、江南、邻封、但渡、云集、双龙、龙河、石堰、云台、海棠、沙石、新市、付何、渡舟、八颗、洪湖、万顺、称沱22个镇,扇沱、石回、焦家、华中、飞龙、合兴、罗围、乐温、义和、黄葛、天台、大坝、三平、芦池14个乡。
綦江县	古南、三江、石角、东溪、赶水、打通、石壕、永新、三角、隆盛、郭扶、篆塘、盖石、镇紫、丁山、土台、安稳、扶欢、蒲河、永城、乐兴、新盛、中峰23个镇;万兴、古剑、三会、紫荆、横山、莲石、高庙、高青、羊角、大罗10个乡。
潼南县	梓潼、双江、花岩、桂林、柏梓、光辉、古溪、宝龙、飞跃、新华、玉溪、群力、米心、上和、龙形、塘坝、太安、永胜、新胜、小渡、卧佛、玉桂22个镇;田家、永安、文明、红花、安兴、龙项、檬子、别口、寿桥9个乡。
铜梁县	巴川、旧县、安居、平滩、虎峰、西泉、少云、蒲吕、侣俸、土桥、二坪、水口、白羊、石鱼、维新、高楼、福果、大庙、华兴、围龙、全德、永嘉、安溪、西河、太平25个镇;永清、小林、双山、中和、岚峰、庆隆、新复、斑竹8个乡。
大足县	龙岗、龙水、中敖、三驱、玉龙、万古、邮亭、宝顶、弥陀、宝兴、复隆、石马、拾万、金山、回龙、国梁、雍溪、珠溪、龙石、铁山、季家、高升22个镇;米粮、化龙、城南、高坪、天宝、天山、古龙、沙坝、元通、宝山10个乡。
荣昌县	昌元、广顺、峰高、路孔、直升、安富、清江、仁义、河包、古昌、吴家、观胜、清流、铜鼓、盘龙、远觉、双河、清升、荣隆、龙集20个镇;五福、保安、新峰、十烈、大建、合靖、石河、治安、葛桥、许溪10个乡。
璧山县	璧城、狮子、汤边、福禄、大兴、丹凤、来凤、青杠、丁家、广普、三合、马坊、正兴、石院、大路、蒲元、保家、六塘、八塘、七塘20个镇;海江、龙江、健龙、方平、五龙、依凤6个乡。

1-3 历届市人民代表大会代表人数

单位:人

届　　数	时　间	代表总数	届　　数	时　间	代表总数
第一届	1954 年	313	第七届	1968 年	
第二届	1956 年	370	第八届	1978 年	906
第三届	1958 年	370	第九届	1982 年	719
第四届	1961 年	429	第十届	1983 年	892
第五届	1963 年	530	第十一届	1988 年	767
第六届	1965 年	566	第十二届	1993 年	799

注:1968 年 6 月 2 日,在国家政治生活极不正常的情况下,重庆市成立了党政合一的临时权力机构——重庆市革命委员会。为了尊重历史事实,它的成立大会算为"四川省重庆市第七届人民代表大会"。

1-4 历届市政治协商会议委员人数

单位:人

届　　数	时　间	委员总数	#中国共产党代表	占委员总数的%	#少数民族代表	占委员总数的%
第一届	1952 年	231	53	22.94	2	0.87
第二届	1957 年	302	64	21.19	2	0.66
第三届	1959 年	369	116	31.44	3	0.81
第四届	1963 年	369	124	33.60	3	0.81
第五届	1965 年	392	133	33.93	3	0.77
第六届	1978 年	575	247	42.96	5	0.87
第七届	1982 年	643	283	44.01	5	0.78
第八届	1983 年	660	258	39.09	8	1.21
第九届	1988 年	654	248	37.92	8	1.22
第十届	1993 年	698	278	39.83	25	3.58

1-5 人口和土地状况

项　　　　目	计算单位	1995年	比　重(%)
一、人口			
年末总人口	万人	1520.41	100.00
#农业人口	万人	1113.92	73.30
非农业人口	万人	406.49	26.70
#市镇人口	万人	1430.15	94.10
乡村人口	万人	90.26	5.90
人口密度	人/平方公里	658	-
二、土地			
土地总面积	平方公里	23113.95	100.00
(一)按地形分类			
山地	平方公里	6003.54	25.97
丘陵	平方公里	14698.07	63.59
平原	平方公里	2412.34	10.44
(二)按特征分类			
耕地	平方公里	11766.67	50.91
林地	平方公里	3539.22	15.39
#森林	平方公里	1800.71	7.79
水域	平方公里	1390.61	6.02
#河流	平方公里	824.87	3.57
湖泊	平方公里	61.36	0.27
水库、堰塘	平方公里	504.38	2.18
园地	平方公里	408.00	1.77
疏林草地	平方公里	231.13	1.00
草地(天然草场)	平方公里	94.07	0.41
城乡居民点用地	平方公里	1452.80	6.29
#城镇用地	平方公里	208.73	0.90
农村居民用地	平方公里	1244.00	5.38
工矿用地	平方公里	188.67	0.82
交通用地	平方公里	802.20	3.47
#铁路用地	平方公里	21.53	0.09
公路用地	平方公里	113.13	0.49
农村道路用地	平方公里	665.00	2.88
特殊用地	平方公里	134.73	0.58
难利用土地	平方公里	3002.13	12.99

1-6气 候 状 况

(1995年)

气象站	平均气温(摄氏度)	降水量(毫米)	日照时数(小时)
沙坪坝	18.3	923.5	993.1
北碚	18.2	969.7	904.9
万盛	17.9	1212.3	1106.5
渝北	17.0	977.4	1294.2
巴南	18.1	1028.3	1153.8
江津	18.3	915.6	1155.2
合川	17.8	926.6	1167.9
永川	17.9	833.0	1191.3
长寿	17.3	1113.9	1148.0
綦江	18.6	1103.5	904.3
潼南	17.6	856.9	1258.4
铜梁	17.9	882.0	871.3
大足	17.0	800.3	921.6
荣昌	17.6	862.4	1106.8
璧山	17.9	940.1	1125.8

综　　合 2

GENERAL SURVEY

●1995年，国内生产总值742.57亿元，其中第一产业160.63亿元，第二产业334.51亿元，第三产业247.43亿元。

●1995年，工农业总产值1439.83亿元，其中农业238.74亿元，工业1201.09亿元。

资料整理

阳志静

国内生产总值

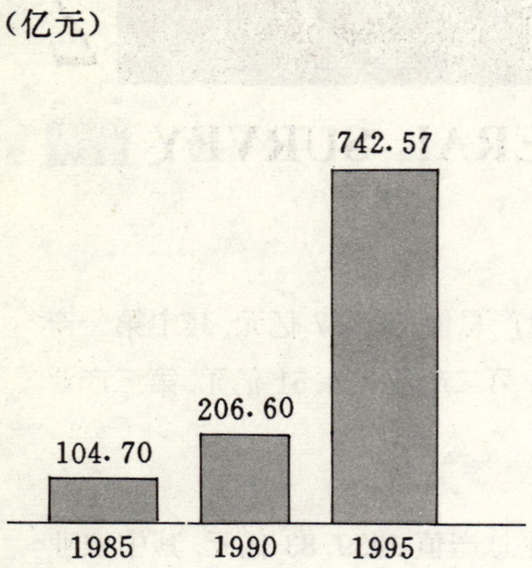

三次产业构成

(1995年)

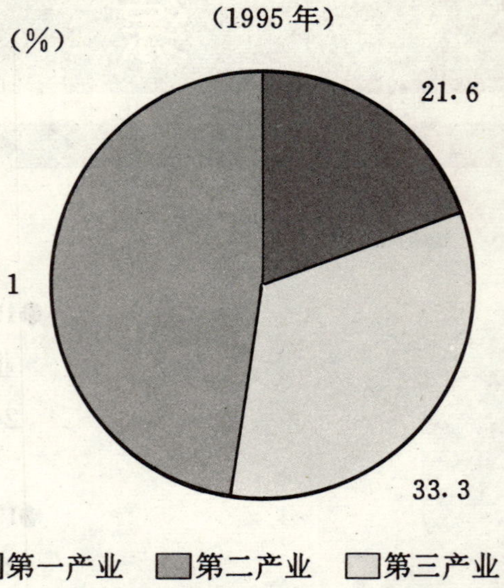

工农业总产值(90年不变价)

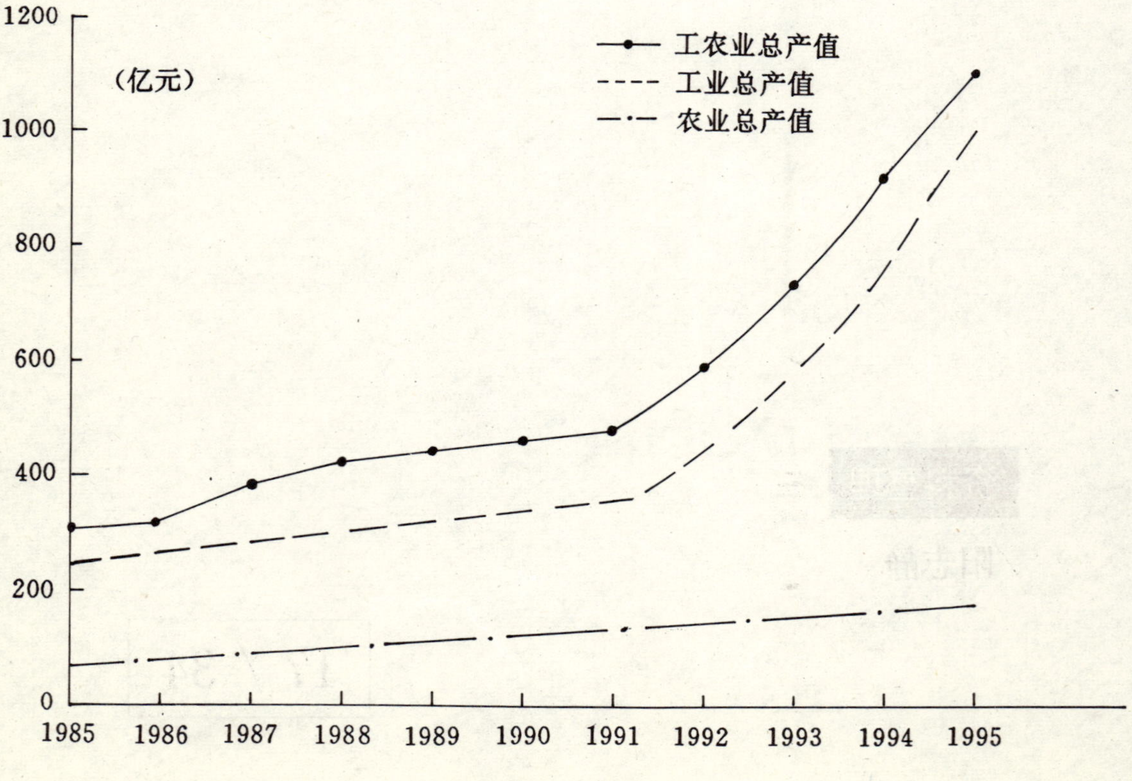

2－1 国民经济主要指标

指　　　标	单位	1985年	1990年	1993年	1994年	1995年
一、人口						
年末总人口	万人	1405.52	1483.68	1503.65	1512.41	1520.41
人口自然增长率	‰	6.70	6.90	4.00	5.30	4.10
二、劳动力(年末数)						
劳动力资源总数	万人	894.49		1017.3	1012.8	1013.6
#从业人员	万人	732.36	815.44	841.05	849.69	867.16
#职工人数	万人	196.61	214.19	212.24	213.19	212.90
#国有经济单位职工人数	万人	142.16	156.01	155.68	150.99	151.14
三、国内生产总值						
国内生产总值(当年价)	亿元	104.70	206.60	399.64	543.24	742.57
第一产业	亿元	28.17	57.11	79.21	109.90	160.63
第二产业	亿元	53.34	94.18	189.01	258.23	334.51
第三产业	亿元	23.18	55.32	131.42	175.11	247.43
国内生产总数指数(1978年＝100)	%	193.5	271.4	399.6	448.0	497.2
四、工农业总产值(当年价)	亿元	188.61	398.38	799.97	1113.81	1439.83
工农业总产值构成	%	100.00	100.00	100.00	100.00	100.00
农业总产值	%	21.43	21.64	14.89	14.78	16.58
工业总产值	%	78.57	78.36	85.11	85.22	83.42
五、农业						
农业总产值(当年价)	亿元	40.42	86.22	119.08	164.58	238.74
农业总产值指数(1952年＝100)	%	304.2	379.0	412.9	424.8	437.7
农业总产值构成	%	100.0	100.0	100.0	100.0	100.0
#农业	%	57.3	53.8	52.6	55.7	55.7
林业	%	4.2	2.1	2.4	2.0	2.1
牧业	%	32.8	37.7	38.2	39.5	39.1
渔业	%	1.4	1.8	2.5	2.8	3.1
主要农产品产量						
粮食	万吨	518.75	594.18	569.03	574.01	586.94
油料	万吨	6.31	7.71	7.13	6.12	7.50
甘蔗	万吨	22.12	15.36	10.24	7.99	7.42
烟叶	吨	3597	3931	10165	5098	4395
麻类	吨	10308	4759	2966	2183	2054
蚕茧	吨	20647	28082	27004	28860	24717
茶叶	吨	8116	9793	10812	12814	10212
水果	吨	131006	186831	257387	231635	242679
猪肉	万吨	41.33	61.29	63.18	67.26	68.35
水产品	吨	26659	45149	63000	75961	87800
造林面积	公顷	17933	11347	29900	18527	27911

2-1续表1

指　　标	单位	1985年	1990年	1993年	1994年	1995年
六、工业						
工业总产值(当年价)	亿元	148.19	312.16	680.89	949.23	1201.09
工业总产值指数(1952年=100)	%	2446.4	3703.3	6448.2	8781.0	11398.5
主要工业产品产量						
布	万米	26369	27403	28790	42781	42515
化学纤维	吨	15371	18799	22500	30600	31400
毛线	吨	862	819	597	1115	1108
机制纸及纸板	万吨	12.10	10.04	11.73	13.48	15.56
摩托车(轻骑)	万辆	46.78	18.85	72.23	80.25	75.81
原煤	万吨	1483.77	1600.48	1668.22	1719.00	1745.97
发电量	亿千瓦时	28.49	57.78	92.16	95.72	94.69
生铁	万吨	75.38	114.11	125.89	129.12	135.88
钢	万吨	104.95	120.86	114.38	136.94	150.66
钢材	万吨	86.01	109.32	162.71	130.70	119.58
金属切削机床	台	5667	1879	4391	3843	4065
内燃机(商品量)	万千瓦	110.13	130.21	157.68	541.00	633.63
水泥	万吨	158.12	199.19	306.67	384.62	445.11
塑料制品	万吨	3.06	4.06	9.54	7.47	9.05
化学农药	万吨	0.46	0.48	0.47	0.59	0.63
硫酸	万吨	8.33	9.84	10.74	11.66	19.15
盐酸	万吨	4.09	4.10	4.91	5.10	5.24
烧碱	万吨	6.20	7.78	7.05	6.80	7.59
汽车	辆	8897	21769	68221	87713	114714
七、运输邮电						
货物运输量	万吨	12722	13717	15428	17341	18667
货物周转量	亿吨公里	188.21	218.10	287.08	266.35	290.52
客运量	万人次	11573	14487	25653	25814	25854
客运周转量	万人公里	818088	800160	1289752	1372233	1387727
港口吞吐量	万吨	328	383	469	428	507
邮电业务总量(90年不变价)	万元	3025	14962	37520	57396	87815
八、固运资产投资						
全社会固定资产投资总额	万元	271991	515056	1168728	1543573	2009339
生产性	万元	167664	350275	663505	864904	1109550
非生产性	万元	104327	164781	505223	678669	899789
#住宅	万元	61894	115322	272865	468080	57659

2－1续表2

指　　标	单位	1985年	1990年	1993年	1994年	1995年
国有单位固定资产投资总额	万元	205453	397348	647051	841124	1024165
#基本建设投资	万元	113148	191625	261025	397985	425408
#建筑安装工程	万元	80717	107291	189771	269970	293366
设备、工器具购置	万元	19551	63166	28467	80149	89562
#生产性	万元	54364	144232	122996	240724	253353
非生产性	万元	58784	47393	138029	157261	172055
#住宅	万元	32470	25720	52592	67258	77470
#更新改造投资	万元	87351	174350	372549	434620	585962
基本建设新增固定资产	万元	75753	81618	174556	238695	249971
九、批发零售贸易业、餐饮业						
社会消费品零售额	万元	482526	1008043	1656939	2190000	2744576
#批发零售贸易业	万元	357712	687195	1020077	1236989	1612272
餐饮业	万元	20957	67185	112259	128389	223766
城乡集市贸易成交额	万元	95787	252295	757900	1228003	1798486
十、对外贸易						
出口总额	万美元	10461	37799	60285	73763	85567
进口总额	万美元	6096	15721	53386	57212	62349
十一、财政						
地方预算内财政收入	万元	166041	278446	445595	272813	344226
#工商各税	万元	143423	247126	393607	198337	241607
地方预算内财政支出	万元	91140	225209	291685	356523	429124
十二、职工工资、居民收入						
全部职工工资总额	万元	206373	456285	663083	904530	1025050
#国有经济单位	万元	160028	360930	531038	707873	788934
全部职工平均货币工资	元	1072	2149	3145	4262	4850
城市居民人均生活费收入	元	762	1552	2554	3367	4053
农村居民人均纯收入	元	366	688	877	1154	1554
十三、教育						
普通高校在校学生数	人	37317	45981	60725	68012	70214
中等专业学校在校学生数	人	22009	26418	35385	37178	40151
普通中学在校学生数	人	602708	595934	463571	522297	578008
小学在校学生数	万人	175.77	112.86	128.68	132.85	133.04
十四、卫生						
卫生机构数	个	2494	2668	2247	2224	2224
#医院	个	881	821	794	1090	1088
医院病床数	张	18221	37348	39408	39648	39968
卫生技术人员	人	49999	54097	54453	55129	55605
#医生	人	21212	25903	25047	25166	25228

2-2 国民经济主要指标增长速度

指标	1995年比下列年±%				91年至95年年均增长%
	1985年	1990年	1993年	1994年	
一、年末总人口	8.2	2.5	1.1	0.5	0.5
二、年末从业人员数	18.4	6.3	3.1	2.1	1.2
#国有单位职工人数	6.3	-3.1	-2.9	0.1	-0.6
三、国内生产总值	157.0	83.2	24.4	11.0	12.9
四、工农业总产值	279.7	163.3	65.5	26.4	21.4
农业总产值	43.9	15.5	6.0	3.0	2.9
工业总产值	365.9	207.8	76.8	29.8	25.2
五、主要农产品产量					
粮食	13.1	-1.2	0.2	2.3	-0.2
油料	18.9	-2.7	5.2	22.5	-0.6
甘蔗	-66.5	-51.7	-27.5	-7.1	-13.5
烟叶	22.2	11.8	-56.8	-13.8	2.3
麻类	-80.1	-56.8	-30.7	-5.9	-15.5
蚕茧	19.7	-12.0	-8.5	-3.1	-2.5
茶叶	25.8	4.3	-5.5	-20.3	0.8
水果	85.2	29.9	-5.7	4.8	5.4
猪肉	65.4	11.5	8.2	1.6	2.2
水产品	229.3	94.5	39.4	15.6	14.2
六、主要工业产品产量					
布	61.2	55.1	47.7	-0.6	9.2
化学纤维	104.3	67.0	39.6	2.6	10.8
毛线	28.5	35.3	85.6	-0.6	6.2
机制纸及纸板	28.6	55.0	32.7	15.4	9.2
摩托车(轻骑)	62.1	302.2	5.0	-5.5	32.1
原煤	17.7	9.1	4.7	1.6	1.8
发电量	232.4	63.9	2.7	-1.1	10.4
生铁	80.3	19.1	7.9	5.2	3.6
钢	43.6	24.7	31.7	10.0	4.5
钢材	39.0	9.4	-26.5	-8.5	1.8
金属切削机床	-28.3	116.3	-7.4	5.8	16.7
内燃机(商品量)	475.3	386.6	301.8	17.1	37.2
水泥	181.5	123.5	45.1	15.7	17.4
塑料制品	195.8	122.9	-5.1	21.2	17.4
化学农药	37.0	31.3	34.0	6.8	5.6
硫酸	129.9	94.6	78.3	64.2	14.2

2－2续表

指　　标	1995年比下列年±%				91年至95年年均增长%
	1985年	1990年	1993年	1994年	
盐酸	28.1	27.8	6.7	2.7	5.0
烧碱	22.4	－2.4	7.7	11.6	－0.5
汽车	1189.4	427.0	68.2	30.8	39.4
七、运输邮电					
货物周转量	54.4	33.2	1.2	9.1	5.9
旅客周转量	69.6	73.4	7.6	11.3	11.6
邮电业务总量	2803.0	486.9	134.0	53.0	42.5
八、固定资产投资					
全社会固定资产投资总额	638.8	290.1	71.9	30.2	30.5
#生产性	561.8	216.8	67.2	28.3	24.8
非生产性	762.5	446.1	78.1	32.6	40.7
国有单位固定资产投资额	399.5	157.8	58.3	21.8	22.6
#基本建设投资	276.0	122.0	63.0	6.9	16.4
生产性	366.0	75.7	106.0	5.2	8.3
非生产性	192.7	263.0	24.7	9.4	34.1
#更新改造投资	570.8	236.1	57.3	34.8	26.5
九、批发零售贸易业、餐饮业					
社会消费品零售总额	468.8	172.3	65.6	25.3	22.2
#批发零售贸易业	350.7	134.6	58.1	30.3	18.6
餐饮业	967.7	233.1	99.3	74.3	27.2
城乡集市贸易成交额	1777.6	612.9	137.3	46.5	48.1
十、对外贸易					
外贸出口总额	718.0	126.4	41.9	16.0	17.8
外贸进口总额	922.8	296.6	16.8	9.0	31.7
十一、职工工资、居民收入					
全部职工工资总额	396.7	124.7	54.6	13.3	17.6
#国有经济单位	393.0	118.6	48.6	11.5	16.9
职工平均工资	352.4	125.7	54.2	13.8	17.7
城镇居民人均生活费收入	431.9	161.1	58.7	20.4	21.2
农民人均纯收入	324.6	125.9	77.2	34.7	17.7
十二、教育					
高等学校在校学生数	88.2	52.7	15.6	3.2	8.8
中等专业学校在校学生数	82.4	52.0	13.5	8.0	8.7
普通中学在校学生数	－4.1	－3.0	24.7	10.7	－0.6
小学在校学生数	－24.3	17.9	3.4	0.1	3.3
十三、卫生					
医院病床数	119.4	7.0	1.4	0.8	1.4
卫生技术人员	11.2	2.8	2.1	0.9	0.6
#医生	18.9	－2.6	0.1	0.2	－0.5

2-3 国民经济主要比例关系

单位：%

指　　标	1985年	1990年	1992年	1993年	1994年	1995年
一、国内生产总值						
第一产业	27.5	27.6	21.6	19.8	20.2	21.6
第二产业	50.5	45.6	46.1	47.3	47.5	45.1
第三产业	22.0	26.8	32.3	32.9	32.3	33.3
二、工农业总产值中农轻重比例						
农业	26.7	23.1	18.5	15.8	12.4	10.1
轻工业	35.4	33.8	34.0	30.5	34.2	36.7
重工业	37.9	43.1	47.5	53.7	53.4	53.2
三工业总产值						
轻工业	48.4	44.0	41.7	36.2	39.0	40.8
重工业	51.6	56.0	58.3	63.8	61.0	59.2
四、农业总产值						
#农业	57.3	53.8	52.4	52.6	55.7	55.7
林业	4.2	2.1	2.2	2.4	2.0	2.1
牧业	32.8	37.7	39.1	38.2	39.4	39.1
渔业	1.4	1.7	2.1	2.5	2.8	3.1
五、社会消费品零售额						
批发零售贸易业零售	74.1	68.2	63.4	61.6	56.5	58.7
餐饮业零售	4.4	6.6	6.4	6.8	5.8	8.2
制造业零售	9.8	9.1	10.4	11.0	12.8	5.6
其他行业零售	11.7	16.1	19.8	20.6	24.9	27.5
六、全社会固定资产投资额						
国有经济单位	75.5	77.1	67.5	55.4	54.5	51.0
集体经济单位	15.3	7.1	13.6	18.0	17.1	13.7
城乡个人和其他	9.2	15.8	18.9	26.6	28.4	35.3
七、基本建设投资总额						
#生产性	48.0	75.3	60.4	47.1	60.5	59.6
非生产性	52.0	24.7	39.6	52.9	39.5	40.4
#农业	1.7	2.2	1.8	0.5	0.3	0.5
轻工业	4.8	1.7	8.0	6.0	5.8	15.8
重工业	40.2	66.8	43.5	30.1	32.1	28.7
#能源工业	16.6	44.4	16.4	12.9	6.9	7.1
运输邮电业	17.8	10.1	15.4	18.1	20.0	18.8
八、财政收入占国内生产总产值的比例	15.9	13.5	10.8	11.2	5.0	4.6

注：本表工农业总产值比例按90年不变价计算，其他比例按现价计算。

2－4 社会经济主要指标年平均每人水平

指　　标	单　位	1985年	1990年	1993年	1994年	1995年
一、国内生产总值(当年价)	元	754	1398	2664	3602	4897
二、工农业总产值(当年价)	元	1348	2697	5332	7386	9495
农业总产值	元	289	584	794	1091	1574
工业总产值	元	1059	2113	4538	6295	7921
三、地方预算内财政收入	元	119	188	297	181	227
四、主要农产品产量						
粮食	公斤	371	402	379	381	490
油料	公斤	4.6	5.2	4.8	4.1	4.9
猪肉	公斤	29.6	41.5	42.1	44.6	45.1
水果	公斤	9.4	12.6	17.2	15.4	16.0
五、主要工业产品产量						
布	米	18.8	18.5	19.2	28.4	28.0
饮料酒	公斤	11.4	8.7	13.9	15.2	17.1
罐头	公斤	3.3	2.5	2.5	2.9	2.0
机制纸及纸板	公斤	8.7	6.8	7.8	8.9	10.3
发电量	千瓦时	203.5	391.1	614.3	634.7	624.4
原煤	公斤	1060	1083	1111.9	1139.9	1151.4
钢	公斤	75.0	81.8	76.2	90.8	99.4
钢材	公斤	61.5	74.0	108.5	86.7	78.9
水泥	公斤	113.0	134.8	204.4	255.1	293.5
六、社会消费品零售总额	元	374	740	1104	1452	1810
七、职工平均货币工资	元	1072	2149	3145	4262	4850
城市居民家庭生活费收入	元	762	1552	2554	3367	4053
农村居民人均纯收入	元	366	688	877	1154	1554
八、城乡居民储蓄存款	元	133	456	1058	1421	2008
城镇	元	103	354	744	1092	1602
农村	元	30	102	314	329	406

2－5 平均每天主要社会经济指标

指　　标	单　位	1985年	1990年	1993年	1994年	1995年
一、国内生产总值(当年价)	万元	2868	5660	10949	14883	20344
二、工农业总产值(当年价)	万元	5167	10915	21917	30515	39447
农业总产值	万元	1107	2362	3262	4509	6540
工业总产值	万元	4060	8552	18655	26006	32907
三、地方预算内财政收入	万元	455	763	1222	747	943
四、主要工业产品产量						
布	万米	72	75	89	117	116
摩托车(轻骑)	辆	1282	516	1979	2197	2077
发电量	万千瓦时	781	1583	2525	2622	2594
原煤	吨	40652	43849	45705	47096	47835
钢	吨	2875	3311	3133	3752	4128
钢材	吨	2356	2995	4458	3581	3276
水泥	吨	4332	5457	8402	10538	12195
汽车	辆	24	60	187	240	314
五、社会消费品零售总额	万元	1322	2762	4540	6000	7519
六、货物运输量	万吨	35	38	42	48	51
旅客发送量	万人次	32	40	70	71	71
邮电业务总量	万元	10	28	92	158	241
函件	万件	19	24	34	35	31
电报	份	6247	8685	9205	6959	5096
七、外贸出口总额	万美元	29	104	165	202	234
外贸进口总额	万美元	17	43	146	157	171
八、自来水售水量	万吨	44	90	126	124	151
#生活用水	万吨	20	29	40	46	57
九、天然气用量	万立方米	346	359	416	380	380
#民用气	万立方米	4	52	63	64	64
十、用电量	万千瓦时	1514	2042	2693	3011	3183
#生活用电	万千瓦时	123	198	258	318	367
十一、市内公共车辆乘客人数	万人次	210	235	206	168	153
十二、全社会固定资产投资总额	万元	745	1411	3202	4229	5505
住宅竣工建筑面积	平方米	0.76	2.91	3.51	3.48	4.10
十三、出生人口	人	505	537	431	481	460
死亡人口	人	219	258	267	263	288

2-6 国内生产总值

（当年价）

单位：万元

年份	国内生产总值	第一产业	农业	第二产业	工业	建筑业
1978	467383	127923	127923	262202	241089	21113
1980	584359	167583	167583	321339	295500	25839
"六五"时期						
1981	611338	185718	185718	325326	299308	26018
1982	671962	205675	205675	347078	319698	27380
1983	751265	242640	242640	366294	336711	29583
1984	905094	275001	275001	443231	408390	34841
1985	1046996	281723	281723	533441	481849	51592
"七五"时期						
1986	1188899	329535	329535	590520	522545	67975
1987	1314047	334902	334902	641890	556989	84901
1988	1702283	426720	426720	843282	742050	101232
1989	1967576	443301	443301	966235	870794	95441
1990	2066041	571085	571085	941757	799324	142433
"八五"时期						
1991	2315622	601710	601710	1053955	909923	144032
1992	2946696	630611	630611	1345364	1168325	177039
1993	3996388	792103	792103	1890078	1642373	247705
1994	5432445	1099031	1099031	2582269	2295664	286605
1995	7425713	1606289	1606289	3345081	2919699	425382

2-6 续表

年份	第三产业	第一层次	第二层次	第三层次	第四层次	人均国内生产总值（元）
1978	77258	40553	21188	11825	3692	352
1980	95437	50095	23828	16715	4799	434
"六五"时期						
1981	100285	52639	25333	17201	5112	451
1982	119209	62573	30988	19433	6215	489
1983	142331	82233	35540	18253	6305	543
1984	186862	97901	55573	22114	11274	650
1985	231832	121466	59762	32900	17704	748
"七五"时期						
1986	268844	125732	75311	42394	25407	840
1987	337255	142926	110908	56621	26800	914
1988	432281	181630	144033	68905	37713	1171
1989	558040	246070	185497	84419	42054	1342
1990	553199	206592	198598	95561	52448	1398
"八五"时期						
1991	659957	230255	245307	110492	73903	1556
1992	970721	406314	331780	135001	97626	1971
1993	1314207	593747	422673	162398	135389	2664
1994	1751145	734277	559559	282633	174676	3602
1995	2474343	972498	892493	384451	224901	4897

2－7 国内生产总值指数

（按可比价计算，以上年为 100）　　单位：%

年　份	国内生产总值	第一产业	农　业	第二产业	工　业	建筑业
1978	120.1	105.8	105.8	126.8	126.8	126.8
1980	107.9	106.0	106.0	109.2	109.0	112.0
"六五"时期						
1981	104.7	105.0	105.0	104.7	104.8	104.2
1982	109.0	108.8	108.8	106.6	106.8	105.2
1983	110.6	107.0	107.0	110.2	109.9	112.8
1984	117.9	105.3	105.3	121.4	121.7	118.2
1985	107.5	112.0	112.0	103.2	101.2	127.0
"七五"时期						
1986	109.3	116.6	116.6	105.1	103.0	125.1
1987	107.2	95.4	95.4	109.3	107.2	125.6
1988	108.6	106.4	106.4	111.3	112.8	101.0
1989	103.4	99.9	99.9	101.4	103.8	83.4
1990	106.6	109.7	109.7	108.3	102.0	165.9
"八五"时期						
1991	107.2	102.7	102.7	107.8	109.7	96.8
1992	118.1	101.1	101.1	122.5	123.7	114.1
1993	116.3	105.5	105.5	120.7	122.5	107.5
1994	112.1	103.6	103.6	116.3	117.0	110.2
1995	110.0	103.2	103.2	110.5	108.1	130.9

2－7 续表

年　份	第三产业	第一层次	第二层次	第三层次	第四层次	人均国内生产总值（元）
1978	124.6	104.0	134.4	218.2	140.1	119.6
1980	106.9	109.8	98.1	110.5	112.2	107.1
"六五"时期						
1981	104.3	104.5	105.8	101.6	105.1	103.9
1982	117.5	118.1	120.7	110.5	118.5	107.7
1983	117.8	130.9	111.0	91.6	98.7	109.8
1984	126.4	114.1	151.8	117.9	173.7	117.2
1985	113.8	114.4	98.5	135.4	142.9	106.8
"七五"时期						
1986	110.8	93.5	126.1	130.4	146.2	108.0
1987	117.4	112.7	127.7	123.7	97.7	103.4
1988	104.7	112.3	107.7	84.4	95.7	107.3
1989	111.6	111.6	108.2	122.7	106.5	102.6
1990	100.2	97.6	96.1	106.6	122.0	105.8
"八五"时期						
1991	111.4	108.4	109.9	109.1	132.8	106.4
1992	130.0	143.4	126.3	109.5	120.0	117.6
1993	117.7	124.9	113.1	106.4	119.5	115.9
1994	111.1	104.1	114.2	135.3	101.4	111.5
1995	116.7	111.9	122.9	123.6	105.1	110.4

2-8 国内生产总值及构成

(1995 年) 单位:万元

指 标	增加值	劳动者报酬	固定资产折旧	生产税净额	营业盈余
国内生产总值	**7425713**	**4222830**	**976845**	**591963**	**1634075**
第一产业	1606289	1453865	21134	72137	59153
1.农业	1606289	1453865	21134	72137	59153
第二产业	3345081	1590710	642488	306316	805567
2.工业	2919699	1343988	613137	233576	728998
3.建筑业	425382	246722	29351	72740	76569
第三产业	2474343	1178255	313223	213510	769355
4.农、林、牧渔服务业	15900	6047	845	676	8332
5.地质勘探业、水利管理业	8573	5558	1147	344	1524
6.交通运输、仓储邮电通讯业	340562	165861	91715	30286	52700
交通运输业和仓储业	282234	151219	60048	23885	47082
邮电通讯业	58328	14642	31667	6401	5618
7.批发和零售贸易、餐饮业	631936	382224	51443	76033	122236
批发和零售贸易	533181	337283	48390	60287	87221
餐饮业	98755	44941	3053	15746	35015
8.金融业、金融保险业	441396	58108	21596	37154	324538
金融业	165792	55540	20558	33782	55912
保险业	12684	2568	1038	3372	5706
其 他	262920	-	-	-	262920
9.房地产业	85336	13649	58241	4485	8961
房地产管理业	7471	3603	3868	-	-
房地产开发业	30848	10046	7356	4485	8961
城市居民自有住房	1012	-	1012	-	-
农村居民自有住房	46005	-	46005	-	-
10.社会服务业	341288	165628	34739	45724	95197
11.卫生、体育、社会福利业	80462	65195	4939	35	10293
12.教育、文艺、广播电影电视业	195804	98119	24040	1463	72182
13.科学研究和综合技术服务业	108185	59270	13576	2638	32701
14.国家政党机关、社会团体	224901	158596	10942	14672	40691
15.其 它	-	-	-	-	-

2-9 主要年份工农业总产值

(90年不变价)

单位:亿元

年份	工农业总产值	农业总产值	工业总产值	轻工业产值	重工业产值
1952	34.53	25.75	8.78	5.98	2.80
1957	57.96	32.19	25.77	14.74	11.03
1962	44.07	20.20	23.87	12.01	11.86
1965	71.13	31.50	39.63	17.12	22.51
1970	80.94	32.52	48.42	19.47	28.95
1975	101.41	35.63	65.78	29.72	36.06
1978	138.44	42.71	95.73	42.85	52.88
1980	175.27	53.21	122.06	61.23	60.83
1984	260.02	76.03	183.99	89.52	94.47
1985	293.13	78.34	214.79	103.86	110.93
"七五"时期					
1986	313.96	84.91	229.05	113.85	115.20
1987	348.62	87.12	261.50	127.37	134.13
1988	401.40	91.72	309.68	146.74	162.94
1989	416.51	94.30	322.21	146.22	175.99
1990	422.75	97.60	325.15	143.10	182.05
"八五"时期					
1991	465.83	101.18	364.65	160.09	204.56
1992	551.01	101.92	449.09	187.27	261.82
1993	672.48	106.33	566.15	204.91	361.24
1994	880.35	109.38	770.97	300.65	470.32
1995	1113.49	112.70	1000.79	408.53	592.26

2-10 主要年份工农业总产值构成

单位:%

年份	以工农业总产值为100				以工业总产值为100	
	农业	工业	轻工业	重工业	轻工业	重工业
1952	74.6	25.4	17.3	8.1	68.1	31.9
1957	55.5	44.5	25.4	19.0	57.2	42.8
1962	45.8	54.2	27.3	26.9	50.3	49.7
1965	44.3	55.7	24.1	31.7	43.2	56.8
1970	40.2	59.8	24.1	35.8	40.2	59.8
1975	35.1	64.9	29.3	35.6	45.2	54.8
1978	30.9	69.1	31.0	38.2	44.8	55.2
1980	30.4	69.6	34.9	34.7	50.2	49.8
1984	29.2	70.8	34.4	36.3	48.7	51.3
1985	26.7	73.3	35.4	37.8	48.4	51.6
"七五"时期						
1986	27.0	73.0	36.3	36.7	49.7	50.3
1987	25.0	75.0	36.5	38.5	48.7	51.3
1988	22.9	77.1	36.7	40.6	47.4	52.6
1989	22.6	77.4	35.1	42.3	45.4	54.6
1990	23.1	76.9	33.9	43.1	44.0	56.0
"八五"时期						
1991	21.7	78.3	34.4	43.9	43.9	56.1
1992	18.5	81.5	34.0	47.5	41.7	58.3
1993	15.8	84.2	30.5	53.7	36.2	63.8
1994	12.4	87.6	34.2	53.4	39.0	61.0
1995	10.1	89.9	36.7	53.2	40.8	59.2

2-11 主要年份工农业总产值指数

(以上年=100)

单位:%

年　　份	工农业总产值	农业总产值	工业总产值	轻工业产值	重工业产值
1952	107.5	106.1	111.7	108.5	119.1
1957	106.1	101.7	112.3	106.8	120.5
1962	97.1	134.7	78.5	92.5	68.1
1965	118.4	112.9	123.1	109.7	135.7
1970	134.7	115.8	151.3	132.4	167.3
1975	120.0	98.7	136.0	125.8	145.6
1978	121.5	114.2	125.1	121.0	128.6
1980	109.3	106.1	110.8	126.1	98.8
1984	114.9	110.0	117.0	114.8	119.2
1985	112.7	103.0	116.7	116.0	117.4
"七五"时期					
1986	107.1	108.4	106.6	109.6	103.8
1987	111.0	102.6	114.2	111.9	116.4
1988	115.1	105.3	118.4	115.2	121.5
1989	103.8	102.8	104.0	99.6	108.0
1990	101.5	103.5	100.9	97.9	103.4
"八五"时期					
1991	110.2	103.7	112.1	111.9	112.4
1992	118.3	100.7	123.2	117.0	128.0
1993	122.0	104.3	126.1	109.4	138.0
1994	130.9	102.9	136.2	146.7	130.2
1995	126.5	103.0	129.8	135.9	125.9

2-12 主要年份工农业总产值指数

(以1952年=100)

单位:%

年　　份	工农业总产值	农业总产值	工业总产值	轻工业产值	重工业产值
1952	100.0	100.0	100.0	100.0	100.0
1957	167.9	125.0	293.5	246.5	393.9
1962	127.6	78.4	271.9	200.8	423.6
1965	206.0	122.3	451.4	286.3	803.9
1970	234.4	126.3	551.5	325.6	1033.9
1975	293.7	138.4	749.2	497.0	1287.9
1978	400.9	165.9	1090.3	716.6	1888.6
1980	507.6	206.6	1390.2	1023.9	2172.5
1984	753.0	295.3	2095.6	1497.0	3373.9
1985	848.9	304.2	2446.4	1736.8	3961.8
"七五"时期					
1986	909.2	329.7	2608.8	1903.8	4114.3
1987	1009.6	338.3	2978.4	2129.9	4790.4
1988	1162.5	356.2	3527.1	2453.8	5819.3
1989	1206.2	366.2	3669.8	2445.2	6285.4
1990	1224.3	379.0	3703.3	2393.0	6501.8
"八五"时期					
1991	1349.1	392.9	4153.2	2677.1	7305.7
1992	1595.7	395.8	5114.9	3131.6	9350.7
1993	1947.5	412.9	6448.2	3426.6	12901.4
1994	2549.5	424.7	8781.0	5027.6	16797.1
1995	3224.7	437.7	11398.5	6831.6	21152.1

2-13 分区(市)县国内生产总值

(1995年)

单位:万元

区(市)县	国内生产总值(当年价)	第一产业	第二产业	第三产业	交通运输业	批发零售贸易、餐饮业	人均国内生产总值(元)
渝中区	682534	385	190307	491842	42021	170650	11847
大渡口区	204876	10167	158070	36639	3114	7198	10063
江北区	356314	14837	263242	78235	8305	293	8141
沙坪坝区	557959	37980	355505	164474	19551	34881	8987
九龙坡区	567870	45971	434432	87467	32300	28830	8637
南岸区	319362	18729	205580	95053	9338	29699	7746
北碚区	345092	51330	172610	121152	18216	52519	5596
万盛区	100612	22850	41039	36723	5194	16339	3381
双桥区	35247	3247	27409	4589	75	1066	8897
渝北区	227892	85861	98982	43049	2884	7671	2952
巴南区	279908	128448	84060	67400	13506	14397	3329
江津市	537326	215158	195762	126406	22786	29780	3702
合川市	517952	175372	148580	194000	25800	56276	3473
永川市	251101	102184	73427	75490	30908	18838	2471
长寿县	303637	90009	149771	63857	14004	11813	3492
綦江县	280389	104845	118507	57037	6302	27174	3004
潼南县	150514	92713	29185	28616	4530	8419	1709
铜梁县	206839	99729	52056	55054	5478	14932	2565
大足县	248121	90982	81633	75506	6680	48306	2760
荣昌县	213530	96703	68516	48311	5366	19057	2705
璧山县	160772	62644	59726	38402	6253	6902	2712

2-14 分区(市)县工农业总产值

(1995年)

单位:万元

区(市)县	工农业总产值(90年不变价)	农业总产值	工业总产值	轻工业产值	重工业产值
渝中区	229147	-	229147	110539	118608
大渡口区	261790	7444	254346	19085	235261
江北区	731153	9994	721159	256339	464820
沙坪坝区	1050895	30322	1020573	278867	741706
九龙坡区	1381060	32361	1348699	324205	1024494
南岸区	519008	14308	504700	265744	238956
北碚区	492062	33936	458126	212805	245321
万盛区	138063	15200	122863	29838	92225
双桥区	123619	1871	121748	6976	114772
渝北区	234074	65519	168555	105752	62803
巴南区	386053	104220	281833	82873	198960
江津市	437848	155316	282532	124143	158389
合川市	283067	112508	170559	76026	94533
永川市	217424	81832	135592	59127	76465
长寿县	364080	73297	290783	175234	115549
綦江县	451873	83118	368755	71412	297343
潼南县	163849	74813	89036	54085	34951
铜梁县	260195	76002	184193	86869	97324
大足县	183728	70939	112789	55265	57524
荣昌县	212388	52170	160218	84352	75866
璧山县	247627	45700	201927	86518	115409

2-15 城市基础设施和园林绿化

项　　目	单位	1985年	1990年	1994年	1995年
一、住房					
年末实有住宅建筑面积	万平方米	1677	2178	3101	7725
房管部门直管房	万平方米	428	456	445	565
各单位自管住宅	万平方米	1126	1406	2309	6492
私有住宅	万平方米	123	316	347	668
年末住宅居住面积	万平方米	893	1154	1551	1920
每人平均居住面积	平方米/人	4.1	5.1	6.5	7.0
年末缺房户	万户	21.07	15.96	8.20	6.89
#拥挤房	万户	7.07	6.24	1.60	1.29
二、天然气					
天然气用量	万平方米	46475	55000	69940	71562
#民用气	万平方米	1580	8500	21122	22744
三、市政工程					
道路长度	公里	1022	1201	1240	1590
道路面积	万平方米	684	788	972	1233
城市桥梁	座	136	139	178	248
排水道长度	公里	1470	1523	474	984
四、环卫机械和设施					
环卫机械	辆	136	252	310	349
#扫路车	辆	2	10	16	11
洒水车	辆	26	39	49	65
垃圾车	辆	86	108	128	137
公共垃圾站、台	座	133	178	219	262
公共厕所	个	725	823	853	2189
五、路灯					
路灯数	盏	1780	30370	41801	50409
六、城市建设用地					
城市面积	平方公里			1534	6076
规划区面积	平方公里			163	2500
建成区面积	平方公里			117	184
七、消防设施					
消防队个数	个	16	16	24	24
消防车	辆	83	88	95	98
消防船	艘	–	2	1	1

注:1995年城市口径由九区扩展到11个区,故95年数据与往年不可比。

2-15续表

项目	单位	1985年	1990年	1994年	1995年
八、城市交通					
公共交通(汽、电车)					
年末营运车辆数	辆	1098	1308	2038	2070
年末路线网长度	公里	1459	1662	2004	6415
全年客运总数	万人次	76900	85628	61498	56026
平均每日客运数	万人次	211	235	168	153
轮渡					
年末实有轮渡船数	艘	36	33	29	35
乘客人数	万人次	4300	2133	1389	1211
缆车					
缆车道条数	条	3	3	2	2
车辆数	辆	6	6	4	4
乘客人数	万人次	3148	1637	443	45
客运架空索道					
索道条数	条	1	2	2	2
客车数	辆	2	4	4	4
客车人次	万人次	409	518	599	695
出租汽车					
车辆数	辆	143	2110	5093	6322
九、城市自来水					
年末水厂个数	个	7	7	8	32
年末自来水生产能力	万吨/日	52.5	61.5	73.5	120.4
各单位自备水源能力	万吨/日	54.9	54.9	113.4	110.0
年末供水管道长度	公里	1025	1149	1218	1565
全市供水总量	万吨	16194	32853	45300	55229
#生产用	万吨	7148	18441	23542	25826
生活用	万吨	7219	10516	16766	20685
占供水总量比重					
生产用	%	44.1	56.1	52.0	46.8
生活用	%	44.6	32.0	37.0	37.5
十、用电量					
全市用电量	亿千瓦时	55.27	74.55	109.90	116.18
#工业用电	亿千瓦时	45.58	61.06	87.70	89.31
城乡居民生活用电	亿千瓦时	4.50	4.89	11.60	13.40
十一、园林绿化					
城市园林绿化面积	公倾	1925	2319	2935	7188
绿化覆盖率	%	15.0	16.1	25.1	22.5
全年植树	万株	21	138	89	165
园林苗圃面积	公倾	104	153	163	184
动物园、公园个数	个	11	14	19	26
动物园、公园面积	公倾	120	175	307	497
全年游园人次数	万人次	787	618	314	275
平均每人占公共绿地面积	平方米	0.6	0.8	2.4	2.0

注:园林绿化地面积,从1993年起由园林局系统内调整为全社会。

主要统计指标解释

【国内生产总值】　是按市场价格计算的国内生产总值的简称。它是一个国家(地区)所有常住单位在一定时期内生产活动的最终成果。国内生产总值有三种表现形态,即价值形态、收入形态和产品形态。从价值形态看,它是所有常住单位在一定时期内所生产的全部货物和服务价值超过同期投入的全部非固定资产货物和服务价值的差额,即所有常住单位的增加值之和;从收入形态看,它是所有常住单位在一定时期内所创造并分配给常住单位和非常住单位的初次分配收入之和;从产品形态看,它是最终使用的货物和服务减去进口货物和服务。在实际核算中,国内生产总值的三种表现形态为三种计算方法,即生产法、收入法和支出法。三种方法分别从不同的方面反映国内生产总值及其构成。

【国民生产总值】　是按市场价格计算的国民生产总值的简称。它是一个国家所有常住单位在一定时期内收入初次分配的最终成果。一国常住单位从事生产活动所创造的增加值在初次分配过程中主要分配给该国的常住单位,但也有一部分以劳动者报酬和财产收入等形式分配给该国的非常住单位,同时,国外生产所创造的增加值也有一部分以劳动者报酬和财产收入等形式分配给该国的常住单位。从而产生了国民生产总值概念,它等于国内生产总值加上来自国外的劳动者报酬和财产收入减去付给国外的劳动者报酬和财产收入。与国内生产总值不同,国内生产总值是一个生产概念,而国民生产总值则是个收入概念。

【可比价格】　指在不同时期的价值指标对比时,扣除了价格变动的因素,以确切反映物量的变化。按可比价格计算有两种方法:一种是直接用产品产量乘某一年的不变价格计算;另一种是用价格指数换算。

【不变价格】　指用同类产品的年平均价格作为固定价格,来计算各年产品价值。按不变价格计算的产品价值消除了价格变动因素,不同时期对比可以反映生产的发展速度。新中国成立后,随着工农业产品价格水平的变化,国家统计局先后五次制定了全国统一的工业产品不变价格和农业产品不变价格,从1949年至1957年使用1952年不变价格,从1957年到1971年使用1957年不变价格,从1971年至1981年使用1970年不变价格,从1981年到1990年使用1980年不变价格,从1990年开始使用1990年不变价格。

【平均每年增长速度】　在我国计算平均增长速度有两种方法,一种是习惯上经常使用的"水平法",又称几何平均法,是以间隔期最后一年的水平同基期水平对比来计算平均每年增长(或下降)速度。另一种是"累计法",又称代数平均法或方程法,是以间隔期内各年水平的总和同基期水平对比来计算平均每年增长(或下降)速度。在一般正常情况下,两种方法计算的平均每年增长速度比较接近,但在经济发展不平衡,出现大起大落时,两种方法计算的结果差别较大。本《年鉴》内所列的平均每年增长速度,除固定资产投产是用"累计法"计算以外,其余均用"水平法"计算。从某年至某年平均增长速度的年份,均不包括基期年在内。如建国四十六年的平均增长速度是以1949年为基期计算的,则写为1950－1995年平均增长速度,余类推。

【各个计划时期】　表内所用各个"时期"代表的年份如下:恢复时期为1950年到1952年;第一个五年计划时期(简称一五时期)为1953年到1957年;第二个五年计划时期(简称二五时期)为1958年到1962年;第三个五年计划时期(简称三五时期)为1966年到1970年;第四个五年计划时期(简称四五时期)为1971年至1975年;第五个五年计划时期(简称五五时期)为1976年至1980年;第六个五年计划时期(简称六五时期)为1981年至1985年;第七个五年计划时期(简称七五时期)为1986年至1990年;第八个五年计划时期(简称八五时期)为1991年至1995年。

【国有经济单位】　指生产资料归国家所有的各种企业、事业单位,以及各级国家机关、人民团体等单位。

【集体经济单位】　指生产资料归公民集体所有的各种企业、事业单位。包括农村各种经济组织经营的农、林、牧、副、渔业,乡、村经营的企业、事业单位;城市、县、镇以及街道举办的集体经济性质的企业事业单位。

【私营经济单位】　指生产资料归公民私人所有的单位。包括私营独资企业、私营合伙企业和私营有限责任公司。

【联营经济单位】　指不同所有制性质的企业之间或者企业、事业单位之间共同投资组成新的经济实体。包括紧密型联营企业,半紧密型联营企业和松散型联营企业。

【股份制经济单位】　指全部注册资本由全体股东共同出资,并以股份形式投资举办企业。主要包括股份有限公司和有限责任公司。

【外商投资经济单位】　指外国投资者根据中华人民共和国有关涉外经济的法律、法规,以合资、合作或独资的形式在中国大陆境内开办企业。包括中外合资经营企业、中外合作经营企业和独资企业。

【港、澳、台投资经济单位】 指港、澳、台地区投资者参照中华人民共和国有关涉外经济的法律、法规,以合资、合作或独资的形式在大陆举办企业。包括合资经营企业、合作经营企业和独资企业。

【三次产业】 根据社会生产活动历史发展的顺序对产业结构的划分,产品直接取自自然界的部门称为第一产业,对初级产品进行再加工的部门称为第二产业,为生产和消费提供各种服务的部门称为第三产业。它是世界上通用的产业结构分类,但各国的划分不尽一致。我国的三次产业划分是:

第一产业:农业(包括种植业、林业、牧业和渔业)

第二产业:工业(包括采掘工业、制造业、自来水、电力、蒸气、热水、煤气)和建筑业。

第三产业:除第一、第二产业以外的其他各业。由于第三产业包括的行业多、范围广,根据我国的实际情况,第三产业可分为两大部门:一是流通部门,二是服务部门。具体又可分为四个层次。

第一层次:流通部门,包括交通运输业、邮电通讯业、商业、饮食业、物资供销和仓储业。

第二层次:为生产和生活服务的部门,包括金融、保险业,地质普查业,房地产、公用事业,居民服务业,咨询服务业和综合技术服务业,农、林、牧、渔、水利服务业和水利业,公路、内河(湖)航道养护业等。

第三层次:为提高科学文化水平和居民素质服务的部门,包括教育、文化、广播电视,科学研究、卫生、体育和社会福利事业等。

第四层次:为社会公共需要服务的部门,包括国家机关、政党机关、社会团体,以及军队和警察等。

【国内支出总额】 指一个国家(或地区)所有常住单位一定时期内用于最终消费和投资,以及净出口的货物和服务支出总额。它反映本期生产的国内生产总值的使用构成。这一总量就是支出法测算的国内生产总值,具体包括总消费、总投资和净出口。

【总消费】 指常住单位在一定时期内的货物和服务的全部最终消费支出,也就是常住单位为满足物质、文化和精神生活的需要,从本国经济领土或外国购买的货物和服务的支出(不包括非常住居民在本国经济领土内的消费支出)。总消费分为居民消费和社会消费。(1)居民消费:指常住居民在一定时期内对于货物和服务的全部最终消费。包括居民以货币直接购买的各种消费品和直接支付的房租、交通、医疗、文教等各种服务费支出;居民本期自产自用的消费品和自有住房的虚拟消费,居民以实物工资形式获得的各种生活消费品等。不包括居民用于购买房屋和生产的支出。(2)社会消费:指政府部门的总产出扣除其销售收入后的价值。也就是指社会公共服务部门将期生产活动总成果提供给政府,由政府部门购买并提供给全社会享用的社会消费支出。

【总投资】 指常住单位在一定时期内对固定资产和库存的投资支出合计,为固定资产形成和库存增加两项。(1)固定资产形成:指从常住单位在一定时期内购置、转入和自产自用的固定资产中,扣除已有固定资产的销售和转出后的价值。固定资产形成包括在一定时期内完成的建筑工程、安装工程和设备器具购置价值,以及新增役、种、奶、毛、娱乐用牲畜和新增经济林价值等。(2)库存增加:指常住单位一定时期内库存实物量变动的市场价值,期初与期末差额为正值表示库存增加,负值表示库存减少。具体包括本期购买的原材料、燃料和储备物资等商品库存;本期生产的产成品、半成品和在制品等产品库存。

【固定资产折旧】 指一定时期内为弥补固定资产损耗而应提取的补偿价值,它反映了全部固定资产在本期生产中的资产转移价值。各类企业的固定资产折旧是指从成本费中提取的折旧费。对不计提折旧的单位,如政府机关、事业单位、学校医院、部队和居民住房则应进行虚拟折旧。

【劳动者报酬】 指劳动者为常住单位提供劳务而获得的各种报酬,它反映劳动者参与增加值创造而获得的原始收入。具体包括从各种来源开支的货币工资和实物工资,即单位以工资、福利、社会保险等形式,从成本、费用和利润中为劳动者支付的各种开支,以及个体和其他劳动者通过参加社会生产活动所获得的各种劳动报酬。

【生产税净额】 指生产税与补贴之差,它反映政府从本期创造的增加值中所得到的原始收入份额。生产税是指政府对生产单位的生产经营活动所征收的各种税、附加和规费,具体包括销售(营业)税金及附加、增值税、管理费开支的税、应交纳的养路费、排污费和水电附加等,以及烟酒专卖上缴政府的专项收入,补贴与生产税相反,是政府对生产单位的单方面转移,因此视为负税处理,包括政策亏损补贴、外贸企业出口退税收入等。

【营业盈余】 指常住单位创造的增加值扣除固定资产折旧价值、支付劳动者报酬和上缴政府生产税净额后的余额,它反映企业参与增加值创造而应得到的原始收入份额。该指标相当于企业的营业利润,但要扣除利税后项目中支付的工资、福利及公盈金等。

人　口　3

POPULATION

●1995 年,全市年末总户数 454.80 万户,总人口 1520.41 万人。

●全市总人口中,农业人口占 73.3%;非农业人口占 26.7%;市镇人口占 94.1%,乡村人口占 9.1%。

●1995 年,人口出生率 11.1‰,死亡率 6.9‰,自然增长率 4.1‰。

资料整理

张烈光

全市总人口

（万人）

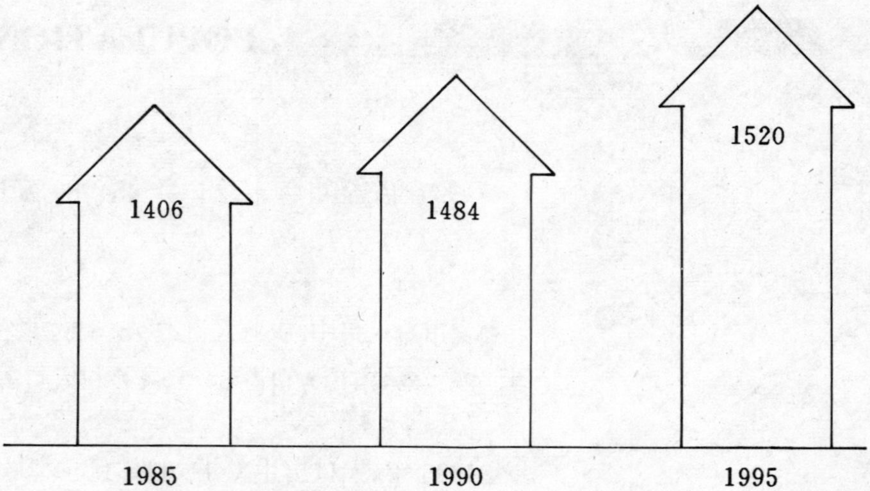

农业人口和非农业人口

（万人）

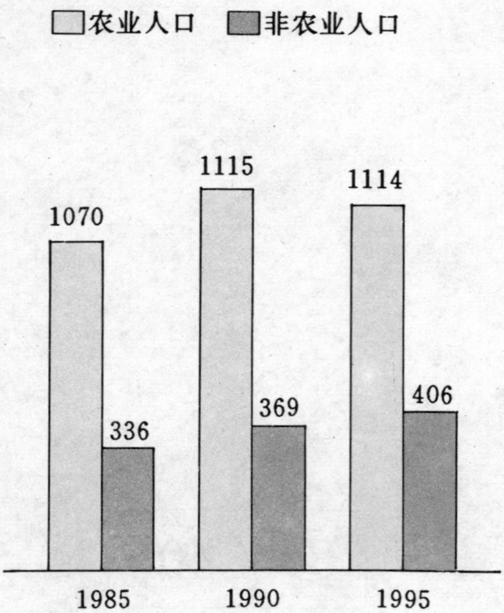

年末总人口构成（%）

（1995年）

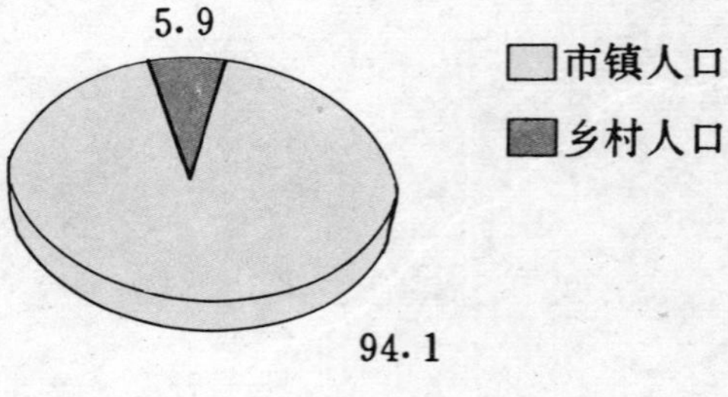

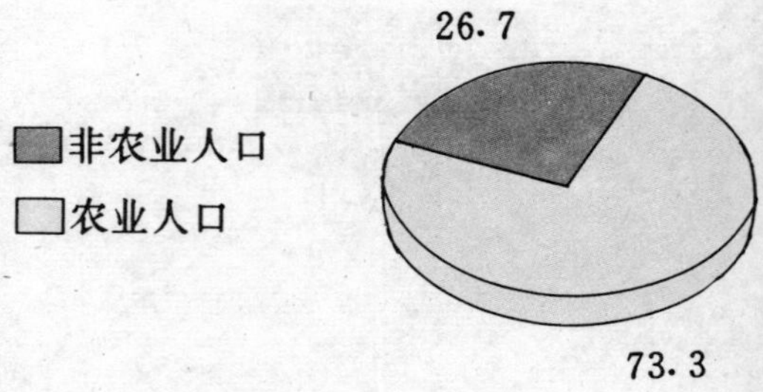

3-1 主要年份总户数、总人口数

(年末数)

年份 区市县	总户数(万户)	总人口(万人)	按性别分 男 人口数	男 比重(%)	女 人口数	女 比重(%)	性比例(女=100)
1952		876.21	464.38	53.0	411.83	47.0	112.8
1957	213.19	1005.40	526.53	52.4	478.87	47.6	110.0
1962	220.75	948.84	490.69	51.7	458.15	48.3	107.1
1965	230.66	1039.96	536.67	51.6	503.29	48.4	106.6
1970	265.20	1181.80	609.46	51.6	572.34	48.4	106.5
1975	298.06	1312.56	676.49	51.5	636.07	48.5	106.7
1978	311.46	1330.98	687.57	51.7	643.41	48.3	106.9
1980	315.83	1349.49	699.02	51.8	650.47	48.2	107.5
1985	358.82	1405.52	731.19	52.0	674.34	48.0	108.4
1990	431.50	1483.68	771.87	52.0	711.81	48.0	108.4
1991	436.57	1492.50	776.15	52.0	716.34	48.0	108.4
1992	441.22	1496.96	778.65	52.0	718.31	48.0	108.4
1993	444.36	1503.65	782.16	52.0	721.49	48.0	108.4
1994	452.23	1512.41	786.97	52.0	725.44	48.0	108.5
1995	454.80	1520.41	790.54	52.0	729.87	48.0	108.3
渝中区	19.00	57.59	29.21	50.7	28.37	49.3	103.0
大渡口区	6.65	20.38	10.35	50.8	10.03	49.2	103.1
江北区	14.25	43.93	22.46	51.1	21.47	48.9	104.6
沙坪坝区	18.92	62.34	32.15	51.6	30.19	48.4	106.5
九龙坡区	20.56	65.75	33.83	51.5	31.91	48.5	106.0
南岸区	13.73	42.00	21.51	51.2	20.49	48.8	105.0
北碚区	19.25	61.80	31.77	51.4	30.03	48.6	105.8
万盛区	7.20	26.74	13.57	50.8	13.17	49.2	103.1
双桥区	1.06	3.96	2.08	52.6	1.88	47.4	110.9
渝北区	24.11	77.68	40.40	52.0	37.28	48.0	108.4
巴南区	25.80	84.09	43.71	52.0	40.38	48.0	108.3
江津市	47.49	144.94	76.20	52.6	68.74	47.4	110.9
合川市	44.62	149.13	78.11	52.4	71.02	47.6	110.0
永川市	29.10	101.81	53.10	52.2	48.71	47.8	109.0
长寿县	26.24	87.11	44.64	51.2	42.47	48.8	105.1
綦江县	25.56	93.26	48.69	52.2	44.56	47.8	109.3
潼南县	24.46	88.38	46.70	52.8	41.69	47.2	112.0
铜梁县	23.24	80.90	42.22	52.2	38.69	47.8	109.1
大足县	22.88	90.14	47.87	53.1	42.27	46.9	113.2
荣昌县	22.66	79.13	41.08	51.9	38.05	48.1	108.0
璧山县	18.03	59.34	30.87	52.0	28.47	48.0	108.4

3-2 主要年份人口按构成分

(年末数)　　　　单位:万人

年份 区市县	按农业、非农业分				按城乡分			
	农业人口		非农业人口		市镇人口		乡村人口	
	人口数	比重(%)	人口数	比重(%)	人口数	比重(%)	人口数	比重(%)
1957	749.30	74.5	256.10	25.5	264.43	26.3	740.97	73.7
1962	724.51	76.4	224.33	23.6	258.73	27.3	690.11	72.7
1965	794.73	76.4	245.23	23.6	256.47	24.7	783.49	75.3
1970	932.66	78.9	249.14	21.1	263.19	22.3	918.61	77.7
1975	1058.31	80.6	254.25	19.4	273.15	20.8	1039.41	79.2
1978	1062.41	79.8	268.57	20.2	287.46	21.6	1043.52	78.4
1980	1060.83	78.6	288.66	21.4	308.35	32.8	1041.14	77.2
1985	1069.82	76.1	335.70	23.9	425.81	30.3	979.71	69.7
1990	1115.07	75.2	368.61	24.8	543.05	36.6	940.63	63.4
1991	1119.48	75.0	373.02	25.0	558.71	37.4	933.79	62.6
1992	1118.79	74.7	378.17	25.3	617.67	41.3	879.29	58.7
1993	1116.20	74.2	387.45	25.8	872.23	58.0	631.62	42.0
1994	1114.90	73.7	397.51	26.3	1387.65	91.7	124.76	8.3
1995	1113.92	73.3	406.49	26.7	1430.15	94.1	90.26	5.9
渝中区	0.28	0.5	57.31	99.5	57.59	100.0	–	–
大渡口区	6.49	31.8	13.89	68.2	20.38	100.0	–	–
江北区	10.98	25.0	32.95	75.0	43.93	100.0	–	–
沙坪坝区	23.14	37.1	39.20	62.9	62.34	100.0	–	–
九龙坡区	26.54	40.4	39.21	59.6	65.75	100.0	–	–
南岸区	15.07	35.9	26.93	64.1	42.00	100.0	–	–
北碚区	38.75	62.7	23.05	37.3	61.80	100.0	–	–
万盛区	16.20	60.6	10.54	39.4	26.74	100.0	–	–
双桥区	2.37	59.8	1.59	40.2	3.96	100.0	–	–
渝北区	65.59	84.4	12.09	15.6	77.68	100.0	–	–
巴南区	65.50	77.9	18.59	22.1	84.09	100.0	–	–
江津市	124.06	85.6	20.88	14.4	144.94	100.0	–	–
合川市	130.27	87.4	18.86	12.6	149.13	100.0	–	–
永川市	85.02	83.5	16.78	16.5	101.81	100.0	–	–
长寿县	73.19	84.0	13.92	16.0	66.55	76.4	20.56	23.6
綦江县	74.67	80.1	18.58	19.9	81.49	87.4	11.77	12.6
潼南县	82.57	93.4	5.81	6.6	75.46	85.4	12.92	14.6
铜梁县	73.03	90.3	7.87	9.7	71.8	88.8	9.10	11.2
大足县	81.49	90.4	8.65	9.6	76.37	84.7	13.77	15.3
荣昌县	66.22	83.7	12.91	16.3	65.00	82.3	14.04	17.7
璧山县	52.45	88.4	6.90	11.6	51.25	86.4	8.09	13.6

3-3 主要年份人口自然变动

单位:人、‰

年份　区市县	出生		死亡		自然增长	
	人数	率	人数	率	人数	率
1957	319614	32.2	114419	11.5	205195	20.6
1962	221517	23.3	167681	17.2	53836	5.7
1965	397228	38.7	102706	10.0	294522	28.3
1970	414705	35.6	99073	8.5	315632	27.1
1975	349036	26.8	96370	7.4	252666	19.4
1978	137500	10.4	81954	6.2	55546	4.2
1980	154639	11.5	79623	5.9	75016	5.6
1985	184450	13.2	91012	6.5	93438	6.7
1990	195909	13.3	94148	6.4	101761	6.9
1991	170529	11.5	94721	6.4	75808	5.1
1992	159510	10.7	104533	7.0	54977	3.7
1993	157136	10.5	97309	6.5	59827	4.0
1994	175534	11.6	96138	6.4	79396	5.3
1995	167740	11.1	105065	6.9	62675	4.1
渝中区	2993	5.2	4197	7.3	-1204	-2.1
大渡口区	1480	7.3	1243	6.1	237	1.2
江北区	3077	6.9	2958	6.7	119	0.2
沙坪坝区	4860	7.8	3713	5.6	1147	2.2
九龙坡区	6025	9.2	4603	7.0	1422	2.2
南岸区	3415	8.2	2685	6.4	730	1.7
北碚区	5756	9.3	4342	7.0	1414	2.3
万盛区	4258	15.9	1432	5.3	2826	10.6
双桥区	635	16.1	208	5.3	427	10.8
渝北区	8421	10.8	5376	6.9	3045	3.9
巴南区	8332	9.9	5711	6.8	2621	3.1
江津市	15855	10.9	10944	7.5	4911	3.4
合川市	19411	13.0	11054	7.4	8357	5.6
永川市	10658	10.5	6673	6.6	3985	3.9
长寿县	10416	12.0	6024	6.9	4392	5.1
綦江县	13280	14.2	7321	7.8	5959	6.4
潼南县	11615	13.2	5932	6.7	5683	6.5
铜梁县	12342	15.3	5795	7.2	4547	8.1
大足县	9332	10.4	5632	6.3	3700	4.1
荣昌县	8762	11.1	5056	6.4	3706	4.7
璧山县	6817	11.5	4176	7.0	2641	4.5

注:由于区划变动,渝中区、大渡口、江北、沙坪坝、九龙坡、南岸、北碚、渝北区、巴南区九区在计算出生率、死亡率、自然增长率时是用95年末的实际人口数计算,未用平均人数。

3－4 区(市)县镇人口及农业、非农业人口数

(1995年)

单位:万人

区(市)县	总人口			农业人口		非农业人口	
	合计	男	女	人数	占总人口%	人数	占总人口%
全市总计	**1064.56**	**552.14**	**512.42**	**905.65**	**85.0**	**158.91**	**15.0**
大渡口区	6.91	3.26	3.65	6.48	93.8	0.43	6.2
江北区	7.49	3.81	3.68	5.88	78.5	1.61	21.5
沙坪坝区	24.98	12.25	12.73	22.89	91.6	2.09	8.4
九龙坡区	32.32	16.08	16.24	25.51	78.9	6.81	21.1
南岸区	17.81	8.74	9.07	15.06	84.6	2.75	15.4
北碚区	49.41	25.21	24.20	36.71	74.3	12.70	25.7
万盛区	16.76	8.32	8.44	11.86	70.8	4.90	29.2
渝北区	61.24	31.67	29.57	49.71	81.2	11.53	18.8
巴南区	64.72	33.48	31.24	54.56	84.3	10.16	15.7
江津市	120.83	63.23	57.60	100.66	83.3	20.17	16.7
合川市	118.11	62.28	55.83	108.65	92.0	9.46	8.0
永川市	55.97	29.19	26.78	52.29	93.4	3.68	6.6
长寿县	66.55	34.05	32.50	53.09	79.8	13.46	20.2
綦江县	81.49	42.43	39.06	63.23	77.6	18.26	22.4
潼南县	75.46	39.81	35.65	69.83	92.5	5.63	7.5
铜梁县	71.80	37.40	34.40	64.14	89.3	7.66	10.7
大足县	76.37	40.50	35.87	67.92	88.9	8.45	11.1
荣昌县	65.09	33.84	31.25	52.48	80.6	12.61	19.4
璧山县	51.25	26.59	24.66	44.70	87.2	6.55	12.8

主要统计指标解释

【人口数】 指一定时点、一定地区范围内的有生命的个人的总和。

年度统计的年末人口数是指每年12月31日24时的人口数。年度统计的全国人口总数内未包括台湾省和港澳同胞以及海外华侨人数。

【市镇总人口和乡村总人口】 一般是按常住人口划分的。

【市镇总人口】 指市、镇辖区的全部人口。

【乡村总人口】 指县(不含镇)的全部人口。

【市】 是指经国家批准成立"市"建制的城市。

【镇】 是指经省、自治区、直辖市批准的镇。1963年以前为常住人口在2000人以上,非农业人口占50%以上的。1964年起改为常住人口在3000人以上,非农业人口占70%以上,或常住人口2500人以上,不满3000人,非农业人口占85%以上的。1984年后又调整为,凡县级地方国家机关所在地:或总人口在20000人以下的乡,乡政府驻地非农业人口超过2000人的;或总人口在20000以上的乡,乡政府驻地非农业人口占全乡人口10%以上;或少数民族地区、人口稀少的边远地区、山区和小型工矿区、小港口、风景旅游、边境口岸等地,非农业人口虽不足2000人,都可建镇。

【出生率(又称粗出生率)】 指在一定时期内(通常为一年)平均每千人所出生的人数的比率,一般用千分率表示。计算公式:

$$出生率=\frac{年出生人数}{年平均人数}\times 1000‰$$

出生人数是指活产婴儿,即胎儿脱离母体时(不管怀孕月数),有过呼吸或其他生命现象。

年平均人数是年初、年底人口数的平均数,也可用年中人口数代替。

【死亡率(又称粗死亡率】 指在一定时期内(通常为一年)一定地区的死亡人数与同期平均人数(或期中人数)之比,一般用千分率表示。计算公式:

$$死亡率=\frac{年死亡人数}{年平均人数}\times 1000‰$$

【人口自然增长率】 指在一定时期内(通常为一年)人口自然增加数(出生人数减死亡人数)与该时期内平均人数(或期中人数)之比,一般用千分率表示。计算公式:

$$人口自然增长率=\frac{本年出生人数-本年死亡人数}{年平均人数}\times 1000‰$$

人口自然增长率=人口出生率－人口死亡率

从业人员和职工工资 4

EMPLOYMENT AND WAGE

- 1995年,全市社会从业人员867.16万人,其中城镇私营企业从业人员8.40万人,城镇个体劳动者24.57万人。

- 1995年,职工人数212.90万人,比上年减少0.29万人;职工工资总额102.51亿元,比上年增长13.3%;职工年平均货币工资4850元,比上年增长13.8%。

- 1995年,全市城镇新增就业者9.13万人;城镇失业人员5.72万人,失业率2.4%。

- 1995年,全市离退休退职人数71.27万人,保险福利费用达到40.62亿元。

资料整理

朱富惠　邹　毅

童泽华

社会从业人员人数(万人)

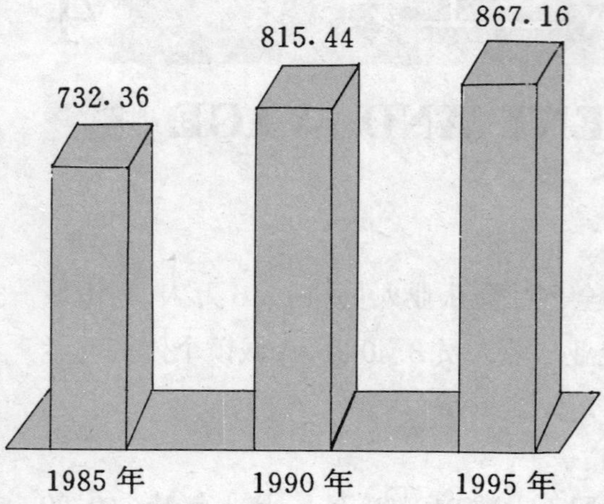

社会从业人员构成

(1995年)

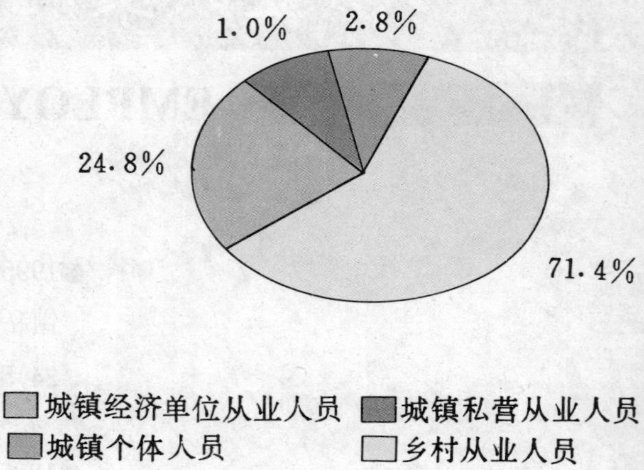

职工年平均工资(元)及构成(%)

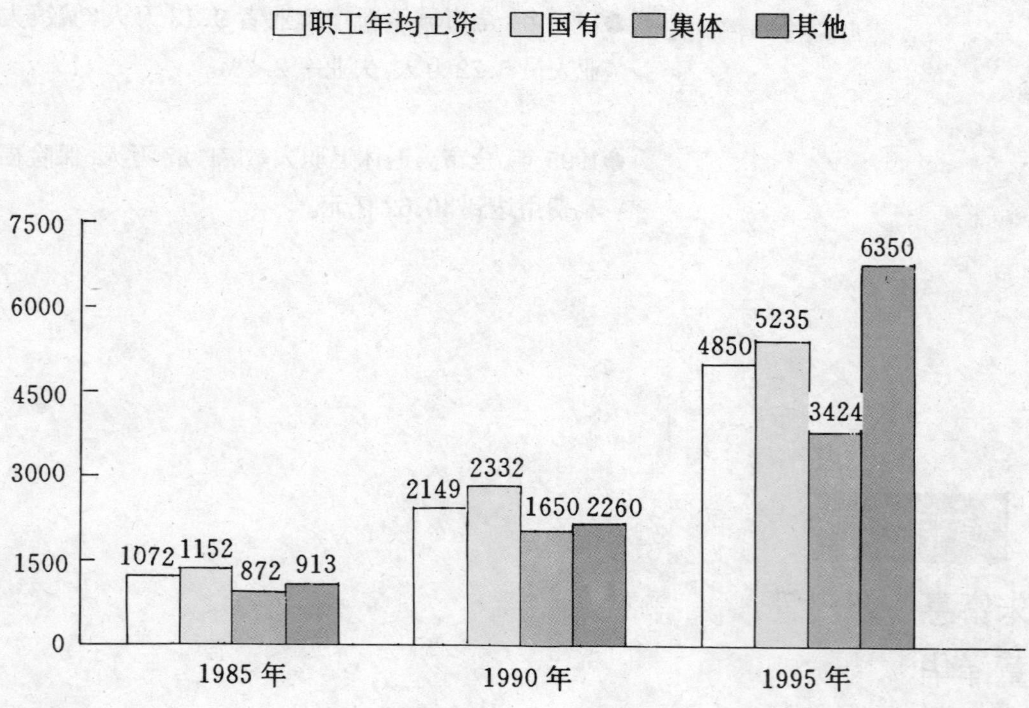

4－1 城镇经济活动独立核算单位数

（年末数）　　　　单位：个

经济类型及行业	1985年	1990年	1992年	1993年	1994年	1995年
全　市　全　计	**19364**	**22924**	**24448**	**23965**	**24224**	**23512**
一、按经济类型分						
1.国有经济	11572	15296	16306	15621	15846	15710
2.城镇集体经济	7791	7601	7970	7963	8031	7334
3.城镇其他经济	1	27	172	381	347	468
二、按企业、事业、机关分						
1.企业	8077	8670	9503	9449	9814	9474
2.事业	9379	12382	12257	11501	11906	11526
3.机关	1908	1872	2688	2015	2504	2512
三、按行业分						
1.农、林、牧、渔业	624	861	918	898	870	891
2.采掘业	82	75	81	203	63	71
3.制造业	2827	3045	3396	4129	3644	3614
4.电力、煤气及水的生产和供应业	75	80	70	99	65	104
5.建筑业	280	318	367	415	358	332
6.地质勘查业、水利管理业	8	11	10	107	220	154
7.交通运输、仓储及邮电通信业	418	451	482	326	408	449
8.批发和零售贸易、餐饮业	4235	4154	4158	3956	3818	3501
9.金融、保险业	126	142	159	197	217	207
10.房地产开发与经营业	48	64	121	130	135	178
11.社会服务业	554	660	562	677	665	573
12.卫生、体育和社会福利业	1302	1228	1308	1318	1315	1283
13.教育、文化艺术和广播电影电视业	6720	9833	9567	9159	8840	8619
14.科学研究和综合技术服务业	157	162	554	281	952	901
15.国家机关、政党机关和社会团体	1908	1968	2695	2019	2562	2541
16.其他行业	－	－	－	56	92	94

4-2 分区(市)县城镇经济活动独立核算单位数

(1995年末)　　单位:个

区(市)县	城镇独立核算单位	按经济类型分			按企业、事业、机关分		
		国有	集体	其他	企业	事业	机关
全市合计	**23512**	**15710**	**7334**	**468**	**9474**	**11526**	**2512**
渝中区	2065	981	984	100	1469	358	238
大渡口区	352	155	186	11	255	55	42
江北区	1102	476	570	56	780	244	78
沙坪坝区	1003	457	503	43	673	251	79
九龙坡区	1604	821	741	42	1207	311	86
南岸区	975	395	485	95	704	176	95
北碚区	840	498	329	13	422	327	91
万盛区	402	296	101	5	151	185	66
双桥区	176	143	29	4	66	39	71
渝北区	1089	763	306	20	347	652	90
巴南区	1133	810	305	18	367	652	114
江津市	1900	1344	547	9	594	1169	137
合川市	1883	1466	411	6	462	1141	280
永川市	1319	1185	128	6	180	1055	84
长寿县	1088	890	193	5	233	680	175
綦江县	1438	975	187	9	445	850	143
潼南县	1147	929	218	–	199	804	144
铜梁县	1099	824	274	1	253	714	132
大足县	1058	859	188	11	215	732	111
荣昌县	1059	894	165	–	199	721	139
璧山县	780	549	217	14	253	410	117

4-3从 业 人 员 构 成

(1978-1995年末)　　单位:万人

年份 区市县	从业人员合计	城镇经济单位从业人员	#职工	国有经济单位	城镇集体经济单位	其他各种经济单位	城镇私营企业从业人员	城镇个体从业人员	乡村从业人员
1978	599.25		156.65	120.01	36.64	–	–	0.20	442.40
1980	644.98		170.46	126.38	44.08	–	–	1.41	473.11
1985	732.36		196.61	142.16	54.44	0.01	–	5.66	530.09
"七五"时期									
1986	754.35		200.36	144.53	55.79	0.04	–	6.32	547.67
1987	773.01		204.22	147.76	56.29	0.17	–	6.27	562.52
1988	789.56		208.14	150.38	57.54	0.22	–	6.91	574.51
1989	800.64		208.85	151.78	56.58	0.49	–	7.12	584.67
1990	815.44		214.19	156.01	57.53	0.65	–	7.43	593.83
"八五"时期									
1991	836.87		219.02	159.34	58.69	0.99	0.63	7.72	609.50
1992	849.58		220.38	159.70	59.21	1.47	0.76	7.77	620.67
1993	841.05		212.24	155.68	53.09	3.46	1.68	8.83	618.30
1994	849.69	215.62	213.19	150.99	53.93	8.27	4.47	15.20	614.40
1995	867.16	215.09	212.91	151.14	51.99	9.78	8.40	24.57	619.10
渝中区	38.12	33.35	32.97	24.18	7.55	1.24	0.85	3.72	0.20
大渡口区	10.91	8.91	8.90	5.95	2.86	0.09	0.08	0.36	1.56
江北区	26.47	18.70	18.51	13.20	4.93	0.38	0.49	2.20	5.08
沙坪坝区	39.26	24.03	23.89	16.08	5.29	2.52	0.81	2.38	12.04
九龙坡区	40.51	23.58	23.39	16.60	5.42	1.37	0.94	2.58	13.41
南岸区	24.38	13.56	13.48	9.02	3.80	0.66	0.75	2.54	7.53
北碚区	32.95	11.20	11.15	7.43	2.37	1.35	0.62	0.82	20.31
万盛区	14.77	4.98	4.96	3.63	1.28	0.05	0.31	0.45	9.03
双桥区	2.93	1.28	1.20	1.01	0.17	0.02	0.06	0.04	1.55
渝北区	43.40	6.08	6.02	3.60	1.72	0.70	0.24	0.66	36.42
巴南区	41.60	9.42	9.37	6.92	2.05	0.40	0.40	1.72	30.06
江津市	74.51	8.91	8.77	6.44	2.26	0.07	0.37	0.89	64.34
合川市	83.18	7.67	7.55	5.44	1.98	0.13	0.54	0.73	74.24
永川市	54.13	6.71	6.62	5.18	1.12	0.32	0.65	0.87	45.90
长寿县	54.17	7.84	7.75	5.98	1.73	0.04	0.38	0.94	45.01
綦江县	50.40	9.12	9.00	6.62	2.27	0.11	0.25	0.88	40.15
潼南县	44.42	3.05	2.91	2.18	0.73	–	0.05	0.14	41.18
铜梁县	50.28	3.68	3.64	2.56	1.04	0.04	0.21	0.47	45.92
大足县	58.03	3.45	3.39	2.20	1.10	0.09	0.41	0.73	53.44
荣昌县	48.52	6.56	6.48	4.86	1.62	–	0.24	0.67	41.05
璧山县	34.22	3.01	2.97	2.08	0.70	0.19	0.12	0.41	30.68

4-4 分行业从业人员人数

(1985-1995 年末)　　　　单位:万人

年 份	合 计	农、林、牧、渔业	采掘业	制造业	电力、煤气及水的生产和供应业	建筑业	地质勘查业、水利管理业	交通运输仓储及邮电通信业	批发和零售贸易餐饮业
1985	732.36	457.39	12.48	120.90	1.69	34.98	1.59	17.97	31.84
“七五”时期									
1986	754.35	454.22	13.55	127.99	2.13	40.10	1.55	18.13	38.33
1987	773.01	461.43	13.74	133.74	2.02	44.60	1.54	18.12	33.92
1988	789.56	468.86	13.71	136.81	1.92	45.29	1.55	18.78	35.55
1989	800.64	478.62	14.78	135.59	1.93	43.71	1.54	19.70	36.38
1990	815.44	488.54	14.66	134.79	2.27	43.24	2.41	21.72	37.46
“八五”时期									
1991	836.87	496.87	14.89	137.69	2.38	44.96	1.79	21.46	39.41
1992	849.58	492.29	14.66	140.17	2.22	48.52	1.79	21.68	41.20
1993	841.05	462.10	12.87	140.40	2.41	56.90	0.92	21.78	40.83
1994	849.69	450.71	12.60	139.78	2.35	57.11	0.61	24.30	45.75
1995	867.16	439.00	12.23	141.70	2.65	59.50	0.63	25.10	58.25

年 份	金融保险业	房地产业	社会服务业	卫生、体育和社会福利业	教育、文化艺术和广播电影电视业	科学研究和综合技术服务业	国家机关、政党机关和社会团体	其他行业
1985	1.60	0.74	5.37	5.75	17.39	2.09	8.02	12.56
“七五”时期								
1986	1.53	0.57	5.77	5.82	17.72	2.27	8.56	16.11
1987	1.77	0.59	6.06	5.97	17.73	2.24	9.05	20.51
1988	2.12	0.61	6.79	5.94	17.78	2.35	9.36	22.58
1989	1.97	0.61	6.48	5.90	17.86	2.50	10.00	23.07
1990	2.14	0.60	7.07	6.00	18.22	2.52	10.44	23.36
“八五”时期								
1991	2.22	0.57	7.06	6.18	18.34	2.71	10.34	30.00
1992	2.39	0.62	7.61	6.28	18.61	3.33	10.27	37.94
1993	2.55	0.40	66.30	4.76	16.88	2.24	9.57	0.15
1994	2.74	0.94	76.26	5.04	17.80	3.97	9.47	0.23
1995	2.82	0.94	87.90	4.99	17.52	4.09	9.61	0.24

4－5 乡村经济分行业从业人员

(1985－1995年末)　　单位:万人

年　份	合　计	农、林、牧、渔业	采掘、制造、电力、煤气及水的生产和供应业	建筑业	交通运输仓储及邮电通信业	批发和零售贸易、餐饮业	社会服务业及其他行业
1985	530.09	454.53	29.16	18.97	3.46	5.46	18.51
"七五"时期							
1986	547.67	451.36	35.47	22.99	3.82	12.02	22.01
1987	562.52	458.58	38.29	27.00	4.19	7.83	26.62
1988	574.51	465.96	39.39	27.97	4.50	8.00	28.69
1989	584.67	475.54	38.00	27.42	5.26	8.43	30.01
1990	593.83	485.81	35.82	27.07	5.47	9.30	30.36
"八五"时期							
1991	609.50	493.95	36.19	27.52	5.24	10.38	36.22
1992	620.67	489.57	38.50	30.54	5.67	11.83	44.56
1993	618.30	460.10	40.60	37.90	6.80	13.50	59.40
1994	614.40	448.50	38.10	40.00	7.60	14.20	66.00
1995	619.10	436.80	37.80	42.60	8.20	15.20	78.50

4－6 城镇私营企业及个体分行业从业人员人数

(年末数)　　单位:万人

行　业	1985年	1990年	1992年	1993年	1994年	1995年
全市合计	**5.66**	**7.43**	**8.53**	**10.51**	**19.67**	**32.97**
1.农、林、牧、渔业	0.04	－	－	－	0.02	－
2.采掘业	－	－	－	－	0.01	0.23
3.制造业	0.48	0.65	1.05	1.39	3.20	5.06
4.电力、煤气及水的生产和供应业	－	－	－	－	－	－
5.建筑业	0.03	…	0.02	0.03	0.32	1.05
6.地质勘查业、水利管理业	－	－	－	－	－	－
7.交通运输、仓储及邮电通信业	0.04	0.26	0.25	0.32	0.44	0.72
8.批发和零售贸易、餐饮业	4.55	5.69	6.33	5.75	10.73	22.12
9.金融、保险业	－	－	－	－	－	－
10.房地产开发与经营业	－	－	－	－	－	－
11.社会服务业	0.47	0.73	0.77	2.73	4.66	3.69
12.卫生、体育和社会福利业	0.05	0.02	0.04	0.17	0.14	0.10
13.教育、文化艺术和广播电影电视业	…	0.08	0.07	0.12	0.33	－
14.科学研究和综合技术服务业	－	－	－	－	－	－
15.国家机关、政党机关和社会团体	－	－	－	－	－	－
16.其他行业	－	－	－	－	－	－

4－7 城镇经济单位分行业职工人数

（1985－1995 年末）　　单位:万人

年份	合计	农、林、牧、渔业	采掘业	制造业	电力、煤气及水的生产和供应业	建筑业	地质勘查业、水利管理业	交通运输仓储及邮电通信业	批发和零售贸易餐饮业
1985	196.61	2.83	12.48	91.26	1.69	15.97	1.59	14.47	21.84
“七五”时期									
1986	200.36	2.86	13.55	91.67	2.13	17.08	1.55	14.24	21.42
1987	204.22	2.84	13.74	94.58	2.02	17.59	1.54	13.84	21.41
1988	208.14	2.90	13.71	96.80	1.92	17.32	1.55	14.15	22.16
1989	208.85	3.07	14.78	96.94	1.93	16.28	1.54	14.36	22.30
1990	214.19	2.73	14.65	98.33	2.27	16.16	2.41	15.99	22.49
“八五”时期									
1991	219.02	2.85	14.89	100.44	2.38	16.89	2.38	16.19	22.73
1992	220.38	2.61	14.66	100.43	2.40	17.42	2.46	16.11	22.68
1993	212.24	2.00	12.87	98.42	2.41	18.97	0.92	14.66	20.58
1994	213.19	2.18	12.58	97.79	2.35	16.81	0.61	16.08	20.64
1995	212.91	2.06	11.98	98.18	2.65	15.60	0.62	16.09	20.83

年份	金融保险业	房地产业	社会服务业	卫生、体育和社会福利业	教育、文化艺术和广播电影电视业	科学研究和综合技术服务业	国家机关、政党机关和社会团体	其他行业
1985	1.49	0.74	3.71	4.47	14.89	1.81	7.37	–
“七五”时期								
1986	1.53	0.56	4.07	4.56	15.26	1.94	7.94	–
1987	1.66	0.58	4.26	4.64	15.37	1.94	8.21	–
1988	1.79	0.61	4.56	4.69	15.49	2.02	8.47	–
1989	1.81	0.61	4.39	4.63	15.65	2.12	8.44	–
1990	1.98	0.60	4.74	4.74	15.95	2.16	8.99	–
“八五”时期								
1991	2.07	0.57	4.96	4.84	16.25	2.27	9.31	–
1992	2.24	0.62	5.03	4.86	16.58	2.93	9.35	–
1993	2.35	0.40	5.35	4.76	16.71	2.12	9.57	0.15
1994	2.68	0.91	5.52	4.89	16.65	3.94	9.38	0.23
1995	2.79	0.92	5.72	4.92	16.75	4.07	9.52	0.24

4-8 国有经济单位分行业职工人数

(年末数)　　单位:万人

行　　业	1985年	1990年	1992年	1993年	1994年	1995年
全市合计	**143.26**	**156.01**	**159.70**	**155.68**	**150.99**	**151.14**
1.农、林、牧、渔业	2.34	2.22	2.20	1.52	1.66	1.63
2.采掘业	11.97	13.20	12.77	12.22	11.48	10.95
3.制造业	63.74	68.57	69.35	68.30	63.53	63.83
4.电力、煤气及水的生产和供应业	1.68	2.02	2.17	2.20	2.16	2.39
5.建筑业	9.41	9.44	9.86	10.39	8.46	7.79
6.地质勘查业、水利管理业	1.59	1.79	1.79	0.91	0.60	0.62
7.交通运输、仓储及邮电通信业	10.70	10.92	11.01	11.34	12.63	12.56
8.批发和零售贸易、餐饮业	10.60	11.97	12.29	10.78	10.33	10.64
9.金融、保险业	1.11	1.52	1.72	1.80	2.11	2.10
10.房地产开发与经营业	0.59	0.58	0.59	0.29	0.80	0.74
11.社会服务业	2.85	3.63	3.97	4.18	4.10	4.37
12.卫生、体育和社会福利业	3.10	3.39	3.67	3.51	3.64	3.72
13.教育、文化艺术和广播电影电视业	14.58	15.78	16.47	16.64	16.58	16.67
14.科学研究和综合技术服务业	1.81	2.16	2.63	1.98	3.41	3.49
15.国家机关、政党机关和社会团体	7.19	8.82	9.21	9.49	9.30	9.45
16.其他行业	-	-	-	0.13	0.20	0.20

4-9 城镇集体经济单位分行业职工人数

(年末数)　　单位:万人

行　　业	1985年	1990年	1992年	1993年	1994年	1995年
全市合计	**54.44**	**57.53**	**59.21**	**53.09**	**53.93**	**51.99**
1.农、林、牧、渔业	0.49	0.62	0.52	0.48	0.52	0.43
2.采掘业	0.50	1.44	1.89	0.62	1.10	1.03
3.制造业	27.50	29.42	30.16	27.69	27.81	26.52
4.电力、煤气及水的生产和供应业	0.01	0.24	0.23	0.04	0.07	0.10
5.建筑业	6.57	7.20	8.01	8.46	8.20	7.66
6.地质勘查业、水利管理业	-	-	-	0.01	0.01	0.01
7.交通运输、仓储及邮电通信业	4.87	4.82	4.72	3.28	3.35	3.42
8.批发和零售贸易、餐饮业	11.24	10.74	10.72	9.64	9.45	9.25
9.金融、保险业	0.38	0.46	0.52	0.55	0.57	0.66
10.房地产开发与经营业	0.16	0.02	0.03	0.01	0.03	0.04
11.社会服务业	0.85	0.89	0.69	0.79	0.94	0.90
12.卫生、体育和社会福利业	1.37	1.34	1.19	1.25	1.19	1.20
13.教育、文化艺术和广播电影电视业	0.32	0.17	0.09	0.07	0.07	0.08
14.科学研究和综合技术服务业	…	-	0.30	0.11	0.52	0.57
15.国家机关、政党机关和社会团体	0.18	0.17	0.14	0.08	0.08	0.08
16.其他行业	-	-	-	0.02	0.02	0.04

4－10 城镇其他各种经济单位分行业职工人数

(年末数)　　　　单位:万人

经济类型及行业	1985年	1990年	1992年	1993年	1994年	1995年
全市合计	**0.01**	**0.65**	**1.47**	**3.46**	**8.27**	**9.78**
一、按经济类型分						
1.联营经济	0.01	0.22	0.19	0.58	0.28	0.32
2.股份制经济	－	－	－	1.05	5.34	5.67
3.外商投资经济	－	0.43	1.02	0.46	1.66	2.46
4.港、澳、台投资经济	－	－	0.26	1.37	0.99	1.33
5.其他经济	－	－	－	－	－	－
二、按行业分						
1.农、林、牧、渔业	－	－	…	－	－	－
2.采掘业	－	－	－	0.03	－	－
3.制造业	0.01	0.35	0.92	2.43	6.46	7.82
4.电力、煤气及水的生产和供应业	－	－	－	0.17	0.12	0.16
5.建筑业	－	0.04	0.09	0.12	0.16	0.15
6.地质勘查业、水利管理业	－	－	－	－	－	－
7.交通运输、仓储及邮电通信业	－	0.02	0.03	0.04	0.10	0.10
8.批发和零售贸易、餐饮业	－	0.01	0.03	0.16	0.87	0.94
9.金融、保险业	－	－	－	－	－	0.03
10.房地产开发与经营业	－	－	－	0.10	0.08	0.13
11.社会服务业	－	0.23	0.37	0.38	0.48	0.44
12.卫生、体育和社会福利业	－	－	－	－	－	…
13.教育、文化艺术和广播电影电视业	－	－	0.02	－	－	－
14.科学研究和综合技术服务业	－	－	－	0.03	－	0.01
15.国家机关、政党机关和社会团体	－	－	－	－	－	－
16.其他行业	－	－	－	－	－	…

4-11 城镇经济单位女职工人数

(年末数)　　单位:万人

经济类型及行业	1985年	1990年	1992年	1993年	1994年	1995年
全市合计	**75.26**	**81.78**	**83.96**	**79.98**	**82.16**	**82.55**
一、按经济类型分						
1.国有经济单位	48.64	53.93	55.87	55.09	54.18	54.77
2.城镇集体经济单位	26.61	27.53	27.42	23.44	24.58	23.77
3.其他各种经济单位	0.01	0.32	0.67	1.45	3.40	4.01
二、按企业、事业、机关分						
1.企业	64.23	68.90	70.38	66.30	68.14	68.24
2.事业	9.45	10.83	11.39	11.37	11.81	12.03
3.机关	1.58	2.05	2.19	2.31	2.21	2.28
三、按三次产业分						
1.第一产业	0.76	0.77	0.73	0.54	0.61	0.53
2.第二产业	46.91	47.89	51.81	49.77	50.31	50.18
3.第三产业	27.59	33.12	31.42	29.67	31.24	31.84
四、按行业分						
1.农、林、牧、渔业	0.76	0.77	0.73	0.54	0.61	0.53
2.采掘业	2.46	2.71	2.84	2.87	3.22	3.08
3.制造业	39.94	43.61	44.22	42.53	42.44	42.48
4.电力、煤气及水的生产和供应业	0.61	0.80	0.88	0.82	0.83	0.94
5.建筑业	3.90	3.81	3.88	3.55	3.82	3.68
6.地质勘查业、水利管理业	0.46	0.45	0.47	0.23	0.16	0.16
7.交通运输、仓储及邮电通信业	4.17	4.14	4.23	3.85	4.27	4.24
8.批发和零售贸易、餐饮业	9.91	10.73	10.90	9.71	9.86	10.02
9.金融、保险业	0.61	0.83	0.94	1.03	1.17	1.22
10.房地产开发与经营业	0.26	0.26	0.20	0.21	0.32	0.33
11.社会服务业	1.61	2.15	2.26	2.24	2.48	2.62
12.卫生、体育和社会福利业	2.31	2.53	2.62	2.51	2.59	2.70
13.教育、文化艺术和广播电影电视业	6.06	6.27	6.73	6.85	6.82	6.93
14.科学研究和综合技术服务业	0.62	0.73	0.93	0.70	1.32	1.32
15.国家机关、政党机关和社会团体	1.58	1.99	2.13	2.29	2.17	2.22
16.其他行业	–	–	–	0.05	0.08	0.08

4－12 城镇经济单位合同制职工人数

(年末数)　　单位:万人

经济类型及行业	1985年	1990年	1992年	1993年	1994年	1995年
全市合计	**2.82**	**13.84**	**26.52**	**38.30**	**39.95**	**90.70**
一、按经济类型分						
1.国有经济单位	2.82	12.71	24.23	33.14	30.58	69.13
2.城镇集体经济单位	–	0.96	1.82	3.99	4.12	14.12
3.其他各种经济单位	–	0.17	0.47	1.17	5.25	7.45
二、按企业、事业、机关分						
1.企业	2.15	12.24	24.40	36.16	37.57	88.08
2.事业	0.16	0.85	1.18	1.26	1.52	1.75
3.机关	0.51	0.75	0.94	0.88	0.86	0.87
三、按三次产业分						
1.第一产业	0.04	0.27	0.35	0.31	0.33	0.48
2.第二产业	1.65	8.65	18.47	28.36	28.74	68.68
3.第三产业	1.13	4.92	7.70	9.63	10.88	21.54
四、按行业分						
1.农、林、牧、渔业	0.04	0.27	0.35	0.31	0.33	0.48
2.采掘业	0.31	1.37	2.15	2.67	2.81	4.14
3.制造业	1.23	6.11	14.29	23.03	23.23	57.28
4.电力、煤气及水的生产和供应业	0.02	0.26	0.57	0.47	0.49	1.97
5.建筑业	0.10	0.91	1.46	2.19	2.21	5.30
6.地质勘查业、水利管理业	0.02	0.12	0.20	0.10	0.10	0.11
7.交通运输、仓储及邮电通信业	0.16	0.94	1.32	2.23	2.58	5.45
8.批发和零售贸易、餐饮业	0.22	1.75	3.39	4.29	4.77	10.84
9.金融、保险业	…	0.29	0.37	0.39	0.58	0.61
10.房地产开发与经营业	0.01	0.09	0.19	0.05	0.13	0.20
11.社会服务业	0.09	0.51	0.60	0.92	1.03	2.50
12.卫生、体育和社会福利业	0.02	0.16	0.22	0.23	0.26	0.26
13.教育、文化艺术和广播电影电视业	0.08	0.25	0.38	0.39	0.43	0.51
14.科学研究和综合技术服务业	0.01	0.08	0.12	0.14	0.13	0.16
15.国家机关、政党机关和社会团体	0.51	0.73	0.91	0.88	0.85	0.85
16.其他行业	–	–	–	0.01	0.02	0.04

4-13 城镇经济单位从业人员

(1995年末) 单位:万人

经济类型及行业	从业人员	职工	#女职工	#合同制职工	#长期职工	其他从业人员
总计	**215.09**	**212.91**	**82.55**	**90.70**	**199.01**	**2.18**
一、按经济类型分						
1.国有经济单位	152.69	151.14	54.77	69.13	143.82	1.55
2.城镇集体经济单位	52.53	51.99	23.77	14.12	46.31	0.54
3.其他各种经济单位	9.87	9.78	4.01	7.45	8.87	0.09
二、按企业、事业、机关分						
1.企业	174.96	173.78	68.24	88.08	161.97	1.18
2.事业	30.34	29.42	12.03	1.75	27.60	0.92
3.机关	9.79	9.71	2.28	0.87	9.44	0.08
三、按三次产业分						
1.第一产业	2.08	2.06	0.53	0.48	1.95	0.02
2.第二产业	145.42	144.48	50.18	68.68	119.64	0.94
3.第三产业	67.58	66.36	31.84	21.54	77.42	1.22
四、按行业分						
1.农、林、牧、渔业	2.08	2.06	0.53	0.48	1.95	0.02
2.采掘业	12.00	11.98	3.08	4.14	11.50	0.02
3.制造业	98.77	98.18	42.48	57.28	93.47	0.59
4.电力、煤气及水的生产和供应业	2.65	2.64	0.94	1.97	2.56	0.01
5.建筑业	15.73	15.60	3.68	5.30	12.11	0.13
6.地质勘查业、水利管理业	0.63	0.63	0.16	0.11	0.61	-
7.交通运输、仓储及邮电通信业	16.28	16.09	4.24	5.45	14.45	0.19
8.批发和零售贸易、餐饮业	20.98	20.82	10.02	10.84	20.02	0.16
9.金融、保险业	2.81	2.79	1.22	0.61	2.66	0.02
10.房地产开发与经营业	0.93	0.90	0.33	0.20	0.83	0.03
11.社会服务业	5.79	5.72	2.62	2.50	5.09	0.07
12.卫生、体育和社会福利业	4.99	4.92	2.70	0.26	4.65	0.07
13.教育、文化艺术和广播电影电视业	17.52	16.75	6.93	0.51	15.67	0.77
14.科学研究和综合技术服务业	4.09	4.07	1.32	0.16	3.97	0.02
15.国家机关、政党机关和社会团体	9.61	9.53	2.22	0.85	9.22	0.08
16.其他行业	0.24	0.24	0.08	0.04	0.23	-

4－14 城镇经济单位企业从业人员

(1995年末)　　单位:万人

经济类型及行业	从业人员	职　工	#女职工	#合同制职　工	#长期职工	其　他从业人员
总　　计	**174.96**	**173.78**	**68.24**	**88.08**	**161.97**	**1.18**
一、按经济类型分						
1.国有经济单位	114.52	113.94	41.21	66.67	108.59	0.58
2.城镇集体经济单位	50.58	50.06	23.03	13.96	44.50	0.52
3.其他各种经济单位	9.86	9.78	4.01	7.45	8.88	0.08
二、按三次产业分						
1.第一产业	0.63	0.62	0.17	0.22	0.57	0.01
2.第二产业	129.07	128.33	50.16	68.69	119.56	0.74
3.第三产业	45.26	44.83	17.91	19.61	41.84	0.43
三、按行业分						
1.农、林、牧、渔业	0.63	0.62	0.17	0.22	0.57	0.01
2.采掘业	12.00	11.98	3.08	4.14	11.50	0.02
3.制造业	98.69	98.10	42.46	57.28	93.39	0.59
4.电力、煤气及水的生产和供应业	2.65	2.65	0.94	1.97	2.56	…
5.建筑业	15.73	15.60	3.68	5.30	12.11	0.13
6.地质勘查业、水利管理业	–	–	–	–	–	–
7.交通运输、仓储及邮电通信业	14.83	14.63	3.86	5.18	13.07	0.20
8.批发和零售贸易、餐饮业	20.98	20.83	10.01	10.84	20.02	0.15
9.金融、保险业	2.83	2.79	1.22	0.61	2.66	0.02
10.房地产开发与经营业	0.40	0.37	0.12	0.13	0.31	0.03
11.社会服务业	4.45	4.42	2.13	2.33	4.00	0.03
12.卫生、体育和社会福利业	0.01	0.01	…	…	…	…
13.教育、文化艺术和广播电影电视业	0.07	0.07	0.03	0.04	0.07	…
14.科学研究和综合技术服务业	1.67	1.67	0.53	0.02	1.66	…
15.国家机关、政党机关和社会团体	–	–	–	–	–	–
16.其他行业	0.03	0.03	0.01	0.02	0.03	–

4－15 城镇经济单位事业、机关从业人员

(1995年末)　　单位:万人

经济类型及行业	从业人员	职工	#女职工	#合同制职工	#长期职工	其他从业人员
总计	**40.12**	**39.12**	**14.30**	**2.62**	**37.04**	**1.00**
一、按经济类型分						
1.国有经济单位	38.17	37.20	13.56	2.46	35.23	0.97
2.城镇集体经济单位	1.95	1.92	0.74	0.16	1.81	0.03
3.其他各种经济单位	–	–	–	–	–	–
二、按三次产业分						
1.第一产业	1.44	1.43	0.37	0.26	1.38	0.01
2.第二产业	0.07	0.07	0.02	0.01	0.07	–
3.第三产业	38.61	37.62	13.91	2.35	35.59	0.99
三、按行业分						
1.农、林、牧、渔业	1.44	1.43	0.37	0.26	1.38	0.01
2.采掘业	–	–	–	–	–	–
3.制造业	0.07	0.07	0.02	0.01	0.07	–
4.电力、煤气及水的生产和供应业	–	–	–	–	–	–
5.建筑业	–	–	–	–	–	–
6.地质勘查业、水利管理业	0.63	0.62	0.17	0.11	0.61	…
7.交通运输、仓储及邮电通信业	1.46	1.46	0.38	0.27	1.38	…
8.批发和零售贸易、餐饮业	–	–	–	–	–	–
9.金融、保险业	–	–	–	–	–	–
10.房地产开发与经营业	0.53	0.53	0.21	0.07	0.53	…
11.社会服务业	1.34	1.29	0.48	0.17	1.09	0.04
12.卫生、体育和社会福利业	4.98	4.92	2.69	0.26	4.64	0.06
13.教育、文化艺术和广播电影电视业	17.44	16.67	6.90	0.47	15.61	0.77
14.科学研究和综合技术服务业	2.42	2.40	0.79	0.13	2.31	0.02
15.国家机关、政党机关和社会团体	9.60	9.52	2.22	0.85	9.22	0.08
16.其他行业	0.21	0.21	0.07	0.02	0.20	…

4－16 城镇经济单位职工工资总额及指数

（1978－1995年）

年份 区市县	绝对数 （万元）				指数 （以上年为100）			
	工资总额合计	国有经济单位	城镇集体经济单位	其他各种经济单位	工资总额合计	国有经济单位	城镇集体经济单位	其他各种经济单位
1978	89389	74481	14908	－	113.4	116.0	102.0	－
1980	127450	100917	26533	－	120.9	119.0	128.6	－
1985	206373	160028	46337	8	119.4	119.6	118.5	－
“七五”时期								
1986	245189	191667	53409	113	118.8	119.8	115.3	1312.5
1987	280001	218137	61611	253	114.2	113.8	115.4	223.9
1988	345375	270441	74551	383	123.3	124.0	121.0	151.4
1989	394568	311086	82479	1003	114.2	115.0	110.6	261.9
1990	456285	360930	93924	1431	115.6	116.0	113.9	142.7
“八五”时期								
1991	508615	398280	108122	2213	111.5	110.3	115.1	154.6
1992	580992	458699	118009	4284	116.2	115.2	109.1	193.6
1993	663083	531038	119638	12407	114.1	115.8	101.4	289.6
1994	904530	707873	151044	45613	136.4	133.3	126.3	367.6
1995	1025050	788934	174313	61803	113.3	111.5	115.4	135.5
市中区	177028	143347	27228	6453	123.6	124.4	124.4	105.7
大渡口区	55111	45277	9384	450	108.7	108.9	105.3	235.6
江北区	90413	71129	16941	2343	129.0	129.6	122.0	181.2
沙坪坝区	121012	80490	18695	21827	84.3	74.9	93.8	135.6
九龙坡区	119978	92530	19482	7966	133.3	132.5	137.8	132.2
南岸区	58974	43916	11573	3485	104.8	101.7	104.0	176.3
北碚区	52779	36199	7427	9153	116.9	116.1	125.4	113.7
万盛区	22765	18812	3775	178	105.2	106.4	99.0	135.9
双桥区	7866	7147	664	55	133.1	135.2	110.1	305.6
渝北区	27615	17262	5803	4550	103.8	96.2	99.5	160.9
巴南区	42591	33616	7264	1711	116.0	118.7	101.1	142.3
江津市	35526	29637	5676	213	114.4	115.7	108.7	93.4
合川市	28534	22357	5577	600	113.6	112.0	115.8	166.2
永川市	26608	22166	3305	1137	106.3	104.1	99.2	285.7
长寿县	39329	31522	7579	228	127.1	118.5	184.4	100.4
綦江县	41131	32977	7782	372	120.5	121.5	115.4	153.7
潼南县	11309	9142	2167	－	108.7	107.3	115.0	－
铜梁县	14294	10594	3541	159	124.5	114.7	163.3	217.8
大足县	12459	9118	3117	224	104.2	107.0	91.0	2488.9
荣昌县	27113	21865	5248	－	116.4	113.6	129.8	－
璧山县	12617	9832	2085	700	111.1	107.7	101.2	437.5

4－17 城镇经济单位分行业职工工资总额

（1985－1995年）

单位：万元

年份	合计	农、林、牧、渔业	采掘业	制造业	电力、煤气及水的生产和供应业	建筑业	地质勘查业、水利管理业	交通运输仓储及邮电通信业	批发和零售贸易餐饮业
1985	206373	2581	15495	95694	2439	16166	2193	17954	18767
“七五”时期									
1986	245189	3126	20885	110412	3095	21418	2453	18737	21406
1987	280001	3336	21490	130389	2772	25223	2772	20207	24605
1988	345375	3946	24968	163016	3390	30636	3214	25247	30482
1989	394568	4557	34869	182580	4616	31999	3858	30377	34053
1990	456285	4550	40728	209012	5458	34924	6651	37713	38747
“八五”时期									
1991	508615	5142	42960	232962	6277	40164	7087	42391	42193
1992	580992	5649	43708	263618	7546	45680	8746	47635	45715
1993	663083	4876	43515	315536	8442	56342	3357	53576	46324
1994	904530	7355	49059	406542	11003	63724	3578	78054	61786
1995	1025050	8621	55051	468452	17872	69931	3563	91442	71780

年份	金融保险业	房地产业	社会服务业	卫生、体育和社会福利业	教育、文化艺术和广播电影电视业	科学研究和综合技术服务业	国家机关、政党机关和社会团体	其他行业
1985	1556	700	3564	4536	15321	2130	7768	－
“七五”时期								
1986	2039	727	4603	5665	17898	2733	9992	－
1987	2390	805	5297	6322	19865	3037	11491	－
1988	3079	1078	6421	7633	24844	3834	13587	－
1989	3289	1027	7052	8592	28261	4192	15246	－
1990	4178	1078	8468	9538	31572	5146	18522	－
“八五”时期								
1991	4558	1090	9544	10610	34072	5834	23732	－
1992	6248	1682	11603	13063	42839	8730	28530	－
1993	7849	1416	14126	15136	50278	8343	33382	585
1994	16982	4580	20330	24593	78769	25744	51197	1234
1995	21004	4962	24054	27314	81328	24827	53494	1355

4-18 国有经济单位分行业职工工资总额

(年度数)　　单位:万元

行业	1985年	1990年	1992年	1993年	1994年	1995年
全市合计	**160028**	**360930**	**458699**	**531038**	**707873**	**788934**
1.农、林、牧、渔业	2241	3892	4919	3851	5866	7080
2.采掘业	14925	38662	40612	42134	46780	52481
3.制造业	70839	160143	200526	244957	293093	330433
4.电力、煤气及水的生产和供应业	1928	4987	6947	7624	10326	16656
5.建筑业	11341	23400	29467	33883	28087	38880
6.地质勘查业、水利管理业	2193	5211	6515	3343	3563	3552
7.交通运输、仓储及邮电通信业	13152	28373	36044	46062	68952	81750
8.批发和零售贸易、餐饮业	10547	23485	29144	28220	35822	41494
9.金融、保险业	1216	3219	4879	6007	13700	16033
10.房地产开发与经营业	590	1053	1628	945	3890	3748
11.社会服务业	2864	6596	8985	10583	14709	17586
12.卫生、体育和社会福利业	3464	7287	10401	11693	19930	21814
13.教育、文化艺术和广播电影电视业	15000	31298	42555	50103	78560	81070
14.科学研究和综合技术服务业	2129	5146	7982	7989	22740	22185
15.国家机关、政党机关和社会团体	7599	18178	28094	33128	50755	53058
16.其他行业	–	–	–	516	1100	1115

4-19 城镇集体经济单位分行业职工工资总额

(年度数)　　单位:万元

行业	1985年	1990年	1992年	1993年	1994年	1995年
全市合计	**46337**	**93924**	**118009**	**119638**	**151044**	**174313**
1.农、林、牧、渔业	340	838	984	1025	1489	1540
2.采掘业	570	2066	3096	1287	2279	2570
3.制造业	24855	48119	60615	62473	76409	86751
4.电力、煤气及水的生产和供应业	11	471	599	122	174	423
5.建筑业	4825	12692	17863	21899	24732	30188
6.地质勘查业、水利管理业	–	–	–	14	15	11
7.交通运输、仓储及邮电通信业	4802	8855	10596	7408	8812	9362
8.批发和零售贸易、餐饮业	8220	15693	17415	17503	22059	25839
9.金融、保险业	340	959	1369	1805	3282	4710
10.房地产开发与经营业	110	25	32	26	95	140
11.社会服务业	700	1337	1428	1880	3288	3787
12.卫生、体育和社会福利业	1072	2251	2630	3443	4655	5491
13.教育、文化艺术和广播电影电视业	322	274	197	174	209	259
14.科学研究和综合技术服务业	1	–	748	255	2991	2606
15.国家机关、政党机关和社会团体	169	344	436	254	442	437
16.其他行业	–	–	–	69	113	201

4－20 城镇其他各种经济行业职工工资总额

(年 度 数)　　　　单位:万元

经济类型及行业	1985年	1990年	1992年	1993年	1994年	1995年
全市合计	**8**	**1431**	**4284**	**12407**	**45613**	**61803**
一、按经济类型分						
1.联营经济	8	405	359	1235	703	1082
2.股份制经济	–	–	–	4274	32769	38845
3.外商投资经济	–	1026	3344	1654	7971	15655
4.港、澳、台投资经济	–	–	581	5244	4170	6221
5.其他经济	–	–	–	–	–	–
二、按三次产业分						
1.第一产业	–	–	1	–	–	–
2.第二产业	8	841	2802	9456	38448	52925
3.第三产业	–	590	1481	2951	7165	8879
三、按行业分						
1.农、林、牧、渔业	–	–	1	–	–	–
2.采掘业	–	–	–	94	–	–
3.制造业	8	751	2477	8106	37040	51269
4.电力、煤气及水的生产和供应业	–	–	–	696	503	793
5.建筑业	–	90	325	560	905	863
6.地质勘查业、水利管理业	–	–	–	–	–	–
7.交通运输、仓储及邮电通信业	–	42	68	106	290	331
8.批发和零售贸易、餐饮业	–	13	83	601	3905	4448
9.金融、保险业	–	–	–	37	–	261
10.房地产开发与经营业	–	–	–	445	595	1074
11.社会服务业	–	535	1244	1663	2333	2681
12.卫生、体育和社会福利业	–	–	–	–	8	9
13.教育、文化艺术和广播电影电视业	–	–	87	–	–	–
14.科学研究和综合技术服务业	–	–	–	99	13	36
15.国家机关、政党机关和社会团体	–	–	–	–	–	–
16.其他行业	–	–	–	–	21	40

4-21 城镇经济单位从业人员劳动报酬

（1995 年）　　单位：万元

经济类型及行业	从业人员劳动报酬	职工工资总额	#计时和计件标准工资	#各种奖金和计件超额工资	#津贴和补贴	其他从业人员劳动报酬
总　计	**1033672**	**1025050**	**606011**	**148091**	**240539**	**8622**
一、按经济类型分						
1.国有经济单位	794381	788934	454778	117287	191861	5447
2.城镇集体经济单位	176406	174313	115454	18005	37189	2093
3.其他各种经济单位	62885	61803	35779	12799	11490	1082
二、按企业、事业、机关分						
1.企业	824949	819961	481731	135328	176550	4988
2.事业	153951	150605	89090	10206	48385	3346
3.机关	54772	54484	35190	2557	15604	288
三、按三次产业分						
1.第一产业	8663	8621	5285	559	2407	42
2.第二产业	614649	611306	360358	108564	123591	4071
3.第三产业	410360	405123	240368	38968	114541	4509
四、按行业分						
1.农、林、牧、渔业	8663	8621	5285	559	2407	42
2.采掘业	55105	55051	32503	9008	10353	54
3.制造业	471185	468452	275106	84350	95816	2733
4.电力、煤气及水的生产和供应业	17885	17872	8457	5092	3842	13
5.建筑业	70474	69931	44292	10114	13580	543
6.地质勘查业、水利管理业	3567	3563	1822	184	1500	4
7.交通运输、仓储及邮电通信业	92170	91442	51511	13530	21382	728
8.批发和零售贸易、餐饮业	72254	71780	45990	8031	16202	474
9.金融、保险业	21066	21004	8848	976	10502	62
10.房地产开发与经营业	5166	4962	2643	493	1799	204
11.社会服务业	24397	24054	14017	2601	6913	343
12.卫生、体育和社会福利业	27506	27314	14497	3188	8755	192
13.教育、文化艺术和广播电影电视业	84185	81328	51892	4974	23369	2857
14.科学研究和综合技术服务业	24906	24827	13625	2424	8457	79
15.国家机关、政党机关和社会团体	53786	53494	34635	2515	15302	292
16.其他行业	1357	1355	888	56	362	2

4－22 城镇经济单位职工平均工资及指数

（1985－1995 年）

年份 区市县	职工平均工资(元)				平均工资指数(以上年为 100)			
	全部职工	国有经济单位	城镇集体经济单位	其他各种经济单位	全部职工	国有经济单位	城镇集体经济单位	其他各种经济单位
1985	1072	1152	872	913	114.8	115.5	110.2	－
“七五”时期								
1986	1243	1349	969	981	116.0	117.1	111.1	107.4
1987	1401	1507	1122	1492	112.7	111.7	115.8	152.1
1988	1690	1830	1322	1853	120.6	121.4	117.8	124.2
1989	1904	2067	1469	1951	112.7	113.0	111.1	105.3
1990	2149	2332	1650	2260	112.9	112.8	112.3	115.8
“八五”时期								
1991	2355	2529	1879	2470	109.6	108.4	113.9	109.3
1992	2649	2867	2039	3048	112.5	113.4	108.5	123.4
1993	3145	3428	2275	3708	118.7	119.6	111.6	121.7
1994	4262	4693	2839	5549	135.5	136.9	124.8	149.6
1995	4850	5235	3424	6350	113.8	111.5	120.6	114.4
市中区	5376	5954	3850	5189	114.8	114.0	128.2	106.6
大渡口区	6219	7585	3356	4723	103.1	100.4	107.7	100.2
江北区	4914	5404	3485	6266	113.1	111.5	112.7	152.7
沙坪坝区	5041	4977	3531	8603	104.4	98.8	111.6	111.1
九龙坡区	5176	5584	3715	5842	117.9	115.4	126.3	121.5
南岸区	4432	4878	3191	5150	115.9	115.6	117.0	104.0
北碚区	4742	4825	3258	6790	110.4	106.5	122.6	118.0
万盛区	4494	5062	2903	3621	115.9	113.9	118.3	122.2
双桥区	6660	7098	4149	3914	118.2	113.7	133.2	172.0
渝北区	4726	4933	3488	6689	125.4	116.0	131.7	151.2
巴南区	4531	4832	3509	4585	114.1	110.6	119.5	118.7
江津市	4165	4678	2669	3071	117.2	114.0	124.2	89.7
合川市	3772	4094	2813	4932	112.2	111.9	113.0	115.7
永川市	4058	4313	3024	3505	107.6	105.4	102.7	132.5
长寿县	5097	5363	4199	6829	121.8	119.4	146.0	133.0
綦江县	4639	5015	3561	3559	119.2	116.1	126.1	138.2
潼南县	4091	4300	3395	－	115.2	110.3	133.9	－
铜梁县	4203	4306	3926	4124	122.4	115.8	150.7	155.6
大足县	3852	4260	3107	2473	114.6	111.1	120.6	139.8
荣昌县	4167	4450	3294	－	120.6	116.6	138.6	－
璧山县	4324	4795	3103	3580	112.7	112.7	116.9	80.4

4-23 城镇经济单位分行业职工平均工资

(1985-1995年)　　单位:元

年份	合计	农、林、牧、渔业	采掘业	制造业	电力、煤气及水的生产和供应业	建筑业	地质勘查业、水利管理业	交通运输仓储及邮电通信业	批发和零售贸易餐饮业
1985	1072	871	1420	1098	1315	1071	1395	1140	893
"七五"时期									
1986	1243	1083	1548	1220	1473	1316	1593	1305	1007
1987	1401	1169	1637	1398	1551	1526	1792	1464	1162
1988	1690	1351	1914	1709	1805	1802	2092	1791	1398
1989	1904	1495	2415	1922	2158	1992	2516	2125	1535
1990	2149	1625	2784	2141	2447	2216	2795	2372	1723
"八五"时期									
1991	2355	1772	2916	2344	2745	2493	3004	2637	1874
1992	2649	2108	2921	2616	3204	2770	3566	2933	2046
1993	3145	2423	3298	3206	3629	3077	3654	3725	2262
1994	4262	3298	3809	4163	5267	3909	5708	4894	2998
1995	4850	4133	4480	4798	6868	4461	5715	5766	3527

年份	金融保险业	房地产业	社会服务业	卫生、体育和社会福利业	教育、文化艺术和广播电影电视业	科学研究和综合技术服务业	国家机关、政党机关和社会团体	其他行业
1985	1101	1185	984	1019	1057	1197	1084	-
"七五"时期								
1986	1357	1297	1179	1258	1219	1448	1294	-
1987	1510	1383	1314	1382	1323	1627	1432	-
1988	1808	1607	1480	1645	1634	1966	1641	-
1989	1871	1698	1604	1860	1824	2103	1824	-
1990	2110	1797	1825	2025	2006	2427	2086	-
"八五"时期								
1991	2278	1926	1985	2219	2125	2623	2589	-
1992	2908	2784	2347	2712	2629	3018	3066	-
1993	3425	3731	2667	3193	3091	3914	3499	3846
1994	6532	5014	3689	5128	4776	6386	5482	5068
1995	7640	5612	4242	5585	4966	6252	5656	5595

4－24 国有经济单位分行业职工平均工资

(年 度 数)　　　　单位:元

行　　业	1985年	1990年	1992年	1993年	1994年	1995年
全 市 合 计	**1152**	**2332**	**2867**	**3428**	**4693**	**5235**
1.农、林、牧、渔业	901	1703	2160	2504	3422	4252
2.采掘业	1247	2933	3092	3373	3969	4667
3.制造业	1164	2352	2865	3584	4608	5179
4.电力、煤气及水的生产和供应业	1146	2518	3423	3597	5408	7093
5.建筑业	1287	2500	3054	3303	4503	4896
6.地质勘查业、水利管理业	1395	2965	3633	3667	5760	5742
7.交通运输、仓储及邮电通信业	1240	2620	3257	4169	5525	6558
8.批发和零售贸易、餐饮业	1007	1967	2356	2612	3453	3977
9.金融、保险业	1165	2193	2980	3485	6738	7782
10.房地产开发与经营业	1008	1815	2819	3405	4862	5172
11.社会服务业	1050	1869	2303	2556	3598	4044
12.卫生、体育和社会福利业	1122	2162	2867	3354	5519	5903
13.教育、文化艺术和广播电影电视业	1062	2009	2630	3094	4783	4972
14.科学研究和综合技术服务业	1198	2425	3074	4001	6584	6374
15.国家机关、政党机关和社会团体	1088	2087	3066	3501	5482	5656
16.其他行业	–	–	–	3926	5094	5573

4－25 城镇集体经济单位分行业职工平均工资

(年 度 数)　　　　单位:元

行　　业	1985年	1990年	1992年	1993年	1994年	1995年
全 市 合 计	**872**	**1650**	**2039**	**2275**	**2839**	**3424**
1.农、林、牧、渔业	715	1353	1913	2160	2885	3661
2.采掘业	944	1429	1637	1922	2081	2462
3.制造业	905	1649	2027	2250	2765	3333
4.电力、煤气及水的生产和供应业	840	1914	2818	2927	2676	4109
5.建筑业	768	1844	2448	2761	3221	3991
6.地质勘查业、水利管理业	–	–	–	1986	1793	2224
7.交通运输、仓储及邮电通信业	971	1835	2213	2244	2616	2836
8.批发和零售贸易、餐饮业	787	1469	1691	1837	2352	2873
9.金融、保险业	921	2079	2676	3311	5793	7153
10.房地产开发与经营业	748	1866	2300	2879	3142	3847
11.社会服务业	818	1508	1921	2412	3549	4283
12.卫生、体育和社会福利业	785	1682	2238	2743	3934	4601
13.教育、文化艺术和广播电影电视业	867	1667	2032	2491	3025	3465
14.科学研究和综合技术服务业	600	–	2522	2395	5193	5387
15.国家机关、政党机关和社会团体	921	2079	3037	3214	5420	5574
16.其他行业	–	–	–	3378	4792	5298

4－26 城镇其他各种经济单位分行业职工平均工资

(年度数)　　单位:元

经济类型及行业	1985年	1990年	1992年	1993年	1994年	1995年
全市合计	**913**	**2260**	**3048**	**3708**	**5549**	**6350**
一、按经济类型分						
1.联营经济	913	1782	1802	2164	2520	3448
2.股份制经济	－	－	－	4211	6172	6876
3.外商投资经济	－	2529	3507	3747	4813	6351
4.港、澳、台投资经济	－	－	2292	3977	4274	4768
5.其他经济	－	－	－	－	－	－
二、按行业分						
1.农、林、牧、渔业	－	－	1333	－	－	－
2.采掘业	－	－	－	2811	－	－
3.制造业	913	2166	2795	3496	5789	6579
4.电力、煤气及水的生产和供应业	－	－	－	4207	4390	5245
5.建筑业	－	2616	3576	4536	5449	5065
6.地质勘查业、水利管理业	－	－	－	－	－	－
7.交通运输、仓储及邮电通信业	－	1777	2423	2917	2949	3601
8.批发和零售贸易、餐饮业	－	1419	3172	3863	4502	4817
9.金融、保险业	－	－	－	2715	－	8611
10.房地产开发与经营业	－	－	3325	4794	7140	8728
11.社会服务业	－	2442	3489	4409	4698	6124
12.卫生、体育和社会福利业	－	－	－	－	7182	6267
13.教育、文化艺术和广播电影电视业	－	－	5130	－	－	－
14.科学研究和综合技术服务业	－	－	－	3350	6286	5250
15.国家机关、政党机关和社会团体	－	－	－	－	－	－
16.其他行业	－	－	－	－	5225	9256

4－27 城镇经济单位从业人员平均劳动报酬

（1995年） 单位：元

	从业人员平均劳动报酬	职工平均工资	#计时和计件标准工资	#各种奖金和计件超额工资	#津贴和补贴
总计	**4840**	**4850**	**2867**	**701**	**1138**
一、按经济类型分					
1.国有经济单位	5216	5235	3017	778	1273
2.城镇集体经济单位	3429	3424	2268	354	731
3.其他各种经济单位	6399	6350	3676	1315	1180
二、按企业、事业、机关分					
1.企业	4746	4749	2790	784	1023
2.事业	5128	5186	3068	351	1666
3.机关	5626	5645	3646	265	1617
三、按三次产业分					
1.第一产业	4115	4133	2534	268	1154
2.第二产业	4768	4769	2811	847	964
3.第三产业	4971	4997	2965	481	1413
四、按行业分					
1.农、林、牧、渔业	4115	4133	2534	268	1154
2.采掘业	4477	4480	2645	733	842
3.制造业	4798	4798	2818	864	981
4.电力、煤气及水的生产和供应业	6857	6868	3250	1957	1476
5.建筑业	4461	4461	2826	645	866
6.地质勘查业、水利管理业	5709	5715	2923	295	2407
7.交通运输、仓储及邮电通信业	5743	5766	3248	853	1348
8.批发和零售贸易、餐饮业	3527	3527	2260	395	796
9.金融、保险业	7594	7640	3218	355	3820
10.房地产开发与经营业	5624	5612	2989	557	2034
11.社会服务业	4247	4242	2472	459	1219
12.卫生、体育和社会福利业	5552	5585	2965	652	1790
13.教育、文化艺术和广播电影电视业	4890	4966	3168	304	1427
14.科学研究和综合技术服务业	6237	6252	3431	610	2129
15.国家机关、政党机关和社会团体	5637	5656	3662	266	1618
16.其他行业	5579	5595	3667	232	1493

4－28 城镇经济单位保险福利费总额及离休、退休、退职人数

(年 度 数)

	1985年	1990年	1991年	1992年	1993年	1994年	1995年
一、保险福利费用总额(万元)	**65659**	**166050**	**198547**	**225662**	**277138**	**375706**	**406181**
(一)在职职工保险福利费	24822	69091	79572	93892	105422	104539	127341
#集体福利设施及补贴	8429	14458	12205	15424	17388	19013	27560
文体宣传费	879	1888	2182	2372	2595	3040	3478
医疗卫生费	8958	29587	36360	41813	50791	53961	63100
丧葬抚恤救济费	520	1059	1230	1718	1732	1602	1957
生活困难补助	857	1092	1165	1222	1159	1458	1498
计划生育补贴	1544	2939	3147	2623	2685	2762	3092
#国有经济	21915	59318	67052	82479	90323	91896	114959
城镇集体经济	2906	9587	12263	11125	13032	9909	9897
其他各种经济	1	186	257	288	2067	2734	2485
(二)离退休退职人员保险福利费	40837	96959	118975	131770	171716	271167	278840
#离休金	1250	2650	3368	3624	4291	10199	8935
退休金	32927	51609	60449	67931	88079	191203	202032
退职生活费	285	611	663	709	662	1663	1100
医疗卫生费	4790	15510	21292	22513	30548	40500	43194
丧葬抚恤救济费	716	1709	2354	2323	2626	3665	4223
交通费补贴	130	246	309	443	551	830	727
#国有经济	33871	81116	99701	111587	146093	240452	243922
城镇集体经济	6966	15764	19198	20078	24611	28236	32019
其他各种经济	－	79	76	105	1012	2479	2899
二、截止本年末止离退休退职人数(万人)	**42.24**	**49.93**	**50.81**	**53.77**	**59.57**	**71.82**	**71.27**
#离休	0.85	1.31	1.41	1.33	1.43	1.70	1.49
退休	40.86	47.77	48.65	51.64	57.45	69.16	68.85
退职	0.53	0.85	0.75	0.80	0.69	0.96	0.93
#国有经济	31.42	36.98	37.90	41.22	46.39	58.42	58.34
#离休	0.83	1.26	1.36	1.29	1.37	1.65	1.43
退休	30.12	35.30	36.14	39.52	44.53	56.17	56.35
城镇集体经济	10.82	12.89	12.86	12.49	12.86	12.73	12.35
其他各种经济	－	0.06	0.05	0.06	0.32	0.67	0.58

4－29 城镇经济单位在职职工保险福利费用构成情况

(1995 年) 单位:万元

	合 计	国有经济	城镇集体经济	其他各种经济
总　　计	**127341**	**114959**	**9897**	**2485**
一、集体保险福利费	**99754**	**89750**	**7873**	**2130**
集体福利设施及补贴	27560	25970	1230	358
文体宣传费	3478	3223	223	32
医疗卫生费	63100	55529	5988	1582
其　　他	5616	5026	432	158
二、个人保险福利费	**27587**	**25209**	**2024**	**355**
丧葬抚血救济费	1957	1760	171	26
生活困难补助	1498	1315	167	17
计划生育补贴	3092	2536	489	67
其　　他	21040	19598	1197	245

4－30 城镇经济单位离休、退休、退职人数及保险福利费用构成情况

(1995 年)

	合 计	国有经济	城镇集体经济	其他各种经济
一、离休、退休、退职人数(人)	**712727**	**583388**	**123495**	**5844**
离休	14906	14298	479	129
退休	688532	563453	119449	5630
退职	9289	5637	3567	85
二、保险福利费用总额(万元)	**278840**	**243922**	**32019**	**2899**
离休金	8935	8606	265	64
退休金	202032	174617	25686	1728
退职生活费	1100	628	452	20
医疗卫生费	43194	38749	3722	724
丧葬抚恤救济费	4223	3690	503	30
交通费补贴	727	709	15	3
其　　他	18629	16923	1376	330

4－31 国有经济单位分行业在职职工保险福利费

(1995 年)　　单位:万元

行业	费用总额	1.集体保险福利费			
		集体福利设施及集体福利事业补贴	文体宣传费	医药卫生费	其他
全市合计	**114959**	**25971**	**3224**	**55529**	**5026**
1.农、林、牧、渔业	1327	208	51	754	36
2.采掘业	8063	1399	169	3869	1170
3.制造业	50088	14332	924	20736	1121
4.电力、煤气及水的生产和供应业	2427	396	109	1530	143
5.建筑业	4361	884	89	2401	171
6.地质勘查业、水利管理业	2239	929	64	919	88
7.交通运输、仓储及邮电通信业	10165	1146	330	6214	1205
8.批发和零售贸易、餐饮业	8230	576	102	3828	253
9.金融、保险业	2329	267	169	1512	237
10.房地产开发与经营业	732	62	52	452	20
11.社会服务业	1911	249	62	1308	42
12.卫生、体育和社会福利业	3398	913	163	1626	65
13.教育、文化艺术和广播电影电视业	9977	2861	423	4803	216
14.科学研究和综合技术服务业	2078	557	79	1038	61
15.国家机关、政党机关和社会团体	7074	1096	411	4191	193
16.其他行业	560	96	27	348	5

行业	2.个人保险福利费			
	丧葬抚恤救济费	生活困难补助	计划生育补助	其他
全市合计	**1760**	**1315**	**2536**	**19598**
1.农、林、牧、渔业	21	20	52	186
2.采掘业	327	88	128	911
3.制造业	498	483	905	11090
4.电力、煤气及水的生产和供应业	96	26	41	85
5.建筑业	145	99	69	502
6.地质勘查业、水利管理业	52	23	71	94
7.交通运输、仓储及邮电通信业	189	143	236	703
8.批发和零售贸易、餐饮业	62	44	443	2921
9.金融、保险业	11	21	44	67
10.房地产开发与经营业	10	4	17	116
11.社会服务业	35	31	44	139
12.卫生、体育和社会福利业	41	48	90	452
13.教育、文化艺术和广播电影电视业	144	136	218	1177
14.科学研究和综合技术服务业	31	20	27	266
15.国家机关、政党机关和社会团体	86	121	142	834
16.其他行业	12	8	9	55

4－32 城镇就业人员来源

单位:万人

年份	合计	城镇待业人员	农村劳动力	大学、中专、技校毕业生	其他
1985	8.75	4.95	1.09	1.30	1.41
"七五"时期					
1986	8.00	3.97	1.02	1.47	1.52
1987	6.98	3.16	0.71	1.71	1.40
1988	9.66	4.21	1.35	1.85	2.25
1989	7.34	2.54	1.36	1.98	1.46
1990	9.21	3.42	1.29	2.31	2.19
"八五"时期					
1991	15.71	5.94	2.38	2.44	4.95
1992	13.31	6.94	3.12	2.37	0.88
1993	9.84	1.90	3.72	2.41	1.81
1994	13.91	6.49	3.08	2.57	1.77
1995	9.13	1.49	2.48	3.15	2.01

4－33 城镇就业人员安置去向

单位:万人

年份	合计	国有经济单位	城镇集体经济单位	其他各种经济	城镇个体私营经济劳动者
1985	8.75	5.27	2.18	－	1.30
"七五"时期					
1986	7.99	5.51	1.83	－	0.65
1987	7.03	4.51	1.46	－	1.06
1988	9.66	4.99	4.03	－	0.64
1989	7.34	3.79	3.34	－	0.21
1990	9.21	5.01	3.87	0.03	0.30
"八五"时期					
1991	10.19	5.33	4.05	0.39	0.42
1992	13.31	6.66	4.93	0.40	1.32
1993	6.39	1.20	3.37	0.47	1.35
1994	7.19	1.80	3.39	0.49	1.51
1995	6.90	1.14	3.43	0.55	1.76

4－34 城镇失业人数及失业率

年份	城镇失业年末人数(人)	#失业青年	失业青年占失业人数(%)	失业率(%)
1985	39654	37812	95.4	1.91
"七五"时期				
1986	38235	33329	87.2	1.80
1987	43518	43518	100.0	2.01
1988	43749	37750	86.3	1.98
1989	55769	48503	87.0	2.58
1990	54145	44013	81.3	2.39
"八五"时期				
1991	55894	47377	84.8	2.41
1992	55123	46597	84.5	2.35
1993	58108	49163	84.6	2.54
1994	58788	50138	85.3	2.52
1995	57180	46609	81.51	2.40

主要统计指标解释

【从业人员】 指从事一定的社会劳动并取得劳动报酬或经营收入的全部劳动力。包括国有经济单位、城镇集体经济单位、联营经济、股份制经济、外商投资经济、港澳台投资经济和其他经济单位的全部职工,城镇私营企业劳动者,城镇个体劳动者,农村集体和个体劳动者,从事家庭副业,其收入相当于当地一个社会劳动者最低收入水平或参加社会劳动累计在三个月以上的乡村劳动者。

【职工】 指在国有经济、城镇集体经济、联营经济、股份制经济、外商投资经济、港澳台投资经济和其他经济单位及其附属机构工作,并由其支付工资的各类人员。不包括城镇私营企业、城镇个体和乡镇企业人员以及单位聘用或留用的离退休人员。

【国有经济单位职工】 指在各级党政机关、人民团体及其国有企业、事业单位工作,并由其支付工资的人员。包括:

1.**长期职工** 指用工期限在一年以上(含一年)的职工。包括原固定职工、合同制职工、长期临时工、以及国有单位使用的城镇集体经济的人员和其他使用期限在一年以上的原计划外用工。

2.**临时职工** 指用工期限不超过一年的职工,包括各单位根据国家有关规定招收的签订一年以内劳动合同或使用期限不超过一年的临时性、季节性用工。

【合同制职工】 指根据国务院(1986)77号文件和国务院令第99号的规定,通过签订有固定期限劳动合同、无固定期限劳动合同和以完成一项工作为期限劳动合同所使用的职工。包括实行全员合同制单位的全部职工。

【城镇集体经济单位职工】 指在城镇集体经济企业、事业及其管理部门工作,并由其支付工资的人员。

【其他各种经济单位职工】 指在联营经济、股份制经济、外商投资经济、港澳台投资经济和其他经济单位工作并由其支付工资的人员。不包括外籍职工。

【城镇私营经济从业人员】 指生产资料归公民私人所有,以雇佣劳动为基础的一种经济类型,包括所有按照《中华人民共和国私营企业暂行条例》规定登证注册的私营独资企业,私营合伙企业和私营有限责任公司中工作,并由其支付劳动报酬的人员。

城镇个体从业人员 指个人参加生产劳动,生产资料和产品(或收入)归个人所有,在工商行政管理部门登记并领取"个体营业执照"的城镇劳动者。

【乡村从业人员】 指乡村人口中经常参加社会劳动并取得劳动报酬(或经营收入)的整、半劳动力,包括乡镇企业及其他集体经济组织和农户中参加各项生产的劳动者及外出从事个体经营的人员,以及从事家庭副业,其收入水平相当于一个社会劳动者最低收入水平或参加社会劳动累计在三个月以上的人员。

【工资总额】 指各单位在一定时期内直接支付给本单位全部职工的劳动报酬总额。

工资总额的计算原则应以直接支付给职工的劳动报酬为根据。各单位支付给职工的劳动报酬以及其他根据有关规定支付的工资,不论是计入成本的还是不计入成本的,不论是按国家规定列入计征奖金税项目的还是未列入计征奖金税项目的,不论是以货币形式支付的还是以实物形式支付的,均应包括在工资总额内,具体包括:

1.**计时工资和计件标准工资** 计时工资:是指按计时工资标准(包括地区生活费补贴)和工作时间支付给个人的劳动报酬。包括①对已做工作按计时工资标准支付的工资;②实行结构工资制的单位支付给职工的基础工资和职务(岗位)工资;③新参加工作职工的见习工资(学徒生活费);④运动员体育津贴;⑤根据国家法律、法规和政策规定,因病、工伤、产假、计划生育假、婚丧假、事假、定期休假、停工学习、执行国家或社会义务等原因按计时工资标准或计时工资标准的一定比例支付的工资;⑥合同制职工按规定缴纳的不超过本人标准工资3%的退休养老基金、职工受处分期间的工资等。计件标准工资:是指实行计件工资制的单位按照批准的计件单价和规定的劳动定额或工作量支付给计件工人的劳动报酬。

2.**奖金和计件超额工资** 奖金:是指支付给职工的超额劳动报酬和增收节支的劳动报酬。包括①生产(业务)奖;②节约奖;③劳动竞赛奖;④机关事业单位的奖励工资;⑤其他奖金。计件超额工资:指计件工人超额完成定额任务后所得到的工资。即计件工人实得的全部计件工资减去应得的计件标准工资后的数额。

3.**津贴和补贴** 是指为了补偿职工特殊或额外的劳动消耗和因其他特殊原因支付给职工的津贴,以及为了保证职工工资水平不受物价影响支付给职工的物价补贴。

【年功性津贴】 包括工龄津贴、教龄津贴和护士工龄津贴。

【物价补贴】 为保证职工工资水平不受物价上涨或变动影响而支付的各种补贴。如副食品价格补贴(含肉类等价格补贴)、粮价补贴、煤价补贴、房贴、水电贴、房改补贴、燃料补贴等。

4.**加班加点工资** 指按规定支付的加班工资和加点工资。

5.**其他工资** 指补发上年的工资,保留、附加工资等。

【职工平均工资】 指在一定时期内每一职工所得到劳动报酬的平均水平。计算公式:

$$职工平均工资=\frac{报告期全部职工工资总额}{报告期全部职工平均人数}$$

职工平均工资也称平均货币工资。

【平均实际工资】 指平均货币工资扣除物价变动因素后的平均工资。计算公式:

$$平均实际工资=\frac{职工平均工资}{职工生活费用价格指数}$$

固定资产投资 5

INVESTMNTIN FIXED ASSETS

- 1995 年，全社会固定资产投资 200.93 亿元。其中生产性建设投资 110.96 亿元，非生产性投资 89.97 亿元。

- 1995 年，全社会竣工房屋面积 2087.62 万平方米，其中住宅面积 1495.32 万平方米。

- 1995 年，基本建设施工项目 644 个，全部建成投产项目 253 个。

资料整理

魏素琴　熊　钊
徐　菲　朱　清
任　寰

全社会固定资产投资与新增固定资产

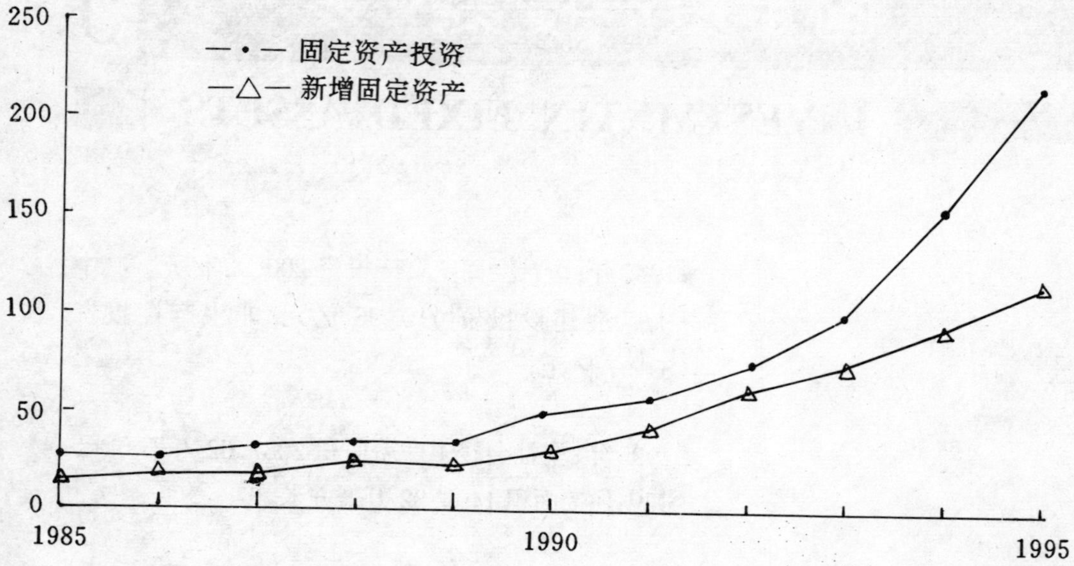

全社会固定资产投资构成

按报表种类分

（1995 年）

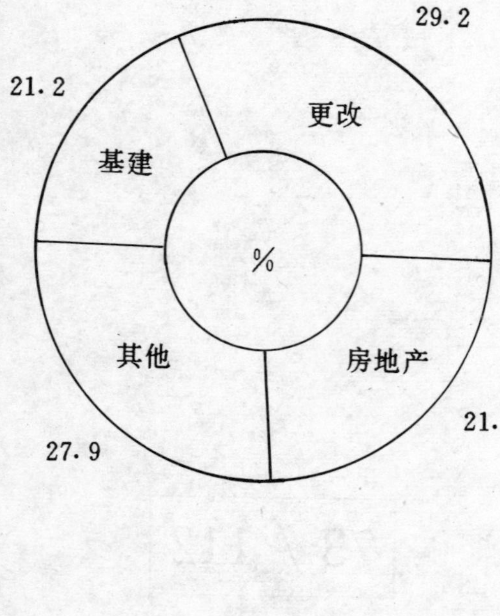

按用途分

（1995 年）

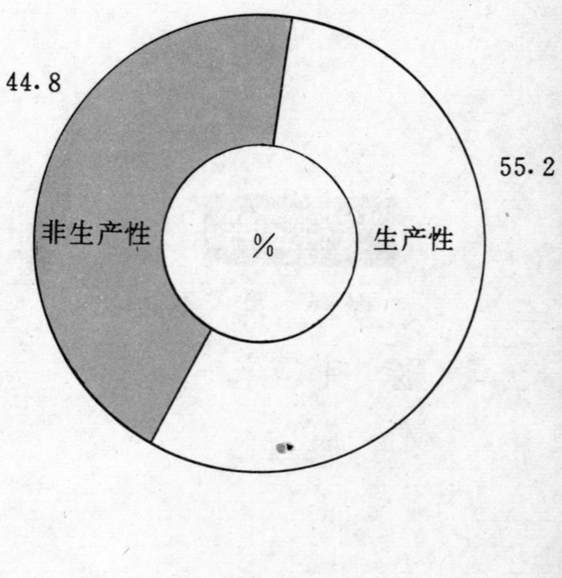

5-1 全社会按各种分组的固定资产投资

单位:亿元

时期	投资额总计	按构成分			按用途分		
		建筑安装工程	设备、工具器具购置	其他费用	生产性建设	非生产性建设	#住宅
1950年—1952年	1.44	1.06	0.24	0.14	0.72	0.72	0.22
“一五”时期	9.65	5.64	3.17	0.84	6.96	2.69	1.15
“二五”时期	18.52	9.86	7.99	0.67	17.17	1.35	0.44
1963年—1965年	6.31	4.35	1.59	0.38	5.13	1.18	0.48
“三五”时期	17.67	8.31	7.86	1.49	15.67	2.00	0.79
“四五”时期	20.46	10.80	7.53	2.13	17.68	2.78	1.34
“五五”时期	25.78	16.83	7.05	1.90	19.57	6.21	3.76
“六五”时期	74.37	47.31	21.87	5.19	45.43	28.94	18.73
“七五”时期	208.69	134.40	59.97	14.32	139.83	68.86	44.26
1986年	33.42	19.94	10.93	2.55	21.70	11.72	6.64
1987年	37.35	24.77	9.48	3.10	24.69	12.66	7.74
1988年	44.35	29.03	12.67	2.65	30.61	13.74	8.88
1989年	42.06	28.13	11.24	2.69	27.80	14.26	9.48
1990年	51.51	32.53	15.65	3.33	35.03	16.48	11.53
“八五”时期	613.59	381.83	174.52	57.64	356.67	256.92	165.5
1991年	62.54	39.12	18.06	5.36	42.46	20.08	14.46
1992年	78.89	51.09	20.86	6.94	50.41	28.48	19.28
1993年	116.87	72.54	32.84	11.49	66.35	50.52	27.29
1994年	154.36	97.23	43.62	13.51	86.49	67.87	46.81
1995年	200.93	121.85	58.74	20.34	110.96	89.97	57.66

5-1续表1

单位:亿元

时　　期	按建设性质分			按经济类型分			
	新　建	改　建	扩　建	国有经济	集体经济	联营经济	股份有限公司
1950年—1952年	-	-	-	1.44	-	-	-
"一五"时期	-	-	-	9.65	-	-	-
"二五"时期	-	-	-	18.52	-	-	-
1963年—1965年	-	-	-	6.31	-	-	-
"三五"时期	-	-	-	17.67	-	-	-
"四五"时期	-	-	-	20.46	-	-	-
"五五"时期	-	-	-	25.45	0.33	-	-
"六五"时期	-	-	-	59.27	8.09	-	-
"七五"时期	30.71	61.96	63.59	164.58	19.09	-	-
1986年	3.17	10.31	11.00	26.19	4.51	-	-
1987年	4.02	11.64	12.43	29.24	3.79	-	-
1988年	5.48	10.35	18.41	35.1	3.92	-	-
1989年	7.81	12.15	11.57	32.93	3.22	-	-
1990年	10.23	17.51	10.18	41.12	3.65	-	-
"八五"时期	233.39	202.56	237.88	394.48	94.04	0.75	13.16
1991年	10.70	17.29	16.70	48.83	5.10	-	-
1992年	13.56	28.58	19.70	56.27	10.76	-	-
1993年	21.82	33.69	24.18	75.34	21.04	0.11	3.15
1994年	31.53	33.04	38.74	110.05	26.34	0.05	0.01
1995年	32.0	40.77	49.11	103.99	30.80	0.59	10.0

5-1续表2

单位:亿元

时期	按报表种类分						
	三资企业	其他经济	基本建设	更新改造	房地产开发	农村集体	城镇私人
1950年—1952年	-	-	1.43	-	-	-	-
"一五"时期	-	-	9.65	-	-	-	-
"二五"时期	-	-	18.52	-	-	-	-
1963年—1965年	-	-	6.31	-	-	-	-
"三五"时期	-	-	17.67	-	-	-	-
"四五"时期	-	-	20.46	-	-	-	-
"五五"时期	-	-	23.19	2.27	-	-	-
"六五"时期	-	7.01	34.18	24.29	-	4.78	0.27
"七五"时期	-	25.02	72.62	78.59	1.38	11.07	1.88
1986年	-	2.72	11.63	13.26	-	2.63	0.20
1987年	-	4.32	12.72	13.95	-	2.18	0.32
1988年	-	5.33	13.36	19.40	-	2.24	0.56
1989年	-	5.91	15.75	14.54	-	1.85	0.30
1990年	-	6.74	19.16	17.44	1.38	2.17	0.50
"八五"时期	26.06	85.1	154.30	186.26	84.95	78.97	7.40
1991年	-	8.61	23.45	20.28	1.70	3.55	0.30
1992年	-	11.86	22.41	26.67	3.04	8.40	0.74
1993年	2.35	14.88	26.10	37.25	10.64	18.09	0.83
1994年	0.63	17.28	39.80	43.46	25.94	23.43	1.47
1995年	23.08	32.47	42.54	58.60	43.63	25.49	4.06

注:按报表种类分的其他包括三部份:城镇集体、国有经济单位其他和其他,下同。

5-1续表3　　单位:亿元

时　　期	按报表种类分			本年新增固定资产	本年施工房屋面积(万平方米)	本年竣工房屋面积(万平方米)	
	农村私人	其　他	#国有其他				#住　宅
1950年—1952年	-	-	-	1.03	-	-	-
“一五”时期	-	-	-	8.46	-	466.27	226.52
“二五”时期	-	-	-	12.58	-	402.18	92.68
1963年—1965年	-	-	-	4.56	-	143.40	63.39
“三五”时期	-	-	-	9.37	-	332.88	131.82
“四五”时期	-	-	-	9.05	-	347.88	151.55
“五五”时期	-	0.33	-	22.33	-	545.45	271.13
“六五”时期	6.74	4.11	0.80	59.98	3745.08	3310.73	2191.77
“七五”时期	23.14	20.01	12.0	144.65	8843.72	6580.62	4203.77
1986年	2.52	3.18	1.30	26.69	1754.99	1369.16	1013.22
1987年	4.0	4.19	2.58	25.46	1825.50	1336.59	997.68
1988年	4.77	4.02	2.34	28.55	1844.21	1250.90	904.62
1989年	5.61	4.01	2.64	31.29	1680.82	1253.52	224.63
1990年	6.24	4.62	3.14	32.66	1738.20	1370.45	1063.62
“八五”时期	71.61	30.10	11.03	430.06	13121.17	8828.19	6480.13
1991年	8.30	4.96	3.41	46.52	1823.80	1454.73	1152.14
1992年	11.12	6.50	4.14	65.55	2232.95	1611.89	1272.86
1993年	13.90	10.06	1.35	78.02	2611.73	1757.71	1282.61
1994年	15.72	4.54	0.85	100.71	2865.30	1901.69	1271.34
1995年	22.57	4.04	1.28	137.51	3587.39	2087.62	1495.32

5－2 全社会按三次产业分的固定资产投资

（1995年）

指　　标	绝　对　数（亿元）				比　重（%）		
	合　计	第一产业	第二产业	第三产业	第一产业	第二产业	第三产业
全市总计	**200.93**	**0.83**	**79.78**	**120.32**	**0.41**	**39.71**	**59.88**
基本建设	42.54	0.20	19.81	22.53	0.47	46.57	52.96
更新改造	58.60	0.01	37.39	21.20	0.02	63.80	36.18
房地产开发	43.63	－	－	43.63	－	－	100.00
农村集体	25.49	0.61	21.11	3.77	2.39	82.82	14.79
城镇私人	4.06	－	－	4.06	－	－	100.00
农村私人	22.57	－	－	22.57	－	－	100.00
其　他	4.04	0.01	1.47	2.56	0.25	36.39	63.36
#国有其他	1.28	－	0.30	0.98	－	23.44	76.56

5－2续表

指　　标	绝　对　数（亿元）				比　重（%）		
	合　计	第一产业	第二产业	第三产业	第一产业	第二产业	第三产业
全市总计	**200.93**	**0.83**	**79.78**	**120.31**	**0.41**	**79.79**	**120.31**
国有经济	103.99	0.21	47.29	56.49	0.20	45.48	54.32
集体经济	30.8	0.62	22.02	8.16	2.01	71.49	26.50
联营经济	0.58	－	0.17	0.41	－	29.31	70.69
股份有限公司	10.00	－	5.71	4.29	－	57.10	42.90
有限责任公司	4.59	－	2.32	2.27	－	50.54	49.46
中外合资经营	7.57	－	1.80	5.77	－	23.78	76.22
中外合作经营	0.69	－	－	0.69	－	－	100.00
外资企业	1.07	－	－	1.07	－	－	100.00
与大陆合资经营企业	7.90	－	－	7.90	－	－	100.00
与大陆合作经营企业	0.14	－	－	0.14	－	－	100.00
港澳台独资企业	5.70	－	0.48	5.22	－	8.42	91.58
其他经济	27.90	－	－	27.90	－	－	100.00

5－3 按行业分的全社会固定资产投资

（1995年）　　单位：亿元

行业	本年投资完成额	按用途分 生产性建设	非生产性建设	#住宅	本年新增固定资产
全市总计	**200.93**	**110.96**	**89.97**	**57.66**	**137.51**
一、农林牧渔业	0.83	0.76	0.07	0.07	0.71
二、工业小计	76.80	69.34	7.46	4.87	64.29
轻工业	18.87	17.76	1.11	0.68	17.20
重工业	59.93	51.58	6.35	4.19	47.09
1.采掘业	4.97	3.86	1.11	0.46	3.43
#煤炭采选业	1.64	1.32	0.32	0.32	1.08
2.制造业	59.70	54.00	5.70	4.02	47.89
#石油加工及炼焦业	0.54	0.11	0.43	0.25	0.03
化学原料及化学制品业	2.58	2.30	0.28	0.28	2.33
非金属矿制品	6.49	6.21	0.28	0.28	4.80
黑色金属冶炼及加工业	1.95	1.64	0.31	0.14	1.42
有色金属冶炼及加工业	1.96	1.85	0.11	0.09	1.71
普通机械制造业	7.45	6.92	0.53	0.31	5.42
交通设备制造业	6.19	5.48	0.71	0.36	7.48
3.电力煤气及水生产供应业	12.13	11.02	1.11	0.38	12.97
#电力生产供应业	6.52	5.51	1.01	0.36	7.49
自来水生产供应业	5.52	5.51	0.01	0.01	5.36
三、建筑业	2.99	2.37	0.62	0.44	2.12
四、地质普查、水利管理业	0.15	0.12	0.03	0.03	0.03
#水利管理业	0.12	0.12	－	－	0.03
五、交通运输、仓储及邮电通讯业	23.12	22.07	1.05	0.82	15.80
#交通运输业	10.12	9.36	0.76	0.68	5.60
邮电通讯业	12.78	12.64	0.14	0.14	10.13
六、批发和零售贸易、餐饮业	3.07	2.40	0.67	0.61	1.92
七、金融保险业	0.45	0.01	0.44	0.14	0.12
八、房地产业	46.46	10.18	36.28	24.65	13.93
九、社会服务业	5.13	0.02	5.11	0.18	0.62
十、卫生、体育和社会福利业	0.76	－	0.76	0.22	0.54
#卫生	0.49	－	0.49	0.19	0.43
十一、教育、文化艺术及广播电影电视业	3.86	0.02	3.84	1.28	3.51
#教育	3.64	0.02	3.62	1.23	3.30
文化艺术	0.12	－	0.12	0.01	0.05
十二、科学研究和综合技术服务业	0.73	0.06	0.67	0.11	1.50
十三、国家政党机关和社团	6.71	0.94	5.77	2.78	3.91
十四、其他行业	29.87	0.09	29.78	21.47	28.51

5－4 按经济类型分的全社会固定资产投资

(1995年)　　　　单位:亿元

经济类型	基本建设	更新改造	房地产开发	农村集体	城镇私人	农村私人	其他
全市总计	**42.54**	**58.59**	**43.63**	**25.49**	**4.06**	**22.57**	**4.05**
#三资企业	1.28	1.24	20.3	－	－	－	0.26
国有经济	39.81	50.28	12.63	－	－	－	1.28
集体经济	－	－	3.20	25.49	－	－	2.11
联营经济	－	0.17	0.42	－	－	－	－
股份有限公司	0.48	5.42	4.09	－	－	－	0.01
有限责任公司	0.97	1.48	2.02	－	－	－	0.10
中外合资经营	0.61	1.15	5.56	－	－	－	0.25
中外合作经营	－	－	0.69	－	－	－	－
外商独资企业	－	－	1.07	－	－	－	－
港澳台与大陆合资经营	0.67	0.09	7.91	－	－	－	0.01
港澳台与大陆合作经营	－	－	0.14	－	－	－	－
港澳台独资企业	－	－	4.93	－	－	－	－
其他经济	－	－	0.97	－	4.06	22.57	0.29

5－5 按经济类型分的全社会固定资产投资

(1994年)　　　　单位:亿元

经济类型	基本建设	更新改造	房地产开发	农村集体	城镇私人	农村私人	其他
全市总计	**39.80**	**43.46**	**25.94**	**23.43**	**1.47**	**15.72**	**4.53**
#三资企业	1.41	1.27	13.22	－	－	－	0.63
国有经济	34.27	40.40	9.14	－	－	－	0.85
集体经济	0.24	0.30	1.16	23.43	－	－	2.91
联营经济	0.02	0.03	－	－	－	－	0.04
股份有限公司	3.65	1.38	2.09	－	－	－	0.01
有限责任公司	0.20	0.09	0.01	－	－	－	－
中外合资经营	0.21	0.05	5.36	－	－	－	0.29
中外合作经营	0.56	－	0.02	－	－	－	0.33
外商独资企业	－	－	5.42	－	－	－	－
港澳台与大陆合资经营	0.51	1.04	2.21	－	－	－	0.01
港澳台与大陆合作经营	－	0.17	－	－	－	－	－
港澳台独资企业	0.13	－	0.2	－	－	－	－
其他经济	0.01	－	0.33	－	1.47	15.72	0.09

5-6 全社会房屋竣工面积

单位:万平方米

指标	房屋竣工面积			#住宅		
	1985年	1990年	1995年	1985年	1990年	1995年
全市总计	**554.62**	**1370.45**	**2087.62**	**276.73**	**1063.62**	**1495.32**
国有经济	317.01	329.48	424.61	183.09	176.43	247.57
集体经济	191.24	111.25	276.47	79.78	50.99	64.82
联营经济	–	–	0.81	–	–	0.38
股份有限公司	–	–	33.42	–	–	16.99
有限责任公司	–	–	21.14	–	–	16.75
中外合资经营	–	–	19.85	–	–	14.32
中外合作经营	–	–	1.10	–	–	1.10
外资企业	–	–	4.45	–	–	3.20
与大陆合资经营企业	–	–	16.55	–	–	14.90
与大陆合作经营企业	–	–	–	–	–	–
港澳台独资企业	–	–	13.17	–	–	4.69
其他经济	46.37	929.72	1276.05	13.86	836.20	1110.60

5-6续表

单位:万平方米

指标	房屋竣工面积			#住宅		
	1985年	1990年	1995年	1985年	1990年	1995年
全市总计	**554.62**	**1370.45**	**2087.62**	**276.73**	**1063.62**	**1495.32**
基本建设	241.89	174.76	232.71	162.72	90.29	123.49
更新改造	72.64	116.01	114.30	20.07	59.46	51.56
房地产开发	–	38.01	220.54	–	26.68	173.24
农村集体	152.40	78.33	230.85	65.17	38.58	32.09
城镇私人	15.01	34.03	114.35	13.86	29.50	86.64
农村私人	31.36	895.69	1158.46	–	806.70	1021.81
其他	41.32	33.62	16.41	14.90	–	6.49
#国有其他	2.48	0.70	0.01	0.29	–	–

5-7 全社会房屋造价

单位:元/平方米

指标	房屋每平方米造价			#住宅		
	1985年	1990年	1995年	1985年	1990年	1995年
全市总计	**78.00**	**331.73**	**348.21**	**63.00**	**286.39**	**274.61**
国有经济	174.00	331.79	623.34	155.00	290.12	519.45
集体经济	83.00	331.17	546.36	70.00	233.44	515.80
联营经济	-	-	565.43	-	-	544.74
股份有限公司	-	-	786.89	-	-	529.66
有限责任公司	-	-	503.64	-	-	439.58
中外合资经营	-	-	1075.11	-	-	1096.51
中外合作经营	-	-	545.45	-	-	545.45
外资企业	-	-	775.28	-	-	734.38
与大陆合资经营企业	-	-	746.65	-	-	730
与大陆合作经营企业	-	-	-	-	-	-
港澳台独资企业	-	-	1061.66	-	-	227.83
其他经济	31.03	67.07	209.88	31.31	67.94	185.29

5-7续表

单位:元/平方米

指标	房屋每平方米造价			#住宅		
	1985年	1990年	1995年	1985年	1990年	1995年
全市总计	**78.00**	**141.26**	**348.21**	**63.00**	**111.18**	**274.61**
基本建设	174.00	303.24	541.15	157.00	271.36	454.76
更新改造	194.00	355.77	743.36	153.00	295.74	512.96
房地产开发	-	389.98	731.66	-	454.16	646.42
农村集体	69.00	-	-	56.00	-	-
城镇私人	70.00	145.64	354.78	66.00	106.75	337.00
农村私人	70.00	64.00	194.79	31.00	66.00	171.99
其他	136.00	331.17	491.10	70.00	233.44	353.93
#国有其他	106.00	322.86	1000.00	98.00	-	-

5-8 分区(市)县全社会固定资产投资

(1995 年)　　　　单位:万元

区(市)县	本年投资完成额	按购成分			按建设性质分		
		建筑安装工程	设备工具器具购置	其他费用	新建	改建	扩建
全市总计	**2009266**	**128561**	**587371**	**203334**	**320013**	**407694**	**491092**
区合计	1483142	865028	451407	166707	237299	300546	413889
渝中区	408006	271229	60158	76619	77147	72709	35403
大渡口区	31136	18278	9932	2926	1167	20698	1809
江北区	153886	89612	48686	15588	5775	18132	60549
沙坪坝区	126762	57892	65975	2895	21782	62402	21995
九龙坡区	310874	139637	155302	15935	25880	36894	197088
南岸区	124218	81826	24697	17695	15263	21178	39327
北碚区	52128	32252	17794	2082	12223	17259	12202
万盛区	19744	14881	3712	1151	3196	11061	2132
双桥区	6836	4613	1892	331	2949	2256	395
渝北区	151965	87090	45841	19034	54873	29328	28744
巴南区	97587	67718	17418	12451	17044	8629	14245
市县合计	526124	353533	135964	36627	82714	107148	77203
江津市	72461	46703	20177	5581	7345	16654	13838
合川市	60215	38331	15324	6560	10981	11067	6619
永川市	49009	33761	13347	1901	8654	5381	11811
长寿县	83734	54324	22106	7304	8654	35042	10957
綦江县	58298	26349	28633	3316	9814	13155	6825
潼南县	43024	35026	7367	631	10593	3391	1369
铜梁县	52340	43533	7979	828	5378	4057	8811
大足县	32506	22042	7722	2742	5650	8954	3820
荣昌县	40549	33199	4875	2475	10533	4943	5012
璧山县	33988	20265	8434	5289	5112	4504	8141

5－8续表1　　(1995年)　　单位:万元

区(市)县	按经济类型分					
	国有经济	集体经济	联营经济	股份有限公司	三资企业	其他经济
全市总计	**1039875**	**308056**	**5834**	**99943**	**230796**	**324762**
区合计	867518	178786	5684	96856	224034	110264
渝中区	245265	12395	4009	25196	115778	5363
大渡口区	7152	4805	－	2200	8	16971
江北区	98287	7134	－	128	38390	9947
沙坪坝区	33518	29168	63	54094	4601	5318
九龙坡区	229896	31988	－	6900	24982	17108
南岸区	63651	19461	－	1075	29092	10939
北碚区	26896	20653	－	50	90	4493
万盛区	14137	2452	155	1002	－	1998
双桥区	2253	3380	－	－	－	1203
渝北区	98864	26482	1457	2730	9187	13245
巴南区	47599	20868	－	3481	1906	23733
市县合计	172357	129270	150	3087	6762	214498
江津市	32606	15675	－	895	2264	21021
合川市	16636	12445	－	1663	－	29471
永川市	14500	14541	－	90	1083	18795
长寿县	46231	11481	150	210	1979	23683
綦江县	17835	16900	－	－	1436	22127
潼南县	3560	12374	－	－	－	27090
铜梁县	9641	9940	－	－	－	32759
大足县	7213	14627	－	－	－	10666
荣昌县	12219	7771	－	193	－	20366
璧山县	11916	13516	－	36	－	8520

5-8续表2　　(1995年)　　单位:万元

区(市)县	按报表种类分					
	基本建设	更新改造	房地产开产	农村集体	城镇私人	农村私人
全市总计	**425408**	**585962**	**436313**	**254947**	**40594**	**225652**
区合计	357060	498296	395725	140169	10718	51110
渝中区	98622	87365	205459	-	119	-
大渡口区	3771	15840	5278	4312	24	1848
江北区	10952	74725	59845	3163	466	3191
沙坪坝区	19248	61122	12887	26490	-	4851
九龙坡区	49326	187692	38871	26210	928	4940
南岸区	47097	15695	38517	16849	358	3909
北碚区	13989	12039	3150	18245	264	3650
万盛区	4709	8090	1362	2222	93	1601
双桥区	1290	930	33	3380	547	656
渝北区	70297	24111	23988	20061	6745	4160
巴南区	37759	10687	6335	19237	1174	22304
市县合计	68348	87666	40588	114778	29876	174542
江津市	11052	17008	9158	13163	307	20714
合川市	9162	8692	5212	10896	674	24450
永川市	9275	3469	4403	14204	272	17118
长寿县	7712	36391	6403	10388	2110	20730
綦江县	9907	6602	3858	12513	672	21437
潼南县	3121	349	428	11399	15356	11734
铜梁县	4591	4635	310	9887	6199	26560
大足县	5070	256	1887	14627	606	10060
荣昌县	4922	6616	974	7604	2354	15013
璧山县	3536	3648	7955	10097	1326	6726

5-8续表3　　(1995年)　　单位:万元

区(市)县	按报表种类分 其他	#国有其他	去年新增固定资产	本年竣工房屋面积(万平方米)	#住宅
全市总计	**40390**	**12795**	**1375089**	**2087.62**	**1495.32**
区合计	30064	12059	891071	795.11	483.84
渝中区	16441	9669	131595	105.95	67.04
大渡口区	63	-	17365	17.13	10.39
江北区	1544	-	99515	58.17	34.12
沙坪坝区	2164	-	71700	81.24	48.05
九龙坡区	2907	-	278778	170.09	54.14
南岸区	1793	953	56944	56.59	30.80
北碚区	791	-	47070	75.41	47.23
万盛区	1667	1437	12220	22.25	15.27
双桥区	-	-	6841	12.28	6.08
渝北区	2603	-	107886	84.12	67.46
巴南区	91	-	61157	111.88	103.26
市县合计	10326	736	484018	1292.51	1011.48
江津市	1059	9	57635	180.78	148.63
合川市	1129	-	62057	109.80	58.10
永川市	268	-	40788	143.80	101.27
长寿县	-	-	84532	162.40	148.44
綦江县	3309	622	48813	53.48	42.62
潼南县	637	-	42139	164.72	130.97
铜梁县	158	105	48710	180.02	162.46
大足县	-	-	32007	106.19	76.73
荣昌县	3066	-	33424	111.26	78.60
璧山县	700	-	33913	80.06	64.66

5－9 基本建设按各种分组的投资

指　　标	1985年	1990年	1992年	1993年	1994年	1995年
一、投资总额(万元)	**113148**	**191625**	**224097**	**261025**	**397985**	**425408**
1.按隶属关系分						
部直属项目	71491	123053	80427	85608	126997	138446
地方项目	41657	68572	143670	175417	269513	282804
2.按构成分						
建筑安装工程	80717	107291	149295	189771	269970	293366
设备、工具、器具购置	19551	63166	36292	28467	80149	89562
其他费用	12880	21168	38510	42787	47866	42480
3.按建设性质分						
新建	22465	99072	84128	89054	163786	183442
扩建	36007	42290	58687	59473	130238	119347
改建	26959	26435	48451	68865	63966	68391
4.按用途分						
生产性建设	54364	144232	135389	122996	240724	253353
非生产性建设	58784	47393	88708	138029	157261	172055
#住宅	32470	25720	42557	52592	67258	77470
5.按大中小型分						
大中型项目	26431	109135	101503	82604	138881	157123
小型项目	86717	82490	122594	178421	259104	268285
6.按国民经济行业分						
农业	1899	4191	3926	1247	1337	1970
工业	50396	131151	115504	94062	151085	189371
轻工业	5420	3233	17996	15540	23266	67167
重工业	45516	127918	97508	78522	127819	122204
能源工业	18809	85078	37387	33751	27312	30006
运输、邮电	20115	19306	34606	47142	79609	79832
二、新增固定资产(万元)	**75753**	**81618**	**224226**	**174556**	**238695**	**249971**
三、建设项目(个)						
施工项目	1060	1011	768	877	754	644
大中型项目	15	17	12	17	15	13
全部建成投产项目	502	530	367	444	335	253
大中型项目	2	－	1	2	2	1
四、房屋建筑面积(万平方米)						
施工面积	550.6	368.7	436.7	451.7	493.3	499.9
#住宅	334.6	170.6	224.8	222.1	234.3	250.5
竣工面积	241.9	174.8	211.8	202.5	227.6	232.7
#住宅	162.7	90.3	113.8	123.8	106.8	123.5

5-10 基本建设按构成分的投资

时期	绝对数（万元）			比重（以投资总额为100）		
	建筑安装工程	设备、工具、器具购置	其他费用	建筑安装工程	设备、工具、器具购置	其他费用
1950年—1952年	10575	2473	1390	73.2	17.2	9.6
“一五”时期	56385	31745	8369	58.4	32.9	8.7
“二五”时期	98616	80756	5874	53.2	43.6	3.2
1963年—1965年	43350	15922	3818	68.7	25.2	6.1
“三五”时期	83140	78604	14918	47.1	44.5	8.4
“四五”时期	108012	75298	21264	52.8	36.8	10.4
“五五”时期	153666	59929	18334	66.3	25.8	7.9
“六五”时期	239174	64511	38124	70.0	18.9	11.1
“七五”时期	458149	182739	85327	63.1	25.2	11.7
1986年	77887	24170	14198	67.0	20.8	12.2
1987年	82654	27536	16983	65.0	21.7	13.3
1988年	90057	27520	16043	67.4	20.6	12.0
1989年	100260	40347	16935	63.6	25.6	10.8
1990年	107291	63166	21168	56.0	33.0	11.0
“八五”时期	1027547	308332	207110	66.6	20.0	13.4
1991年	125145	73862	35467	53.4	31.5	15.1
1992年	149295	36292	38510	66.6	16.2	17.2
1993年	189771	28467	42787	72.7	10.9	16.4
1994年	269970	80149	47866	67.8	20.2	12.0
1995年	293366	89562	42480	69.0	21.0	10.0

5-11 基本建设生产性和非生产性投资

时期	绝对数（万元）			比重（以投资总额为100）		
	生产性建设	非生产性建设	#住宅	生产性建设	非生产性建设	#住宅
1950年—1952年	7253	7185	2153	50.2	49.8	14.9
“一五”时期	69587	26912	11458	72.1	27.9	11.9
“二五”时期	171671	13575	4384	92.7	7.3	2.4
1963年—1965年	51286	11804	4795	81.3	18.7	7.6
“三五”时期	156689	19973	7879	88.7	11.3	4.5
“四五”时期	176802	27772	13441	86.4	13.6	6.6
“五五”时期	173346	58583	34102	74.7	25.3	14.7
“六五”时期	168650	173159	107304	49.3	50.7	31.5
“七五”时期	476649	249566	117924	65.6	34.4	16.2
1986年	63237	53018	20941	54.4	45.6	18.0
1987年	78978	48195	24384	62.1	37.9	19.2
1988年	83112	50508	22388	62.2	37.8	16.8
1989年	107090	50452	24491	68.0	32.0	15.5
1990年	144232	47393	25720	75.3	24.7	13.4
“八五”时期	922072	620917	273128	59.8	40.2	17.7
1991年	169610	64864	33251	72.3	27.7	14.2
1992年	135389	88708	42557	60.4	39.6	19.0
1993年	122996	138029	52592	47.1	52.9	20.1
1994年	240724	157261	67258	60.5	39.5	16.9
1995年	253353	172055	77470	59.6	40.4	18.2

5－12 基本建设新建和改扩建项目投资

时期	绝对数（万元）		比重(以投资总额为100)	
	新建项目	改、扩建项目	新建项目	改、扩建项目
1950年—1952年				
“一五”时期				
“二五”时期				
1963年—1965年				
“三五”时期				
“四五”时期				
“五五”时期				
“六五”时期	75384	224202	22.1	65.6
“七五”时期	285143	347627	39.3	47.9
1986年	27870	75330	24.0	64.8
1987年	35888	73486	28.2	57.8
1988年	49789	65308	37.3	48.9
1989年	72524	64778	46.0	41.1
1990年	99072	68725	51.7	35.9
“八五”时期	623158	720272	40.4	46.7
1991年	102748	102854	43.8	43.9
1992年	84128	107138	37.5	47.8
1993年	89054	128338	34.1	49.2
1994年	163786	194204	41.2	48.8
1995年	183442	187738	43.1	44.1

5－13 能源工业和运输邮电业基本建设投资

时期	绝对数（万元）		比重(以投资总额为100)	
	能源工业	运输邮电业	能源工业	运输邮电业
1950年—1952年				
“一五”时期	27782	6761	28.8	7.0
“二五”时期	49884	18296	26.9	9.9
1963年—1965年	15841	3149	25.1	5.0
“三五”时期	19048	9363	10.8	5.3
“四五”时期	15725	15591	7.7	7.6
“五五”时期	29743	10071	12.8	4.3
“六五”时期	60603	45436	17.7	13.3
“七五”时期	247638	85501	34.1	11.8
1986年	26742	21252	23.0	18.3
1987年	32525	13999	25.6	11.0
1988年	39907	11271	29.9	8.4
1989年	63386	19673	40.2	12.5
1990年	85078	19306	44.4	10.1
“八五”时期	207163	266037	13.4	17.2
1991年	78707	24848	33.6	10.6
1992年	37387	34606	16.7	15.4
1993年	33751	47142	7.7	18.1
1994年	27312	79609	6.9	20.0
1995年	30006	79832	7.0	18.8

5-14 国民经济各行业基本建设投资

单位:万元

时　　期	总　计	工　业	建筑业	地质勘探	农林水利气象
1950年—1952年	14338	6910	388	166	32
"一五"时期	96499	62782	5065	2768	373
"二五"时期	185246	149143	1769	69	2171
1963年—1965年	63090	44720	427	306	5223
"三五"时期	176662	147333	1739	2	3916
"四五"时期	204574	166958	959	35	4819
"五五"时期	231929	170088	4930	92	6287
"六五"时期	341809	166790	15132	253	5538
"七五"时期	726215	420721	6727	240	10575
1986年	116255	53684	1456	110	1335
1987年	127173	69212	1806		1663
1988年	133620	74254	1391		1297
1989年	157542	92420	1312	105	2089
1990年	191625	131151	762	25	4191
"八五"时期	1542989	707077	18210	4767	11281
1991年	234474	156029	1103	64	2801
1992年	224097	115504	1148		3926
1993年	261025	95088	3390	2159	1247
1994年	397985	151085	3821	2014	1337
1995年	425408	189371	8748	530	1970

5-14 续表

时　　期	运输邮电	商业、饮食业、服务业和物资供应	科研文教卫生和社会福利	城市公用事业	其　他
1950年—1952年	249	901	1748	1912	2032
"一五"时期	6761	1959	10548	3409	2834
"二五"时期	18296	3234	4254	4540	1770
1963年—1965年	3149	1468	2974	4373	450
"三五"时期	9363	4773	5152	4133	251
"四五"时期	15591	6487	5335	3648	742
"五五"时期	10071	6635	14881	15829	3116
"六五"时期	45436	21297	46599	25295	15469
"七五"时期	85501	21112	91238	46222	43879
1986年	21252	3528	17971	9920	6999
1987年	13999	5256	17317	10135	7785
1988年	11271	5037	16554	12055	11761
1989年	19673	3735	20336	8210	9662
1990年	19306	3556	19060	5902	7672
"八五"时期	270299	62245	195402	108385	165323
1991年	24848	4584	23087	10473	11485
1992年	34606	8726	28468	13791	17928
1993年	47142	13305	41699	23680	33315
1994年	81671	19938	51742	38214	48163
1995年	82032	15692	50406	22227	54432

5-15 工业各行业基本建设投资

单位:万元

时期	合计	冶金工业	电力工业	煤炭工业	石油工业(包括石油加工及冶炼)	化学工业
1950年—1952年	6910	2118	1004	524		611
"一五"时期	62782	6963	19439	8343		3325
"二五"时期	149143	54602	17727	32157		8625
1963年—1965年	44720	10306	2724	13117		2161
"三五"时期	147333	45345	3990	15058		11140
"四五"时期	166958	20296	3264	12461		12631
"五五"时期	170088	18184	5477	24266		17709
"六五"时期	166790	29931	17619	42984		7695
"七五"时期	410721	36847	188528	59110		21465
1986年	53684	3551	12344	14398		2141
1987年	69212	10174	22118	10407		4184
1988年	74254	6558	28265	11642		4439
1989年	92420	5464	52837	10549		3807
1990年	131151	11100	72964	12114		6894
"八五"时期	707077	88636	157237	37846	9848	59102
1991年	156029	34370	69819	7078	1517	1472
1992年	115504	6126	23586	11998	1232	20891
1993年	95088	6027	26299	6580	724	4675
1994年	151085	30989	20067	5720	1055	29994
1995年	189371	11124	17466	6470	5320	2070

5-15 续表

时期	机械工业	森林工业	建材工业	纺织工业	食品工业	其他工业
1950年—1952年	1483	50	536	370	10	249
"一五"时期	17794	344	651	3554	356	2013
"二五"时期	27002	422	1416	2796	1154	3242
1963年—1965年	13932	392	801	309	430	548
"三五"时期	66484	281	1669	1690	304	1372
"四五"时期	74733	632	1136	38469	717	2619
"五五"时期	37792	221	2311	59253	2165	2710
"六五"时期	41538	525	3885	13151	5455	4007
"七五"时期	76742	2415	8595	7120	16390	3509
1986年	14796	1550	657	1072	1677	1498
1987年	15625	418	367	1236	3986	697
1988年	14350	346	811	1807	5746	290
1989年	11976	58	1667	1878	3578	606
1990年	19995	43	5093	1127	1403	418
"八五"时期	122695		50970	12518	13764	154461
1991年	23751		3583	1472	306	12661
1992年	32033		2827	2260	514	14037
1993年	18959		7314	3122	1145	20243
1994年	20213		12124	2967	2006	25950
1995年	27739		25122	2697	9793	81570

5-16 分行业基本建设新增固定资产

单位:万元

时　　期	总　计	工　业	建筑业	地质勘探	农林水利气象
1950年—1952年	10437	4338	299	164	24
"一五"时期	86981	56002	3957	2335	316
"二五"时期	137685	110934	1472	68	1679
1963年—1965年	53251	39547	344	4	4239
"三五"时期	103941	81999	1592	0	2576
"四五"时期	125458	102486	709	27	1471
"五五"时期	219990	166930	3465	91	2778
"六五"时期	267164	135711	10698	199	4496
"七五"时期	446587	200047	5946	160	8075
1986年	88889	45838	989	34	888
1987年	88540	46103	1590	-	1243
1988年	88240	46284	771	-	1052
1989年	99300	26431	2259	-	1914
1990年	81618	35391	337	126	2978
"八五"时期	1087535	648719	7766	1487	7618
1991年	200093	154868	523	176	2323
1992年	224220	165800	1072	-	1562
1993年	174556	101836	985	827	836
1994年	238695	106682	1082	484	1275
1995年	249971	119533	4104	-	1622

5-16续表

时　　期	运输邮电	商业、饮食业、服务业和物资供应	科研文教卫生和社会福利	城市公用事业	其　他
1950年—1952年	194	835	1362	1304	1917
"一五"时期	5661	1542	10357	3939	2872
"二五"时期	13232	2936	3431	2861	1072
1963年—1965年	1684	1111	2443	3212	667
"三五"时期	4517	3040	4602	5462	153
"四五"时期	9527	4990	3257	2647	344
"五五"时期	11839	5541	11365	15819	2162
"六五"时期	36924	16051	34932	17467	10686
"七五"时期	56930	18596	78378	39343	39112
1986年	11374	1688	15032	5982	7064
1987年	8197	4247	14031	7551	5578
1988年	2811	5866	11214	9303	10939
1989年	26260	3639	19563	8683	10551
1990年	8288	3156	18538	7824	4980
"八五"时期	88506	35221	156819	48722	92677
1991年	5528	1661	19441	7148	8425
1992年	11126	5817	20681	7941	10221
1993年	9349	7972	22456	10903	19392
1994年	31889	10689	41300	17824	27470
1995年	30614	9082	52941	4906	27169

5－17 基本建设新增主要生产能力或设施

能力(设施)名称	单　位	1990年	1991年	1992年	1993年	1994年	1995年
煤炭开采	万吨/年	90	6	－	－	－	－
洗煤	万吨/年	60	－	－	－	－	－
发电机组容量	万千瓦	0.40	46.97	39	3.16	－	－
变电设备	万千伏安	24.00	60.00	2.00	13.45	3.00	39.00
输电线路	公里	35.00	195.36	41.00	46.00	18.00	238.00
铁路货车制造	辆/年	－	－	－	－	－	－
汽车制造	辆/年	－	547	－	1100	－	－
乳制品	吨/年	－	－	－	－	－	773
船舶购置	吨/艘	－	3400/5	1500/7	7000/8	2228/4	－
新建铁路复线交付营业里程	公里	－	－	－	－	－	－
新建公路	公里	8.90	－	37.58	－	1.00	－
改建公路	公里	21.90	8.00	－	－	9.00	8.00
新建独立公路桥	米/座	482/3	－	－	－	1314/3	－
商业饮食服务网点	处	66	－	97	154	110	39
	平方米	32005	－	143765	66796	126084	56414
大专院校学生席位	个	－	－	－	－	5911	2000
中等学校学生席位	个	19111	－	29389	10163	20130	43130
小学学生席位	个	28703	16989	16913	16470	26290	49386
图书馆	平方米	3058	50694	1673	3300	－	－
影剧院	席位:个	1500	540	－	－	－	－
	面积:平方米	3077	－	－	－	－	－
医院病床床位	张	492	－	612	769	737	377
自来水供水能力	万吨/日	2.00	－	－	0.46	1.00	5.00
自来水供水管道	公里	2.00	2.90	7.50	5.00	1.00	27.00
天然气供气能力	万立方米/日	－	3.00	－	－	－	－
城市道路	公里	2.12	－	1.00	4.00	2.00	1.00
	万平方米	2.44	－	3.08	6.29	4.00	3.00

5－18 按行业分的基本建设施工、建成投产项目

(1995年)

行业	施工项目个数(个)	全部建成投产项目个数(个)	项目投产率(%)	本年新增固定资产(万元)	固定资产交付使用率(%)
全市总计	**644**	**253**	**39.29**	**249971**	**58.76**
一、农林牧渔业	15	5	33.33	1622	82.34
二、工业	121	42	34.71	119533	63.12
轻工业	32	12	37.50	62834	93.55
重工业	89	30	33.71	56699	46.40
1.采掘业	9	2	22.22	7582	95.12
#煤炭采选业	7	2	28.57	5029	77.73
2.制造业	97	31	31.96	56954	51.97
#石油加工及炼焦业	1	–	–	–	–
化学原料及化学制品业	12	8	66.67	2720	140.21
非金属矿制品	6	2	33.33	10180	41.28
黑色金属冶炼及加工业	2	–	–	–	–
有色金属冶炼及加工业	1	–	–	10039	98.82
普通机械制造业	13	6	46.15	3080	70.84
交通设备制造业	14	1	7.14	4151	25.24
3.电力煤气及水生产供应业	15	9	60.00	54997	76.55
#电力生产供应业	5	4	80.00	1980	11.34
自来水生产供应业	7	2	28.57	51797	96.58
三、建筑业	17	5	29.41	4104	46.91
四、地质普查、水利管理业	1	–	–	–	–
#水利管理业	1	–	–	–	–
五、交通运输、仓储及邮电通讯业	34	13	38.24	30614	37.32
#交通运输业	25	10	40.00	22382	35.93
邮电通讯业	2	1	50.00	7556	43.08
六、批发和零售贸易、餐饮业	66	32	48.48	9082	57.88
七、金融保险业	17	6	35.29	492	13.10
八、房地产业	8	4	50.00	1109	100.64
九、社会服务业	25	9	36.00	3797	17.97
十、卫生、体育和社会福利业	46	16	34.78	4327	67.06
#卫生	33	13	39.39	3201	84.35
十一、教育、文化艺术及广播电影电视业	99	37	37.37	33676	91.13
#教育	88	31	35.23	32160	91.07
文化艺术	8	4	50.00	463	40.90
十二、科学研究和综合技术服务业	24	7	29.17	14938	213.37
十三、国家政党机关和社团	165	76	46.06	26317	56.10
十四、其他行业	6	1	16.67	360	9.55

5-19 按行业分的基本建设投资

(1995年)　　　　单位:万元

行业	本年投资完成额	按用途分			按建设性质分		
		生产性建设	非生产性建设	#住宅	#新建	#扩建	#改建
全市总计	**425408**	**253353**	**172055**	**77470**	**183442**	**119347**	**68391**
一、农林牧渔业	1970	1466	504	482	1017	103	710
二、工业小计	189371	150540	38831	27637	82143	48238	22592
轻工业	67167	62615	4552	3456	56639	8357	1080
重工业	122204	87925	34279	24181	25504	39881	21512
1.采掘业	7971	7356	615	90	6758	1123	50
#煤炭采选业	6470	5855	615	90	6302	78	50
2.制造业	109555	74543	35012	25039	5148	46270	21779
#石油加工及炼焦业	4275	–	4275	2500	–	4275	–
化学原料及化学制品业	1940	38	1902	1902	8	–	30
非金属矿制品	24658	24125	533	533	1143	22930	325
黑色金属冶炼及加工业	965	447	518	–	–	–	965
有色金属冶炼及加工业	10159	9859	300	300	–	10159	–
普通机械制造业	4348	2236	2112	1539	–	6	1050
交通设备制造业	16443	9689	6754	3379	–	253	7570
3.电力煤气及水生产供应业	71845	68641	3204	2508	70237	845	763
#电力生产供应业	17466	15083	2383	2383	17453	13	–
自来水生产供应业	53629	53547	82	82	52186	680	763
三、建筑业	8748	5393	3355	1844	3765	3486	–
四、地质普查、水利管理业	530	530	–	–	530	–	–
#水利管理业	530	530	–	–	530	–	–
五、交通运输、仓储及邮电通讯业	82032	75583	6449	4806	41720	26926	12137
#交通运输业	62294	56415	5879	4656	42969	8437	12137
邮电通讯业	17538	17445	93	93	–	17538	–
六、批发和零售贸易、餐饮业	15692	12445	3247	3085	4785	5309	4624
七、金融保险业	3757	98	3659	1264	903	1701	1013
八、房地产业	1102	387	715	685	334	221	547
九、社会服务业	21125	169	20956	965	16507	657	3804
十、卫生、体育和社会福利业	6452	–	6452	1909	1646	2664	1476
#卫生	3795	–	3795	1659	127	2514	528
十一、教育、文化艺术及广播电影电视业	36953	194	36759	12481	2191	16881	14957
#教育	35315	170	35145	12084	1509	15976	14906
文化艺术	1132	24	1108	103	632	449	51
十二、科学研究和综合技术服务业	7001	536	6465	1134	616	1872	483
十三、国家政党机关和社团	46907	6012	40895	18810	22418	11289	5898
十四、其他行业	3768	–	3768	2368	3618	–	150

5-20 按各种分组的更新改造投资

单位:万元

指　　标	1985年	1990年	1992年	1993年	1994年	1995年
一、投资总额	**87351**	**174350**	**266720**	**372549**	**434620**	**585962**
1.按构成分:						
建筑安装工程	33183	84769	120029	164268	184121	199960
设备、工具、器具购置	47033	79608	128447	187881	214932	335445
其他费用	7135	9973	18214	20400	35567	50557
2.按建设性质分:						
新建	584	1757	23	8001	20812	1862
扩建	17794	55327	351	146433	196660	310891
改建	43580	110398	970	208209	203647	253333
3.按用途分:						
生产性建设	74282	141211	220914	294306	353217	487505
增产	30511	68481	93529	91620	139391	253629
节能	3330	2158	8401	7643	4035	10290
其他节约	269	69	682	3081	568	472
增加品种	18242	16608	31608	119521	84655	72718
提高产品质量	4500	17668	17862	19823	36801	20936
三废治理	1122	2817	3762	2715	897	1881
其他生产	16308	33410	65070	49903	86870	127579
非生产性建设	13069	33139	45806	78243	81403	98457
#住宅	3764	19334	26846	28291	37613	42007
二、新增固定资产	**54891**	**125555**	**193328**	**220330**	**309940**	**494821**
三、房屋建筑面积(万平方米)						
施工面积	66.66	286.28	330.04	271.1	289.91	303.80
#住宅	39.40	135.59	126.26	114.9	132.36	145.66
竣工面积	72.60	116.01	136.94	116.4	106.46	114.30
#住宅	20.07	59.46	56.71	52.1	50.11	51.56

5－21 更新改造新增主要产品生产能力

能力名称	单位	1985年	1990年	1992年	1993年	1994年	1995年
电炉铁合金	吨/年	9000	17500	－	－	－	－
钢材	万吨/年	－	26.30	8.00	－	2.00	4.00
铜加工	吨/年	600	5037	－	－	－	－
铝加工	吨/年	－	47100	－	2350	57000	2753
煤炭开采	万吨/年	8.00	30.50	0.20	－	－	－
烧碱	吨/年	－	11000	－	－	－	－
合成氨	吨/年	－	50938	3000	－	－	2000
氮肥(折合量)	吨/年	2449	31154	2166	－	10500	2100
硫酸	万吨/年	－	5	－	－	－	4
化学农药	吨/年	－	700	－	－	－	－
合成橡胶	吨/年	－	1000	－	－	10000	－
轮胎　内胎	万条	－	40	－	－	100	－
外胎	万条	－	40	－	－	100	－
发电机组容量	万千瓦	－	3.64	0.31	2.91	2.00	20.00
变电设备(11万伏以上)	万千伏安	6.00	119.79	14.33	－	136.00	12.00
输电线路	公里	11.00	24.69	－	－	6.00	－
汽车制造	辆/年	600	73620	3000	－		5600
水泥	万吨/年	16.50	59.80	2.00	11.06	38.00	34.00
棉布织机	台	494	736	16	228	180	－
丝绸织机	台	－	416	74	－	－	－
缫丝机	储	－	6547	－	－	2400	－
棉纺锭	锭	880	6160	20000	15000	－	－
毛纺锭	锭	2376	2796	－	54	－	－
机制纸及纸板	吨/年	1500.00	25000.00	3500.00	1.05	－	－
电视机	台/年	160000	188700	－	－	－	－
电冰箱	台/年	－	70000	－	－	－	－
船舶购置	吨	33656	5537	2000	1700	1600	1600
	艘	174	38	12	6	7	3
改建公路	公里	－	29.60	12.30	－	－	23.00
市内电话交换机	门	－	18295	8000	114000	173928	434000
商业饮食服务网点	平方米	3285	122622	123455	100490	39541	30901
	处	4	116	127	33	23	12
医院病床床位	张	335	1677	－	－	－	－
自来水供水能力	万吨/日	4.80	12.90	－	1.50	－	－
摩托车制造	辆/年	－	－	－	－	30000	20000
耐火材料制品	吨/年	－	－	－	－	－	3462
浓硝酸	万吨/年	－	－	－	－	－	1
烧碱	万吨/年	－	－	－	－	－	2
化学药品	吨/年	33	－	－	－	－	210
肉类加工	吨/年	7000	－	－	－	－	－

5－22 按行业分的更新改造施工、建成投产项目

（1995年）　　单位：万元

行业	施工项目个数（个）	全部建成投产项目个数（个）	项目投产率（%）	本年新增固定资产（万元）	固定资产交付使用率（%）
全市总计	**1087**	**649**	**59.71**	**494821**	**84.44**
一、农林牧渔业	1	1	100.00	168	100.00
二、工业小计	636	342	53.77	349656	93.66
轻工业	111	63	56.78	79639	91.78
重工业	525	279	53.14	270017	94.24
1.采掘业	133	82	61.65	11291	55.25
#煤炭采选业	98	53	54.08	9371	52.61
2.制造业	443	239	53.95	265175	86.88
#石油加工及炼焦业	2	－	－	－	－
化学原料及化学制品业	35	18	51.43	7401	94.16
非金属矿制品	12	7	58.33	12519	111.60
黑色金属冶炼及加工业	44	22	50.00	12011	74.04
有色金属冶炼及加工业	41	28	68.29	2503	58.43
普通机械制造业	36	20	55.56	9847	45.46
交通设备制造业	64	39	60.94	59510	177.90
3.电力煤气及水生产供应业	60	21	35.00	73190	153.59
#电力生产供应业	50	14	28.00	71414	155.29
自来水生产供应业	9	6	66.67	1776	109.83
三、建筑业	3	1	33.33	293	45.43
四、地质普查、水利管理业	2	－	－	－	－
#水利管理业	－	－	－	－	－
五、交通运输、仓储及邮电通讯业	247	221	89.47	113175	87.03
#交通运输业	28	17	60.71	19394	97.87
邮电通讯业	219	204	93.15	93781	85.08
六、批发和零售贸易、餐饮业	34	21	61.76	2349	48.20
七、金融保险业	1	－	－	412	87.29
八、房地产业	45	16	35.56	13865	51.05
九、社会服务业	20	5	25.00	1007	3.73
十、卫生、体育和社会福利业	3	3	100.00	212	101.44
#卫生	3	3	100.00	212	101.44
十一、教育、文化艺术及广播电影电视业	22	11	50.00	1433	88.79
#教育	20	10	50.00	911	84.35
文化艺术	1	1	100.00	18	100.00
十二、科学研究和综合技术服务业	2	－	－	29	10.43
十三、国家政党机关和社团	69	28	40.58	11908	62.67
十四、其他行业	2	－	－	314	34.50

5-23 按行业分的更新改造投资

(1995年) 单位:万元

行业	本年投资完成额	按用途分			按建设性质分:其中		
		生产性建设	非生产性建设	#住宅	新建	扩建	改建
全市总计	**585962**	**487505**	**98457**	**42007**	**1862**	**310891**	**253333**
一、农林牧渔业	168	168	-	-	-	168	-
二、工业小计	373305	345672	27633	12917	636	189404	178600
轻工业	86773	81793	4980	1796	40	41565	42888
重工业	286532	263879	22653	11121	596	147839	135712
1.采掘业	20438	14958	5480	4156	102	2708	17621
#煤炭采选业	17813	13263	4550	3226	-	185	17621
2.制造业	305213	290904	14309	7540	534	140794	159227
#石油加工及炼焦业	878	868	10	-	-	878	-
化学原料及化学制品业	7860	7493	367	283	-	6423	1281
非金属矿制品	11218	11218	-		494	9736	988
黑色金属冶炼及加工业	16223	13703	2520	1373	-	-	16223
有色金属冶炼及加工业	4284	3632	652	462	-	546	3738
普通机械制造业	21661	19729	1932	383	-	5353	14710
交通设备制造业	33452	33138	314	214	-	26329	7002
3.电力煤气及水生产供应业	47654	39810	7844	1221	-	45902	1752
#电力生产供应业	45987	38220	7767	1221	-	44235	1752
自来水生产供应业	1617	1590	27	-	-	1617	-
三、建筑业	645	188	457	219	163	402	80
四、地质普查、水利管理业	277	-	277	47	-	-	277
#水利管理业	-	-	-	-	-	-	-
五、交通运输、仓储及邮电通讯业	130046	127231	2815	2435	510	103549	12649
#交通运输业	19817	18278	1539	1159	510	325	5644
邮电通讯业	110229	108953	1276	1276	-	103224	7005
六、批发和零售贸易、餐饮业	4873	3269	1604	1229	-	1607	3253
七、金融保险业	472	22	450	38	-	-	60
八、房地产业	27160	7076	20084	15577	-	-	27160
九、社会服务业	27005	612	26393	598	470	2768	23586
十、卫生、体育和社会福利业	209	-	209	154	-	162	47
#卫生	209	-	209	154	-	162	47
十一、教育、文化艺术及广播电影电视业	1614	-	1614	269	-	110	879
#教育	1080	-	1080	261	-	110	867
文化艺术	18	-	18	8	-	-	-
十二、科学研究和综合技术服务业	278	90	188	-	-	-	251
十三、国家政党机关和社团	19000	3177	15823	8454	83	12081	6221
十四、其他行业	910	-	910	70	-	640	270

5－24 房地产开发投资情况

指　　标	1990年	1991年	1992年	1993年	1994年	1995年
一、本年资金来源(万元)	**15041**	**16190**	**29414**	**90716**	**360661**	**567538**
国家预算内投资	328	167	–	1525	1764	1003
国内贷款	2490	5298	9941	19572	113864	179567
利用外资	–	–	1240	12503	24693	72515
自筹投资	5966	9581	16582	34298	164368	167061
其他投资	6257	1144	1651	22818	55972	147392
二、投资总额(万元)	13824	16955	30414	106372	259404	436313
1.按隶属关系分						
部直属项目	355	720	889	2036	–	12359
地方项目	13469	16235	29525	104336	259404	423954
2.按构成分						–
建筑安装工程	12032	15189	19250	80492	211045	327606
设备、工具、器具购置	–	53	192	1313	11075	14845
其他费用	1679	1713	10972	24568	37284	93862
3.按用途分						
生产性建设	1990	2240	4504	11814	52415	94287
非生产性建设	11834	14715	25910	94558	206989	342026
#住宅	9520	12118	18970	52031	179823	230311
三、房屋建筑面积(万平方米)						
1.施工面积	92.91	94.71	135.49	375.85	589.04	1161.55
商业营业用房	22.88	13.75	32.04	–	–	260.61
服务业用房	0.10	1.10	1.64	–	–	
住宅	65.48	68.56	73.04	23780	346.89	725.30
文化体育用房	–	–	–	–	–	
医疗用房	0.05	–	–	–	–	
2.竣工面积	38.01	30.05	33.33	58.75	99.61	220.54
商业营业用房	7.75	3.78	4.85	–	–	30.74
服务业用房	0.05	–	0.44	44.41	–	
住宅	26.68	21.90	20.15	–	79.61	173.24
文化体育用房	–	–	–	–	–	
医疗用房	0.05	–	–	–	–	
四、商品房						
商品房投资(万元)	13824	16955	30414	106372	259404	436313
商品房销售额(万元)	16253	17089	25438	39479	44765	104230
商品房销售面积(万平方米)	20.19	20.92	25.26	28.92	35.57	95.09

5-25 农村集体单位固定资产投资

指　　标	1985年	1990年	1992年	1993年	1994年	1995年
一、投资总额(万元)	**25200**	**21706**	**83958**	**180910**	**234340**	**254947**
1.按隶属关系分						
部直属项目	–	–	–	–	–	–
部直供项目	–	–	–	–	–	–
地方项目	25200	21706	83958	180910	234340	254947
2.按构成分						
建筑安装工程				97358	119595	130427
设备、工具、器具购置			21922	72179	102404	111418
其他费用				11373	12341	13102
3.按建设性质分						
新建			39694	112354	122539	117351
扩建			13756	26552	48119	53436
改建			29543	39114	54178	73644
4.按用途分						
生产性建设	19835	16859	73765	159002	176104	219134
非生产性建设	5365	4847	10193	21908	58236	35813
#住宅	3777	1381	2600	14400	37744	14624
5.按农轻重分						
农业	1159	4917	3145	4854	5947	6084
工业	16184	10725	67164	139849	169400	191390
轻工业			17465	27426	34132	26644
重工业			49699	112423	135268	164746
二、新增固定资产(万元)	**7837**	**16732**	**62954**	**234447**	**189569**	213129
三、建设项目(个)						
施工项目	671	642	2853	4866	4753	4223
全部建成投产项目	474	328	2023	4191	4068	**3580**
四、房屋建筑面积(万平方米)						
施工面积	152.40	78.32	75.44	211.51	404.61	302.75
#住宅	65.17	38.58	8.6	38.70	143.32	36.39
竣工面积	1.05	78.32	75.44	145.92	301.48	230.85
#住宅	0.37	38.58	8.60	29.94	104.37	32.09

5-26 按行业分的农村集体单位施工、建成投产项目

（1995年） 单位：万元

行业	施工项目个数（个）	全部建成投产项目个数（个）	项目投产率（%）	本年新增固定资产（万元）	固定资产交付使用率（%）
全市总计	**4223**	**3580**	**84.77**	**213129**	**83.60**
一、农林牧渔业	156	107	68.59	5225	85.88
二、工业小计	3202	2735	85.42	163249	85.30
轻工业	450	393	87.33	23132	86.82
重工业	2752	2342	85.10	140117	85.05
1.采掘业	475	369	77.68	14249	77.90
#煤炭采选业	356	265	74.44	10753	78.89
2.制造业	2682	2335	87.06	147469	86.08
#石油加工及炼焦业	4	4	100.00	261	100.00
化学原料及化学制品业	164	143	87.20	12971	82.07
非金属矿制品	554	484	87.36	25209	87.30
黑色金属冶炼及加工业	16	14	87.50	2156	94.31
有色金属冶炼及加工业	46	34	73.91	3535	87.65
普通机械制造业	603	524	86.90	39468	86.44
交通设备制造业	138	121	87.68	6197	74.85
3.电力煤气及水生产供应业	35	31	88.57	1531	86.16
三、建筑业	256	237	92.58	16016	81.35
四、地质普查、水利管理业	45	8	17.78	270	41.22
#水利管理业	45	8	17.78	270	41.22
五、交通运输、仓储及邮电通讯业	83	78	93.98	3605	69.63
六、批发和零售贸易、餐饮业	145	114	78.62	5991	85.06
七、金融保险业	-	-	-	-	-
八、房地产业	-	-	-	-	-
九、社会服务业	23	17	73.91	671	28.13
十、卫生、体育和社会福利业	-	-	-	-	-
#卫生	-	-	-	-	-
十一、教育、文化艺术及广播电影电视业	-	-	-	-	-
#教育	-	-	-	-	-
文化艺术	-	-	-	-	-
十二、科学研究和综合技术服务业	-	-	-	-	-
十三、国家政党机关和社团	30	30	100.00	750	100.00
十四、其他行业	293	254	86.69	17352	79.69

5－27 按行业分的农村集体单位固定资产投资

（1995年）　　单位：万元

行　业	本年投资完成额	按用途分		
		生产性建设	非生产性建设	#住宅
全　市　总　计	**254947**	**219134**	**35813**	**14624**
一、农林牧渔业	6084	5942	142	142
二、工业小计	191390	183775	7615	7615
轻工业	26644	25157	1487	1487
重工业	164746	158618	6128	6128
1.采掘业	18292	17849	443	443
#煤炭采选业	13630	13267	363	363
2.制造业	171321	164189	7132	7132
#石油加工及炼焦业	261	215	46	46
化学原料及化学制品业	15805	15374	431	431
非金属矿制品	28876	26547	2329	2329
黑色金属冶炼及加工业	2286	2229	57	57
有色金属冶炼及加工业	4033	3851	182	182
普通机械制造业	45661	44656	1005	1005
交通设备制造业	8279	8246	33	33
3.电力煤气及水生产供应业	1777	1737	40	40
三、建筑业	19688	17781	1907	1907
四、地质普查、水利管理业	655	655	－	－
#水利管理业	655	655	－	－
五、交通运输、仓储及邮电通讯业	5177	4890	287	287
六、批发和零售贸易、餐饮业	7043	6091	952	952
七、金融保险业	－	－	－	－
八、房地产业	－	－	－	－
九、社会服务业	2385	－	2385	155
十、卫生、体育和社会福利业	－	－	－	－
#卫生	－	－	－	－
十一、教育、文化艺术及广播电影电视业	－	－	－	－
#教育	－	－	－	－
文化艺术	－	－	－	－
十二、科学研究和综合技术服务业	－	－	－	－
十三、国家政党机关和社团	750	－	750	362
十四、其他行业	21775	－	21775	3204

5-28 城镇和工矿区个人建房情况

年 份	建房户数（户）	竣工房屋价值（万元）	#住宅	竣工房屋建筑面积（万平方米）	#住宅
1985年	2226	1049	912	15.01	13.86
“七五”时期	21446	18829	15619	187.89	158.21
1986年	4537	2094	1372	34.94	20.44
1987年	4240	3243	2919	39.60	36.34
1988年	5328	5585	5328	49.20	42.85
1989年	3684	2951	2851	30.12	29.08
1990年	3657	4956	3149	34.03	29.50
“八五”时期	23564	72422	55205	259.88	177.32
1991年	2945	3036	2756	24.49	22.46
1992年	2277	5808	5027	31.32	27.78
1993年	2840	8278	7197	36.87	31.15
1994年	8692	14731	11027	52.85	39.29
1995年	6810	40569	29198	114.35	86.64

5-29 农村个人固定资产投资和建房情况

年 份	投资总额（万元）	竣工房屋投资	#住宅	购买生产性固定资产投资	施工房屋建筑面积（万 m^2）	竣工房屋建筑面积（万 m^2）	#住宅	竣工房屋造价（元/m^2）	#住宅
1985年	23914	22000	17856	1914	709	709	567	31.00	31.00
“七五”时期	231447	212527	194489	18920	4046	4046	3685	52.53	52.78
1986年	25244	22558	22558	2686	722	722	722	31.26	31.26
1987年	39921	36952	32634	2969	837	837	747	44.00	44.00
1988年	47739	43540	39549	4199	768	768	674	56.66	58.72
1989年	56100	52078	46598	4022	823	823	735	63.00	63.00
1990年	62443	57399	53150	5044	896	896	807	64.00	66.00
“八五”时期	806147	661024	572418	64181	5468	5468	4765	120.89	120.13
1991年	173028	83028	63959	9058	985	985	920	75.00	75.00
1992年	111235	101302	92210	9933	1168	1168	1044	88.00	88.00
1993年	139036	129817	111173	9219	1167	1167	991	111.00	112.00
1994年	157191	146402	129331	10789	990	990	788	148.00	164.00
1995年	225657	200475	175745	25182	1158	1158	1022	173.00	173.00

5－30 城镇集体单位按各种分组的固定资产投资

指　　标	1985年	1990年	1992年	1993年	1994年	1995年
一、投资总额(万元)	**16400**	**14800**	**23600**	**29500**	**29100**	**21100**
1.按隶属关系分						
部直属项目	–	400	–	–	–	–
部直供项目	–	–	–	–	–	–
地方项目	16400	14400	23600	29500	28400	21100
2.按构成分						
建筑安装工程	8300	10200	11600	16700	15300	12100
设备、工具、器具购置	7300	4200	10400	10000	12100	7700
其他费用	–	300	1600	2800	1700	1300
3.按建设性质分						
新建	–	1300	1600	1500	2100	1600
扩建	–	4200	11200	9300	12400	7300
改建	–	7200	7500	14600	6200	9000
4.按用途分						
生产性建设	12600	9600	18600	19500	22000	13120
非生产性建设	3800	5200	5000	10000	7000	7980
#住宅	2700	2500	3100	4000	5100	5924
5.按农轻重分						
农业		100	100	200	100	100
工业	12500	9300	15700	16500	14600	8300
轻工业	6100	5400	5500	6500	1100	1800
重工业	6400	3900	10200	10000	13500	6500
二、新增固定资产(万元)	11000	15600	20000	24700	23000	17500
三、建设项目(个)						
施工项目	652	368	430	295	182	170
全部建成投产项目	427	196	282	193	109	109
四、房屋建筑面积(万平方米)						
施工面积	72.51	60.75	54.89	50.59	42.92	39.93
#住宅	29.52	23.10	18.10	16.95	17.03	20.48
竣工面积	38.84	32.92	30.82	30.33	29.77	14.56
#住宅	14.61	12.41	10.25	10.56	11.60	5.86

5－31 按行业分的城镇集体单位施工、建成投产项目

(1995年)

行业	施工项目个数(个)	全部建成投产项目个数(个)	项目投产率(%)	本年新增固定资产(万元)	固定资产交付使用率(%)
全市总计	**170**	**109**	**64.1**	**17498**	**82.9**
一、农林牧渔业	7	3	42.9	75	78.1
二、工业小计	76	57	75.0	6882	82.8
轻工业	17	9	52.9	615	34.4
重工业	59	48	81.4	6267	96.0
1.采掘业	–	–	–	–	–
#煤炭采选业	–	–	–	–	–
2.制造业	76	57	75.0	6882	82.8
#石油加工及炼焦业	–	–	–	–	–
化学原料及化学制品业	3	1	33.3	226	95.8
非金属矿制品	2	2	100.0	94	100.0
黑色金属冶炼及加工业	2	2	100.0	69	100.0
有色金属冶炼及加工业	15	15	100.0	326	100.0
普通机械制造业	5	3	0.60	203	16.9
交通设备制造业	19	17	89.5	4824	132.3
3.电力煤气及水生产供应业	–	–	–	–	–
三、建筑业	11	6	54.5	815	103.3
四、地质普查、水利管理业	–	–	–	–	–
五、交通运输、仓储及邮电通讯业	15	11	73.3	6128	181.4
#交通运输业	15	11	73.3	6128	181.4
六、批发和零售贸易、餐饮业	23	12	52.2	1630	55.4
七、金融保险业	5	4	80.0	262	98.9
八、房地产业	–	–	–	–	–
九、社会服务业	3	3	100.0	705	89.4
十、卫生、体育和社会福利业	22	12	54.5	869	94.4
#卫生	22	12	54.5	869	94.4
十一、教育、文化艺术及广播电影电视业	–	–	–	–	–
#教育	–	–	–	–	–
文化艺术	–	–	–	–	–
十二、科学研究和综合技术服务业	–	–	–	–	–
十三、国家政党机关和社团	4	1	25.0	132	26.9
十四、其他行业	4	–	–	–	–

5－32 按行业分的城镇集体单位固定资产投资

（1995年） 单位：万元

行业	本年投资完成额	按用途分			按建设性质分		
		生产性建设	非生产性建设	#住宅	#新建	#扩建	#改建
全市总计	**21100**	**13120**	**7980**	**5924**	**1602**	**7265**	**8979**
一、农林牧渔业	96	43	53	45	38	37	12
二、工业小计	8315	7805	510	413	576	3856	3157
轻工业	1786	1669	117	60	14	775	885
重工业	6529	6136	393	353	562	3081	2272
1.采掘业	－	－	－	－	－	－	－
#煤炭采选业	－	－	－	－	－	－	－
2.制造业	8315	7805	510	413	576	3856	3157
#石油加工及炼焦业							
化学原料及化学制品业	236	160	76	－	160	－	－
非金属矿制品	94	54	40	－	－	94	－
黑色金属冶炼及加工业	69	69	－	－	－	50	－
有色金属冶炼及加工业	326	326	－	－	－	－	326
普通机械制造业	1199	1016	183	183	－	51	1049
交通设备制造业	3647	3647	－	－	464	2308	700
3.电力煤气及水生产供应业	－	－	－	－	－	－	－
三、建筑业	789	326	463	462	132	266	40
四、地质普查、水利管理业	－	－	－	－	－	－	－
五、交通运输、仓储及邮电通讯业	3379	2625	754	684	48	1107	410
#交通运输业	3379	2625	754	684	48	1107	410
六、批发和零售贸易、餐饮业	2944	2043	901	809	260	1495	1149
七、金融保险业	265	7	258	108	55	－	210
八、房地产业							
九、社会服务业	789	－	789	40	429	75	23
十、卫生、体育和社会福利业	921	－	921	119	64	379	478
#卫生	921	－	921	119	64	379	478
十一、教育、文化艺术及广播电影电视业	－	－	－	－	－	－	－
#教育	－	－	－	－	－	－	－
文化艺术	－	－	－	－	－	－	－
十二、科学研究和综合技术服务业	－	－	－	－	－	－	－
十三、国家政党机关和社团	490	210	280	208	－	50	440
十四、其他行业	3112	61	3051	3036	－	－	3060

5-33 国有经济单位其他固定资产投资按各种分组的投资

指　　标	1985年	1990年	1992年	1993年	1994年	1995年
一、投资总额(万元)	**4900**	**31400**	**41400**	**13500**	**8500**	**12800**
1.按隶属关系分						
部直属项目	–	2800	35800	5600	2100	2100
部直供项目	–	–	–	–	–	–
地方项目	–	3400	5600	7900	6400	10700
2.按构成分						
建筑安装工程	4500	30400	40100	10700	8300	11700
设备、工具、器具购置	400	1000	1300	2300	200	200
其他费用	–	–	–	5000	–	900
3.按建设性质分						
新建	–	300	16218	7300	6100	9500
扩建	–	–	18868	–	–	–
改建	–	31100	6314	6200	2400	3300
4.按用途分						
生产性建设	4700	31400	41000	10600	2100	12800
非生产性建设	200	–	400	2900	6400	–
#住宅	–	–	–	600	–	–
5.按农轻重分						
农业	–	–	–	–	–	–
工业	–	28400	36000	5700	–	3000
轻工业	–	–	–	–	–	–
重工业	–	28400	36000	5700	–	3000
能源工业	–	28400	–	–	2100	–
运输、邮电	–	2700	–	7800	6400	9700
教育、科研	–	–	–	–	–	–
二、新增固定资产(万元)	**800**	**4800**	**6100**	**4100**	**2300**	**4900**
三、建设项目(个)						
施工项目	–	162	9	12	66	38
全部建成投产项目	–	46	1	2	17	29
四、房屋建筑面积(万平方米)						
施工面积	4.25	1.15	0.08	0.17	–	0.01
#住宅	0.34	–	–	0.04	–	–
竣工面积	2.48	0.70	0.08	0.17	–	0.01
#住宅	0.29	–	–	0.04	–	–

5－34 按行业分的国有经济单位其他施工、建成投产项目

(1995年)

行业	施工项目个数（个）	全部建成投产项目个数（个）	项目投产率（%）	本年新增固定资产（万元）	固定资产交付使用率（%）
全市总计	**38**	**29**	**76.3**	**4876**	**38.1**
一、农林牧渔业	–	–	–	–	–
二、工业小计	29	22	75.9	1147	38.1
轻工业	–	–	–	–	–
重工业	29	22	75.9	1147	38.1
1.采掘业	29	22	75.9	1147	38.1
#煤炭采选业	29	22	75.9	1147	38.1
三、交通运输、仓储及邮电通讯业	3	1	33.3	3615	37.4
#交通运输业	3	1	33.3	3615	37.4
四、批发和零售贸易、餐饮业	5	5	100.0	105	100.0
五、国家政党机关和社团	1	1	100.0	9	100.0
六、其他行业	–		–	–	–

5－35 按行业分的国有经济单位其他固定资产投资

(1995年)

单位:万元

行业	本年投资完成额	按用途分		按建设性质分		
		生产性建设	非生产性建设	#新建	#扩建	#改建
全市总计	**12795**	**12795**	**–**	**9512**		**3283**
一、农林牧渔业	–	–	–	–	–	–
二、工业小计	3012	3012	–	–	–	3012
轻工业						
重工业	3012	3012	–	–	–	3012
1.采掘业	3012	3012	–	–	–	3012
#煤炭采选业						
三、交通运输、仓储及邮电通讯业	9669	9669	–	9503	–	166
#交通运输业	9669	9669	–	9503	–	166
四、批发和零售贸易、餐饮业	105	105	–	–	–	105
五、国家政党机关和社团	9	9	–	9	–	–
六、其他行业	–	–	–	–	–	–

5－36 按各种分组的其他固定资产投资

指　　标	1994 年	1995 年
一、投资总额(万元)	**7719**	**6588**
1.按隶属关系分		
部直属项目	-	-
部直供项目	-	-
地方项目	7719	6588
2.按构成分		
建筑安装工程	2861	2354
设备、工具、器具购置	4512	3026
其他费用	346	1208
3.按建设性质分		
新建	5917	6244
扩建	1650	136
改建	96	102
4.按用途分		
生产性建设	7558	4174
非生产性建设	161	2414
#住宅	161	1318
5.按农轻重分		
农业	154	-
工业	65639	2659
轻工业	15675	23
重工业	49964	2636
二、新增固定资产(万元)	8039	4250
三、建设项目(个)		
施工项目	17	10
全部建成投产项目	9	6
四、房屋建筑面积(万平方米)		
施工面积	2.39	6.69
#住宅	0.48	3.94
竣工面积	1.64	1.84
#住宅	0.03	0.63

5－37 按行业分的其他固定资产施工、建成投产项目

(1995年)

行业	施工项目个数(个)	全部建成投产项目个数(个)	项目投产率(%)	本年新增固定资产(万元)	固定资产交付使用率(%)
全市总计	**10**	**7**	**70.0**	**4250**	**64.5**
一、农林牧渔业					
二、工业小计	7	5	71.4	2471	92.9
轻工业	1	1	100.0	62	169.6
重工业	6	4	66.7	2409	91.4
制造业	7	5	71.4	2471	92.9
#非金属矿制品	1	1	100.0	36	100.0
有色金属冶炼及加工业	2	1	50.0	677	82.1
普通机械制造业	1	1	100.0	1590	100.0
交通设备制造业				100	100.0
三、交通运输、仓储及邮电通讯业	1	1	100.0	900	100.0
#交通运输业	1	1	100.0	900	100.0
四、批发和零售贸易、餐饮业	–	–	–	–	–
五、其他行业	1	1	100.0	879	30.0

5－38 按行业分的其他固定资产投资

(1995年)　　单位:万元

行业	本年投资完成额	按用途分			按建设性质分		
		生产性建设	非生产性建设	#住宅	#新建	#扩建	#改建
全市总计	**6588**	**4174**	**2414**	**1318**	**6244**	**136**	**102**
一、农林牧渔业							
二、工业小计	2659	2580	79	79	2415	36	102
轻工业	23	23	–	–	–	–	23
重工业	2636	2557	79	79	2415	36	79
制造业	2659	2580	79	79	2415	36	102
#非金属矿制品	36	36	–	–	–	36	–
有色金属冶炼及加工业	825	825	–	–	825	–	–
普通机械制造业	1590	1590	–	–	1590	–	–
交通设备制造业	100	100	–	–	–	–	–
三、交通运输、仓储及邮电通讯业	900	700	200	10	900	–	–
#交通运输业	900	700	200	10	900	–	–
四、批发和零售贸易、餐饮业	100	40	60	60	–	100	–
五、其他行业	2929	854	2075	1169	2929	–	–

主要统计指标解释

【全社会固定资产投资】 固定资产投资是社会固定资产再生产的主要手段。通过建造和购置固定资产的活动,国民经济不断采用先进技术装备,建立新兴部门,进一步调整经济结构和生产力的地区分布,增强经济实力,为改善人民物质文化生活创造物质条件,这对实现我国社会主义现代化建设具有重要意义。

固定资产投资额是以货币表现的建造和购置固定资产活动的工作量,它是反映固定资产投资规模、速度、比例关系和使用方向的综合性指标。全社会固定资产投资包括全民所有制单位投资、城乡集体所有制单位投资、城乡居民个人投资和其它各种经济类型投资。按照我国现行计划管理体制,固定资产投资按报表种类可分为基本建设、更新改造、房地产开发投资、国有其他固定资产投资、城镇集体所有制单位投资、农村集体所有制单位投资、城镇工矿区私人建房投资、农村个人建房及购买生产性固定资产(使用年限在二年以上,单位价值在 50 元以上的生产资料)投资等 8 种。

【基本建设投资】 基本建设是以扩大生产能力或工程效益为主要目的的新建、扩建工程及有关工作。包括工厂、矿山、铁路、桥梁、港口、农田水利、商店、住宅、学校、医院等工作的建造和机器设备、车辆、船舶、飞机等的购置。

基本建设投资额是以货币表现的基本建设完成的工作量,是反映一定时期内基本建设规模和建设进度的综合性指标。它是根据工作的实际进度按预算价格(预算价格是编制施工图预算时所用的价格)计算的工作量。没有形成工程实体的建筑材料和没有开始安装的设备,都不计算投资完成额。

基本建设投资完成额与基本建设财务拨款贷款额和资金运用是含义完全不同的指标,“基本建设投资完成额”是按预算价格计算的工作量;财务拨款贷款额是银行根据国家计划拨给或贷给建设单位用于基本建设的资金;资金运用指标是建设单位实际支出的与投资项目有关的各种资金之和。使用时应加以区别。

【更新改造投资】 更新改造是指对原有设施进行固定资产更新和技术改造,以及相应配套的工程和有关工作(不包括大修理和维护工程)。更新改造投资是以货币表现的更新改造完成的工作量。根据我国现行统计制度,基本建设和更新改造的划分是:(1)列入基本建设计划的项目作为基本建设投资,列入更新改造计划的项目作为更新改造投资;(2)更新改造计划与基本建设计划结合安排的项目和未列入计划的项目,根据工程性质分别作为基本建设投资或更新改造投资。属于对企业、事业单位原有设施进行技术改造或更新的项目和增建主要生产车间、分厂等,其新增生产能力或效益尚未达到大中型标准的项目,以及由于城市环境保护和安全生产的需要而进行的迁建工程,作为更新改造投资。

【国有其他固定资产投资】 是指按照国家规定不纳入基本建设和更新改造计划管理,其总投资在五万元以上的全民所有制单位的固定资产投资,具体包括:用油田维护费和石油开发基金进行的油田维护和开发工程;矿山、森林等采掘采伐工业用维简费进行的开拓延伸工程;交通部门用公路养路费对原有公路、桥梁进行改建的工程;商、贸、粮、供销部门用简易建筑费建造的仓库。

【固定资产投资按建设性质分】 建设项目的性质一般分为新建、扩建、改建、迁建、恢复。基本建设按建设项目划分建设性质,更新改造、全民所有制单位其他固定资产投资及城镇集体投资按整个企业、事业单位的建设情况确定建设性质。目前基本建设和更新改造是根据我国现行的计划管理体制区分的,所以基本建设和更新改造都可以分别按新建、扩建和改建等划分。

(1)新建一般是指从无到有,“平地起家”新开始建设的单位。有的单位原有的基础很小,经过建设后其新增加的固定资产价值超过原固定资产价值(原值)三倍以上的也算新建。

(2)扩建一般是指为扩大原有产品的生产能力,在厂内或其他地点增建主要生产车间(或主要工程)、独立的生产线或总厂之下的分厂的企业;事业单位和行政单位在原单位增建业务用房(如学校增建教学用房、医院增建门诊部或病床用房,行政机关增建办公楼等)也作为扩建。

(3)改建一般是指现有企业、事业单位为了技术进步,提高产品质量,增加花色品种,促进产品升级换代、降低消耗和成本,加强资源综合利用和三废治理,以及劳保安全等,采用新技术、新工艺、新设备、新材料等对现有设施、工艺条件进行技术改造或更新(包括相应配套的辅助性生产、生活福利设施)。有的企业为充分发挥现有生产能力,进行填平补齐而增建不增加本单位主要产品生产能力的车间等,也属于改建。

【基本建设项目按大中小型划分】 基本建设划分大中小型项目原则上应按照上级批准的设计任务书或初步设计所确定的总规模或总投资划分,没有正式批准设计任务书或初步设计的,按国家或省、自治区、直辖市年度基本建设投资计划中所列的总规模或总投资划分。上述两条均不具备的,按本年计划施工工程的建设总规模或总投资划分。生产单一产品的工业项目,按产品的设计能力划分;生产多种产品的工业项目,按其主要产品的设计能力划分;品种繁多,难以按生产能力划分的,按全部计划投资额划分。划分标准以国家颁发的《大中小型建设项目划分标准》为依据。国家曾在 1958 年、1962 年、1972 年、1977 年和 1979 年先后五次修订《大中小型建设项目划分标准》。因此各历史时期的在中型项目数不完全可比。

【施工项目】 指报告期内曾进行建筑或安装工程施工活动的建设项目。包括报告期内新开工项目,报告期以前开工跨入报告期继续施工的项目,报告期施过工并在报告期内全部建成投产或停缓建的项目。

【全部建成投产项目】 工业项目是指设计文件规定形成生产能力的主体工程及其相应配套的辅助设施全部建成，经负荷试运转，证明具备生产设计规定合格产品的条件，并经过验收鉴定合格或达到竣工验收标准，与生产性工程配套的生活福利设施可以满足近期正常生产的需要，正式移交生产的建设项目；非工业项目是指设计文件规定的主体工程和相应的配套工程全部建成，能够发挥设计规定的全部效益，经验收鉴定合格或达到商长验收标准，正式移交使用的建设项目。

【新增生产能力】 指通过固定资产投资活动而增加的设计能力或工程效益，它是用实物形成表示的固定资产投资的成果。新增生产能力的计算，是以能独立发挥生产能力或效益的单项工程(或项目)为对象。当单项工程(或项目)建成，经有关部门鉴定合格，正式移交投入生产，即可计算新增生产能力。

新增生产能力或工程效益有以下几种表现形式：

(1)以建设项目或单项工程建成后的年产能力表示。如煤炭开采、石油开采等。

(2)以建设项目或单项工程建成后处理原料的能力表示。如选矿工程的年处理矿石能力，洗煤厂年洗煤能力等。

(3)以新增的主要设备数量或容量表示。如棉纺锭枚数、发电机组容量等。

(4)以建筑特容积、容量、面积或长度表示。如水库容量、铁路公路里程等。

新增生产能力的数量一般按设计能力计算。设计能力是指设计文件中规定的在正常情况下能够达到的生产能力，而不论投产后的实际产量如何。以设备数量、建筑物容积、面积、长度等表示的新增生产能力(或效益)，则按建成的实际数量计算。

【房屋建筑面积】 房屋建筑面积是从房屋外墙线算起的各层平面面积 的总和，包括房屋结构(如柱、墙)占用的面积和地下室面积。多层建筑按各自然层面积总和计算，包括房屋内的楼隔层，突出墙面的眺望间、门斗、有柱雨罩的面积。不包括突墙面结构的构件、艺术装饰等所占的面积，如台阶等。凹阳台、挑阳台按其水平投影面积一半计算建筑面积。

【施工面积】 指报告期内施工的全部房屋建筑面积。包括本期新开工的面积和上期开工跨入本期继续施工的房屋面积，以及上期已停建在本期继续施工的房屋建筑面积。

【竣工面积】 指在报告期内房屋建筑按照设计要求已全部完工，达到住人和使用条件，经验收鉴定合格，正式移交使用单位的建筑面积。

【新增固定资产】 指通过投资活动所形成的新的固定资产价值。包括已经建成投入生产或交付使用的工程价值和达到固定资产标准的设备、工具、器具的投资及有关应摊入的费用。它是以价值形式表示的固定资产投资成果的综合性指标，可以综合反映不同时期、不同部门、不同地区的固定资产投资成果。

【未完工程占用率】 指年末未完工程累计完成投资额占全年实际完成投资额的比率。它反映未完工程的相对规模，并可从资金占用的角度反映固定资产投资效果。由于未完工程是指已经开工，但尚未建成交付使用的工程，有个跨年度问题，因此未完工程占用率会出现大于1的情况。

能源、原材料、消费与库存 6

ENERGY, RAW AND PROCESSED MATERIALS CONSUME AND RESERVE

- 1994 年,能源生产总量 1305.63 万吨标准煤,比上年增长 1.7%;能源消费总量 1723.51 万吨标准煤,比上年增长 4.4%。

- 1995 年,钢材消费 98.57 万吨,铜材 5512 吨,铝材 10753 吨,木材 27.21 万立方米。

资料整理

肖凯戈　张　玲

一次能源生产量与能源消费总量

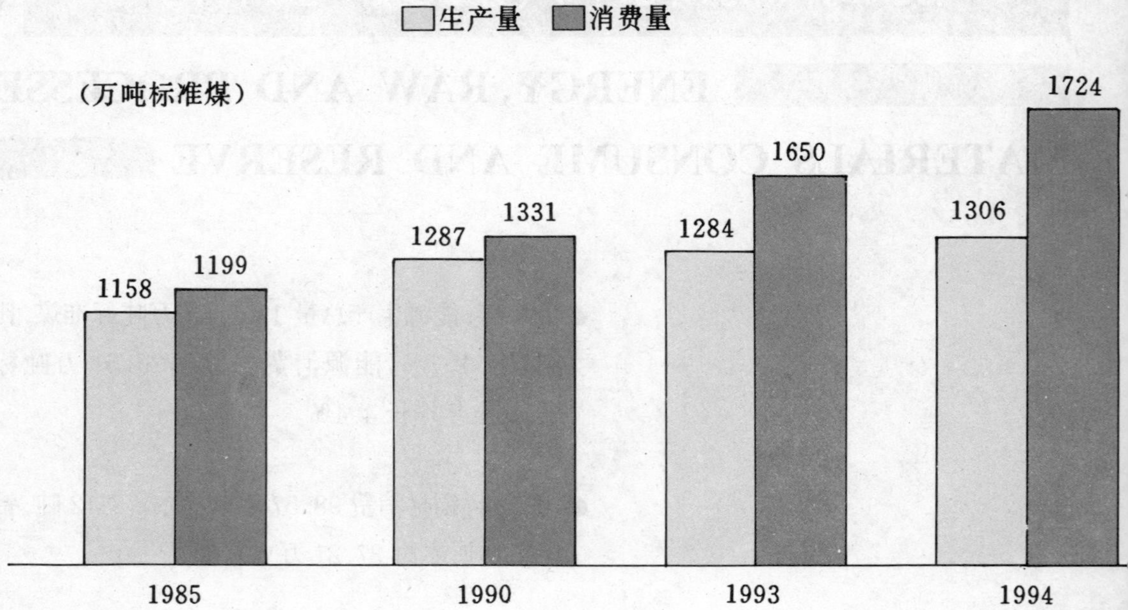

能源消费总量构成(%)

(1994 年)

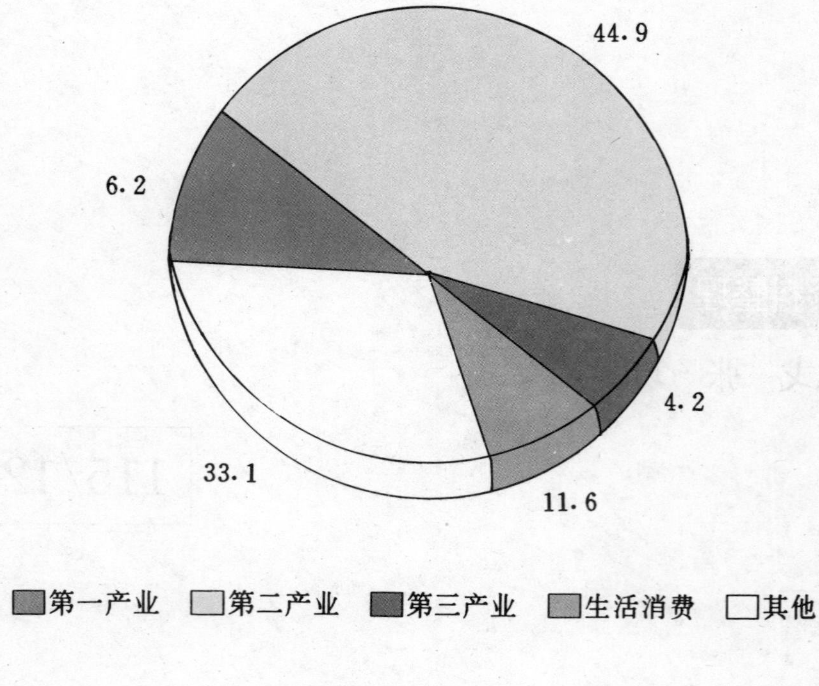

6-1 历年能源生产、消费总量

单位:万吨标准煤

年份	能源生产总量	能源消费总量	年份	能源生产总量	能源消费总量
1957	233.09	264.18	1976	593.05	661.51
1958	416.22	400.43	1977	777.50	831.57
1959	706.00	526.80	1978	834.18	872.12
1960	942.60	568.02	1979	905.41	916.71
1961	620.91	444.32	1980	926.21	977.87
1962	370.18	480.18	1981	934.36	989.30
1963	330.00	401.20	1982	965.31	1026.56
1964	323.38	384.71	1983	1036.17	1100.78
1965	388.69	354.14	1984	1109.47	1151.47
1966	476.57	405.76	1985	1157.77	1198.57
1967	352.18	379.83	1986	1170.88	1201.85
1968	241.51	329.45	1987	1247.61	1278.49
1969	344.66	386.18	1988	1343.32	1373.40
1970	524.92	485.72	1989	1391.36	1401.97
1971	661.51	650.86	1990	1286.97	1330.66
1972	698.94	618.77	1991	1300.62	1390.30
1973	580.21	555.49	1992	1243.94	1524.91
1974	498.78	568.06	1993	1284.08	1650.13
1975	727.55	673.37	1994	1306.00	1723.51

6-2 原煤平衡表(实物量)

单位:万吨

项目	1988年	1990年	1992年	1994年
可供量	**1449.05**	**1378.69**	**1576.89**	**1498.62**
生产量	1702.37	1600.48	1574.70	1714.00
调进量	91.61	70.89	75.63	17.00
调出量(-)	-349.20	-287.75	-148.36	-205.95
年初年末库存差额	-	-	-	-
消费量	-	-	-	1498.64
在消费量中:				
(一)第一产业	132.46	137.52	120.00	124.97
农、林、牧、渔业	132.46	137.52	120.00	124.97
(二)第二产业	905.28	894.36	1086.36	1141.34
工业	901.95	891.60	1083.33	1138.53
建筑业	3.33	2.76	3.03	2.81
(三)第三产业	35.4	39.97	35.7	16.85
交通运输邮电通信业、仓储业	29.48	32.42	28.26	5.97
批发零售贸易餐饮业	5.92	7.55	7.44	4.02
其他	-	-	-	6.86
(四)生活消费	372.51	319.40	324.31	215.66
在消费量中:				
(一)终端消费	1450.55	1395.86	1571.25	791.22
#工业	901.95	891.60	1083.33	431.11
(二)用于加工转换投入量(产出量)	432.73	-369.96	-412.28	-707.42
火力发电	270.26	284.11	343.19	-293.38
洗煤	371.78	412.87	385.99	-356.65
炼焦	160.90	276.05	256.78	-57.39
制气	-	-	-	-
平衡差额	**-1.50**	**-17.17**	**5.64**	**-0.02**

注:1988年以后,制度规定能源报表为两年报。

6-3 综合能源平衡表

单位:万吨标准煤

项　　目	1988年	1990年	1992年	1994年
可供消费的能源总量	**1369.27**	**1332.91**	**1528.94**	**1434.28**
一次能源生产量	1343.32	1286.97	1243.94	1305.63
调进量	283.13	277.39	345.10	276.51
调出量(-)	-263.03	-221.09	-120.47	-147.11
年初年末库存总额	-	-	-	-
能源消费总量	**1393.97**	**1354.27**	**1552.38**	**1723.51**
在消费总量中:				
(一)第一产业	113.63	115.08	110.68	106.53
农、林、牧、渔业	113.63	115.08	110.68	106.53
(二)第二产业	878.57	853.22	1040.73	1328.72
工业	861.86	840.54	1023.02	1315.35
建筑业	16.71	12.68	17.71	13.37
(三)第三产业	60.65	65.23	68.37	71.96
交通运输邮电通信业、仓储业	52.75	53.90	58.96	48.45
批发零售贸易餐饮业	7.90	11.33	9.41	6.31
其他	-	-	-	17.20
(四)生活消费	308.89	285.42	291.84	199.09
城镇	104.37	109.54	108.58	84.04
乡村	204.52	175.88	183.26	115.05
在总量中:				
(一)终端消费	1373.40	1330.66	1524.91	1152.29
#工业	861.86	840.54	1023.02	761.34
(二)加工转换投入(-)产出(+)量	-116.05	-61.32	-49.33	-282.87
#火力发电	-	-	-	-220.63
洗煤	-99.36	-26.62	-22.23	-30.50
炼焦	-16.69	-34.70	-27.10	-28.67
(三)损失量	20.57	23.61	27.47	6.73
平衡差额	**-4.12**	**2.25**	**4.03**	**-7.61**

6－4 电力平衡表(实物量)

单位:亿千瓦小时

项　　目	1988年	1990年	1992年	1994年
可供量	**68.76**	**74.59**	**95.35**	**29.95**
生产量	55.38	59.44	72.23	12.91
火电	－	－	－	－
水电	－	－	－	－
调进量	16.32	18.45	26.67	17.04
调出量(－)	－2.94	－3.30	－3.55	－
消费量	－	－	－	**115.38**
在消费量中:				
(一)第一产业	2.44	2.04	2.84	3.50
农、林、牧、渔业	2.44	2.04	2.84	3.50
(二)第二产业	58.34	62.41	81.63	90.56
工业	57.24	61.57	80.06	87.68
建筑业	1.10	0.84	1.57	2.88
(三)第三产业	2.08	2.05	2.26	4.24
交通运输邮电通信业、仓储业	1.60	6.08	1.67	1.80
批发零售贸易餐饮业	0.48	0.97	0.59	1.24
其他	－	－	－	1.20
(四)生活消费	5.13	7.21	7.60	11.60
在消费量中:				
(一)终端消费	68.76	74.59	75.35	109.90
#工业	57.24	61.57	80.06	87.68
(二)输配损失	4.74	5.44	6.80	5.48

6－5 天然气、汽油、煤油、柴油平衡表(实物量)

(1994年)

项　　目	天然气(亿立方米)	汽　油(万吨)	煤　油(万吨)	柴　油(万吨)
可供量	**16.69**	**25.58**	**6.40**	**29.54**
生产量	5.39	－	－	－
调进量	11.30	24.62	6.46	31.15
调出量(－)	－	－	－	－
消费量	**16.69**	**25.58**	**6.40**	**29.54**
在消费量中:				
(一)第一产业	－	2.16	－	6.80
农、林、牧、渔业	－	2.16	－	6.80
(二)第二产业	11.32	9.71	0.36	7.33
工业	11.25	8.21	0.33	4.15
建筑业	0.07	1.50	0.03	3.18
(三)第三产业	0.24	13.70	4.55	14.58
交通运输邮电通信业、仓储业	0.03	7.46	4.55	13.92
批发零售贸易餐饮业	0.02	1.05	－	0.10
其他	0.19	5.20	－	0.56
(四)生活消费	2.34	－	1.49	－
在消费量中:				
(一)终端消费	13.90	25.58	6.40	28.71
#工业	11.25	8.21	0.33	4.15
(二)用于加工转换投入量(－)产出量(＋)	－2.79	－	－	－0.83
平衡差额	－	－	－	－

6－6 分行业主要能源品种消费量

（1994 年）

行　　业	煤　炭（吨）	焦　炭（吨）	汽　油（吨）	煤　油（吨）	柴　油（吨）	天然气（万 m³）	电　力 万千瓦时
消　费　总　量	**1498640**	**1362500**	**255800**	**64000**	**295400**	**166900**	**1153800**
农、林、牧、渔业	1247900	－	21600	－	68000	－	35000
工业	11830000	1233185	62720	2513	32713	131542	876800
采掘业	－	－	－	－	－	－	－
煤炭采选业	4030380	1797	4039	171	927	－	59307
石油和天然气开采业	－	－	－	－	－	－	－
黑色金属矿采选业	－	－	－	－	－	－	－
有色金属矿采选业	－	－	－	－	－	－	－
非金属矿采选业	22289	－	66	－	73	－	765
其他矿采选业	－	－	－	－	－	－	－
木材及竹材采选业	－	－	－	－	－	－	－
制造业	－	－	－	－	－	－	－
食品加工业	65490	77	389	20	103	3	6010
食品制造业	47594	193	809	8	97	32	5004
饮料制造业	71683	37	560	3	133	167	4267
烟草加工业	12574	－	244	－	－	－	0
纺织业	266312	18	2700	156	723	366	28945
服装及其他纤维制品制造	5809	22	857	6	115	－	1385
皮革毛皮羽绒及其制品业	8492	2	323	4	32	11	1708
木材加工及竹藤棕革制品业	15653	67	114	2	33	－	1065
家具制造业	247	4	88	－	－	－	223
造纸及纸制品业	128853	15	1534	21	61	－	9432
印刷业记录媒介的复制	1533	40	604	239	71	6	4512
文教体育用品制造业	2899	95	139	1	14	－	679
石油加工及炼焦业	62053	1008	75	－	－	151	430
化学原料及制品制造业	484730	118700	13744	712	1703	31424	115274
医药制造业	135243	238	2159	27	342	2259	16364
化学纤维制造业	4334	－	976	7	1019	39765	26318
橡胶制品业	53713	－	1538	7	191	－	4889
塑料制品业	7350	9	525	5	62	－	2803
非金属矿物制品业	460635	22812	2937	44	1691	7792	34912
黑色金属冶炼及压延加工业	130400	1057004	4533	7	4845	28012	109306
有色金属冶炼及压延加工业	20806	2512	1553	4	650	2856	38010
金属制品业	17755	8347	1253	49	2042	1243	6947
普通机械制造业	62989	11520	4097	205	2691	2590	25627
专用设备制造业	35941	1209	775	60	293	73	5138
交通运输设备制造业	31439	3353	3559	187	2604	710	11677
电气机械及器材制造业	20980	1797	1810	23	490	1376	7176
电子及通信设备制造业	2907	12	1062	24	229	8	4851
仪器仪表文化办公用机械	10175	219	1361	47	554	56	3927
其他制造业	19828	6	152	1	10	1	695
电力蒸汽热水生产供应业	2441744	－	768	12	8390	9010	136672
煤气的生产和供应业	215	373	58	－	15	29	6262
自来水的生产和供应业	69	78	209	－	27	－	26097
建筑业	28100	1000	15000	300	31800	700	28800
交通运输、仓储及邮电通信业	59700	500	74600	45500	1392	300	18000
批发和零售贸易餐饮业	40200	－	10500	－	001000	200	12400
其他行业	68600	400	52000	－	5600	1900	12000
生活消费	2156600	－	－	14900	－	23400	116000

注：不含乡镇企业消费量。

6－7 分行业能源消费及库存总值

(1994 年)　　单位:万元

项目	本年消费总值				年末库存总值
	合计	工业企业	建筑企业	运输邮电企业	
总计	**399881**	**350316**	**6158**	**43407**	**11450**
一、按隶属关系分					
1.中央	107150	82462	2040	22648	2869
2.市	219072	205045	2492	11535	5590
3.县	57528	47375	1287	8886	2121
4.街道	1752	1246	262	244	26
5.其他	14379	13934	1	76	782
二、按经济类型分					
1.国有经济	342375	302756	4640	34979	9565
2.集体经济	26318	16730	1512	8076	678
3.私营经济	–	–	–	–	–
4.联营经济	466	466	–	–	19
5.股份制经济	14912	14560	–	352	391
6.外商投资经济	14757	14752	5	–	789
中外合资经营企业	14465	14465	–	–	742
中外合作经营企业	184	184	–	–	46
外资企业	108	103	5	–	–
7.港、澳、台投资经济	1050	1049	1	–	8
与大陆合资经营企业	783	783	–	–	8
与大陆合作经营企业	261	261	–	–	–
港、澳、台独资企业	6	5	1	–	–
8.其他经济	3	3	–	–	–
三、按工业、建筑业、运输邮电行业大类分					
工业	350316	–	–	–	–
采掘业	17480	–	–	–	–
煤炭采选业	16991	16991	–	–	858
石油和天然气开采业	–	–	–	–	–
黑色金属矿采选业	–	–	–	–	–
有色金属矿采选业	–	–	–	–	–
非金属矿采选业	457	457	–	–	6
其他矿采选业	12	12	–	–	–
木材及竹材采选业	20	20	–	–	2
制造业	332836	–	–	–	–
食品加工业	2586	2586	–	–	60
食品制造业	2991	2991	–	–	119
饮料制造业	2623	2623	–	–	122
烟草加工业	496	496	–	–	2
纺织业	13110	13110	–	–	480

6－7续表 (1994年)

项目	本年消费总值				年末库存总值
	合计	工业企业	建筑企业	运输邮电企业	
服装及其他纤维制品制造业	560	560	－	－	8
皮革、毛皮、羽绒及其制品业	562	562	－	－	12
木材加工及竹、藤、棕、革制品业	735	735	－	－	16
家具制造业	79	79	－	－	－
造纸及纸制品业	4061	4061	－	－	240
印刷业	899	899	－	－	12
文教体育用品制造业	344	344	－	－	3
石油加工及炼焦业	412	412	－	－	19
化学原料及化学制品制造业	57285	57285	－	－	1268
医药制造业	8213	8213	－	－	80
化学纤维制造业	24429	24429	－	－	80
橡胶制品业	3393	3393	－	－	57
塑料制品业	1228	1228	－	－	6
非金属矿物制品业	21303	21303	－	－	449
黑色金属冶炼及压延加工工业	97600	97600	－	－	2353
有色金属冶炼及压延加工工业	15510	15510	－	－	78
金属制品业	4347	4347	－	－	57
普通机械制造业	11238	11238	－	－	354
专用设备制造业	3552	3552	－	－	60
交通运输设备制造业	6527	6527	－	－	147
武器弹药制造业	18525	18525	－	－	253
电气机械及器材制造业	4040	4040	－	－	51
电子及通信设备制造业	975	975	－	－	100
仪器仪表及文化办公用机械制造业	2159	2159	－	－	47
其他制造业	567	567	－	－	8
电子、煤气及水的生产和供应业	22487	－	－	－	－
电力、蒸汽、热水的生产和供应业	16581	16581	－	－	1768
煤气生产和供应业	54	－	－	－	－
自来水的生产和供应业	5852	5852	－	－	9
建筑业	6158	－	6158	－	204
土木工程建筑业	5984	－	5984	－	193
线路管道和设备安装	166	－	166	－	11
装修装饰业	8	－	8	－	－
运输邮电业	43407	－	－	43407	2062
铁路运输业	4821	－	－	4821	332
公路运输业	12965	－	－	12965	336
水上运输业	23815	－	－	23815	1226
航空运输业	425	－	－	425	30
交通运输辅助业中港口业	873	－	－	873	62
其他交通运输业	5	－	－	5	
邮电通信业	503	－	－	503	76

6－8 重点工业企业工业产值综合能耗

(1995 年)

行　　业	企　业 单位数 (个)	综合能源 消 费 量 (吨标准煤)	工　业 总产值 (万元)	产值能耗 (吨标准煤 /万元)	节能量 (吨标准煤)	节能率 (%)
工 业 合 计	**146**	**7307336**	**2852959**	**2.56**	**770299**	**9.54**
煤炭采选业	10	611420	53772	11.37	48933	7.41
石油和天然气开采业	1	84294	3419	24.65	－41438	－96.73
食品加工业	4	34480	3123	11.04	－2311	－7.18
食品制造业	1	7878	9681	0.81	387	4.71
烟草工业	1	10018	47015	0.21	470	4.55
纺织业	15	116518	83322	1.40	－16664	－16.67
木材加工及竹藤棕革制品业	1	9072	2412	3.76	1495	14.16
造纸及纸制品业	4	68622	14379	4.77	2588	3.64
化学原料及制品制造业	34	1022786	228796	4.47	－2288	－0.22
医药制造业	7	134800	148242	0.91	23719	14.95
化学纤维制造业	1	606952	85973	7.06	95430	13.59
橡胶制品业	4	39480	34009	1.16	－2041	－5.45
非金属矿物制品业	17	324107	55965	5.79	38616	10.65
黑色金属冶炼及压延加工业	8	1965518	245665	8.00	－137572	－7.53
有色金属冶炼及压延加工业	3	97273	127899	0.76	2558	2.56
金属制品业	2	19027	16195	1.17	1458	7.14
普通机械制造业	8	58942	86657	0.68	1733	2.86
专用设备制造业	2	2548	13820	0.18	2073	45.45
交通运输设备制造业	3	27933	313975	0.09	6280	18.18
武器弹药制造业	9	175991	1126105	0.16	45044	20.00
电气机械及器材制造业	5	25861	40585	0.64	5276	16.88
仪器仪表及文化、办公用机械制造业	1	11970	53077	0.23	1062	8.00
电力、蒸汽、热水的生产和供应业	4	1827139	53091	34.42	－44066	－2.47
自来水生产和供应业	1	24707	5782	4.27	58	0.23

注：节能量、节能率负数表示不节能。

6-9 分行业原材料能源消费与库存总值

（1995 年）　　单位:万元

项　　目	本年消费总值				年末库存总值
	合　计	工业企业	建筑企业	运输邮电企业	
总　　计	**4466125**	**4207193**	**177587**	**81345**	**710655**
一、按隶属关系分					
1. 中央	1750736	1677311	29575	43850	314544
2. 市	1921417	1828073	74627	18717	314191
3. 县	502865	433005	58299	11561	51218
4. 街道	56610	44974	11636	–	5757
5. 其他	234497	223830	3450	7217	24945
二、按经济类型分					
1. 国有经济	3079399	2899156	110876	69367	546717
2. 集体经济	556051	480249	64991	10811	50426
3. 私营经济	30	–	30	–	10
4. 联营经济	6196	4968	1228	–	577
5. 股份制经济	491518	490232	119	1167	60207
6. 外商投资经济	237287	237202	85	–	38513
中外合资经济企业	218983	218983	–	–	36370
中外合作经济企业	11253	11253	–	–	1393
外资企业	7051	6966	85	–	750
7. 港、澳、台投资经济	95463	95205	258	–	14201
与大陆合资经营企业	73093	73093	–	–	12509
与大陆合作经营企业	14816	14816	–	–	891
港、澳、台独资企业	7554	7296	258	–	801
8. 其他经济	181	181	–	–	4
三、按工业、建筑业、运输邮电行业大类分					
工业	4207193	4207193	–	–	667019
采掘业	62522	62522	–	–	14456
煤炭采选业	60638	60638	–	–	14283
石油和天然气开采业	–	–	–	–	–
黑色金属矿采选业	283	283	–	–	100
有色金属矿采选业	–	–	–	–	–
非金属矿采选业	452	452	–	–	37
其他矿采选业	1096	1096	–	–	24
木材及竹材采选业	53	53	–	–	12
制造业	4144671	4144671	–	–	652563
食品加工业	106603	106603	–	–	11801
食品制造业	47632	47632	–	–	9093
饮料制造业	43137	43137	–	–	6949
烟草加工业	24194	24194	–	–	6127
纺织业	184223	184223	–	–	15928

6-9续表 （1995年）

项目	本年消费总值				年末库存总值
	合计	工业企业	建筑企业	运输邮电企业	
服装及其他纤维制品制造业	13352	13352	-	-	1686
皮革、毛皮、羽绒及其制品业	20465	20465	-	-	1595
木材加工及竹、藤、棕、革制品业	5248	5248	-	-	852
家具制造业	5058	5058	-	-	778
造纸及纸制品业	44896	44896	-	-	11598
印刷业	23927	23927	-	-	2906
文教体育用品制造业	4038	4038	-	-	878
石油加工及炼焦业	8648	8648	-	-	2670
化学原料及化学制品制造业	328382	328382	-	-	31845
医药制造业	117837	117837	-	-	9855
化学纤维制造业	106963	106963	-	-	14497
橡胶制品业	46658	46658	-	-	7412
塑料制品业	34141	34141	-	-	3069
非金属矿物制品业	96390	96390	-	-	10010
黑色金属冶炼及压延加工工业	352962	352962	-	-	52642
有色金属冶炼及压延加工工业	206296	206296	-	-	17308
金属制品业	59826	59826	-	-	8959
普通机械制造业	185929	185929	-	-	48924
专用设备制造业	24223	24223	-	-	6419
交通运输设备制造业	670664	670664	-	-	133106
武器弹药制造业	1017718	1017718	-	-	155415
电气机械及器材制造业	113123	113123	-	-	19349
电子及通信设备制造业	82094	82094	-	-	19191
仪器仪表及文化办公用机械制造业	64460	64460	-	-	21068
其他制造业	12260	12260	-	-	1808
电子、煤气及水的生产和供应业	93324	93324	-	-	18825
电力、蒸汽、热水的生产和供应业	81471	81471	-	-	17225
煤气生产和供应业	1891	1891	-	-	486
自来水的生产和供应业	9962	9962	-	-	1114
建筑业	177587	-	177587	-	14119
土木工程建筑业	163997	-	163997	-	11411
线路管道和设备安装	9488	-	9488	-	1708
装修装饰业	4102	-	4102	-	1000
运输邮电业	81345	-	-	81345	29517
铁路运输业	22093	-	-	22093	21700
公路运输业	17305	-	-	17305	1459
水上运输业	27681	-	-	27681	2748
航空运输业	509	-	-	509	124
交通运输辅助业中港口业	1081	-	-	1081	171
其他交通运输业	14	-	-	14	4
邮电通信业	12662	-	-	12662	3311

6－10 主要原材料消费量

（1995年）

品种	计量单位	合计	工业	建筑业	运输邮电业
生铁	吨	1364349	1363774	575	–
钢材	吨	985727	738916	223187	23624
#铁道用钢材	吨	15831	11397	1994	2440
普通大型钢材	吨	11734	8352	3374	8
普通中型钢材	吨	50988	37383	12957	648
普通小型钢材	吨	191696	54301	131763	5632
钢带	吨	12226	12086	139	1
线材	吨	100455	48314	51284	857
特厚钢板	吨	4252	4237	13	2
中厚钢板	吨	112162	100755	8974	2433
薄钢板	吨	181204	178486	1960	758
硅钢片	吨	23289	23274	8	7
优质型钢材	吨	152327	152184	107	36
无缝钢管	吨	43473	39968	3472	33
焊接钢管	吨	30882	23471	6649	762
铜	吨	5561	5552	1	8
铝	吨	91546	91486	60	–
铅	吨	12852	12850	–	2
锌	吨	5488	5488	–	–
锡	吨	164	164	–	–
铜材	吨	5512	5448	62	2
铝材	吨	10753	9916	836	1
硫酸	吨	227765	227733	–	32
烧碱	吨	60990	60956	–	34
纯碱	吨	59407	59263	–	144
天然橡胶	吨	9280	8993	–	287
合成橡胶	吨	5359	5273	67	19
水泥	吨	1481107	285099	1161481	34527
平板玻璃	重量箱	143967	101093	39264	3610
原木	立方米	177157	115166	59968	2023
#原木直接消费	立方米	145977	107231	36782	1964
锯材	立方米	88285	44152	32304	11829
润滑油	吨	33247	29894	368	2985

6－11 分行业钢材、铜材、铝材、木材消费量

（1995 年）

行　　业	钢　材（吨）	铜　材（吨）	铝　材（吨）	木　材（吨）
总　　计	**985727**	**5512**	**10753**	**272050**
按工业、建筑业、运输邮电行业大类分	－	－	－	－
工业	738916	5448	9916	170282
采掘业	18169	7	1	55549
煤炭采选业	18054	7	1	55457
石油和天然气开采业	－	－	－	－
黑色金属矿采选业	－	－	－	－
有色金属矿采选业	－	－	－	－
非金属矿采选业	64	－	－	50
其他矿采选业	50	－	－	42
木材及竹材采选业	1	－	－	－
制造业	720747	5441	9915	114733
食品加工业	4245	2	3	572
食品制造业	3771	15	1	128
饮料制造业	532	2	2	20
烟草加工业	119	1	2	－
纺织业	1122	3	2	388
服装及其他纤维制品制造业	65	－	－	－
皮革、毛皮、羽绒及其制品业	10	－	－	8
木材加工及竹、藤、棕、革制品业	316	－	60	20763
家具制造业	2380	－	1	12753
造纸及纸制品业	534	8	－	19013
印刷业	543	1	21	36
文教体育用品制造业	250	9	7	373
石油加工及炼焦业	457	－	－	922
化学原料及化学制品制造业	17521	94	122	6538
医药制造业	1410	1	4	440
化学纤维制造业	6157	1	4	3502
橡胶制品业	819	－	1	478
塑料制品业	607	120	30	2460
非金属矿物制品业	13030	32	265	6342
黑色金属冶炼及压延加工工业	79486	36	6	3772
有色金属冶炼及压延加工工业	1770	38	1597	1079
金属制品业	61871	633	1811	450
普通机械制造业	102107	413	181	10219
专用设备制造业	14425	40	47	739
交通运输设备制造业	187839	526	1749	7301
武器弹药制造业	168042	559	450	6561
电气机械及器材制造业	33128	2283	2956	6416
电子及通信设备制造业	4309	59	154	766
仪器仪表及文化办公用机械制造业	6687	533	316	1083
其他制造业	1810	28	62	575
电子、煤气及水的生产和供应业	5385	4	61	1036
电力、蒸汽、热水的生产和供应业	3842	2	61	974
煤气生产和供应业	1052	1	－	9
自来水的生产和供应业	491	1	－	53
建筑业	223187	62	836	82912
运输邮电业	23624	2	1	18856

主要统计指标解释

【能源生产总量】 指一定时期内全国(地区)一次能源生产量的总和,是观察全国(地区)能源生产水平、规模、构成和发展速度的总量指标。一次能源生产量包括原煤、原油、天然气、水电及其他动力能(如风能、地热能等)发电量。不包括低热值燃料生产量、生物质能、太阳能等的利用和由一次能源加工转换而成的二次能源产量。

【能源消费总量】 指一定时期内全国(地区)物质生产部门、非物质生产部门和生活消费的各种能源的总和,是观察能源消费水平、构成和增长速度的总量指标。能源消费总量包括原煤和原油及其制品、天然气、电力。不包括低热值燃料、生物质能和太阳能等的作用。能源消费总量分为三部分,即终端能源消费、能源加工转换损失量和损失量。

(1)终端能源消费量 指一定时期内全国(地区)物质生产部门、非物质生产部门和生活消费的各种能源在扣除了用于加工转换二次能源消费量和损失量以后的数量。

(2)能源加工转换损失量 指一定时期内全国(地区)投入加工转换的各种能源数量之和与产出各种能源产品之和的差额。它是观察能源在加工转换过程中损失量变化的指标。

(3)能源损失量 指一定时期内能源在输送、分配、储存过程中发生的损失和由于客观原因造成的各种损失量。不包括各种所体能源放空、放散量

财 政、物 价 7

PUBLIC FINANCE AND PRICES

●1995年,全市地方财政收入34.42亿元,其中各项税收26.77亿元,比上年分别增长26.2%和7.0%。

●1995年,全市财政支出42.91亿元,其中基本建设支出占8.2%,支援农业生产支出占1.3%,文教科学卫生事业费占29.5%。

●1995年,城市居民消费价格比上年上升19.4%;商品零售价格比上年上升16.3%。

资料整理

阳志静 周 红

129/134

7－1地方财政收入与支出

单位:万元

项　　目	1985年	1990年	1992年	1993年	1994年	1995年
一、总收入	**332484**	**522255**	**656898**	**612467**	**496222**	**608969**
(一)预算内收入	166014	278446	315460	445595	272813	344226
1.企业收入	13030	－14559	－10853	－7983	－9932	－6773
#工业	19493	6272	5370	2677	－2911	－1686
建筑工程企业	631	266	164	349	736	644
交通邮电	－351	－2198	－2154	－2191	－1704	－1306
商业粮食企业	199	－8162	－13921	－16021	－16665	－14498
2.各项税收	149914	259601	318372	410379	250148	267666
#工商税	143423	247126	286155	393607	198337	241607
农牧业税	6423	9676	11015	16772	19143	26059
3.专款收入	－	8071	8532	8571	11900	19257
4.其他收入	3070	13110	6402	32067	45993	68640
5.能源交通基金	－	5006	4225	899	307	181
6.预算调节基金	－	7061	6515	1652	983	722
(二)预算外收入	166470	243809	341438	166872	223409	264743
二、总支出	**233800**	**463768**	**521104**	**456222**	**564622**	**678170**
(一)预算内支出	91140	225209	228153	291685	356523	429124
#基本建设	15378	15911	16877	18301	23426	35333
支援农业	4274	11959	1536	13545	14044	5380
农林水气事业费	－	5455	6919	7185	8971	10306
科技三项费用	－	1804	2429	3319	3653	4353
文教科学卫生事业费	27215	58899	71397	84860	118273	126590
行政管理费	10761	22112	29161	36554	47803	50740
(二)预算外支出	142660	238559	292951	164537	208099	249046
三、上解财政	**97563**	**130976**	**145109**	**196383**	**164098**	**164098**

注:94年起财政收入按分税制财政体制口径统计,即不包括消费税和增值税的75%,下同。

7－2 地方预算内财政收入与支出

年份　区市县	预算内收入	#各项税收	预算内支出	支援农业	基本建设	科教文卫事业费
1984	134295	112922	64542	1570	8332	20811
1985	166014	149914	91140	4274	15378	27215
“七五”时期						
1986	183936	169168	124254	2454	16320	32223
1987	190612	190847	124660	3518	12408	35434
1988	214283	214432	145132	3990	11440	40712
1989	281934	257800	198917	6291	12814	50429
1990	278446	259601	225209	11959	15911	58899
“八五”时期						
1991	352875	272371	229263	10969	16125	61606
1992	315460	318372	228153	1536	16877	71397
1993	445595	410379	291685	13545	18301	84860
1994	272813	250148	356523	14044	23426	118274
1995	344226	267666	429124	5380	35333	126590
渝中区	29223	22740	23399	5	877	7876
大渡口区	5784	4642	4599	33	3	1772
江北区	11264	10081	11964	263	67	4593
沙坪坝区	12061	10720	17260	572	1258	5958
九龙坡区	14593	13333	13213	413	593	4513
南岸区	8368	5057	10012	135	35	4572
北碚区	9206	8543	14361	692	274	6188
万盛区	3286	1697	6715	447	31	2572
双桥区	1031	798	1867	49	14	415
渝北区	8604	8467	14262	451	190	5393
巴南区	6268	3602	10095	448	234	3101
江津市	7838	7002	14450	218	206	6922
合川市	7327	6948	14282	197	95	6789
永川市	5931	3176	11445	667	68	5136
长寿县	6154	5803	12399	318	41	5771
綦江县	5940	5469	12069	378	577	5867
潼南县	4406	2825	8681	537	138	3902
铜梁县	4854	3431	8859	368	53	3757
大足县	5302	4559	9507	187	187	3985
荣昌县	4672	4066	8036	464	106	4202
璧山县	5582	4404	9542	434	71	3854

注：区市县地方预算内财政只含本级财政，其相加不等于全市总计。

7-3 物 价 总 指 数

（上年＝100）

商品类别	1994年	1995年	商品类别	1994年	1995年
居民消费价格总指数	**129.7**	**119.4**	**商品零售价格总指数**	**126.5**	**116.3**
一、食品类	139.3	122.6	一、食品类	139.6	123.1
二、衣着类	146.9	126.8	二、饮料、烟酒类	121.5	120.4
三、家庭设备及用品	107.8	102.8	三、服装、鞋帽类	150.0	130.7
四、医疗保健	120.1	113.6	四、纺织品类	126.4	113.5
五交通和通讯工具	90.3	89.5	五、中、西药品类	121.3	115.5
六、娱乐教育文化用品	109.8	103.8	六、化妆品类	105.4	104.0
七、居住	106.2	121.1	七、书报、杂志类	124.7	115.2
八、服务项目	113.6	120.2	八、文化体育用品类	103.0	105.7
1.电讯费	110.7	100.0	九、日用品类	107.9	109.2
2.邮费	100.0	100.0	十、家用电器类	103.7	100.1
3.交通费	109.5	103.1	十一、首饰类	107.9	98.5
4.洗理美容费	138.8	126.6	十二、燃料类	86.9	104.2
5.文娱费	154.7	131.1	十三、建筑装璜材料类	108.0	97.9
6.学杂保育费	101.7	125.0	十四、机电产品类	90.4	93.7
7.修理及其他服务费	119.0	133.2			
8.医疗保健服务	100.0	104.2			

7-4分月居民消费价格指数和零售物价指数

(1995年,上年=100)

项　　目	全年	一月	二月	三月	四月	五月	六月
一、居民消费价格指数	**119.4**	**129.8**	**128.0**	**124.5**	**127.1**	**125.7**	**122.6**
1.食品类	122.6	140.6	139.3	134.8	134.0	131.2	125.9
粮食	121.1	141.7	137.3	140.8	138.9	137.5	129.4
淀粉及薯类	144.4	149.0	161.8	179.1	153.8	144.9	136.9
豆干类及豆制品	107.9	112.4	109.4	108.4	108.5	113.6	112.9
油脂类	115.3	159.9	156.2	136.5	132.7	129.5	120.1
肉禽及制品	122.7	158.0	150.5	141.4	137.5	131.2	126.4
蛋类	123.3	130.3	128.2	134.6	127.7	125.9	119.9
水产品类	124.5	125.6	119.1	118.7	127.2	129.1	134.1
菜类	131.6	122.6	153.2	140.5	149.8	151.7	140.2
调味品	119.9	122.1	122.1	122.9	122.8	120.9	121.6
糖类	131.2	141.3	149.3	146.1	148.8	136.5	133.7
烟草类	119.0	128.4	128.0	126.8	126.4	119.9	117.1
酒和饮料	121.0	128.0	124.8	125.2	122.6	121.7	123.6
干鲜瓜果类	121.9	153.2	126.2	117.6	128.9	132.9	119.2
糕点类	121.5	121.3	125.3	120.7	124.3	127.1	126.2
奶及奶制品	129.3	147.5	149.0	143.9	121.5	128.8	124.7
其他食品	131.0	131.8	132.5	145.7	143.2	136.6	137.5
饮食业	116.9	119.0	120.5	126.8	125.2	117.0	116.2
2.衣着类	126.8	145.2	135.7	131.6	130.6	130.9	129.7
服装	123.3	155.8	141.9	135.8	131.0	130.5	123.4
衣着材料	108.6	111.2	110.3	109.7	107.2	108.1	106.1
鞋袜帽及其他衣着	147.7	131.2	130.6	130.7	142.6	145.1	162.6
3.家庭设备及用品	102.8	105.0	104.3	104.4	103.8	103.9	103.6
耐用消费品	101.1	103.0	103.0	103.3	104.4	101.2	101.0
室内装饰品	93.2	94.6	94.6	94.6	94.6	93.1	93.1
床上用品	102.1	116.1	104.7	103.4	101.7	103.0	103.0
家庭日用杂品	112.1	113.1	113.1	113.0	109.7	116.2	115.7
4.医疗保健	113.6	111.3	111.3	113.1	113.6	114.9	115.3
5.交通和通讯工具	89.5	82.7	82.7	82.7	84.5	84.5	86.8
6.娱乐教育文化用品	103.8	105.3	105.3	105.1	104.9	105.4	105.4
7.居住	121.1	105.6	106.1	106.1	137.1	136.8	137.5
8.服务项目	120.2	115.6	116.1	110.9	121.6	122.1	119.8
二、商品零售价格指数	**116.3**	**126.0**	**124.8**	**123.4**	**122.3**	**121.1**	**118.9**

7-4续表 (1995年,上年=100)

项　　目	七月	八月	九月	十月	十一月	十二月
一、居民消费价格指数	**118.9**	**114.6**	**112.1**	**109.8**	**109.4**	**109.2**
1.食品类	120.4	113.1	113.1	109.3	105.5	104.2
粮食	109.0	104.1	101.7	105.8	105.0	102.4
淀粉及薯类	142.3	128.4	132.8	131.6	136.7	135.2
豆干类及豆制品	110.5	92.5	108.8	109.0	105.6	102.7
油脂类	105.4	93.9	90.9	88.4	86.0	84.1
肉禽及制品	119.0	109.5	111.0	101.4	94.6	91.4
蛋类	126.7	115.3	110.1	112.2	120.8	128.2
水产品类	129.8	127.9	131.0	123.7	118.3	109.7
菜类	136.4	126.5	127.1	114.4	99.5	117.3
调味品	123.9	122.2	123.1	114.6	112.9	109.7
糖类	131.8	124.1	126.2	118.2	111.7	106.1
烟草类	115.4	114.5	113.9	113.0	112.3	111.9
酒和饮料	125.1	121.6	115.9	115.8	114.2	113.8
干鲜瓜果类	121.4	109.3	111.7	122.6	121.8	98.4
糕点类	123.3	122.4	119.9	113.1	117.4	116.9
奶及奶制品	131.7	124.6	121.7	121.0	120.7	116.7
其他食品	133.0	135.3	129.6	119.5	116.8	110.8
饮食业	112.8	112.9	112.9	112.9	112.4	112.4
2.衣着类	130.6	130.4	114.1	114.0	118.2	114.1
服装	124.2	124.0	102.5	103.0	110.0	103.6
衣着材料	108.6	108.6	106.2	105.7	109.1	112.9
鞋袜帽及其他衣着	163.0	162.5	154.7	153.0	148.8	147.8
3.家庭设备及用品	103.6	103.7	101.7	98.4	100.0	101.1
耐用消费品	101.0	101.0	99.9	97.8	98.0	99.5
室内装饰品	93.1	93.1	91.5	91.6	91.6	93.1
床上用品	102.5	102.5	97.6	97.6	94.7	96.4
家庭日用杂品	115.6	115.9	113.3	103.9	107.9	107.4
4.医疗保健	117.9	119.2	113.6	110.4	111.4	111.4
5.交通和通讯工具	86.8	89.0	96.4	94.7	100.9	101.7
6.娱乐教育文化用品	104.2	104.2	100.7	97.1	100.8	106.7
7.居住	121.0	116.1	116.1	116.1	127.2	127.2
8.服务项目	121.1	119.8	118.4	120.1	120.3	125.6
二、商品零售价格指数	**116.1**	**112.6**	**110.3**	**107.2**	**106.3**	**107.0**

主要统计指标解释

【国家财政总收入】 是国家(各级政府)通过财政各个环节筹集的财政资金的总称,它是保证国家和各级政府行使其职能不可缺少的财力。主要包括:工商税收、农牧业税和耕地占用税、企业所得税、专款收入和其他收入等。

(1)**工商税收类** 是国家按法律规定对经济单位和个人无偿征收的实物和货币,是财政收入的主要来源。按1994年规定实施的新税制,工商税收主要有消费税、增值税、营业税、土地增值税,个人所得税、外商投资企业和外国企业所得税、城市维护建设税、车船使用税、房产税、屠宰税、资源税、印花税、固定资产投资方向调节税等。

(2)**农牧业税和耕地占用税类**主要包括农业税(牧业税)、农业特产税、耕地占用税和契税。

(3)**企业所得税类**包括国有企业所得税、集体企业所得税、私营企业所得税、股份制企业所得税等。

(4)**专款收入类**主要包括征收排污费收入、征收城市水资源费收入、教育费附加收入等。

(5)**其他收入类**主要是罚没收入、行政性收费收入等。

【国家财政总支出】 是国家政权为行使其职能,对筹集的财政资金进行有计划的分配使用的总称。国家财政总支出,体现政府的活动范围和方向,反映财政资金的分配关系。财政总支出主要包括基本建设支出、增拨企业流动资金、企业挖潜改造资金、新产品试制费、地质勘探费、工交商部门事业费、支援农村生产支出和各项农业事业费、文教科学卫生事业费、抚恤和社会救济费、国防费、行政管理费及债务支出。

(1)**基本建设支出** 是指国家预算内的基本建设拨款,不包括国家预算外自筹的各种基本建设资金。为加强基本建设投资规模的控制,提高这部分财政资金的使用效益,从1985年起,对预算内基本建设拨款实行拨款改贷款的新管理办法,即由原来直接无偿的拨给建设单位,改为拨给建设银行视同信贷基金管理,建设银行根据国家预算安排的基建项目,给予有偿贷款,用投产后新增利润还本付息。从1988年起,为进一步提高投资效益,使投资活动的管理符合发展市场经济的要求,并保证重点建设有稳定的资金来源,国家建立了中央基本建设基金制,实行专款专用,每年在国家预算内列收列支。基本建设基金分为经营性的和非经营性的两部分。各专业投资公司对经营性建设项目执行基本建设基金贷款,各主管部门对非经营性建设项目执行基本建设基金拨款。

(2)**企业挖潜改造资金** 是指国家预算安排用于企业挖潜、革新、改造方面的资金。企业用于挖潜、革新、改造方面的资金,主要来自企业的更新改造资金、大修理基金等自有资金及银行贷款,国家预算安排的挖潜、革新、改造资金主要用于支持重点行业的技术改造。

(3)**文教、科学、卫生事业费** 是指国家预算用于科学、文化、教育、卫生、公费医疗、体育、通讯和广播、地震、海洋、文物、计划生育等方面的事业费。

【中央财政和地方财政】 财政是国家为了实现其职能,凭借政治权力,对一部分社会产品进行分配和再分配的经济活动。中央财政和地方财政,是指财政体制上划分中央政府和地方政府以及地方各级政府之间财政管理权限的一项分配制度。它是经济管理体制的重要组成部分,它在财政管理体制中居于主导地位。它具体规定了各级政府筹集资金、支配使用资金的权力、范围和责任,使各级政府在财政管理上有责有权。这对于正确处理中央和地方之间,以及地方各级之间的分配关系,充分发挥各级政府的积极性,更好地完成国家财政收支任务,促进社会主义建设的发展有着极其重要的意义。中央财政收入和地方财政收入,是指中央和地方各级负责组织征收的收入,不是按财政体制计算的收入分成数。其收入中还包括了国外借款。

在现行分税制财政管理体制下,财政总收入又分为中央级收入和地方级收入。

中央级收入主要包括消费税和增值税的75%部分,以及其他属中央预算固定收入科目的收入,如关税。

地方级财政收入主要是指财政收入中扣除中央级收入后的部分。

【居民消费价格指数】 是反映城市居民生活消费品价格和服务项目价格变动趋势和程度的相对数。根据居民消费价格指数可以观察和分析消费品价格和服务项目价格变动对居民生活费用的影响程度,消除物价变动对居民货币工资的影响,并计算出实际工资指数,作为研究居民生活和确定工资政策的依据。居民消费价格指数的权数来源于城市住户调查资料。目前计算指数所选的代表规格品和服务项目共有320种。

【商品零售价格指数】 是反映市场零售物价总水平变动趋势和程度的相对数,通过它可以观察零售价格总升降水平,说明货币购买力的强弱,编制商品零售价格指数的权数主要来源于商业贸易资料。目前所选的代表规格品304种,每种商品的价格采用代表规格品的平均价格计算。

人民生活 8

PEOPLE'S LIVELIHOOD

●1995 年,城乡居民消费水平达 2056 元,比上年增长 49.9%。

●1995 年,城镇居民人均生活费收入 4053 元,比上年增长 20.4%;农民人均纯收入 1554 元,比上年增长 34.7%。

●1995 年,城乡居民储蓄存款年末余额 304.51 亿元,比上年增长 42.1%;平均每人储蓄存款余额 2008 元,比上年增长 41.3%。

资料整理

周 红 杨联刚

孙显琴

城乡居民消费水平

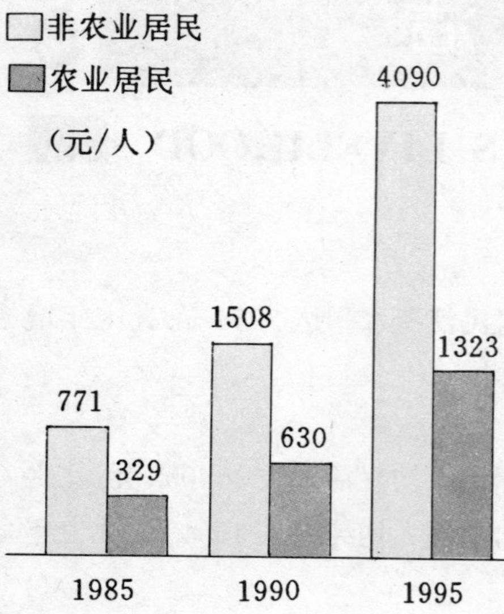

城镇居民生活费收入

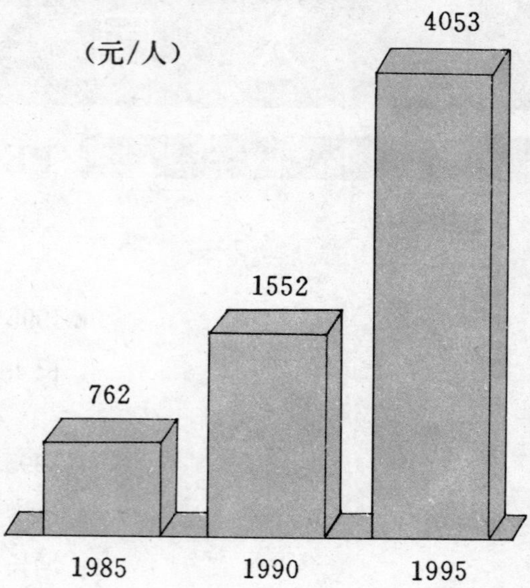

农民人均纯收入

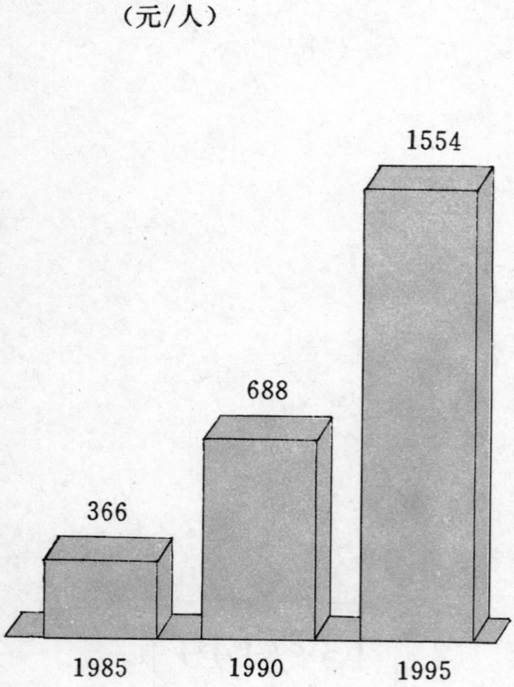

城镇农村人均居住面积

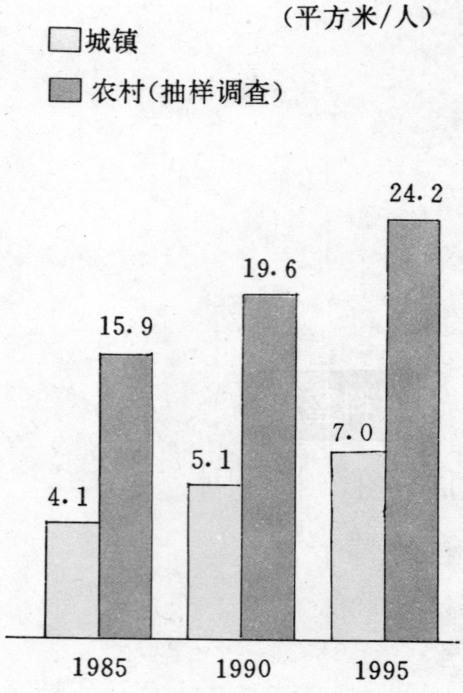

8-1 人民物质文化生活提高情况

指　　标	单　位	1985年	1990年	1993年	1994年	1995年
一、城市居民收入						
职工平均工资	元	1072	2149	3145	4262	4850
城镇居民人均生活费收入	元	762	1552	2554	3367	4053
农民人均纯收入	元	366	688	877	1154	1554
二、每人每年生活消费						
城乡居民消费水平	元	437	891	1241	1372	2056
农业居民	元	329	630	799	837	1323
非农业居民	元	771	1508	2530	2895	4090
粮食	公斤	218	218	219	206	219
食用植物油	公斤	2.31	5.48	6.71	5.88	5.76
猪肉	公斤	23.60	27.66	26.54	23.24	24.76
食糖	公斤	2.70	2.69	2.49	2.44	1.85
家禽	公斤	2.91	3.29	4.50	3.35	3.56
鲜蛋	公斤	4.41	4.36	6.38	5.68	5.99
蔬菜	公斤	182	183	143	147	151
布(含化纤布)	米	5.01	2.24	1.73	1.68	1.50
消费品零售额	元	309	607	1104	1452	1810
三、平均每人居住面积(抽样调查)						
城镇住房面积	平方米	6.58	8.90	6.98	7.30	8.13
农村住房面积	平方米	15.93	19.62	30.50	22.77	24.20
四、交通、邮电						
每万人拥有载客汽车	辆	6.6	10.0	20.6	24.3	30.0
载客汽车平均每天载客	万人次	21.2	31.7	61.0	60.5	61.8
每万人拥有电话	部	21	34	90	140	165
每人平均交寄函件	件	5.0	5.9	8.3	8.5	7.4
五、储蓄						
城乡居民储蓄存款余额	亿元	18.64	67.31	158.74	214.22	304.51
平均每人储蓄存款余额	元	133	456	1058	1421	2008
六、教育、生活						
每万人拥有大学生	人	26.6	31.1	40.5	45.1	46.3
每百户城市家庭拥有电视机	台	89.8	118.4	121.0	121.7	122.7
每百户城市家庭拥有收录机	台	44.6	63.0	75.0	76.0	73.0
每百户农村家庭拥有电视机	台	17.4	57.8	76.6	82.5	87.6
每百户农村家庭拥有收录机	台	4.6	12.2	15.0	17.5	16.9
七、卫生						
每万人拥有医院病床	张	25.6	28.3	26.3	26.3	26.4
每万人拥有医生	人	15.1	17.5	16.7	16.7	16.6
八、就业(抽样调查)						
城镇居民平均每户就业人数	人	2.01	2.19	1.94	1.89	1.87

8－2 城镇居民家庭基本情况

项目	单位	1985年	1990年	1993年	1994年	1995年
一、调查户数	户	**400**	**300**	**300**	**300**	**300**
二、平均每户就业人数	人	**2.01**	**2.19**	**1.94**	**1.89**	**1.87**
#全民职工人数	人	1.48	1.29	1.40	1.53	1.59
集体职工人数	人	0.47	0.35	0.37	0.23	0.18
三、平均每人全年实际收入	元	**825.51**	**1715.37**	**2809.69**	**3663.07**	**4414.53**
#生活费收入	元	762.34	1552.11	2553.66	3367.06	4052.68
国有单位职工工资	元	497.45	833.51	1563.52	2416.60	3113.03
#各种奖金	元	97.63	141.10	360.01	491.60	605.75
各种津贴	元	55.53	107.24	384.15	652.92	677.24
集体单位职工工资	元	118.37	143.31	273.80	205.78	207.70
#各种奖金	元	19.85	17.73	47.95	39.71	34.19
各种津贴	元	14.88	15.10	62.59	48.50	40.01
职工从工作单位得到的其他收入	元	57.72	115.84	178.77	213.30	211.01
其他收入	元	151.97	622.71	793.60	827.39	882.79
四、平均每人全年消费性支出	元	**766.34**	**1508.01**	**2320.28**	**2999.58**	**3931.50**

8－3 城镇居民家庭平均每百户年末耐用消费品拥有量

项目	单位	1985年	1990年	1993年	1994年	1995年
缝纫机	架	64.0	70.3	63.0	62.0	57.3
洗衣机	台	48.8	83.0	89.3	90.6	91.7
电风扇	台	124.0	219.3	228.3	226.7	215.7
电冰箱	台	13.3	82.0	88.0	91.7	93.3
彩色电视机	台	15.8	73.7	86.7	91.0	98.7
黑白电视机	台	74.0	44.7	34.3	30.7	24.0
组合音响	套	–	1.0	5.7	7.3	11.7
收录机	台	44.5	63.0	75.0	76.0	70.3
照像机	架	19.0	30.3	38.7	38.7	37.7
中高档乐器	件	3.5	13.0	9.7	7.7	7.0
空调器	台	–	0.7	8.0	15.3	29.3

8-4 城镇居民家庭平均每人全年收入及构成

(1995年,按收入等级分组)

项　　目	总平均	最低收入户	#困难户	低收入户	中等偏下户	中等收入户	中等偏上户	高收入户	最高收入户
一、实际收入(元)	**4414.53**	**2270.90**	**2018.57**	**3012.65**	**3568.63**	**4280.86**	**5095.27**	**5982.97**	**7960.20**
1.国有单位职工工资	3113.03	1246.09	904.00	1815.47	2665.58	2987.26	3757.71	4754.04	5179.35
#奖金	605.75	111.49	76.89	271.41	446.52	524.14	766.43	1132.53	1268.08
津贴和补贴	677.24	237.67	121.85	391.85	577.30	720.55	853.61	919.58	1067.58
2.集体单位职工工资	207.70	326.48	319.94	152.60	250.89	179.09	223.29	52.99	218.60
#奖金	34.19	27.56	30.83	15.57	53.17	21.06	31.25	2.24	94.46
津贴和补贴	40.01	62.15	81.56	29.45	45.30	23.43	64.49	1.58	36.52
3.其他经济类型职工工资	60.75	0	0	44.66	74.82	118.27	56.90	54.75	10.81
4.职工从单位得到的其他收入	211.01	39.59	31.43	100.02	122.49	161.75	286.08	413.13	496.22
5.其他收入	822.04	658.74	763.20	899.90	454.85	834.49	771.29	708.06	2055.22
二、实际收入构成(%)	**100**	**100**	**100**	**100**	**100**	**100**	**100**	**100**	**100**
1.国有单位职工工资	70.5	54.9	44.8	60.3	74.8	69.8	73.7	79.5	65.1
#奖金	13.7	4.9	3.8	9.0	12.5	12.2	15.0	18.9	15.9
津贴和补贴	15.3	10.5	6.0	13.0	16.2	16.8	16.8	15.4	13.4
2.集体单位职工工资	4.7	14.4	15.8	5.0	7.0	4.2	4.4	0.9	2.8
#奖金	0.8	1.2	1.5	0.5	1.5	0.5	0.6	0.04	1.2
津贴和补贴	0.9	2.7	4.0	1.0	1.3	0.5	1.3	0.03	0.5
3.其他经济类型职工工资	1.4	0	0	1.5	2.1	2.7	1.2	0.9	0.1
4.职工从单位得到的其他收入	4.8	1.7	1.6	3.3	3.4	3.8	5.6	6.9	6.2
5.其他收入	18.6	29.0	37.8	29.9	12.7	19.5	15.1	11.8	25.8

8－5 城镇居民家庭平均每人全年分类消费支出

（1995年，按收入等级分组）

项目	总平均	最低收入户	#困难户	低收入户	中等偏下户	中等收入户	中等偏上户	高收入户	最高收入户
消费支出	**3931.50**	**2023.25**	**1776.50**	**2501.32**	**3242.72**	**3745.35**	**4566.16**	**5289.81**	**7229.95**
一、食品	1913.82	1348.05	1190.83	1543.31	1688.87	1949.37	2133.68	2374.02	2487.05
其中：1.粮食	198.82	181.93	193.16	200.06	186.09	186.95	203.42	216.35	244.14
2.油脂	95.34	99.36	96.02	80.79	89.57	86.04	102.12	100.21	119.29
3.肉禽及制品	497.97	348.81	319.61	409.11	448.75	521.37	548.01	571.74	655.73
4.蛋类	79.15	50.84	45.04	61.28	78.54	83.12	90.60	85.75	95.76
5.水产品	79.88	58.14	41.88	56.09	70.77	82.02	89.29	89.16	119.23
6.菜类	209.71	187.46	161.19	191.00	194.08	198.47	233.15	201.71	274.14
7.烟草	106.95	69.68	57.04	87.27	67.66	113.93	133.02	166.34	125.80
8.酒和饮料	71.57	45.81	48.86	65.41	60.33	71.43	80.33	79.21	108.32
9.干鲜瓜果	128.28	65.64	52.48	81.05	107.50	137.12	157.61	181.17	166.33
10.奶及奶制品	43.06	18.33	15.36	26.38	38.39	49.65	54.20	64.29	41.99
二、衣着	551.94	191.56	172.96	288.26	416.52	522.43	663.31	938.35	1045.84
#1.服装	367.83	117.68	105.66	186.80	262.17	334.11	446.67	661.67	733.75
2.衣着材料	39.27	10.82	12.32	15.60	36.54	42.89	47.79	53.92	67.73
三、家庭设备及服务	355.79	59.66	46.42	112.97	198.86	182.80	476.62	347.71	1560.38
#日用耐用消费品	229.22	14.42	1.01	28.64	119.68	75.61	324.08	176.54	1225.27
四、医疗保健	113.07	35.77	21.74	63.27	106.91	124.17	117.24	137.39	229.04
五、交通与通讯	219.81	49.76	20.20	61.91	193.33	189.83	244.81	344.61	571.11
六、娱乐教育文化服务	373.56	143.72	167.17	193.58	354.85	398.99	433.48	561.93	530.07
1.文娱耐用消费品	107.55	50.77	96.28	47.62	42.15	72.61	110.47	299.73	300.09
2.教育	181.55	72.83	61.50	105.87	244.52	222.72	229.87	142.45	106.74
3.文化娱乐	84.46	20.11	9.40	40.08	68.18	103.66	93.18	119.75	158.41
七、居住	214.50	147.72	128.95	175.51	167.80	187.05	221.62	310.74	399.93
八、杂项商品与服务	189.01	47.01	28.23	62.51	115.58	190.71	275.40	275.06	406.53

8-6 城镇居民家庭生活基本情况

(1995 年,按平均每人每月生活费收入分组)

项目	单位	150 元以下	150-250 元	250-350 元	350-450 元	450-550 元	550-650 元	650-750 元	750 元以上
调查户数	户	6	66	102	79	30	10	1	6
比重	%	2.0	22.0	34.0	26.3	10.0	3.3	0.3	2.0
平均每户家庭人口数	人	3.50	3.19	3.05	2.94	2.87	2.78	4.00	1.83
平均每户就业人口数	人	1.33	1.72	1.83	2.02	2.08	1.98	4.00	1.33
平均每户就业面	%	38.1	54.0	60.1	68.5	72.6	71.2	100.0	72.7
平均每一就业者负担人数	人	2.63	1.85	1.66	1.46	1.38	1.41	1.00	1.38
平均每人每月实际收入	元	152.78	233.54	329.30	428.95	540.91	651.18	733.31	949.03
平均每人每月生活费收入	元	141.53	213.81	302.98	394.00	494.82	603.49	654.33	862.77
平均每人每月消费性支出	元	137.27	215.19	298.37	399.13	499.38	687.30	589.22	745.23

8-7 城镇居民家庭平均每人全年购买的主要商品数量

品名	单位	1985 年	1990 年	1993 年	1994 年	1995 年
粮食	公斤	114.43	125.97	79.87	80.11	80.27
鲜菜	公斤	132.55	158.65	128.65	115.21	114.60
食用植物油	公斤	6.20	7.93	8.05	8.05	8.05
猪肉	公斤	29.50	30.47	24.30	23.34	25.12
牛羊肉	公斤	0.58	1.63	1.48	1.33	1.25
家禽	公斤	6.92	7.12	8.73	8.21	8.61
鲜蛋	公斤	7.99	6.31	9.21	9.96	10.14
鱼虾	公斤	4.51	6.06	5.19	6.35	6.87
食糖	公斤	3.80	3.60	3.11	3.13	2.84
卷烟	盒	46.34	45.84	46.12	37.52	34.90
酒	公斤	7.95	10.98	11.74	9.25	9.50
棉布	米	2.66	0.90	0.36	0.27	0.30
化纤布	米	0.78	0.62	0.19	0.20	0.17
呢绒	米	0.63	0.45	0.25	0.11	0.19
绸缎	米	0.59	0.71	0.49	0.38	0.42
男士服装	件	-	-	2.35	2.30	2.67
女士服装	件	-	-	3.25	3.35	3.94
各式童装	件	-	-	1.27	1.11	1.17
皮鞋	双	0.97	1.09	1.11	1.11	1.28
肥皂	块	11.76	5.10	3.48	3.85	2.99
洗衣粉	公斤	0.92	1.57	-	0.73	0.76

8-8 城镇居民家庭平均每人全年主要商品消费量

年份	粮食(公斤)	食用植物油(公斤)	猪肉(公斤)	牛羊肉(公斤)	家禽(公斤)	鲜蛋(公斤)	水产品(公斤)
1985	114.43	6.20	29.50	0.58	6.92	7.99	5.38
"七五"时期							
1986	112.88	7.72	29.99	0.67	8.18	7.51	6.48
1987	110.97	7.20	29.06	0.95	8.74	6.82	5.67
1988	119.27	7.22	29.90	1.19	7.54	6.05	4.68
1989	129.61	6.15	27.21	0.92	6.66	4.88	4.82
1990	139.96	8.09	31.07	1.67	7.26	6.44	6.18
"八五"时期							
1991	117.87	6.54	30.00	2.01	7.72	7.61	5.83
1992	96.17	7.83	25.51	1.63	9.02	9.43	5.19
1993	88.23	8.05	26.85	1.48	8.73	10.17	5.19
1994	80.11	8.05	23.34	1.33	8.21	9.96	6.35
1995	80.27	8.05	25.12	1.25	8.61	10.14	6.87

8-8续表

年份	食糖(公斤)	卷烟(盒)	酒(公斤)	茶叶(公斤)	各种布(米)	呢绒(米)	绸缎(米)
1985	3.80	46.34	7.95	0.43	3.71	0.63	0.59
"七五"时期							
1986	4.22	49.59	8.62	0.39	3.51	0.68	0.80
1987	3.65	49.48	7.90	0.39	3.00	0.64	0.90
1988	4.48	45.36	8.31	0.37	3.33	0.59	0.73
1989	3.48	43.20	7.52	0.40	5.32	0.41	0.47
1990	3.67	49.84	9.88	0.49	2.07	0.45	0.71
"八五"时期							
1991	2.61	47.43	10.12	0.45	1.43	0.41	0.67
1992	3.19	46.92	10.53	0.38	1.15	0.27	0.52
1993	3.43	46.12	10.63	0.40	0.68	0.25	0.49
1994	3.13	37.52	9.25	0.32	0.69	0.11	0.38
1995	2.84	34.90	9.50	0.33	0.84	0.19	0.42

8-9 农村居民家庭基本情况

项　　　目	1985年	1990年	1993年	1994年	1995年
一、调查户数(户)	**1400**	**1000**	**1000**	**1000**	**1000**
二、调查户人口(人)	—	—	—	—	—
1.常住人口	6409	4085	3907	3844	3768
2.整半劳动力	3951	2864	2833	2795	2732
3.平均每户常住人口	4.58	4.09	3.91	3.84	3.77
4.平均每户整半劳力	2.82	2.86	2.83	2.80	2.73
5.平均每个劳动力负担人口(含本人)	1.62	1.43	1.38	1.38	1.38
三、按纯收入分组户数占调查户比重(%)	–	–	–	–	–
200元以下	5.1	0.1	0.6	–	0.1
200-300元	28.3	1.2	1.4	0.9	–
300-400元	32.8	6.4	3.7	1.0	0.2
400-500元	17.4	13.9	7.5	2.0	0.4
500-600元	7.8	20.6	9.5	4.5	1.6
600-800元	5.9	29.7	23.8	12.8	3.8
800-1000元	1.7	14.2	23.5	18.8	10.9
1000-1500元	0.9	11.1	23.5	38.8	34.2
1500-2000元	0.1	2.3	3.9	14.5	24.8
2000元以上	–	0.5	2.6	6.7	24.0
四、平均每人经营耕地面积(市亩)	**1.02**	**1.05**	**1.29**	**1.01**	**0.99**
#承包耕地面积	0.92	0.96	1.11	0.93	0.91
五、平均每人生产用固定资产原值(元)	**90.80**	**148.05**	**250.90**	**237.22**	**316.97**
1.役畜、产品畜	26.18	27.99	39.44	50.72	52.34
2.大中型铁木农具	8.85	16.15	26.27	30.17	34.03
3.农、林、牧、渔业机械	0.88	5.00	7.05	11.13	14.88
4.工业机械	0.70	1.79	4.95	2.60	2.52
5.运输业机械	1.24	11.35	0.40	2.35	11.33
6.生产用房	39.56	65.26	135.18	140.25	156.44
7.其他生产性固定资产	13.39	20.51	37.61	–	45.43

8-10 农村居民家庭平均每人总收入、总支出和纯收入

单位:元

项　目	1985年	1990年	1993年	1994年	1995年
一、全年总收入	**508.54**	**1027.86**	**1311.13**	**1729.48**	**2252.58**
1.基本收入	477.81	978.88	1227.95	1606.96	2113.23
劳动者报酬收入	78.59	133.47	187.72	219.58	299.38
(1)在集体组织中劳动的报酬	15.45	27.44	27.87	44.84	54.71
(2)在企业劳动得到的报酬	31.09	44.27	121.01	169.65	223.08
(3)在其他单位劳动得到的报酬	32.05	61.76	38.85	5.09	21.59
家庭经营总收入	399.22	845.41	1040.23	1387.37	1813.86
(1)第一产业	374.84	776.98	928.49	1248.78	1639.09
(2)第二产业	10.57	31.22	40.07	50.15	72.51
(3)第三产业	13.81	37.21	71.67	88.46	102.26
2.转移性收入	23.05	36.59	76.52	90.76	98.18
#在外人口寄回和带回	-	14.50	28.17	41.02	37.18
农村外部亲友赠送收入	-	-	8.25	9.18	9.72
调查补贴	-	-	8.76	9.13	10.68
3.财产性收入	7.68	12.39	6.66	31.79	41.17
二、全年总支出	**469.82**	**970.18**	**1315.24**	**1666.93**	**2132.63**
1.家庭经营费用支出	116.62	291.76	378.95	504.41	607.99
(1)第一产业	113.10	281.74	364.27	490.47	591.07
(2)第二产业	0.36	7.39	6.02	7.95	7.90
(3)第三产业	3.16	2.63	8.66	5.99	9.02
2.购置生产性固定资产支出	4.43	4.84	19.21	14.16	36.20
3.缴纳税金	9.40	15.92	13.12	20.73	22.70
4.上交集体承包任务	4.93	14.72	5.88	8.68	13.90

8－10续表　　单位:元

项　　目	1985年	1990年	1993年	1994年	1995年
5.集体提留和摊派	–	–	10.63	16.27	22.04
6.生活消费支出	329.39	629.93	860.56	1051.50	1383.68
食品	204.75	391.10	534.90	683.66	938.88
(1)主食	77.49	126.53	167.81	241.75	351.72
(2)副食	96.72	204.60	291.58	345.04	458.81
(3)其他食品	24.18	48.74	54.56	72.50	92.18
(4)在外饮食	6.36	11.22	16.62	19.56	28.76
(5)食品加工费	–	0.01	4.33	4.81	7.41
衣着	35.01	44.53	44.53	59.61	67.33
#衣着加工修理费	–	–	0.78	1.03	0.92
居住	43.25	95.10	137.31	129.4	139.71
#住房支出	27.69	66.52	41.60	71.73	78.80
电费	2.12	4.96	7.75	10.55	14.16
燃料	13.44	23.62	85.74	43.69	42.92
家庭设备、用品及服务	16.85	34.59	44.84	56.97	70.92
医疗保健	7.21	16.85	24.92	27.78	33.78
交通和通讯	3.88	7.67	12.85	15.49	20.48
文教娱乐用品及服务	14.66	29.70	52.99	68.10	101.02
其他商品和服务	3.78	10.40	8.17	10.41	11.56
7.其他非借贷性支出	5.05	13.01	26.90	51.19	46.13
#寄给和带给在外人口	0.54	2.25	3.28	3.28	4.24
附:生产性固定资产折旧	6.05	9.87	16.72	15.81	21.13
三、农民人均纯收入	**366.36**	**687.92**	**877.06**	**1154.45**	**1554.14**

8－11 农村居民家庭现金收、支、存情况

单位:元

项　　目	1985年	1990年	1993年	1994年	1995年
一、期初存款余额	**16.16**	**54.63**	**97.59**	**119.22**	**200.64**
二、期初手存现金	**17.52**	**95.10**	**140.48**	**174.58**	**238.58**
三、期内现金收入合计	**381.72**	**757.18**	**1001.18**	**1310.18**	**1598.55**
1.基本收入	290.10	583.34	752.17	1014.77	1235.48
劳动者的报酬收入	78.21	133.09	186.97	219.07	299.08
家庭经营现金收入	211.89	450.25	565.20	759.71	936.39
(1)出售产品现金	188.75	391.71	457.93	662.34	766.10
(2)工业加工费现金收入	－	1.40	8.13	5.60	9.27
(3)运输业现金收入	3.66	10.13	11.89	17.51	17.17
(4)商业现金收入	6.07	7.97	12.70	14.03	17.32
(5)饮食业现金收入	－	6.44	1.60	5.54	3.77
(6)服务业现金收入	2.29	9.51	12.09	16.93	29.43
(7)其他家庭经营现金收入	1.15	2.58	33.09	36.49	38.02
2.转移性收入	40.08	76.55	99.90	122.43	134.34
3.财产性收入	－	－	10.96	14.72	21.22
4.储蓄借贷现金收入	51.54	97.29	138.14	158.25	207.52
四、期内现金支出合计	**361.83**	**735.29**	**975.66**	**1229.94**	**1529.82**
1.生产费用支出的现金	77.05	177.01	257.03	324.23	410.69
家庭经营费用支出的现金	72.63	172.17	237.82	310.07	374.49
购置生产性固定资产支出	4.42	4.84	19.21	14.16	36.20
2.缴纳税金	9.34	15.91	11.19	15.86	20.12
3.上交集体承包任务现金	4.66	14.45	4.89	6.06	9.07
4.集体提留和摊派	－	－	10.63	16.27	22.04
5.生活消费支出的现金	199.14	379.43	486.09	617.48	772.16
五、期末手存现金	**37.41**	**117.00**	**166.00**	**254.81**	**307.31**
六、期末存款余额	**21.04**	**73.45**	**118.11**	**166.66**	**250.78**

8－12 农村居民家庭平均每人主要消费品消费量

项　　目	单　位	1985年	1990年	1993年	1994年	1995年
粮食(原粮)	公斤	263.70	271.07	297.05	285.95	269.45
#细粮	公斤	253.09	259.84	264.47	251.16	229.91
蔬菜	公斤	192.01	197.0	152.95	158.63	163.80
食油	公斤	3.60	4.06	5.75	5.10	4.93
肉类	公斤	21.06	26.04	23.33	23.28	24.91
家禽	公斤	0.97	1.08	1.46	1.62	1.72
蛋类	公斤	2.85	3.24	4.35	4.16	4.48
鱼虾	公斤	0.48	0.95	0.92	1.48	1.49
食糖	公斤	2.22	2.17	2.04	2.19	2.19
酒	公斤	3.72	4.24	5.08	6.10	6.29
棉布	米	2.77	1.02	0.53	0.44	0.44
化纤布	米	2.92	1.63	1.58	1.59	1.43
呢绒	米	0.17	0.07	0.06	0.05	0.04
绸缎	米	0.04	0.01	0.01	0.01	0.01
毛线及毛线制品	公斤	0.06	0.07	0.07	0.11	0.10
胶鞋、球鞋、皮鞋	双	0.59	0.72	0.76	0.81	0.90

8－13 农村居民家庭平均每百户年末耐用消费品拥有量

项　　目	单　位	1985年	1990年	1993年	1994年	1995年
自行车	辆	11.93	24.20	26.70	25.20	25.20
缝纫机	架	20.21	26.30	29.40	28.90	28.20
钟	只	19.79	13.70	17.40	17.20	17.00
手表	只	159.36	211.40	215.0	219.0	226.10
电风扇	台	11.50	49.30	85.80	93.70	107.30
洗衣机	台	0.29	1.80	3.10	4.40	4.40
电冰箱	台	0.07	1.00	1.30	2.50	3.40
摩托车	辆	0.14	0.10	0.40	0.80	1.20
沙发	个	7.43	14.90	35.10	38.20	41.30
大衣柜	个	84.50	108.10	124.20	125.0	124.90
写字台	张	44.71	63.00	93.60	93.70	96.90
收音机	台	37.50	21.80	9.30	9.0	8.90
黑白电视机	台	17.29	56.50	72.10	76.50	80.50
彩色电视机	台	0.14	1.30	4.50	6.0	7.10
收录机	台	4.60	12.20	15.0	17.50	16.90
照相机	架	0.21	0.60	0.70	0.50	0.50

8－14 农村居民家庭平均每人房屋使用情况

项　　目	单　位	1985年	1990年	1993年	1994年	1995年
一、年内新建房屋间数	间	**0.05**	**0.05**	**0.04**	**0.05**	**0.03**
年内新建房屋面积	平方米	0.93	1.18	0.85	0.81	0.57
#砖木结构面积	平方米	0.41	0.84	0.58	0.49	0.24
钢筋混泥土面积	平方米	0.13	0.31	0.21	0.17	0.21
年内新建房屋价值	元	25.45	58.12	84.36	99.98	82.34
新建生活用房面积	平方米	0.74	1.06	0.76	0.65	0.49
新建楼房面积	平方米	0.17	0.54	2.01	0.12	0.11
二、年末住房间数	间	**1.13**	**1.35**	**1.46**	**1.15**	**1.18**
年末住房面积	平方米	15.93	19.62	30.50	22.77	24.20
#砖木结构面积	平方米	2.97	6.50	7.57	7.88	8.54
钢筋混泥土面积	平方米	0.24	1.25	3.41	3.13	4.11
年末住房价值	元	339.72	622.60	1208.70	1191.33	1407.35

8－15 农村家庭平均每百户拥有主要生产性固定资产数量

(年末数)

项　　目	单　位	1985年	1990年	1993年	1994年	1995年
汽车	辆	－	－	0.10	－	0.2
小型和手扶拖拉机	台	－	－	0.10	0.50	0.2
机动脱粒机	台	－	1.00	2.52	2.92	3.0
胶轮大车	辆	－	－	－	－	0.23
胶轮手推车	辆	－	1.00	1.00	0.90	0.70
抽水机	台	－	4.00	3.10	3.38	3.98
水　泵	台	－	1.00	2.80	3.40	3.70

主要统计指标解释

【城镇居民家庭就业人口】 指城镇居民从事社会劳动并取得劳动报酬或经营收入的人口。就业人口包括通过国家统筹规划和指导下，实行由劳动部门介绍就业，自愿组织起来就业和自谋职业等方式，不论在全民所有制、集体所有制、中外合资、中外合作、外资在华独资的企业事业单位和私营企业单位工作或从事个体劳动有固定性职业或临时性职业都是就业人口。被聘用和留用的离退休人员也计入。本指标可以反映城镇居民的就业情况，是计算就业面、负担系数的重要资料。

【城镇居民家庭实际收入】 指被调查的城镇居发家庭全部的实际现金收入，包括经常或固定行到的收入和一次性收入。不包括周转性收入，如提取银行存款、向亲友借入款、收回借出款以及其他各种暂收款。

【城镇居民家庭生活费收入】 指被调查的城镇居民家庭全部收入中能用于安排家庭日常生活的收入。即城镇居民家庭的全部实际收入扣除“赡养支出”、“赠送支出”、“家庭副业生产支出”等。

【城镇居民家庭消费支出】 指被调查的城镇居民家庭用于日常生活的全部支出，包括食品、衣着、家庭设备用品及服务、医疗保健、交通和通讯、娱乐教育文化服务、居住、杂质商品和服务等八大类支出。

【农民家庭纯收入】 指农村常住居民家庭总收入中，扣除从事生产和非生产经营费用支出、缴纳税款和上交承包集体任务金额以后剩余的，可直接用于进行生产性、非生产性建设投资、生活消费和积蓄的那一部分收入。它是反映农民家庭实际收入水平的综合性的主要指标，农民家庭纯收入，既包括从事生产性和非生产性的经营收入，又包括取自在外人口寄回带回和国家财政救济、各种补贴等非经营性收入；既包括货币收入，又包括自产自用的实物收入。但不包括向银行、信用社和向亲友借款等属于借贷性的收入。

【农村居民家庭整半劳动力】 指农村常住居民家庭成员中有劳动能力并经常参加实际劳动的人员。是生产的基本要素指标之一，是发展生产增加农民家庭收入的重要源泉。按规定，农村男18周岁至50周岁、女18周岁至45周岁为整劳动力；男16周岁到17周岁、51周岁到60周岁、女16周岁到17周岁、46周岁至55周岁为半劳动力。农民家庭整半劳动力，既包括在上述规定劳动年龄内和在劳动年龄以外有劳动能力并经常参加实际劳动的男女整半劳动力；也包括农民家庭常住人员中属于职工的劳动力。但不包括在劳动年龄内丧失劳动能力的人员。

【农村居民家庭纯收入】 指农村常住居民家庭总收入中，扣除从事生产和非生产经营费用支出、缴纳税款和上交承包集体任务金额以后剩余的，可直接用于进行生产性、非生产性建设投资、生活消费和积蓄的那一部分收入。它是反映农民家庭实际收入水平的综合性的主要指标。农民家庭纯收入，既包括从事生产性和非生产性的经营收入，又包括取自在外人口寄回带回和国家财政救济、各种补贴等非经营性收入；既包括货币收入，又包括自产自用的实物收入。但不包括向银行、信用社和向亲友借款等属于借贷性的收入。

【家村居民家庭生活消费支出】 指农村居民家庭年内用于日常生活的全部开支。它是用来反映和研究农民家庭实际生活消费水平高低的重要指标。农民家庭生活消费支出，包括用于吃、穿、住、烧、用等生活消费品开支和文化、生活服务费用支出两大部分。

【农村居民家庭商品性生活消费支出】 指农村常住居民家庭用其货币收入，在市场上购买食品、衣着、家庭用家具器皿、日用杂品、燃料、耐用消费品、以及文教卫生用品等生活消费总量。包括向国有商店、集体商店和集市贸易市场以及其他流通渠道购买的全部生活消费品。农民家庭商品性生活消费支出，是农民家庭生活消费支出的一个重要组成部分，是用来反映和分析农民家庭生活消费水平的商品化程度，及其由自给性经济向商品经济发展趋势的重要指标，也是研究和预测农民家庭对市场消费品需求，制定商品供应计划的重要依据。

区(市)县概况 9

DISTRICTS (CITIES) AND COUNTIES CONDITIONS

●21 个区(市)县概况

●"八五"时期区(市)县主要社会经济指标。

资料整理

阳志静

山城心脏——渝中

渝中区是重庆市的行政、商贸、金融、信息中心和水陆客运交通枢纽，地处长江、嘉陵江交汇处，三面环水，一面通陆，呈东西走向的狭长半岛状。气候类型属亚热带季风气候，年平均气温18℃，最高气温达43℃，具有春早、夏热、秋雨、冬暖、多雾、日照少的特点。陆地面积为18.1平方公里。辖13街道办事处，307个居委公，1个村民委员会。1985年末常住人口57.59万人，其中非农业人口57.29万人。

渝中区是重庆市的母城和发源地。二千多年前，这里是城是东周诸候巴国的国都。以后历代封建王朝更替变迁，渝中区地域都是州、郡、路、府治所。一九二九年创设重庆市即是市政府所在地。抗日战争时期曾经是国民政府迁住地。经济上依托两江，水利便利，是四川物资的主要集散地和商业、手工业中心。十九世纪末叶，今渝中区水域码头被辟为中国内陆最早的对外通商口岸。抗日战争时期，随着官僚资本和民族工商业的大量内迁，地区经济得到了较快发展。新中国成立以来，经过三年经济恢复时期和党对农业、手工业、资本主义工商业的社会主义改造以及八个五年计划的社会主义建设。渝中区的经济和社会各项事业迅速发展，尤其是改革开放以来的“八五”时期，渝中区在“抓住机遇、深化改革、扩大开放、促进发展、保持稳定”的方针指导下，经济和社会事业更是取得了辉煌的成就。

国民经济快速增长，经济实力显著增强。1995年全地区国内生产总值68.25亿元，按可比价格计算，比1990年增长75.3%，年均增长11.9%，超过全国平均水平，二、三产业占国内生产总值的比重由“七五”时期的41∶59调整为30∶70。人均国内生产总值11847元，按汇率折算为1426美元，明显高于全国和重庆市的平均水平。

商贸市场繁荣兴旺，中心地位明显增强。“八五”时期，渝中区市场建设步伐加快，市场规模不断扩大，中心市场的地位进一步巩固。1995年全区批发零售贸易业(含个体)实现销售总额206亿元，比1990年增长2倍，年均递增24.6%，其中大中型企业实现销售总额137亿元，占全市的49%。1995年全区社会消费品零售总额达47亿元，占全市的六分之一，比1990年增长1.3倍，年均增长18.4%，

金融市场发展较快，中心作用更加完善。“八五”时期，渝中区基本形成了以中央银行为领导，国家商业银行为主体，外汇交易中心、信托投资公司、保险公司、城市信用社、金融性租赁公司、财务公司、以及投资基金管理公司、融资中心、金融市场证券交易中心、证券登记有限公司等多种金融机构并存的金融组织体系；初步建成了以资金同业拆借、证券买卖、外汇调剂为主的面向重庆、辐射西南的区域性市场。1995年全区金融保险业创造增加值10.5亿元，约占全市的24%，占全区第三产业的21.4%。外汇交易量居中国西部地区首位，达到4.89亿美元。

交通邮电发展迅速，“瓶颈”制约有所缓解。“八五”时期，渝中区先后改扩建成了重庆火车站、重庆港朝天门客运枢纽码头、重庆汽车站、邮政枢纽配套楼、微波通信、无线导呼、移动电话、市话交换机扩容、邮政自动检信生产线等工程，增强了渝中区水陆客运交通枢纽的地位。1995年交通运输邮电通讯业实现增加值7.6亿元，按可比价格计算，比1990年增长1.8倍，年均增长23.1%，超过全区经济增长率。

固定资产投资增加，城市面貌日新月异。“八五”时期，全区累计完成固定资产投资105亿元，年均增长48%。基本建成的大型工程设施有：滨江路综合整治工程、菜元坝车行立交桥、临江门变电站，外滩商城、金紫门大厦、雅兰大厦、两百大厦、太平洋广场、中国银行大厦、渝中大厦等。

社会事业全面进步，人民生活明显改善。“八五”时期，教育优先发展的战略地位进一步落实，区级财政对教育事业的投入逐年增加，年均递增速度达25%，超过财政收入的增长速度。新建校舍16.2万平方米，更新添置教学设备524万元，中小学办学条件得到较大改善。每千人拥有卫生技术人员15.5人，比1990年增加2人；全民“创卫”成果突出，环境质量有所改善，人均公共绿地达到1.4平方米，绿化覆盖率为26.4%；认真贯彻计划生育的基本国策，人口总量得到有效控制，出生率由1990年的8.0‰降低到1995年的5.2‰，自然增长率连续五年负增长；群众性的文化、体育活动丰富多彩，社会文明程度提高；劳动就业、社会统筹、民政优抚等社会事业也得到相应发展。居民的生活水平和生活质量有了较大提高和改善，1995年全区职工人均工资收入5376元，比1990年增长1.5倍，年均增长19.8%，扣除物价上涨因素后，实际年均增长3.6%；人均储蓄存款余额达8288元，比1990年增长1.9倍；彩电、冰箱、洗衣机的家庭普及率达90%以上，空调、电话、电脑也进入部分家庭；居民的住房条件逐渐改善，人均居住面积约为6平方米；燃气化普及率提高到68%。

9－1渝中区主要社会经济指标

指　　标	单　位	1990年	1991年	1992年	1993年	1994年	1995年
一、年末总人口	万人	57.69	57.52	57.43	57.50	57.63	57.59
#非农业人口	万人	57.39	57.22	57.13	57.20	57.33	57.29
社会从业人员	万人	35.80	35.78	36.14	36.33	37.18	37.15
第一产业	万人	0.08	0.08	0.08	0.06	0.06	0.06
第二产业	万人	14.61	14.70	14.67	14.77	14.59	12.84
第三产业	万人	21.11	21.00	21.39	21.50	22.53	24.25
二、国内生产总值(现价)	万元	212559	251082	312439	406711	542205	682534
第一产业	万元	225	250	292	330	400	385
第二产业	万元	83990	99366	103639	118315	158332	190307
第三产业	万元	128344	151466	208508	288066	383473	491842
人均国内生产总值	元	3684	4359	5436	7078	9419	11847
国内生产总值指数(以上年＝100)	%		106.4	116.8	112.0	113.2	111.2
三、乡村人口	万人	–	–	–	–	–	–
年末实有耕地面积	公顷	–	–	–	–	–	–
通电村数	个	–	–	–	–	–	–
农村用电量	万千瓦时	–	–	–	–	–	–
农林牧渔业产值(90年不变价)	万元	–	–	–	–	–	–
农业	万元	–	–	–	–	–	–
#种值业	万元	–	–	–	–	–	–
林业	万元	–	–	–	–	–	–
牧业	万元	–	–	–	–	–	–
渔业	万元	–	–	–	–	–	–
粮食产量	吨	–	–	–	–	–	–
油料产量	吨	–	–	–	–	–	–
糖类产量	吨	–	–	–	–	–	–
蚕茧产量	吨	–	–	–	–	–	–
茶叶产量	吨	–	–	–	–	–	–
水果产量	吨	–	–	–	–	–	–
肉类产量	吨	–	–	–	–	–	–
#猪肉产量	吨	–	–	–	–	–	–
水产品产量	吨	–	–	–	–	–	–
乡镇企业总产值(90年不变价)	万元	–	–	–	–	–	–
四、全部工业总值(现价)	万元	204256	258646	242495	257949	267606	296500
全部工业总产值(90年不变价)	万元	198671	215969	223730	217124	223408	229147
轻工业	万元	88255	97130	95080	91012	90835	110539
重工业	万元	110416	11839	128650	126112	132573	118608
全部独立核算工业主要指标							
职工平均人数	人	75562	76019	69813	74577	69973	69720
工业总产值(90年不变价)	万元	166405	180368	191990	206364	213156	215897
工业销售产值(现价)	万元	147818	170800	181248	254465	246714	263400
产品销售收入	万元	147818	170933	181819	228434	203328	294915
#产品销售税金及附加	万元	830	957	1018	2692	2396	1952
利润总额	万元	7969	－1097	－2760	－5343	－1368	6955
五、客运总量	万人	–	–	1280	1580	2896	3211

9-1续表

指　　标	单　位	1990年	1991年	1992年	1993年	1994年	1995年
货运总量	万吨			163	640	937	1360
客运周转量	万人公里			139514	277618	272729	287498
货运周转量	万吨公里			136026	880803	696202	843927
邮电业务总量(90年不变价)	万元	1201	1365	1608	1855	1859	2010
年末电话机数(包括分机)	部	10700	11000	12700	15400	25500	32000
六、全社会固定资产投资	万元	56561	69456	101837	150856	324643	401768
#国有固定资产投资	万元	51059	61481	100204	141188	319105	238636
#基本建设	万元	14169	17898	31824	51759	82537	83257
更新改造	万元	25628	29825	42648	35984	104320	85965
集体单位投资	万元	1115	3356	1264	4133	5090	12395
#城镇	万元	1115	3356	1264	4133	5090	12395
全社会新增固定资产	万元	20400	25000	36952	55753	131095	131476
全社会房屋建筑竣工面积	万平方米	16.20	19.65	28.80	59.58	82.43	105.70
#住宅	万平方米	9.50	11.40	17.29	34.37	44.70	66.80
七、社会消费品零售总额	万元	193574	226074	258287	317351	365239	471344
#国有经济	万元	106398	119892	138083	141756	81587	118245
集体经济	万元	32229	38022	35344	60498	44423	56053
集市贸易成交额	万元	32253	35828	55387	72481	86968	108958
八、地方预算内财政收入	万元	15215	14382	15720	22307	23010	29223
#各项税收	万元	14779	13849	15602	21423	18815	22740
地方预算内财政支出	万元	9225	8486	9152	13072	18465	23399
年末城乡居民储蓄	万元	102124	132832	166038	220475	347628	477293
年末金融机构存款余额	万元	177000	230695	287390	378300	562443	840443
年末金融机构贷款余额	万元	176000	229721	276704	327719	437815	606026
九、学校数	所	107	106	106	106	107	109
#普通中学	所	23	23	23	24	25	26
在校学生数	人	71191	72326	74583	77565	80726	85217
#普通中学	人	17516	16653	16659	17075	21227	26249
十、卫生机构数	个	237	237	237	168	168	166
#医院	个	23	24	24	23	23	23
卫生机构床位数	张	5234	5440	5716	5686	5786	5620
#医院	张	5234	5440	5716	5686	5786	5620
卫生技术人员	人	8829	9065	9134	8749	8873	8926
#医生	人	3974	4080	4170	3995	4051	4075
十一、全部职工人数	人	338100	337700	337600	339300	364400	329600
#国有经济	人	240100	247100	247000	250400	267400	241700
城镇集体经济	人	81400	83800	83800	82100	83000	75400
其它经济	人	16600	6800	6800	6800	14000	12500
城镇个体劳动者	人	10500	11400	13100	14100	17000	17800
职工平均工资	元	2330	2621	3053	3550	4885	5102
#国有经济	元	2642	2927	3360	3771	5446	5631
城镇集体经济	元	1719	1901	2181	2424	2888	3438
其它	元	2030	2282	2656	4213	5036	5162
十二、农民人均纯收入	元	–	–	–	–	–	–

今日新钢城——大渡口

一、自然概貌

大渡口区位于重庆市区西南部，长江北岸西、北与九龙坡区接壤，东、南沿长江与巴南区相望，面积92.8平方公里，1995年末人口203823人。辖跃进村、新山村、九宫庙、茄子溪四个街道办事处和八桥、建胜、跳蹬三镇，区政府驻地新山村距市政府13公里。

大渡口区原属巴县(今巴南区)，1952年划归九龙坡区，1965年正式成立。大渡口区主要为丘陵地带，区境西南有中梁山部分余脉，属亚热带季风性湿润气候，雨水充沛，年降水量1180毫米，年平均气温17.6℃。

二、经济状况

大渡口区的历史只有短短的三十年，三十年风雨，三十年奋斗，到现在大渡口区正从建区初期举步维艰的小区发展成为重庆市的冶金建材工业区，1995年国内生产总值(当年价)达204876万元。第一、二、三次产业在国内生产总值中的比重分别为5%、77.1%、17.9%。农业总产值(90年不变价)7444万元，地区工业总产值(90年不变价)254346万元，社会消费品零售总额79263万元，区级财政收入5784万元，年末城市居民储蓄存款余额75953万元，社会从业人员达13万人。

农业：农业以蔬菜、水果、鸡、鱼等种养殖为主，是重庆市主要蔬菜和副食品生产基地之一。茄子溪蔬菜副食品综合批发市场为新建的渝西主要农副产品批发市场。年末实有耕地面积34215亩，农作物播种面积91230亩。全年农业总产值7444万元，粮食总产量11581吨，蔬菜76623吨，水果567吨，水产品1611吨，年内出栏肥猪56305头，年末存栏生猪33733头，年内出栏家禽194809只，年末存栏家禽77856只。农村实有劳动力36855人。乡镇企业总产值140509万元，总收入129324万元，利税总额15008万元。八桥镇、建胜镇进入重庆市乡镇50强，有四胜、新华、民乐、民新、民胜、八桥、八一等7个亿元村。

工业：大渡口区是重庆市的冶金、建材工业区，辖区内有重庆钢铁(集团)公司、重庆重型铸锻厂等8个大中型工业企业。区属工业主要有建材、机械、摩配、化工、啤酒、皮鞋、服装等。双山工业小区为全市30个工业小区之一。重啤八分厂、渝通机械厂进入重庆市工业50强，八桥镇科而士鞋业公司生产的科而士皮鞋为全国名牌产品。1995年全区有工业企业及工业生产单位498个，其中独立核算工业企业233个，全部工业总产值254346万元，其中轻、重工业比重分别为7.5%和92.5%，工业增加值139091万元，利税27628万元，拥有固定资产449869万元，职工60998人。

商贸：按照大流通、大商贸的思路，建设培育大市场。1995年，建材市场经国内贸易部批准更名为西南建材中心批发市场，升格为国家级的区域性生产资料大市场，全年现货交易额达152300万元；钢花商场加入重庆百货集团，可望办成重庆市一流百货大楼。全区1995年社会消费品零售额79263万元，集市贸易成交额231980万元。

财税、金融：财税部门顺利完成了税制改革，全年区级财政收入5784万元，财政支出4599万元，工商税收27377万元，其中区级5152万元。金融业发展迅速，金融机构已发展到8个，1995年末银行存款余额99284万元，其中居民储蓄存款余额75953万元，银行贷款余额240523万元，现金收入223778万元，现金支出264563万元，现金净投放40785万元。

三、社会事业

交通运输：大渡口区的运输业在公路单一、仅靠长江水路的乡间便道通行，运输工具以木、驳船、肩挑背磨人力运输的基础上，发展成为铁路、公路、水路多种运输，形成了四通八达纵横交错的交通网络。国家成渝高速公路与大渡口区的主干道袁茄公路交汇，杨中公路、大杨公路穿越区境，全区公路通车里程130公里，通公路乡村达30个。成渝铁路横贯全境，川黔铁路穿越区境，并设有大渡口、茄子溪、小南海等8个火车站，交通十分便利。

教育：大渡口区现有各级各类学校47所，在校学生23925人，其中普通中学15所，在校学生7133人；小学32所，在校学生16792人，专任教师1860人；有幼儿园69所，在园幼儿432人，幼儿教师164人。区旅游学校为国家重点职业学校。

卫生：医疗卫生机构35个，其中医院12个，卫生技术人员1234人，其中医生664人，病床844张，其中病床788张。

9-2 大渡口区主要社会经济指标

指　　标	单　位	1990年	1991年	1992年	1993年	1994年	1995年
一、年末总人口	万人	19.75	19.91	19.95	20.15	20.34	20.38
#非农业人口	万人	13.74	13.85	13.80	13.99	13.98	13.89
社会从业人员	万人	9.00	10.00	11.00	12.00	12.00	13.00
第一产业	万人	–	–	–	–	–	–
第二产业	万人	7.00	8.00	9.00	9.00	9.00	10.00
第三产业	万人	2.00	2.00	2.00	3.00	3.00	3.00
二、国内生产总值(现价)	万元	64566	81189	113713	143254	171255	204876
第一产业	万元	3574	3680	3728	5349	7504	10167
第二产业	万元	53952	69823	98930	121766	139166	158070
第三产业	万元	7040	7686	11055	16139	24585	36639
人均国内生产总值	元	3288	4095	5706	7145	8420	10063
国内生产总值指数(以上年＝100)	%		109.2	143.8	146.0	152.3	149.0
三、乡村人口	万人						
年末实有耕地面积	公顷	2830	2303	2293	2281	2255	2281
通电村数	个	30	30	30	30	30	32
农村用电量	万千瓦时	1051	1192	1343	1509	2011	2272
农林牧渔业产值(90年不变价)	万元	5766	6031	6095	6164	6800	7444
农业	万元	3427	3526	3561	3591	3390	4089
#种值业	万元	2776	2856	2884	2936	2772	3344
林业	万元	58	55	35	49	48	30
牧业	万元	1930	2050	2069	2088	2755	2405
渔业	万元	351	425	430	436	607	920
粮食产量	吨	12331	12248	12104	11277	11208	11581
油料产量	吨	15	61	62	52	–	–
糖类产量	吨	–	–	–	–	–	31
蚕茧产量	吨	–	–	–	–	–	–
茶叶产量	吨	13	14	14	16	–	15
水果产量	吨	298	317	362	570	517	570
肉类产量	吨	2191	2050	1918	1131	3795	4019
#猪肉产量	吨	2191	2050	1918	1131	3792	4018
水产品产量	吨	1009	1007	1159	1231	1420	1611
乡镇企业总产值(90年不变价)	万元	22630	25126	35455	63734	81440	140509
四、全部工业总值(现价)	万元	236507	253448	280480	496262	536446	573588
全部工业总产值(90年不变价)	万元	223699	227949	232423	239805	241071	254346
轻工业	万元	12842	13086	13433	13767	18279	19058
重工业	万元	210857	214863	218990	226038	222792	235261
全部独立核算工业主要指标							
职工平均人数	人	64373	67948	73315	75334	81715	85227
工业总产值(90年不变价)	万元	211081	215127	223935	245145	227510	240038
工业销售产值(现价)	万元	213186	228457	252824	447329	483551	517031
产品销售收入	万元	205021	232544	319682	574415	448790	478220
#产品销售税金及附加	万元	1435	1628	2250	4043	3159	3366
利润总额	万元	－5298	2713	5918	9272	899	－1751
五、客运总量	万人	279	655	598	1409	1186	1329

9－2续表

指　　　标	单　位	1990年	1991年	1992年	1993年	1994年	1995年
货运总量	万吨	230	852	839	1200	787	653
客运周转量	万人公里	1932	4249	5509	12133	10040	10544
货运周转量	万吨公里	5294	9122	8998	15001	8751	5075
邮电业务总量(90年不变价)	万元	197	221	262	323	394	453
年末电话机数(包括分机)	部	800	1000	3000	4000	5000	8000
六、全社会固定资产投资	万元	16452	19008	32940	21954	12201	31312
#国有固定资产投资	万元	15235	16891	30857	20939	12201	24889
#基本建设	万元	783	854	895	2043	3549	3771
更新改造	万元	14452	16037	29962	18896	8652	21118
集体单位投资	万元	1217	1617	1983	1015	－	4375
#城镇	万元	－	－	－		－	63
全社会新增固定资产	万元	2198	3112	4668	29954	10864	14563
全社会房屋建筑竣工面积	万平方米	1.1	2.5	3.5	1.7	2.2	9.6
#住宅	万平方米	0.5	0.9	2.7	0.7	0.9	1.4
七、社会消费品零售总额	万元	25444	29621	45850	56002	59196	79263
#国有经济	万元	11450	11848	13755	19600	5979	6609
集体经济	万元	3148	4443	6878	10080	12835	16969
集市贸易成交额	万元	3544	5346	8180	12335	19940	23198
八、地方预算内财政收入	万元					4117	5784
#各项税收	万元					2468	4642
地方预算内财政支出	万元					3184	4599
年末城乡居民储蓄	万元	10298	14020	21299	28157	42769	75953
年末金融机构存款余额	万元	16755	21586	36558	44738	59155	99284
年末金融机构贷款余额	万元	35899	97280	109473	125215	180415	240523
九、学校数	所	49	49	49	49	49	47
#普通中学	所	19	19	19	19	19	15
在校学生数	人	21066	20564	20967	21734	27429	23925
#普通中学	人	6320	6169	6290	6520	9578	7133
十、卫生机构数	个	35	35	35	35	35	35
#医院	个	12	12	12	12	12	12
卫生机构床位数	张	727	727	757	760	828	844
#医院	张	674	674	701	704	768	788
卫生技术人员	人	1015	1016	1099	1134	1172	1234
#医生	人	400	401	413	433	536	664
十一、全部职工人数	人	72700	77500	78400	79000	83700	89000
#国有经济	人	49400	52900	53400	53600	55200	59500
城镇集体经济	人	23300	24600	25000	25100	28200	28500
其它经济	人	－	－	－	300	300	1000
城镇个体劳动者	人	2300	2600	2800	3200	4200	5900
职工平均工资	元	3147	3158	3394	5099	6064	6219
#国有经济	元	3238	3234	3401	5637	7540	7610
城镇集体经济	元	2968	2945	3334	3412	3174	3243
其它	元	－	－	－	5030	6366	4490
十二、农民人均纯收入	元	910	960	1065	1105	1366	1555

重庆的北大门——江北

一、历史沿革

江北区具有悠久的历史。早在远古时期,这里就有人类居住。

据《江北厅志》记载。公元前402年魏周以后,江北区改属巴县管辖。公元1371年明朱元璋开大夏后,定为巴县之江北镇。公元1759年以巴县义墨及仁墨六甲组成江北厅,后改江北厅为县。1944年10月重庆市改组各署为区公所,现江北区的范围分属当时的九、十、十六三个区。解放后,改区公所为区政府,江北区划为第二区和第七区。到1956年1月,第七区并入第二区,并改第二区人民政府为江北区人民委员公。1995年3月,渝北区(原江北县)的鱼嘴镇、复盛镇、五宝乡和南岸区的郭家沱街道办事处划归江北区。

二、自然概况

江北区是重庆市重要的工业区和商业中心之一,工商业发达,水陆交通称便。

江北区区位优越。江北区地处川东平行岭谷地带,位于重庆中部的长江、嘉陵江北岸,东、南、西三面分别与巴南、南岸、渝中、沙坪坝区隔江相望,北邻渝北区。

江北区气候条件好,属于中亚热带季风性湿润气候,年均降水量849.5毫升,年均气温18.1℃。具有春短时早,夏长温高,秋多绵雨,冬暖多雾,无霜期长,光照较少,四季分明的特点。不仅宜于植物的生长,终年四季常绿,而且也是人类生息和繁衍的好地方。

江北区水陆空交通称便。江北区地处嘉陵江、长江交汇处,历来是重庆市过往船舶停靠、货物中转集散的基地,两江沿岸已有港口码头50余处,机械化基本取代了人力操作,横跨嘉陵江的两座公路大桥和一条载人索道,已把渝中区和江北区紧紧地联在一起。区境内有电车和公区汽车线路10多条,重庆市长途汽车客运站设在本区。本区距重庆江北机场仅十余分钟汽车里程,东南至重庆港朝天门码头仅6.5公里,交通十分方便,是重庆市北岸重要的交通枢纽。

江北区地域范围广阔。从南岸区划入的郭家沱街道办事处和原江北区划入的鱼嘴镇、复盛镇、五宝乡于1995年3月1日正式实行新的行政区划管辖。现辖石马河、大石坝、观音桥、华新街、五里店、江北城、寸滩、郭家沱8个街道办事处,唐家沱、鱼嘴、复盛3个镇和五宝1个乡,82个村委会,666个合作社,167个居委会,幅员 面积221.02平方公里,其中耕地面积8.44万亩。现有人口43.93万人,其中非农业人口32.52万人,区人民政府驻华新街华新村40号,距人民政府驻地2公里。

三、经济和社会发展概况

党的十四届三中全会以来,江北区政府十分重视经济的发展,进入"八五"时期,江北区已发展成为重庆市重要的工业区和繁荣的商业中心之一。1995年,全区国内生产总值35.63亿元;按可比价格计算比1990年上年增长1.8倍,年均增长23.0%。其中第三产业增加值7.82亿元,占21.9%,第二产业增加值26.32亿元,73.9%,第一产业增加值1.48亿元,占4.2%。

工业基础雄厚,门类齐全,轻重并举,综合配套能力强。江北区现有钢铁、汽车、摩托车、助力自行车、造船、修船、化工、机械、医药、皮革、电子、仪表、饮料、制皂、化妆品、搪瓷、制冷设备等中央、省、市属大中型工业企业39家,1995年实现总产值546037万元,创税利41550万元。

农业生产形势喜人,通过农业生产内部结构的调整,初步建立起667公顷高产水稻、600公顷蔬菜、667公顷柑桔、33公顷优质伏季水果、53公顷蚕桑、33公顷商品鱼、年出槽7千头生猪等大型生产基地。1995年蔬菜产量5321万公斤,比上年增长6.9%;生猪出槽7.74万头,比上年增长34.4%。已成为蔬菜副食品生产基地。

江北区是重庆北岸重要的物资集散地。1995年全区实现社会消费品零售总额171886万元,比1990年增长4.0倍,年均递增37.9%。

社会事业协调发展,全区现有区级文化馆和图书馆各1个,街乡镇级文化站12个,城乡文化生活丰富活跃。中学在校生16004人,小学在校生35161人,学龄儿童入学率100.3%。全区有病床3433张,卫生技术人员3450人。

人民群众生活不断提高。1995年城镇职工人均年工资4914元,比1990年增长1.4倍,农民人均纯收入1506元,比1990年增长1.1倍,城乡居民储蓄存款余额21.46亿元,比1990年增长4.0倍。

9－3 江北区主要社会经济指标

指标	单位	1990年	1991年	1992年	1993年	1994年	1995年
一、年末总人口	万人	41.91	42.26	42.45	42.88	43.61	43.93
#非农业人口	万人	31.03	31.41	31.60	31.96	32.62	32.95
社会从业人员	万人	25.83	26.05	26.17	26.43	26.88	28.62
第一产业	万人	5.65	5.54	5.45	5.32	5.20	5.18
第二产业	万人	15.04	15.21	15.27	15.61	16.12	15.68
第三产业	万人	5.14	5.30	5.45	5.50	5.56	8.06
二、国内生产总值(现价)	万元	77657	96935	140010	185968	298123	356314
第一产业	万元	5842	5957	6438	7068	11063	14837
第二产业	万元	75405	85652	108505	144577	225649	263242
第三产业	万元	－3590	5326	25067	34323	61411	78235
人均国内生产总值	元	1889	2303	3306	4359	6894	8141
国内生产总值指数(以上年＝100)	%	76.00	129.40	130.20	120.40	123.55	112.14
三、乡村人口	万人	10.95	10.88	10.89	10.88	10.85	10.86
年末实有耕地面积	公顷	5797	5733	5669	5556	5695	5628
通电村数	个	82	82	82	82	82	82
农村用电量	万千瓦时	674	569	681	829	1366	1150
农林牧渔业产值(90年不变价)	万元	8507	8735	8586	9447	10008	9994
农业	万元	4637	4592	4612	4754	5402	5498
#种值业	万元	4120	4080	4098	4224	4800	4885
林业	万元	180	101	106	407	251	125
牧业	万元	3382	3696	3412	3562	3740	3740
渔业	万元	308	346	456	724	615	631
粮食产量	吨	37094	36226	34304	35779	37102	37664
油料产量	吨	283	315	316	315	290	553
糖类产量	吨	–	–	–	–	–	–
蚕茧产量	吨	207	256	246	205	265	239
茶叶产量	吨	4	1	5	7	4	1
水果产量	吨	2174	1803	2911	6645	7036	6112
肉类产量	吨	4831	5711	6473	6097	5944	6143
#猪肉产量	吨	4771	5655	6405	6047	5924	6125
水产品产量	吨	736	786	899	1218	1524	1533
乡镇企业总产值(90年不变价)	万元	18887	25456	41166	78061	160451	235970
四、全部工业总值(现价)	万元	298134	351295	442447	600753	770070	873605
全部工业总产值(90年不变价)	万元	308906	356608	427372	527333	606300	721159
轻工业	万元	154031	165641	174179	159579	189777	256339
重工业	万元	154875	190967	253193	367754	426523	464820
全部独立核算工业主要指标							
职工平均人数	人	118955	122457	123933	127258	133059	136008
工业总产值(90年不变价)	万元	291864	335640	402149	483876	549097	674347
工业销售产值(现价)	万元	294658	338853	405999	559599	679701	681200
产品销售收入	万元	253539	330379	407133	606658	605691	704346
#产品销售税金及附加	万元	13073	17035	20993	27225	7070	14788
利润总额	万元	9300	9741	11162	10134	9480	418
五、客运总量	万人	2530	2811	3093	3403	3501	3851

9－3续表

指　　　标	单　位	1990年	1991年	1992年	1993年	1994年	1995年
货运总量	万吨	616	684	753	829	1082	1105
客运周转量	万人公里	36398	39998	34997	48396	50194	55212
货运周转量	万吨公里	12978	14277	15704	17274	25847	26396
邮电业务总量(90年不变价)	万元	527	627	1102	1383	2258	2952
年末电话机数(包括分机)	部	10458	13584	16988	26575	39927	55678
六、全社会固定资产投资	万元	24435	33665	47794	69520	168041	153807
#国有固定资产投资	万元	21759	29978	42278	57781	155006	145522
#基本建设	万元	9022	9656	12270	15840	24069	10952
更新改造	万元	10930	17505	28097	36976	64802	74725
集体单位投资	万元	1676	2887	4176	8660	8950	4594
#城镇	万元	564	972	1406	2284	3709	1444
全社会新增固定资产	万元	12218	16832	24455	35571	50952	90138
全社会房屋建筑竣工面积	万平方米	18.96	25.01	28.91	56.93	52.32	42.39
#住宅	万平方米	10.12	13.35	17.15	23.34	16.58	13.37
七、社会消费品零售总额	万元	34473	43402	54470	72282	130161	171886
#国有经济	万元	13651	15798	17049	21898	37190	48399
集体经济	万元	8480	9397	12909	11131	20563	22329
集市贸易成交额	万元	12360	29849	35998	67893	114331	180309
八、地方预算内财政收入	万元					9222	11264
#各项税收	万元					8430	10081
地方预算内财政支出	万元					9992	11964
年末城乡居民储蓄	万元	42562	56641	72699	95847	151036	214603
年末金融机构存款余额	万元	91561	116631	140657	182094	261961	353636
年末金融机构贷款余额	万元	216851	255516	298775	361488	430280	537276
九、学校数	所	145	146	145	141	138	134
#普通中学	所	29	30	31	29	29	27
在校学生数	人	53236	54097	56374	60250	66984	64870
#普通中学	人	14185	13180	12527	12861	16044	19532
十、卫生机构数	个	118	107	107	103	104	102
#医院	个	28	29	28	28	26	26
卫生机构床位数	张	3392	3561	3491	3488	3440	3433
#医院	张	3422	3422	3374	3337	3278	3288
卫生技术人员	人	3451	3466	3547	3469	3511	3445
#医生	人	1487	1465	1461	1457	1380	1388
十一、全部职工人数	人	204500	210200	216000	212400	174300	185100
#国有经济	人	152500	157100	163700	161100	126000	132000
城镇集体经济	人	50000	50100	50300	49100	45200	49300
其它经济	人	2000	3000	2000	2200	3100	3800
城镇个体劳动者	人	7277	7852	6368	5133	16179	33890
职工平均工资	元	2016	2050	2744	3185	4203	4914
#国有经济	元	2018	2050	2744	3185	4362	5405
城镇集体经济	元	2016	2050	2744	3185	3719	3486
其它	元	1865	2047	2745	3186	4800	6168
十二、农民人均纯收入	元	725	722	725	866	1130	1506

文化中心——沙坪坝

沙坪坝区,位于重庆境内中部偏东。东邻渝中区,南界九龙坡区,西倚璧山县,北接北碚区,东北连嘉陵江。地属川东平行岭谷低山丘陵区一部分,总面积383.45平方公里,境内年平均气温18.3C,年降水量1028.9毫米,无霜期长达341.6天,宜于植物生长。主要矿产有硅石、石灰石、耐火粘土、粘土和煤。

沙坪坝历属巴县地,1939年分出小龙坎、沙坪坝、磁器口建重庆沙磁区。1940年至1949年属重庆市第十三、十四区,1950年合并为重庆市第三区。1955年正式命名为沙坪坝区。1995年3月划出大坪、化龙桥、石桥铺三个街道和石桥镇,从原巴县划入陈家桥、曾家、虎溪、西永、土主、青木关、凤凰、回龙坝、中梁八镇一乡,1995年7月经四川省人民政府批准,将中梁乡撤乡建镇,经过行政区划调整后的沙坪坝区辖13个街道、12个镇、173个居委会、87个村。1995年末全区总户数18.92万户,人口62.34万人,其中非农业人口39.20万人。

沙坪坝区具有光荣的革命历史,是红岩精神的发祥地。毛泽东、周恩来曾在此同蒋介石进行了重庆谈判。歌乐山下有"中美合作所"重庆集中营监狱"白公馆"、"渣滓洞",国民党溃退前夕1949年11月27日在此集体屠杀了207名革命志士,制造了震惊中外的"11.27"大血案,已定为全国青少年教育基地。

"八五"时期,是沙坪坝区改革开放和经济建设最辉煌的时期。全区国民经济持续快速增长,经济实力显著增强,1994年,国民生产总值和人均国民生产总值分别为520317万元和8565元,按可比价计算分别比1990年增长81.0%和72.6%,以年均16.0%和14.6%的速度递增。1995年区委、区府在全区提前一年基本完成"八五"计划指标的基础上,从行政区划调整后的区情出发,坚持以经济建设为中心,深化改革、扩大开放、促进了国民经济的持续发展,各项社会事业取得新的成就。1995年,区域国民生产总值达557957万元,比上年增长10.6%(按可比价计算,下同)。其中,第一产业增加值37980万元,比上年增长5.5%,第二产业增加值355505万元,比上年增长10.7%,第三产业增加值164474万元,比上年增长11.7%。全地区完成税收94392万元。

农业生产水平稳步提高。1995年,全区实现农业总产值62988万元,生产蔬菜190331吨,出栏肥猪19.64万头,猪牛羊肉12594吨。工业是以军工、冶金、交通运输设备制造、纺织、化学、医药为主导,门类较为齐全偏重型发展的综合性工业区,也是重庆市的重要工业区之一。1995年全地区完成工业总产值134.65亿元,具有悠久历史的军工企业走军民结合道路,总产值占全地区的34%,嘉陵系列摩托车、特种钢材弛名中外。

水陆交通四通八大。成渝高速公路、210、212、319国道等100多条城乡公路纵横交错。襄渝铁路贯穿全区,境内设有4个客站、3个货站。嘉陵江流经区境18.5公里,有15个专用码头,3个公用码头。邮电通讯事业不断发展,1995年全年完成邮电业务总量2131万元(90年不变价),比上年增长15.0%。程控交换机容量7.5万门,电话用户达3.09万户。

商贸业在改革中迅速发展,1995年全区拥有批发零售及饮食服务企业238个,从业人员13018人,网点1433个,社会消费品零售总额45137万元,比上年增长28.1%。

科技:1995年实施星火计划、科技攻关计划项目69项,开发新产品45项。

教育事业在改革中前进,各类教育协调发展,全区拥有各类学校210所,其中大专院校(不含部队院校、成人高校)6所,中等专业学校5所、普通中学47所,职业中学10所,小学137所。在校学生118194人,专职教师8785人。小学学龄儿童入学率达99.95%。

文化、广播电视业为促进我区经济繁荣和两个文明建设发挥了积极作用。年内成功举办了"热血颂"等25项区级群众活动,全年获省、市级以上文艺合作奖86个。年末全区有街镇文化站24个。区图书馆全年接待读者28.1万人次,图书开架率达35%,图书流通率达144%,年底藏书量11.49万册。

卫生医疗条件继续改善,医疗卫生网遍及城乡。1995年境内拥有卫生机构131个,病床3733张,卫生技术人员1963人,其中医生1577人。平均每千人拥有医生2.5名、拥有病床1.29张。

人民生活水平进一步提高,1995年城镇职工年平均工资5042元,比上年增长14.3%;农民人均纯收入1560元,比上年增长32.2%;城镇居民人均储蓄存款为5148元。

9－4 沙坪坝区主要社会经济指标

指　　标	单　位	1990年	1991年	1992年	1993年	1994年	1995年
一、年末总人口	万人	59.69	60.23	60.49	61.30	61.81	62.34
#非农业人口	万人	36.44	36.81	37.12	38.13	38.75	39.20
社会从业人员	万人	34.08	34.71	35.75	36.50	38.62	39.32
第一产业	万人	8.34	8.49	8.42	7.90	7.32	7.21
第二产业	万人	19.55	19.91	20.49	21.01	20.81	19.76
第三产业	万人	6.19	6.31	6.84	7.59	10.49	12.35
二、国内生产总值(现价)	万元	189913	232011	278856	354147	458224	557959
第一产业	万元	16458	19444	22154	22922	33494	37980
第二产业	万元	121622	149663	173234	219869	293722	355505
第三产业	万元	51833	62904	83468	111358	131008	164474
人均国内生产总值	元	3201	3869	4620	5816	7444	8987
国内生产总值指数(以上年＝100)	%		160.86	121.23	115.59	117.93	110.6
三、乡村人口	万人	23.79	23.37	23.41	22.94	23.03	23.14
年末实有耕地面积	公顷	14003	13929	13874	13575	13798	13767
通电村数	个					87	87
农村用电量	万千瓦时	5014	6066	7418	8972	10495	13015
农林牧渔业产值(90年不变价)	万元	26528	27496	28602	28969	30111	30322
农业	万元	15255	15819	16183	16102	16859	17584
#种植业	万元					12953	13510
林业	万元	465	478	575	642	547	574
牧业	万元	9838	10222	10682	11056	11266	10840
渔业	万元	970	977	1162	1169	1439	1324
粮食产量	吨	96053	96905	97486	89607	93545	98035
油料产量	吨	918	1016	966	836	589	219
糖类产量	吨	564	556	494	496	443	266
蚕茧产量	吨	140	141	149	117	127	99
茶叶产量	吨	305	323	340	427	404	319
水果产量	吨	2022	2446	1565	3410	3796	3926
肉类产量	吨	12421	12509	12639	12377	12323	12594
#猪肉产量	吨	11906	12011	12121	12316	12320	12591
水产品产量	吨	2585	2761	2940	3325	3619	3170
乡镇企业总产值(90年不变价)	万元	71533	92125	164912	312203	683669	873101
四、全部工业总值(现价)	万元	429076	478236	589557	855955	1260509	1346539
全部工业总产值(90年不变价)	万元	479437	524123	619883	810987	1122646	1020573
轻工业	万元	144923	154498	169983	198525	279639	278867
重工业	万元	334514	369625	449900	612462	843007	741706
全部独立核算工业主要指标							
职工平均人数	人	121414	121718	120212	119846	118448	141246
工业总产值(90年不变价)	万元	385857	414255	475319	586375	678697	873503
工业销售产值(现价)	万元					858724	992332
产品销售收入	万元	342123	398117	487856	753900	860480	1136517
#产品销售税金及附加	万元					36974	41190
利润总额	万元					41365	34053
五、客运总量	万人					344	326

9－4续表

指　　标	单　位	1990年	1991年	1992年	1993年	1994年	1995年
货运总量	万吨					1574	1058
客运周转量	万人公里					5286	5060
货运周转量	万吨公里					2071	14668
邮电业务总量(90年不变价)	万元	984	1109	1570	1668	1751	2031
年末电话机数(包括分机)	部	4000	4096	6982	11905	15288	31594
六、全社会固定资产投资	万元	41972	55730	59504	99322	110325	127342
#国有固定资产投资	万元	37670	42912	47295	60058	70544	87415
#基本建设	万元	9777	6158	8736	12018	17773	19248
更新改造	万元	25256	35467	36859	42024	47621	61122
集体单位投资	万元	3316	4637	7942	15504	30649	29168
#城镇	万元					2617	2678
全社会新增固定资产	万元					64158	72280
全社会房屋建筑竣工面积	万平方米					78.33	82.71
#住宅	万平方米					51.08	51.78
七、社会消费品零售总额	万元	55609	65119	74673	102228	129301	158263
#国有经济	万元	26441	30962	35864	38113	37728	40481
集体经济	万元	15395	18027	20595	22085	23219	20332
集市贸易成交额	万元					41043	64069
八、地方预算内财政收入	万元					10773	12061
#各项税收	万元					9774	10720
地方预算内财政支出	万元					13734	17260
年末城乡居民储蓄	万元					238744	317866
年末金融机构存款余额	万元					395553	438241
年末金融机构贷款余额	万元					457787	473961
九、学校数	所					210	210
#普通中学	所					47	47
在校学生数	人					119470	118194
#普通中学	人					27284	31133
十、卫生机构数	个	148	150	149	126	128	128
#医院	个	31	31	31	33	36	36
卫生机构床位数	张	3351	3399	3421	3584	3612	3733
#医院	张	3351	3399	3421	3584	3072	3175
卫生技术人员	人	3571	3739	3776	3801	4009	3953
#医生	人	1441	1525	1547	1805	1672	1577
十一、全部职工人数	人	214381	219083	221084	228087	241092	238892
#国有经济	人	151351	149632	154615	163592	162595	160794
城镇集体经济	人	53739	54814	55308	50806	52798	52898
其它经济	人	－	－	－	－	－	－
城镇个体劳动者	人					19695	22296
职工平均工资	元	2080	2293	2578	3126	4553	5042
#国有经济	元	2149	2376	2700	3268	4415	4994
城镇集体经济	元	1713	1949	2102	2319	3127	3537
其它	元	－	－	－	－	－	－
十二、农民人均纯收入	元					1180	1560

腾飞的九龙坡

重庆市九龙坡区始建于1953年。1995年区划调整后，土地面积增至425平方公里，分为东西两段，中梁山以东以乡镇企业为主，为我区的城市区，中梁山以西以农业为主，将成为区乃至全市的蔬菜基地。辖6个街道、11个镇、1个乡，分别为杨家坪街道、谢家湾街道、石坪桥街道、黄桷坪街道、中梁山街道、石桥铺街道，九龙镇、华岩镇、石桥镇、西彭镇、铜罐驿镇、陶家镇、白市驿镇、巴福镇、走马镇、金凤镇、含谷镇及石板乡。区人民政府驻杨家坪。

1995年全区总人口达65.75万人，其中非农业人口39.21万人，农业人口26.54万人，人口出生率为9.16‰，社会从业人员达44.25万人。

九龙坡区地理状况属丘陵地带，风光怡人，长江斜倚而过，区内有华岩古刹，华岩风景区，重庆市西效动物园位于杨家坪闹市区，与区政府毗邻；有国营建设厂、空压厂、庆羚机械厂、西南铝加工厂等市属以上的国营大厂，与沙坪坝、渝中区、巴南区、江津市接壤。

“八五”时期，是九龙坡区经济发展最快的时期，1995年全区国民生产总值达到567870万元，比1990年增长1.4倍，年均递增19.5%，第一产业45971万元，比重为8.1%，第二产业434432万元，比重为76.5%，第三产业87467万元，比重为15.4%，人均国内生产总值达到8637元，比1990年增长1.1倍。农业总产值完成32361万元，其中种植业产值17300万，林业产值236万元，牧业产值12155万元，渔业产值1977万元。乡镇企业是我区的经济主力，全年总产值达76亿元，营业收入76.8亿元，实现利润3.6亿元，出口产品实现交货总值8438万元，石桥、九龙、华岩、西彭四镇乡镇企业产值分别达到25.1亿元、20.1亿元、17.4亿元，5.6亿元。

工业总产值完成45亿元，独立核算工业企业销售收入完成41.4亿元，利润完成2.04亿元。

交通运输业总产值完成7.9亿元，收入完成4.1亿元，利润完成0.3亿元。

九龙坡区商业市场繁荣，全区社会消费品零售总额达15.8亿元，其中批发零售贸易业达7.1亿元，餐饮业完成1.1亿元。个体、私营经济发展迅速，全区个体私营经济达18472户，注册资金3.7亿元，全区共有52个集贸市场，完成集市贸易成交额8.9亿元。

财税平稳，全区财政收入完成1.46亿元，其中区级1.1亿元，收支平衡，略有结余。

驻区各金融机构积极支持区属经济发展，年末贷款余额为57.7亿元，银行存款余款达46亿元，其中城乡居民储蓄余额27.4亿元。

全区共有学校226所，其中小学175所，普通中学35所，中等专业学校3所。在校学生共有96208人，在校教师共有6300人。全区卫生机构共有137个，其中医院33个，床位共有3479张。

积极对外开放，全年审批外商投资项目25个，“三资”企业新发展25家，全年协议引进外资950万美元，出口创汇370万美元，区级企业外贸出口总额达1000万元。

人们安居乐业，生活稳定。城市职工人均年工资4182元，农民人均纯收入1450元。全区人均储蓄4130元。

9－5 九龙坡区主要社会经济指标

指　　　标	单　位	1990年	1991年	1992年	1993年	1994年	1995年
一、年末总人口	万人	65.08	65.07	65.06	65.15	65.04	65.75
#非农业人口	万人	39.04	39.08	39.10	38.90	38.79	39.21
社会从业人员	万人	44.04	43.96	43.91	44.20	43.77	44.25
第一产业	万人	15.73	15.74	15.77	15.76	15.75	15.92
第二产业	万人	23.65	23.67	23.68	23.71	23.65	23.91
第三产业	万人	4.66	4.55	4.46	4.73	4.37	4.42
二、国内生产总值(现价)	万元	265960	297875	339578	399367	471253	567870
第一产业	万元	44315	44510	44620	44870	45052	45971
第二产业	万元	215587	232834	256117	297096	353544	434432
第三产业	万元	6058	20531	38841	57401	72657	87467
人均国内生产总值	元	4087	4577	5219	6134	7239	8637
国内生产总值指数(以上年＝100)	%	117.2	118.8	118.6	118.8	120.0	121.1
三、乡村人口	万人	26.32	26.33	26.33	26.35	26.36	26.42
年末实有耕地面积	公顷	13574	13570	13565	13560	13556	13482
通电村数	个	191	191	191	191	191	191
农村用电量	万千瓦时	8424	8951	9041	9217	9327	8142
农林牧渔业产值(90年不变价)	万元	30627	30933	31242	31560	31876	32361
农业	万元	16120	16446	16776	17112	17454	17993
#种值业	万元	15626	15941	16262	16589	16921	17300
林业	万元	230	230	231	232	232	236
牧业	万元	11766	12001	12241	12323	12200	12155
渔业	万元	2511	2256	1994	1893	1990	1977
粮食产量	吨	103510	104590	106682	108816	110992	113987
油料产量	吨	1204	1203	1200	1198	1194	1188
糖类产量	吨	308	310	304	304	300	336
蚕茧产量	吨	66	65	63	62	60	58
茶叶产量	吨	54	54	53	53	52	45
水果产量	吨	2620	2810	3834	4047	5259	14120
肉类产量	吨	18510	18577	18651	18845	18996	19183
#猪肉产量	吨	18320	18421	18546	18656	18978	19165
水产品产量	吨	4924	4936	4928	5004	5059	4890
乡镇企业总产值(90年不变价)	万元	84664	114296	157728	217666	304733	435334
四、全部工业总值(现价)	万元	427347	504269	605123	786660	1069858	1497801
全部工业总产值(90年不变价)	万元	384612	453842	544611	707994	963356	1348699
轻工业	万元	76922	90768	114368	148679	220575	324205
重工业	万元	307690	363074	430243	559315	742781	1024494
全部独立核算工业主要指标							
职工平均人数	人	139101	139214	140004	140121	141242	147659
工业总产值(90年不变价)	万元	530559	594226	683360	799531	959437	1180218
工业销售产值(现价)	万元	541037	622193	734188	881026	1066041	1315567
产品销售收入	万元	720744	800026	896029	1012513	1144140	1334668
#产品销售税金及附加	万元	20421	22872	25388	28434	32131	36423
利润总额	万元	32451	37319	42916	49783	58744	70259
五、客运总量	万人	74	75	74	75	76	78

9-5续表

指　　标	单　位	1990年	1991年	1992年	1993年	1994年	1995年
货运总量	万吨	1870	1880	1925	1970	2671	2298
客运周转量	万人公里	641	642	643	644	645	647
货运周转量	万吨公里	16746	16875	16964	17028	17480	18363
邮电业务总量(90年不变价)	万元	608	639	677	718	775	857
年末电话机数(包括分机)	部	5016	5216	5477	5806	6387	7287
六、全社会固定资产投资	万元	163309	171474	181762	196303	215933	239925
#国有固定资产投资	万元	146978	154327	171721	185459	204005	226670
#基本建设	万元	26456	27779	32626	37092	40274	44749
更新改造	万元	105824	115745	137377	143566	157923	175468
集体单位投资	万元	2047	2395	2778	3278	3934	4918
#城镇	万元	1354	1557	1806	2131	2557	3300
全社会新增固定资产	万元	156131	163938	177053	194758	214234	238038
全社会房屋建筑竣工面积	万平方米	17.69	18.75	20.64	25.12	26.42	31.80
#住宅	万平方米	5.28	6.42	7.60	9.14	9.64	10.40
七、社会消费品零售总额	万元	48007	57608	73161	95110	128399	178332
#国有经济	万元	7201	8640	10974	14660	19791	27488
集体经济	万元	9601	11521	15364	24871	33576	46633
集市贸易成交额	万元	59743	60938	62766	64021	65182	65141
八、地方预算内财政收入	万元	8708	9231	9969	10966	12282	14593
#各项税收	万元	8273	8769	9471	10820	12119	13333
地方预算内财政支出	万元	7837	8308	9026	9929	11121	13213
年末城乡居民储蓄	万元	60577	78749	103949	140332	193658	273502
年末金融机构存款余额	万元	121214	169456	208432	266793	346831	461830
年末金融机构贷款余额	万元	242103	280839	325773	384412	461295	576619
九、学校数	所	225	225	226	226	226	226
#普通中学	所	35	35	35	35	35	35
在校学生数	人	94769	94812	94921	95100	95109	96208
#普通中学	人	31164	31176	31196	31200	31201	31224
十、卫生机构数	个	136	137	137	137	137	137
#医院	个	33	33	33	33	33	33
卫生机构床位数	张	3450	3452	3460	3464	3468	3479
#医院	张	2652	2658	2662	2671	2674	2681
卫生技术人员	人	4558	4566	4576	4581	4589	4603
#医生	人	3204	3216	3228	3232	3242	3254
十一、全部职工人数	人	214300	218200	218700	223200	223100	233900
#国有经济	人	163000	164000	164000	165000	165000	166000
城镇集体经济	人	40100	40100	40300	40400	40400	54200
其它经济	人	11200	14100	14400	17800	17700	13700
城镇个体劳动者	人	13606	13621	13708	13821	13900	17900
职工平均工资	元	3824	3906	4014	4120	4322	5176
#国有经济	元	4024	4186	4204	4310	4492	5584
城镇集体经济	元	2436	2608	2713	2806	2983	3718
其它	元	4413	4832	5004	5209	5460	6082
十二、农民人均纯收入	元	1246	1278	1316	1356	1398	1450

长江之滨一颗明珠——南岸

南岸地处长江以南，滨临江边，背山面水，是重庆市规划发展的经济贸易中心和风景旅游的重点地区。辖区面积265平方公里，总人口42.00万人，其中：城市人口26.93万人，农村人口15.07万人，有城市街道办事处8个，农村乡政府9个，人民政府所在地设在南坪。

南岸区，古为巴国属地，秦灭巴国置巴郡隶属江州县，公元561年改隶巴县。1929年重庆建市后陆续划为市区，1935年正式建区，几经变更后于1955年因地处长江之南定名为南岸至今。

辖区地势以丘为陵为主体，兼有部分低山地，涂山、黄山、袁山、文峰山等多座山峰，海拔均在500米以上，最高峰为南山的春天岭，海拔681.5米，属亚热带季风性气候，年平均气温摄氏18.3度，极端气温低至摄氏零下2度，高达摄氏42.2度，年平均降雨量为1200毫米左右，常年无霜期在335天，雾日在90天以上。全年四季分明，土地多宜性强，适宜于发展高产、优质、高效农业和种植水果、花木，是重庆市重要的蔬菜、副食品生产基地之一。矿产以古灰岩、石英砂岩、砖瓦粘土、建筑石料、河砂为最多，是我区重要的建筑材料来源基地。

南岸集山水林峡洞花于一区，旅游资源十分丰富，黄桷桠至南山一带25平方公里为省级风景林区，整个风景区群峰连绵，万木葱茏，为山城南陲绿色屏障和气候“调节库”，被誉为“山城花冠”的南山公园，面积1000多公顷，种植中外名贵花卉1000余种，一年四季鲜花盛开，南山索道自上新街至南山公园门口，长达2360米，为目前国内最长的旅游索道。区内佛教、道教、伊斯兰教、基督教、天主教“五教”居全。仅佛 道两教大小寺观即达40余个。名胜古迹和历史文物达500多处，有唐代以来建造的涂山寺、老君洞等古刹和塔、亭、石刻。有近年开发游览的地下老龙溶洞和新发掘的北宋瓷窑遗址。与南山毗邻的黄山是抗战期间“陪都”的重要政治、外交活动中心，蒋介石、宋美龄、孔祥熙、宋子文等及马歇乐和美军顾问团均在此建造别墅官邸，苏、美、英、法等国也在黄山和邻近地方设立领使馆，现均已成为“陪都”重要历史遗迹，并正在黄山修建抗战历史博物馆。

辖区交通便利，万里长江自西南入区境，沿北界逶迤东去，区境长达37.3公里，沿江客货码头11个，南坪重庆长江大桥，上新街重庆长江客运索道和5条轮渡航线与市中区连接，有各类公路260公里，横贯全区城乡，通达市外各地，两个大型的市级长、短汽车客运站并立于南坪转盘东南侧，为重庆南大门最大的公路交通枢纽。

“八五”时期，按照“工贸并举、农业为基础，抓住龙头，开发旅游、科教兴区”的战略构想，以南坪经济技术开发区为龙头，全方位进行改革开放，我区经济正在高速度的向前迈进。1995年，全区国民生产总值为31.9亿元，工农业总值51.9亿元，分别比1990年增长60%和1.1倍。1995年区级财政收入和税收分别为8368万元和5057万元。

农业稳步增长，1995年农业总产值达到14308万元，比1990年增长54.7%；蔬菜产量88251吨，比1990年增长65.8%；水果产量1223吨，比1990年增长37.9%，水产品产品2390吨，比1990年增长52.4%。乡镇企业有7237个，从业人员64811人。总产值53.2亿元，营业收入53.8亿元，利税总额9963万元，分别比1990年增长10.7倍、10.3倍和9倍。

南岸是重庆市老工业基地之一，拥有以机械工业为主体，烟草、化工、纺织、印刷、医药、建材、电子仪表、皮革、服装等大、中、小型工业企业2786个，固定资产原值达37.2亿元。三资企业发展迅速，1995年末工业已有三资企业80多家。1995年全区工业总产值50.5亿元，比1990年增长1.1倍。

南岸又是重庆市重要的商业贸易区之一，物资吞吐量较大，位于南坪重庆工业品贸易中心、重庆物质贸易中心、重庆工商银行大厦、南坪市场等一批现代化的商业贸易和金融高层建筑直立，西南皮革制品批发交易市场、南坪药品市场、旧车交易市场、招商市场等30多个专业市场的建成，促进了商业贸易的蓬勃发展。1995年，城市商业销售网点已达7297个，从业人员34901人。全区社会商品零售总额为12.1亿元，比1990年增长2.3倍。

邮电通讯进一步发展，1995年完成邮电业务总量736万元，比1990年增长1 .3倍，程控交换机容量达11.1万门，年末电话用户达32018户，比1990年增长10.6倍。

科教文卫事业稳步发展，1995年，全区有科研所10个，自然科技人员2400多人，各类学校135所，各类学校在校生65635人，各类教师4674人；卫生机构84个，床位2319张，卫生技术人员2807人，其中医生1215人，文化馆、图书馆各1个，电影院3个，综合体育场1个。

人民生活水平不断提高。1995年，城镇职工人均年工资为4431元，农民人均年纯收入1250元。城乡居民人均储蓄3961元。

9－6 南岸区主要社会经济指标

指　　标	单　位	1990年	1991年	1992年	1993年	1994年	1995年
一、年末总人口	万人	36.85	37.28	38.14	38.74	40.46	42.00
#非农业人口	万人	24.39	24.87	24.64	25.00	25.65	26.93
社会从业人员	万人	20.61	21.75	21.74	21.99	22.28	23.78
第一产业	万人	5.38	5.50	5.12	5.28	5.26	5.30
第二产业	万人	11.02	11.33	11.27	11.29	11.36	11.69
第三产业	万人	4.21	4.92	5.37	5.42	5.66	6.79
二、国内生产总值(现价)	万元	118966	124613	137836	154821	238404	319362
第一产业	万元	8077	8437	8814	11557	17898	18729
第二产业	万元	91801	95873	100813	111301	145887	205580
第三产业	万元	19088	20303	28209	31963	74619	95053
人均国内生产总值	元	3228	3362	3655	4028	6020	7746
国内生产总值指数(以上年＝100)	%	100.0	103.0	107.1	105.6	110.9	113.6
三、乡村人口	万人	12.46	12.41	13.50	13.74	14.81	15.07
年末实有耕地面积	公顷	7455	7414	7323	7311	7212	7178
通电村数	个	105	106	107	108	108	109
农村用电量	万千瓦时	2014	2018	2075	2147	1965	2668
农林牧渔业产值(90年不变价)	万元	9246	10027	10714	10486	14779	14308
农业	万元	5304	5751	6425	5758	8209	7990
#种值业	万元	4445	4717	5323	5326	7870	7390
林业	万元	57	57	64	47	62	62
牧业	万元	3324	3581	3479	3912	5600	5272
渔业	万元	561	633	746	769	908	984
粮食产量	吨	48084	50413	48942	50347	55251	56946
油料产量	吨	145	164	171	175	184	173
糖类产量	吨	45	73	45	53	25	4
蚕茧产量	吨	184	183	202	235	298	248
茶叶产量	吨	28	28	27	23	18	12
水果产量	吨	887	1156	677	822	1131	1223
肉类产量	吨	6753	6806	6891	7104	7839	7902
#猪肉产量	吨	6712	6753	6785	6909	7803	7879
水产品产量	吨	1568	1717	1860	2081	2239	2390
乡镇企业总产值(90年不变价)	万元	45644	55588	95572	156424	339748	531806
四、全部工业总值(现价)	万元	235033	261691	318713	401129	753506	609093
全部工业总产值(90年不变价)	万元	240070	264233	316391	379501	663670	504700
轻工业	万元	134693	142421	150956	204800	259070	265744
重工业	万元	105397	121812	165435	174701	404600	238956
全部独立核算工业主要指标							
职工平均人数	人	93613	94911	94760	93971	93320	95718
工业总产值(90年不变价)	万元	225412	247337	287268	310809	484829	400155
工业销售产值(现价)	万元	202853	225226	259968	314862	575296	408359
产品销售收入	万元	201170	226392	259476	308728	225178	268552
#产品销售税金及附加	万元	18507	20828	23872	28417	20727	21746
利润总额	万元	－2978	－5577	－9788	－10484	－5619	－11945
五、客运总量	万人	201	267	381	420	463	535

9－6续表

指　　标	单 位	1990年	1991年	1992年	1993年	1994年	1995年
货运总量	万吨	452	467	652	787	1160	2115
客运周转量	万人公里	2745	3216	3411	3911	4485	4752
货运周转量	万吨公里	10161	10700	14342	14908	15281	29959
邮电业务总量(90年不变价)	万元	329	389	516	653	718	763
年末电话机数(包括分机)	部	2781	3383	3914	12235	19944	32018
六、全社会固定资产投资	万元	14620	20738	35348	55199	71489	162828
#国有固定资产投资	万元	14411	20187	29523	44668	57302	102262
#基本建设	万元	5158	7925	15414	18883	26066	47097
更新改造	万元	8188	11186	11257	15997	15769	15695
集体单位投资	万元	201	543	3722	8020	11721	19461
#城镇	万元	55	148	1014	1323	2368	2612
全社会新增固定资产	万元	5201	15247	23580	28632	32634	39212
全社会房屋建筑竣工面积	万平方米	21.25	33.60	36.28	34.31	34.00	30.97
#住宅	万平方米	13.86	12.98	19.88	25.66	20.00	12.39
七、社会消费品零售总额	万元	37444	44332	57836	69861	99382	121123
#国有经济	万元	12276	14843	15838	18684	25152	30440
集体经济	万元	11383	11057	12319	14539	12723	10398
集市贸易成交额	万元	10506	20244	27435	34476	48142	75512
八、地方预算内财政收入	万元	6710	6959	7555	11007	6475	8368
#各项税收	万元	6897	7074	7500	10546	5622	5057
地方预算内财政支出	万元	4953	4438	4669	7512	8802	10012
年末城乡居民储蓄	万元	32881	43765	56387	78324	119562	163305
年末金融机构存款余额	万元	60144	83723	100683	151984	213260	279814
年末金融机构贷款余额	万元	131995	156172	199167	243797	294101	326565
九、学校数	所	131	131	132	133	133	134
#普通中学	所	24	25	25	26	27	27
在校学生数	人	46962	47499	49676	53137	53236	65635
#普通中学	人	14695	13561	13492	13922	18788	19075
十、卫生机构数	个	79	79	80	83	83	84
#医院	个	15	16	19	20	21	21
卫生机构床位数	张	1913	2187	2270	2325	2212	2319
#医院	张	1501	1755	1810	1826	1830	1929
卫生技术人员	人	2349	2600	2771	2775	2836	2807
#医生	人	1052	1120	1193	1179	1254	1215
十一、全部职工人数	人	128052	136966	138769	136368	135252	134837
#国有经济	人	77924	87900	89487	92998	91151	90268
城镇集体经济	人	49052	47963	47573	40071	38959	37970
其它经济	人	1075	1103	1709	3299	5148	6599
城镇个体劳动者	人	3437	3483	3507	4829	17500	17864
职工平均工资	元	1822	2316	2594	3010	3664	4367
#国有经济	元	1692	2468	2726	3284	3982	4841
城镇集体经济	元	1979	2016	2304	2316	2816	3009
其它	元	4102	4105	4111	5208	4681	5932
十二、农民人均纯收入	元	924	1035	1258	1539	1917	1535

旅游胜地—北碚

北碚区位于重庆市西北45公里,东连渝北区,西接璧山县,南邻沙坪坝区,北界合川市,辐员面积753平方公里,辖2个街道,17个镇乡,100个居委会,301个村。1995年末全区总人口617997人,其中非农业人口230485人。北碚区是国务院首批确定的国家级自然风景区,是全国五大仪器仪表生产基地之一,是重庆市社会发展综合实验区,是具有城乡特色的重庆市卫星城市。

[风景名胜] 北碚是重庆的风景旅游区,境内的缙云山、北温泉、嘉陵江小山峡是国务院首批公布的44个国家级风景名胜之一。缙云山素有川东小峨嵋之称,山上古木参差,许多珍奇树木为国家二级保护,幽深的古刹,翡翠的岱湖,新开发的杉木园、楠木寨吸引了许多的游客。北温泉泉水清彻,水温常年保持37.5C,温泉水为硫钙钠型,可治多种疾病,北温泉乳花洞内的钟乳石,奇妙壮观。嘉陵江小三峡景色各异,水流湍急,石洞成群,怪石突兀,峭壁叠翠。位于偏岩镇的胜天湖被誉为“人间瑶池”,该湖具有境幽、水绿、瀑高、石怪等特点,是消夏避暑的胜地。皮家山的金刀峡集峰、壁、涧、瀑、潭、洞、峡于一体,是一处不可多得的原始自然观光点,是探险、攀登、漂流的旅游胜地。

[资源丰富] 北碚有丰富的水资源,嘉陵江横穿北碚。龙凤溪、黑水滩河等9条支流137公里,入境水为682.6亿立方米,地下水资源丰富,其中海底沟水库储量为1380万立方米,北碚还拥有丰富的矿产资源,主要有煤、白云石、石膏、石灰石、硫铁矿、石英砂、碳酸锶、天然气等,石膏矿藏量达10亿吨,占全国四分之一,皮家山的煤炭含量也很丰富,森林资源林地面积达17345公顷。

[国民经济] 北碚区经过解放后46多年的建设,国民经济取得了显著的成绩,特别是“八是”时期经济建设成效尤为突出。1995年末全区国民生产总值达到34.5亿元,比1990年增长1.68倍,年均递增21.8%,第一产业比重为14.9%,第二产业为50.0%,第三产业为35.1%,人均国民生产总值达到5596元,比1990年增长1.6倍。

1.**农业**:1995年全区实现农业总产值33936万元,增加值51330万元,粮食总产量173639吨,油料1746吨,蚕茧2877吨,水产品3673吨,年末农民人均纯收入达1525元。乡镇企业作为北碚区的主要经济支柱之一,1995年末全区乡镇企业10733个,职工78831人,实现总产值678645万元,营业收入711543万元,乡村利税9889万元,实交国家税金7363万元,出口产品交货值达到5488万元。

2.**工业**:工业是北碚的主导产业,以仪器仪表、摩配为主体的机械、仪表、化工、医药、煤炭、建材、玻璃、造纸、汽车、摩托车等32个行业形成完整的工业体系,有7个企业被评为重庆工业企业50强。1995年末全区有工业企业3257个,其中国有67个,集体949个。实现全部工业总产值(新规定现价)50.6亿元,其中轻工业占45.1%,重工业占54.9%。

3.**商业**:1995年全区有商业网点近千个,从业人员7千多人,实现社会消费品零售总额84782万元,比1990年增长1.0倍。

4.**交通邮电**:国道212线贯通全区,襄渝铁路途经北碚,北碚火车站二货场成为沟通重庆与川北的物资集散地,嘉陵江航运全年通行,由水北公路到江北机场30公里,水陆空交通便利。1995年末全区公路通车里程411公里,客运量730万人,货运量381万吨,全区17个镇乡均通公路。邮电业务总量2087万元,住宅电话达到6521部。

[社会发展] 1.**城市建设**:北碚是全市有名的风景区,以环境优美闻名于世。城区街道宽敞、清洁,两旁行道树葱绿成荫,城市覆盖率达35%,城区有小游园8处16780平方米,绿带5280平方米,市街花坛10396平方米,造型奇特的喷泉3处。还有风景优美的北碚公园、滨江公园。

2.**文化教育**:北碚是有名的文化区。北碚图书馆藏书达76万册,评为全国一级图书馆”;文化馆为国家先进文化馆,17个镇乡均设有文化站,全区有文物保护单位104处,著名抗日将领张自忠烈士墓座落在梅花山麓。电影放映单位57个,电影观众84万人次。全区有广播站17个,电视转播台7个。全区有各类学校296所,其中2所全国重点大学,5所普通中专;各类在校学生95536人,其中大学生11457人,中专生4909人;各类专任教师6946人,其中大学老师1795人。全区学龄儿童入学率达99.9%。

3.**科技**:北碚科技实力雄厚,有西农、西师、机械工业部自动化研究所,仪表材料研究所、农科院柑研所等科研机构67所,各类科研人员8千多人,其中教授673人,副教授1024人,各类科研成果800多项,其中获国家和部级科技奖250多项。

[人民生活]1995年全区城镇职工人均工资4742元,农民人均纯收入1525元,分别比上年增长9.4%和13.1%。

9－7 北碚区主要社会经济指标

指　　标	单 位	1990 年	1991 年	1992 年	1993 年	1994 年	1995 年
一、年末总人口	万人	60.76	61.35	61.24	61.53	61.53	61.80
#非农业人口	万人	21.46	21.93	21.95	22.27	22.77	23.05
社会从业人员	万人	32.78	33.78	33.22	32.97	33.72	34.01
第一产业	万人	15.66	15.71	15.61	14.93	14.60	14.59
第二产业	万人	11.20	11.27	11.61	11.66	12.63	12.74
第三产业	万人	5.92	6.80	6.00	6.38	6.49	6.68
二、国内生产总值(现价)	万元	100922	114646	137769	189938	261658	345092
第一产业	万元	16968	18120	18904	20550	27002	51330
第二产业	万元	57482	66003	82025	114262	130822	172610
第三产业	万元	26472	30523	36840	55126	103834	121152
人均国内生产总值	元	1661	1878	2248	3094	4253	5596
国内生产总值指数(以上年＝100)	%		114.5	144.6	104.1	129.2	120.3
三、乡村人口	万人					38.98	38.65
年末实有耕地面积	公顷	21064	20991	20894	20786	20690	20583
通电村数	个					301	301
农村用电量	万千瓦时	3392	4068	5419	7478	9807	10011
农林牧渔业产值(90 年不变价)	万元	30071	31116	31752	32435	32672	33936
农业	万元	16473	16439	16238	17049	17274	18999
#种植业	万元	14002	13809	13640	14364	14555	16008
林业	万元	554	627	682	686	909	495
牧业	万元	12198	13101	13744	13435	13306	12895
渔业	万元	846	949	1088	1265	1183	1547
粮食产量	吨	178219	177893	161761	168685	171049	173639
油料产量	吨	1016	1074	1230	1188	1086	1746
糖类产量	吨	114	75	65	62	49	31
蚕茧产量	吨	535	499	574	571	639	704
茶叶产量	吨	351	410	318	480	451	296
水果产量	吨	6598	5185	5742	7565	7446	7636
肉类产量	吨	21762	21832	20608	23426	21516	21124
#猪肉产量	吨	21726	21797	20552	23357	21456	21034
水产品产量	吨	1390	1805	2184	2575	2938	3673
乡镇企业总产值(90 年不变价)	万元	66821	86995	153340	280402	494648	678654
四、全部工业总值(现价)	万元	179384	196939	267436	385525	482473	553454
全部工业总产值(90 年不变价)	万元	185873	213453	275663	365034	518376	458126
轻工业	万元	80304	87939	122796	168439	217718	212805
重工业	万元	105569	125514	152867	196595	300658	245321
全部独立核算工业主要指标							
职工平均人数	人	91009	91660	94854	95195	91591	92407
工业总产值(90 年不变价)	万元	162121	185925	222390	273443	319333	350522
工业销售产值(现价)	万元	149204	182306	223819	309870	341089	354842
产品销售收入	万元	135640	165733	203472	281700	302343	349126
#产品销售税金及附加	万元					4144	2829
利润总额	万元					1563	6357
五、客运总量	万人					481	730

9－7 续表

指　　标	单　位	1990 年	1991 年	1992 年	1993 年	1994 年	1995 年
货运总量	万吨					370	421
客运周转量	万人公里					11119	21824
货运周转量	万吨公里					25064	29553
邮电业务总量(90 年不变价)	万元	514	605	712	1194	1639	2335
年末电话机数(包括分机)	部	6188	6642	8108	10817	13661	16927
六、全社会固定资产投资	万元	23990	25148	26791	39935	54127	51826
#国有固定资产投资	万元	16676	21347	17937	21324	35035	29178
#基本建设	万元	6806	8467	7062	8020	11985	13989
更新改造	万元	8870	10850	8879	12110	20734	12039
集体单位投资	万元	2857	2001	6854	16292	15843	19036
#城镇	万元					306	791
全社会新增固定资产	万元					32533	46916
全社会房屋建筑竣工面积	万平方米					6.98	24.52
#住宅	万平方米					0.59	13.08
七、社会消费品零售总额	万元	42220	50880	57184	63753	72740	84782
#国有经济	万元	24214	28914	30314	25944	18775	22439
集体经济	万元	9111	9391	9358	14754	22629	20734
集市贸易成交额	万元	9330	13090	16202	21379	34712	50590
八、地方预算内财政收入	万元					8075	9206
#各项税收	万元					6716	8543
地方预算内财政支出	万元					12434	14361
年末城乡居民储蓄	万元					95671	130938
年末金融机构存款余额	万元					124354	159765
年末金融机构贷款余额	万元					161843	194499
九、学校数	所					327	296
#普通中学	所					42	42
在校学生数	人	84386	82057	85530	90341	94237	95536
#普通中学	人	26157	22704	21371	20355	22806	25093
十、卫生机构数	个	164	165	164	134	135	135
#医院	个	18	21	21	21	47	47
卫生机构床位数	张	2310	2459	2435	2374	2402	2551
#医院	张	1285	1436	1453	1459	1513	1593
卫生技术人员	人	2590	2604	2639	2496	2443	2464
#医生	人	1280	1280	1291	1204	1148	1196
十一、全部职工人数	人	118455	117463	116631	113419	116500	111510
#国有经济	人	91059	90416	88217	88241	880013	74231
城镇集体经济	人	27396	27047	28414	24335	27119	23746
其它经济	人	–	–	–	843	9368	13533
城镇个体劳动者	人					5900	6400
职工平均工资	元					4335	4742
#国有经济	元					4383	4825
城镇集体经济	元					2609	3258
其它	元	–	–	–	–	5646	6790
十二、农民人均纯收入	元	877	912	965	1058	1348	1525

煤矿基地——万盛

重庆市万盛区是重庆一个远郊区，为省市重点煤矿基地，也是我市新兴旅游开发区。

一、自然环境和重要资源

万盛区原名南桐矿区，在1993年4月8日经国务院批准，正式更名重庆市万盛区，现辖二个街道、五个镇和三个乡，自然条件较好，属于热带湿润气候，无霜期长，温度大，适于农林和多种经营发展，现有林地面积2.33万公顷，树木300余种，森林覆盖率34%，为全市之冠，也是全省生产茶叶重要区县之一，此外还有中药材、野生动物资源非常丰富，具有草食动物牛羊发展优势，也是四川耕牛重点产区之一。

万盛区位于大楼山断折带与川东南褶皱带交汇处，矿藏品种多，尤以煤分布广，储量大，原煤已探明工业储量3.08亿吨，远景储量6亿吨。本区南桐矿务局是部属大型煤矿企业，是省内产煤大户。硫铁矿储量1262万吨，存于二迭系煤层与煤共生，含矿率20—25%，矿石含硫35—45%，另外含有硒、锗、银等贵重金属，此外，本区还含有丰富的煤纤石、石炭岩、白云石、皂石、石黄沙、粘土和煤矿瓦斯气，是良好的建筑材料、化工原料、工业用煤气。

二、经济和社会发展状况

1995年全区总人口26.87万人，其中，非农业人口10.54万人，幅员面积565.6平方公里，耕地面积9137公顷，全区区属工农业总产值8.98亿元，比上年增长29.1%，全地区完成国内生产总值10.46亿元，按可比价计算比1990年增长74.7%，年均递增11.8%

[农业] 1995年农业总产值15200万元，比1990年增长41.0%，年均递增7.1%。粮食产量6.92万吨、油料547吨，肉类产量9387吨，分别比1990年增长10.8%，84.2%和21.5%。

[工业] 1995年全区工业企业136个，完成现价工业总产值162079万元，拥有煤炭、建材、电力、化工、机械、食品、缝纫等工业门类，职工3.69万人。固定资产原值10.36亿元。其中南桐矿务局拥有的固定资产原值占62.1%，职工人数占60.4%。原煤产量246.9万吨，冶炼精煤63万吨。

[交通邮电] 万盛区交通方便，川湘公路横穿全境，川黔铁路的三(三江)万(万盛)支线通过本区，并将与南川接通，与全国铁路汇成一体。1995年交通系统完成汽车客运量150.5万人，客运周转量1960万人公里。完成邮电业务总量669万元，比1990年增长2.5倍，拥有市内电话7307户。

[商贸、旅游业] 1995年社会商品零售总额达41295万元，经1990年增长26.9%；接待游客15.2万人次，创旅游综合收入2500万元。

[科技、文教、卫生及体育] 1995年"四亿科技工程"项目8个，24项"农业丰收计划"全面完成。小学升学率为98.5%，适龄儿童入学率达99.6%。有卫生机构37个，病床1131张，卫生技术人员1306人，其中医生498人。全区达到体育锻炼标准19738人，参加 国家、省、市运动会区共获奖牌30枚。

[财政、金融] 1995年全区完成财政收入3286万元，比1990年增长29.1%，其中工商税收1697万元，年末财政支出6715万元，其中支农支出477万元，教育经费支出1720万元，行政经费支出1122万元。金融部门年末存款余额54497万元，贷款余额55838万元，城乡居民储蓄存额余额突破四亿大关，达到40473万元。其中城市与农村分别增长30.8%和23.3%。

[人民生活] 1995年全区职工人均货币收入4494元，农民人均纯收入1570元，城乡居民人均储蓄存款1510元。

三、著名风景名胜

黑山风景区：位于万盛区东南部辖区政府所在地20公里，海拔650—1973米，面积60平方公里，植物覆盖率95%，风景区原始森林有千多种植物，并有石笋、石林和溶洞，峰岩高耸，千姿百态，居高可观万盛区全景。鲤鱼河畔，风景秀丽，猴群众多，是难得的避暑游览风景区。

石林风景区：位于万盛南部，距区政府所在地20公里，在南天乡境内，海拔730—800公尺，面积1.5平方公里，地面有石林，地下是溶洞。石林千姿百态，景色佳秀，地下溶洞宽敞，著名的天门洞已向游人开放，同时还有壮丽的"一线天"，盛过当今路南石林的一线天。并有无数石乳，吸引游客，微妙微肖，望而生趣，是天然游览胜地。

万盛公园和温泉公园：万盛公园位于城区万盛塔山北部，占地13.7万平方米，建房面积728平方米，园内林木茂盛，郁郁葱葱，景色宜人。温泉公园位于万盛区政府11公里，占地面积9900平方米，是在1926年(即清朝道光6年)在綦江县和桐梓县志中即记载此有两股温泉，经几次修建，目前已成为初具规模的公园。

9-8 万盛区主要社会经济指标

指　　标	单　位	1990年	1991年	1992年	1993年	1994年	1995年
一、年末总人口	万人	26.27	26.53	26.55	26.74	26.88	26.74
#非农业人口	万人	10.46	10.58	10.49	10.82	10.83	10.54
社会从业人员	万人	15.13	15.13	15.54	16.30	16.79	17.12
第一产业	万人	6.49	6.78	6.76	6.63	6.62	6.61
第二产业	万人	6.75	6.57	6.97	7.55	7.62	7.72
第三产业	万人	1.89	1.78	1.81	2.12	2.55	2.79
二、国内生产总值(现价)	万元	37887	43418	54379	65109	81212	100612
第一产业	万元	7732	8087	10035	10321	16018	22850
第二产业	万元	22132	24037	28016	31929	36410	41039
第三产业	万元	8023	11294	16328	22859	28784	36723
人均国内生产总值	元	1452	1645	2049	2444	3021	3381
国内生产总值指数(以上年=100)	%	103.2	108.5	110.0	112.5	124.7	113.5
三、乡村人口	万人	15.87	15.95	16.01	15.98	16.02	16.11
年末实有耕地面积	公顷	9500	9400	9300	9251	9169	9137
通电村数	个	92	92	92	92	92	92
农村用电量	万千瓦时	1337	1654	1580	1438	2555	3586
农林牧渔业产值(90年不变价)	万元	10778	11347	12445	13201	14001	15200
农业	万元	6596	7608	7928	8253	8396	9221
#种值业	万元		7040	7264	7908	7705	8211
林业	万元	455	373	788	1125	1251	1262
牧业	万元	3031	3202	3492	3484	3857	4135
渔业	万元	554	164	237	339	497	582
粮食产量	吨	62495	67300	57873	64766	69249	69254
油料产量	吨	297	412	304	289	271	547
糖类产量	吨	–	–	–	–	–	–
蚕茧产量	吨	80	103	109	154	711	170
茶叶产量	吨	754	803	889	810	759	492
水果产量	吨	425	252	332	476	471	474
肉类产量	吨	7726	8093	8088	8807	8928	9387
#猪肉产量	吨	7383	8462	8048	8331	8873	9374
水产品产量	吨	333	366	525	715	1082	1270
乡镇企业总产值(90年不变价)	万元	16361	19663	31760	64855	100769	146116
四、全部工业总值(现价)	万元	49824	57440	59068	104329	125163	162079
全部工业总产值(90年不变价)	万元	58657	57758	60657	77581	109152	122063
轻工业	万元	16069	14589	7054	9022	13588	29838
重工业	万元	42588	43169	53603	68559	95564	92225
全部独立核算工业主要指标							
职工平均人数	人	44462	50060	42636	37944	69323	47160
工业总产值(90年不变价)	万元	19947	28032	27635	39156	55610	74637
工业销售产值(现价)	万元	34476	63391	43146	54809	111026	64327
产品销售收入	万元	44441	49255	51550	57122	79115	66391
#产品销售税金及附加	万元	1935	2144	1426	1577	2054	1136
利润总额	万元	-2982	-3964	-3919	-1595	-2465	-1544
五、客运总量	万人	74	145	463	337	339	385

9－8续表

指　　标	单　位	1990年	1991年	1992年	1993年	1994年	1995年
货运总量	万吨	5	5	4	2	3	4
客运周转量	万人公里	1718	2286	4196	2839	2500	3700
货运周转量	万吨公里	182	220	177	109	120	122
邮电业务总量(90年不变价)	万元	90	215	246	266	385	669
年末电话机数(包括分机)	部	772	871	977	1128	6019	7307
六、全社会固定资产投资	万元	6810	8853	14048	21572	24576	29093
#国有固定资产投资	万元	6162	8713	10311	15600	18831	18433
#基本建设	万元	2171	1830	3142	3034	4804	11941
更新改造	万元	3991	6044	7012	12566	11791	10476
集体单位投资	万元	1849	2614	3686	5781	4188	2532
#城镇	万元	1479	1961	2580	4047	2722	1772
全社会新增固定资产	万元	4086	4958	8459	12534	14736	15115
全社会房屋建筑竣工面积	万平方米	4.76	6.20	9.83	15.10	17.30	23.09
#住宅	万平方米	1.42	1.86	2.95	4.53	12.68	7.52
七、社会消费品零售总额	万元	19621	22068	25286	28340	21431	38821
#国有经济	万元	4332	4877	5365	6263	9097	81285
集体经济	万元	3117	3509	3860	4506	6272	8373
集市贸易成交额	万元	4362	5252	6971	8805	16206	21206
八、地方预算内财政收入	万元	2544	2715	3077	1989	2715	3286
#各项税收	万元	2203	2410	2670	3782	1348	1697
地方预算内财政支出	万元	3611	3336	4177	4442	6465	6715
年末城乡居民储蓄	万元	13345	16764	20037	23650	31548	40473
年末金融机构存款余额	万元	17065	20451	21605	29836	44573	54499
年末金融机构贷款余额	万元	20487	19012	21485	32271	52735	55838
九、学校数	所						
#普通中学	所	16	16	20	21	22	21
在校学生数	人	35531	35964	33399	33927	35144	36412
#普通中学	人	13144	12199	10762	9440	9974	11214
十、卫生机构数	个	38	38	36	36	37	37
#医院	个	18	18	18	18	18	18
卫生机构床位数	张	1084	1089	1084	1147	1137	1131
#医院	张	1064	1064	1064	1127	1107	1111
卫生技术人员	人	1244	1264	1243	1275	1277	1306
#医生	人	458	458	449	462	485	498
十一、全部职工人数	人	60427	62296	60769	56109	55800	53400
#国有经济	人	44326	45876	42523	39572	40802	39300
城镇集体经济	人	16100	15400	18300	16500	15000	15500
其它经济	人	–	–	–	–	–	–
城镇个体劳动者	人	930	1064	1226	1250	2500	2550
职工平均工资	元	2433	2612	2771	3164	3811	4538
#国有经济	元	2737	2851	3166	3476	4375	5223
城镇集体经济	元	1580	1839	1723	2402	2276	2800
其它	元	–	–	–	–	–	–
十二、农民人均纯收入	元	650	720	802	920	1156	1430

新兴的小城镇—双桥

一、概况

双桥区建区于1975年，全区幅员面积37.48平方公里，1995年末，全区人口39616人，其中非农业人口15934人，占总人口的40.2%，农业人口236882人，占总人口的59.8%。双桥区是重庆市的一个远郊区，距重庆市区88公里，东面与永川接壤，西、南、北面与大足毗邻，紧靠巴岳山下，境内有风景优美的龙水湖，依山傍水，是天然的旅游胜地。辖区内狐丘广布，土地肥沃，年平均气温17.3℃，雨量充沛，年降雨量1006毫米，无霜期长达320天，矿产资源较为丰富，有煤、石灰石、石英沙等矿物质，具有发展种、养殖业和乡镇经济的优越条件。境内有全国四大重型汽车工业基地之一的四川汽车制造厂。

二、经济建设成就

建区二十年来，经全区人民的努力奋斗，工农业生产和其它各业均有了很大的发展。

农业——现有耕地面积1106公顷，粮食作物以水稻为主，其次是小麦、玉米、红苕、大豆，经济作物和经济林木主要有油菜、柑桔、梨。1995年粮食总产量为14340吨，比上年增长1.3%，比1990年增长10.2%，农业生产条件有了显著改善，农民人均纯收入从1990年的664元增加到1995年的1629元，增长1.5倍。

工业、交通——工业从无有到，逐年发展，1995年已有区属工业63个，乡及乡以上工业总产值31253万元，主要产品有汽车、原煤、混配饲料、硼砂、塑料制品等，区内的中央属企业——四川汽车制造厂是我国生产重型汽车的重点企业，资金雄厚，技术力量强，1995年实现产值81579万元，该厂对双桥区的工农业生产和其他各业的发展都起着重要作用。

双桥区交通便利，距成渝高速公路7公里，连接成渝高速公路和成渝铁路的大邮公路横穿全区，辖区内省道、区道、乡道、厂矿专用道纵横交错，村村通公路，70%的公社也通了公路，形成了城乡一体的公路网络。

城镇建设——随着工农业生产的发展，小城镇建设的步伐也在加快，城区主干道——双龙西路，在1994年曾被评为重庆市最佳绿化市街，于1993年开始兴建的双桥公园，一期工程也于1995年完工并开园，1995年全区绿化覆盖率达40.6%，市容、市貌都在不断发生改观。

商业——建区后，已建有饮食、副食、百货等国营商业公司，近几年来集体和个体户的商业网点更是逐年增加，随着人民购买力的增加，市场规模也进一步扩大，形成了商业购销两旺的局面，1995年社会消费品零售总额7337万元，比上年增长37.9%，1995年全区私营企业和个体工商户1211户，从业人员2110人。随着工农业生产的发展，财政收入也有大幅度增长，1995年全区财政收入1031万元。

文卫事业——现区内村有小学、乡有中心校和初级中学，区有完中，1995年全区共有学校19所，其中小学16所，普通中学3所，小学在校生2957人，中学在校生1764人。教育事业不断发展，1995年，区“普九”、“普实”、“扫盲”工作一齐通过了省级验收，提前4年完成了“普九”任务。文化福利设施也有较大改观，区内有影剧院、新华书馆、文化馆、图书馆等。医疗条件得到进一步加强，新修的区人民医院综合大楼投入使用，1995年全区共拥有卫生机构6所，床位110张，卫生技术人员172人。

人民生活——1995年全区安置待业人员249人，失业率控制在1.6%，辖区工资总额7881万元，年平均人数1.18万人，年平均工资为6666元，1995年末城乡居民储蓄余额10163万元，比上年增长22.0%。

9－9 双桥区主要社会经济指标

指　　标	单 位	1990年	1991年	1992年	1993年	1994年	1995年
一、年末总人口	万人	3.63	3.71	3.80	3.83	3.92	3.96
#非农业人口	万人	1.27	1.36	1.38	1.46	1.51	1.59
社会从业人员	万人	1.99	2.00	2.02	2.05	2.42	2.34
第一产业	万人	0.98	1.00	0.98	1.00	0.79	0.96
第二产业	万人	0.75	0.73	0.75	0.89	1.09	0.98
第三产业	万人	0.26	0.27	0.29	0.36	0.54	0.40
二、国内生产总值(现价)	万元	11738	13262	22785	34202	30111	35247
第一产业	万元	1245	1314	1600	1651	2053	3249
第二产业	万元	7989	8832	18017	28417	24282	27409
第三产业	万元	2504	3116	3168	4134	3776	4589
人均国内生产总值	元	3231	3578	6002	8952	7671	8897
国内生产总值指数(以上年＝100)	%	110.8	97.0	166.1	147.1	86.2	114.4
三、乡村人口	万人	2.27	2.35	2.30	2.37	2.34	2.36
年末实有耕地面积	公顷	1770	1160	1150	1109	1107	1106
通电村数	个	14	14	14	14	14	14
农村用电量	万千瓦时	45	48	59	64	67	77
农林牧渔业产值(90年不变价)	万元	1577	1695	1710	1678	1827	1871
农业	万元	1038	960	925	905	1012	1031
#种值业	万元	988	923	794	879	981	995
林业	万元	14	15	16	21	25	28
牧业	万元	473	636	679	664	680	724
渔业	万元	52	84	62	88	110	87
粮食产量	吨	13015	13470	13716	13859	14150	14340
油料产量	吨	133	130	132	107	89	135
糖类产量	吨	–	–	–	–	–	–
蚕茧产量	吨	–	–	–	–	–	–
茶叶产量	吨	–	–	–	–	–	–
水果产量	吨	141	117	123	142	160	169
肉类产量	吨	1209	1311	1256	1339	1625	1667
#猪肉产量	吨	1209	1311	1256	1339	1625	1667
水产品产量	吨	111	197	150	202	277	299
乡镇企业总产值(90年不变价)	万元	2575	5125	11109	22531	51188	80437
四、全部工业总值(现价)	万元	45987	67336	103578	155642	149137	139609
全部工业总产值(90年不变价)	万元	45987	63884	94643	121196	121881	121748
轻工业	万元	841	783	1970	2100	2263	6976
重工业	万元	45146	63101	92673	119086	119618	114772
全部独立核算工业主要指标							
职工平均人数	人	8200	7991	8469	9111	9568	9684
工业总产值(90年不变价)	万元	44030	62931	90565	115702	111969	103195
工业销售产值(现价)	万元	37557	53740	96805	122330	136457	107835
产品销售收入	万元	27785	56855	78941	129517	87299	86906
#产品销售税金及附加	万元	724	1214	2599	2230	264	247
利润总额	万元	494	873	2174	4125	2433	761
五、客运总量	万人	–	33	43	53	30	24

9－9续表

指　　标	单位	1990年	1991年	1992年	1993年	1994年	1995年
货运总量	万吨	1	1	130	180	44	37
客运周转量	万人公里	－	1065	1665	1700	719	532
货运周转量	万吨公里	34	36	1834	2100	3436	2934
邮电业务总量(90年不变价)	万元	34	75	91	117	170	279
年末电话机数(包括分机)	部	382	452	485	565	1570	2271
六、全社会固定资产投资	万元	4475	2773	3361	9661	5123	6427
#国有固定资产投资	万元	3903	1884	2326	5821	763	2253
#基本建设	万元	3099	1137	1826	4242	596	1290
更新改造	万元	804	747	500	1216	－	930
集体单位投资	万元	462	505	551	3028	3183	3380
#城镇	万元	188	251	295	528	236	－
全社会新增固定资产	万元	3374	1867	3220	4309	1023	2258
全社会房屋建筑竣工面积	万平方米	1.43	1.24	3.29	7.18	6.16	10.46
#住宅	万平方米	0.73	0.58	1.41	3.12	4.21	5.03
七、社会消费品零售总额	万元	2662	3073	3433	4077	5322	7337
#国有经济	万元	1638	1448	1697	1615	1032	1156
集体经济	万元	630	1019	1063	1419	1190	1081
集市贸易成交额	万元	698	762	979	1392	2400	3028
八、地方预算内财政收入	万元	464	415	718	1351	1761	2027
#各项税收	万元	437	607	675	635	881	798
地方预算内财政支出	万元	876	916	1110	1474	1736	1867
年末城乡居民储蓄	万元	2247	3154	4103	5135	8205	10163
年末金融机构存款余额	万元	5521	7567	11322	12009	11623	14176
年末金融机构贷款余额	万元	4087	18441	30801	41008	50047	56273
九、学校数	所	20	20	20	20	19	19
#普通中学	所	4	4	4	4	3	3
在校学生数	人	4830	4830	4298	4535	4722	4677
#普通中学	人	1764	1764	1625	1657	1766	1720
十、卫生机构数	个	6	6	6	6	8	6
#医院	个	3	1	1	1	1	4
卫生机构床位数	张	121	110	110	110	110	110
#医院	张	110	110	110	110	110	110
卫生技术人员	人	163	166	173	198	161	172
#医生	人	90	83	88	83	85	83
十一、全部职工人数	人	10977	11126	11471	12017	11586	11973
#国有经济	人	9041	9217	9464	10109	9755	10080
城镇集体经济	人	1936	1909	2007	1908	1831	1742
其它经济	人	－	－	－	－	－	151
城镇个体劳动者	人	780	796	1002	1378	1772	1720
职工平均工资	元	2521	2689	3285	4404	5758	6660
#国有经济	元	2673	2816	3436	4605	6197	7098
城镇集体经济	元	1813	2074	2576	3339	3387	4149
其它	元	－	－	－	－	－	3914
十二、农民人均纯收入	元	664	733	804	927	1250	1629

交通重镇——渝北

重庆市渝北区位于四川盆地东部,长江北岸、嘉陵江下游的三角地带,因位于重庆母城北郊得名渝北。渝北区幅员面积1452.03平方公里,总户数24.1万户,人口77.68万人,辖21个镇,14个乡,628个村,46个居民委员会,区政府驻地两路镇。渝北区周代为巴国领域,泰汉至西晋巴郡江州县地,东晋永和三年(公元347年),境内置县,北周武成三年(561年),撤枳县、垫江县俱有巴县地,清乾隆十九年(1754年)置江北厅,民国2年(1913年)废厅为县,1949年11月30日解放。1994年12月经国务院批准撤销江北县设立重庆市渝北区。渝北区属中亚热带湿润气候,年平均气温17.1℃,年平均日照1314小时,无霜期319天,年平均降雨量1150.7毫米。

建国以来,特别是党的十一届三中全会以来,渝北区抓住机遇,深化改革,扩大开放,促进发展,国民经济和各项社会事业全面进步。1995年国民生产总值22.79亿元,其中第一产业8.59亿元,第二产业9.90亿元,第三产业4.30亿元;工农业总产值(1990年不变价)23.41亿元;社会消费品零售额6.47亿元;农民人均纯收入1511元;城乡居民储蓄存款11.51亿元,教育、卫生、文化、体育等各项社会事业蓬勃发展。

一、农业:"三高"农业发展取得成效,已建立瘦肉型猪、蚕桑、奶类、渔业、柑桔、蔬菜等商品基地,1995年农业总产 值(90年不变价)6.55亿元,农村商品产值5.21亿元,粮食总产量36.74万吨,油菜籽4385吨,蚕茧2826吨,柑桔6753吨;生猪出栏61.24万头,奶类产量3034吨,禽蛋产量4382吨。

二、工业:全区已形成以煤炭、医药、机械、化工、建材、轻纺等支柱为主的工业体系,1995年工业产值(90年不变价)16.86亿元。长江依之密公司年产铝活塞419万只,西南合成制药股份公司是国家重要的磺胺原料药生产基地,年产原料药3231吨。

三、交通:国道210、319线与境内区乡公路连接构成全区四通八达的陆上交通网,公路通车里程676公里,西南重要的航空港—重庆江北机场座落在两路城区东侧,开辟国内航线38条,直航包机直达日本名古屋和香港,与机场配套的国道210线红双段一级公路直达渝中区。

四、邮电通讯:市话交换机容量23244门,农话交换机总容量7424门,全区35个乡镇均开通了国内直拨程控电话。

五、商业:商品市场繁荣、购销两旺,各种经济类型的商业、饮食服务网点遍布城乡。1995年末有商业网点8970处,从业人员2.4万人,饮食业网点1490处,从业人员4184人。社会消费品零售额6.47亿元。

六、财政金融:1995年财政收入8604万元,财政支出14262万元,其中支援农业生产支出451万元,城市维护费800万元,科教卫生事业费5393万元。金融系统存款余额16.41亿元,其中储蓄存款11.51亿元,贷款余额16.03亿元。

七、社会事业:(一)教育:1995年有普通中学53所,教师2089人,在校学生264万人;职业中学7所,在校学生2764人,小学校444所,教师3030人,在校学生6.41万人;幼儿园94所,在园儿童1.38万人,学龄儿童入学率100%。(二)文化:全区有电影放映单位67个,乡镇文化站35个,新建的区文化馆功能齐全,区图书馆藏书5.4万册,文物馆文物藏品1790件(套),文物保护单位(点)24个,巴渝民俗陈列馆等文物展览年接待海外游客4万人次。全区有乡镇广播站35个,通广播的村592个。(三)卫生:1995年,全区有医疗卫生机构92个,卫生技术人员1524人,其中医生720人,护师、护士235人,病床784张。平均每万人拥有卫生技术人员19.74人,病床10.16张。(四)体育:渝北区是全国武术之乡,区体育馆设施先进可接持高层次的体育比赛。1995年举办区级运动会9次,中小学生达到《国家体育锻炼标准》的有3.69万人。

八、市政建设情况:区政府驻地两路镇,总面积95.5平方公里,总人口8.85万人。1992年创省级卫生城镇,1994年建成国家卫生城镇,环境优美,清洁卫生,绿地覆盖率34%。碧津公园、晚晴园等场地为群众提供了良好的休息去处。

龙溪镇地处重庆地区主干道和中环路。总规划面积18平方公里,是新兴的开发区,已建松桥、龙脊两个小区。

九、人民生活:据区农调队对农民家庭抽样调查,1995年农民人均总收入2198元,农民人均纯收入1511元,人均生活消费支出1324元。城乡居民储蓄存款11.51亿元,人均储蓄存款1491元。

9－10 渝北区主要社会经济指标

指　　　标	单 位	1990年	1991年	1992年	1993年	1994年	1995年
一、年末总人口	万人	74.13	74.75	75.80	76.01	76.71	77.68
#非农业人口	万人	7.18	7.58	8.91	9.70	10.79	12.09
社会从业人员	万人	38.36	40.05	41.53	43.71	44.79	45.20
第一产业	万人	30.59	31.47	32.34	32.24	33.08	32.35
第二产业	万人	4.00	4.25	4.44	5.02	5.04	5.60
第三产业	万人	3.77	4.33	4.75	6.45	6.67	7.25
二、国内生产总值(现价)	万元	61591	70189	79582	118850	167891	227892
第一产业	万元	25493	28588	29761	42275	62145	85861
第二产业	万元	22159	25292	31023	51442	72441	98982
第三产业	万元	13939	16309	18798	25133	33305	43049
人均国内生产总值	元	833	943	1057	1566	2199	2952
国内生产总值指数(以上年＝100)	%	115.2	108.2	108.6	118.6	142.3	118.3
三、乡村人口	万人	676076	672964	671721	668272	661443	657482
年末实有耕地面积	公顷	43261	43182	42880	42760	42558	42260
通电村数	个	630	629	629	628	628	628
农村用电量	万千瓦时	1432	1791	2087	2607	2946	3211
农林牧渔业产值(90年不变价)	万元	54660	56415	57120	60076	61681	65519
农业	万元	30329	30929	30826	32702	33204	30394
#种值业	万元	29419	30310	30209	31721	31953	30071
林业	万元	479	590	553	536	834	1561
牧业	万元	22973	23976	24646	25400	26200	31739
渔业	万元	879	920	1095	1406	1443	1825
粮食产量	吨	336668	342758	312954	332761	361080	367415
油料产量	吨	2743	3198	3722	3064	2922	4443
糖类产量	吨	16	3	4	19	1	1
蚕茧产量	吨	2762	2637	2578	2759	3132	2826
茶叶产量	吨	275	420	210	166	181	115
水果产量	吨	8026	3791	7237	11361	10537	8500
肉类产量	吨	40232	39955	39675	45555	44560	45986
#猪肉产量	吨	40201	39923	39634	45506	44510	45930
水产品产量	吨	3227	3620	3343	4068	4269	4634
乡镇企业总产值(90年不变价)	万元	47863	62114	107389	195785	417454	770043
四、全部工业总值(现价)	万元	77728	82248	126034	198039	353663	210650
全部工业总产值(90年不变价)	万元	82170	91932	137195	211213	343209	168555
轻工业	万元	49532	57916	72677	128142	320420	105752
重工业	万元	32638	34016	64518	83071	112789	62803
全部独立核算工业主要指标							
职工平均人数	人	28111	30681	34106	33479	35790	38650
工业总产值(90年不变价)	万元	61119	64456	99305	133798	158838	126743
工业销售产值(现价)	万元	65814	67426	10573	140021	160914	139964
产品销售收入	万元	50825	57744	78853	140151	151075	139436
#产品销售税金及附加	万元	2820	3058	3489	5580	1677	757
利润总额	万元	1550	382	1486	1854	－2217	－8783
五、客运总量	万人	480	464	340	305	364	393

9－10 续表

指　　标	单　位	1990 年	1991 年	1992 年	1993 年	1994 年	1995 年
货运总量	万吨	8	12	10	6	5	4
客运周转量	万人公里	8658	9942	9504	9105	10413	10401
货运周转量	万吨公里	796	404	332	207	136	100
邮电业务总量(90 年不变价)	万元	147	330	409	483	700	1098
年末电话机数(包括分机)	部	2597	3008	2096	4224	6277	9657
六、全社会固定资产投资	万元	17428	16507	23916	44816	67012	145845
#国有固定资产投资	万元	9032	8981	11775	27228	43577	118396
#基本建设	万元	4403	2078	6140	8847	17780	70297
更新改造	万元	4087	6208	3624	4152	9499	24111
集体单位投资	万元	4385	5976	7135	10710	14203	20926
#城镇	万元	337	426	698	984	576	859
全社会新增固定资产	万元	6971	6032	10284	20167	24098	95377
全社会房屋建筑竣工面积	万平方米	8	7	9	15	24	26
#住宅	万平方米	1	1	2	3	5	14
七、社会消费品零售总额	万元	20754	24452	29667	36643	47867	64736
#国有经济	万元	6890	7886	10373	14280	16134	18094
集体经济	万元	6746	6879	8004	9098	14552	15003
集市贸易成交额	万元	10865	12586	13943	16648	27670	54151
八、地方预算内财政收入	万元					6784	8604
#各项税收	万元					6125	8467
地方预算内财政支出	万元					11662	14262
年末城乡居民储蓄	万元	22394	30114	38013	51093	77957	115111
年末金融机构存款余额	万元	35251	45814	60022	80767	120291	164092
年末金融机构贷款余额	万元	41278	54230	67760	84070	127817	160255
九、学校数	所	599	584	556	557	519	504
#普通中学	所	71	70	71	71	51	53
在校学生数	人	73167	74841	71665	83573	88448	93235
#普通中学	人	24259	24446	16587	21252	24241	26347
十、卫生机构数	个	109	110	109	92	92	92
#医院	个	14	16	15	15	73	73
卫生机构床位数	张	768	824	794	787	769	784
#医院	张	723	779	749	742	724	754
卫生技术人员	人	1421	1442	1490	1421	1507	1524
#医生	人	745	739	738	677	720	720
十一、全部职工人数	人	49301	51532	54411	56220	55321	60226
#国有经济	人	30320	31425	32422	31640	30343	36037
城镇集体经济	人	14225	14841	16500	18512	18500	17152
其它经济	人	4756	5266	5489	6068	6478	7037
城镇个体劳动者	人	1748	1765	1947	2199	2488	2388
职工平均工资	元	1874	2082	2464	3203	3833	4726
#国有经济	元	2160	2418	2923	4075	4464	4933
城镇集体经济	元	1251	1288	1514	1610	2611	3488
其它	元	1918	2315	2605	3518	4366	6689
十二、农民人均纯收入	元	623	645	693	830	1160	1511

渝南新区——巴南

巴南区位于重庆东南，东与涪陵市、南川市接壤，南与綦江县、江津市相连，西邻九龙坡区、大渡口区、南岸区、江北区、渝北区，北交长寿县界，区人民政府驻鱼洞镇，距重庆市人民政府驻地25公里。全区辖27镇14乡2个街道办事处，总人口84.09万人，其中农业人口65.71万人。

地势东南高，西北低，全境属丘陵地貌。大小河流140条，主要有长江区境段、五布河、一品河、花溪河。属亚热带季风湿润气候，全年气候温和，四季分明，雨量充沛，无霜期长，云雾多，日照少，年均气温10.5℃，年均日照1152.6小时，年均降水量1099.3毫米，年均无霜期345天，1995年长达359天。

全区土地总面积1024.57平方公里，其中耕地103.19万亩。水资源较丰富，可开发量3.25亿立方米，现已建成水电站25座，年发电量3024.5千瓦时，矿产资源主要品种有煤、铁、盐、天然气、石油、石灰石等。风景名胜众多，旅游资源丰富，有八大景区，沿公路成"双环线"分布。

巴南区位于重庆南大门，西有长江过境，公路形成网络，水陆交通便利。全区公路总长1950余公里，全部乡镇通客车，89%的村通公路。鱼洞梅家梁码头建成600米引道和2160平方米货场，客货运量及周转量逐年上升。通讯发达，全区程控交换机总容量已达2.9万门，完成了国家重点通讯项目成都至福建光缆工程巴南区段的施工任务，全年完成邮电业务总量2474万元，比上年增长43.0%。

根据小城郊、大农村的区情特点，巴南区切实加强农业的基础地位，大力发展二、三产业，国民经济持续、协调发展。1995年全区国内生产总值27.99亿元。比1990年增长80.2%，年均递均12.5%。

农业：坚持稳粮调结构、增收奔小康的指导思想，大力推广先进科学技术和发展高产优质高效农业，形成农村牧渔全面发展的格局。1995年农业总产值10.42亿元，比1990年增长1.6倍。其中多经产值为7.65亿元，所占比重大幅度上升。主要农副产品在"八五"期间均有较大增长。去年粮食总产量48.27万吨，创历史最好水平，猪肉产量达6.25万吨。农民收入大幅度增加，全区1995年农村经济总收入44.57亿元，人均纯收入1439元。

工业：1995年全区工业企业1598家，从业人员49701人，主要工业行业有机械、化工、建材、粮油加工及饮料加工、电器仪表、纺织、造纸及印刷。全年工业总产值15.66亿元。工业增加值和产品销售收入分别比1990年增长1.4倍和1.8倍。主要工业产品如合成氨、氨肥、水泥等均有较大幅度的上升。全年上交税金7572万元，比1990年增长1.2倍。

乡镇企业：全区共有乡镇企业7709家，从业人员70043人。全年乡镇企业总产镇25.45亿元，其中工业总产值9.16亿元，占全区工业总产值的58%；经营收入22.72亿元；实现利润9200万元，上交税金1.42亿元，其中区内入库3722万元，占财政收入的59.3%。在农民人均纯收入中，来自乡镇企业的收入占22%。

商业及外经：全年社会消费品零售总额达7.44亿元，商业实现利润212万元，分别比上年增长32.2%和27.1%。全区有城乡集贸市场71个，鱼洞、大江农贸市场建成投入营运。全年集体贸易成交量12.2万吨，成交额5.6亿元。外资企业已发展到21家，注册资本1909万美元，全年外资企业实现产值1.22亿元，出口创汇收入350万美元。

财政、金融：财政总收入16030万元，其中区级财政收入6260万元。可供安排的财力为10113万元，实际支出10095万元。有银行支行6家，保险公司2家，信用联社1家，金融机构网点140个，年末各项存款余额145019万元，贷款余额211096万元。城乡居民储蓄存款余额为114768万元。开办保险业务50多种，全年承保金额40.7亿元，保险收入3200万元。

社会事业：教育事业蓬勃发展，教育质量有所提高。1995年，全区有各类学校443所，教师5810人，在校学生105547人，学龄儿童入学率99.9%。科技事业为经济建设服务成都显著，全年实施科技项目69项，创产值2.52亿元，新增利税3700万元。文化设备进一步得到更新，活动开展得有声有色，卫生和体育事业继续向前发展。1995年有卫生机构131个，病床2438张，卫生技术人员2878人，其中医生1893人。

人民生活：全年农民人均纯收入达1491元，比上年增长33.4%。农村人均居住面积12.01平方米，职工年人均工资3030元，比上年增长10.2%，城镇居民人均居住面积6.0平方米。

9－11 巴南区主要社会经济指标

指　　标	单　位	1990 年	1991 年	1992 年	1993 年	1994 年	1995 年
一、年末总人口	万人	79.86	80.32	80.96	81.75	82.80	84.09
#非农业人口	万人	14.16	14.43	14.87	15.86	16.21	17.73
社会从业人员	万人	55.49	55.74	56.02	56.35	56.73	57.21
第一产业	万人	30.81	30.62	30.35	30.02	29.83	29.05
第二产业	万人	8.79	8.91	9.02	9.18	9.43	9.71
第三产业	万人	15.89	16.21	16.65	17.51	17.57	18.45
二、国内生产总值(现价)	万元	77980	98373	123885	155796	217019	279908
第一产业	万元	47035	48586	49959	60577	96165	128448
第二产业	万元	21848	23561	37763	51591	70601	84060
第三产业	万元	9097	26226	36163	43628	50253	67400
人均国内生产总值	元	976	1224	1530	1906	2621	3329
国内生产总值指数(以上年＝100)	%		109.8	133.6	153.5	169.4	180.2
三、乡村人口	万人	66.61	66.52	66.47	66.31	66.09	65.71
年末实有耕地面积	公顷	54934	54854	54701	54428	54200	54171
通电村数	个	501	504	507	507	507	507
农村用电量	万千瓦时	534	890	1483	2472	4120	6013
农林牧渔业产值(90 年不变价)	万元	4.19	4.37	4.60	5.54	9.50	10.42
农业	万元	1.91	2.00	2.04	2.77	4.87	5.29
#种值业	万元	1.82	1.93	1.98	2.68	4.73	5.15
林业	万元	0.24	0.23	0.22	0.26	0.26	0.27
牧业	万元	1.89	1.98	2.15	2.29	4.05	4.47
渔业	万元	0.15	0.16	0.19	0.22	0.32	0.39
粮食产量	吨	463333	471407	459033	439944	469438	482726
油料产量	吨	3085	3897	3945	3367	2958	3140
糖类产量	吨	190	185	179	173	184	187
蚕茧产量	吨	2753	2886	2917	2986	3409	3512
茶叶产量	吨	1508	1545	1589	1601	1851	1770
水果产量	吨	6158	6230	6490	10222	8725	9844
肉类产量	吨	52899	55245	57065	59698	62336	62891
#猪肉产量	吨	51040	53167	55382	57680	59331	62535
水产品产量	吨	3459	4149	4388	5575	7281	8888
乡镇企业总产值(90 年不变价)	万元	102184	107653	117542	141067	173808	254483
四、全部工业总值(现价)	万元	112544	148290	174281	216413	267109	333886
全部工业总产值(90 年不变价)	万元	85012	107388	138153	173135	218475	281833
轻工业	万元	48752	55163	61960	69033	76805	82873
重工业	万元	36260	52225	76193	104102	141670	198960
全部独立核算工业主要指标							
职工平均人数	人	70849	72161	73049	74651	76673	77883
工业总产值(90 年不变价)	万元	108425	116094	129287	143693	169421	208451
工业销售产值(现价)	万元	110557	117033	148871	164342	194521	241052
产品销售收入	万元	14474	14763	15964	17832	198325	236519
#产品销售税金及附加	万元	964	357	－405	－925	－1045	－3882
利润总额	万元	－605	－907	－1543	－3621	－4518	－19229
五、客运总量	万人	574	594	637	653	806	841

9－11 续表

指　　标	单 位	1990年	1991年	1992年	1993年	1994年	1995年
货运总量	万吨	221	248	263	294	323	346
客运周转量	万人公里	9542	10232	10845	11032	12039	12457
货运周转量	万吨公里	8425	8747	9463	9832	10898	11064
邮电业务总量(90年不变价)	万元	1644	1794	2965	4215	7412	14649
年末电话机数(包括分机)	部	9455	1035	1845	2365	4378	8184
六、全社会固定资产投资	万元	21789	23205	24713	26319	28030	29874
#国有固定资产投资	万元	7830	8535	9303	10140	11053	12047
#基本建设	万元	2012	2261	2541	2856	3211	3608
更新改造	万元	391	444	505	574	653	742
集体单位投资	万元	2101	2223	2352	2488	2632	2785
#城镇	万元	1642	1825	1931	1964	2015	2217
全社会新增固定资产	万元	6935	7323	7942	8763	9845	10469
全社会房屋建筑竣工面积	万平方米	8.25	8.73	9.65	11.87	12.41	12.67
#住宅	万平方米	3.98	4.03	4.89	5.24	5.85	6.43
七、社会消费品零售总额	万元	33168	37543	39287	46660	56292	74441
#国有经济	万元	8176	8331	9982	11211	12426	14469
集体经济	万元	13180	14921	14457	15436	16223	20864
集市贸易成交额	万元	6345	7579	8057	9342	11258	16227
八、地方预算内财政收入	万元					5849	6268
#各项税收	万元					3407	3602
地方预算内财政支出	万元					9298	10095
年末城乡居民储蓄	万元					134153	145819
年末金融机构存款余额	万元					–	–
年末金融机构贷款余额	万元					194944	211896
九、学校数	所	463	456	453	449	443	443
#普通中学	所	69	69	69	69	69	69
在校学生数	人	100361	100451	103983	10417	105332	105547
#普通中学	人	32631	32925	33721	33983	34015	34062
十、卫生机构数	个	126	127	129	129	131	131
#医院	个	68	68	68	68	68	68
卫生机构床位数	张	2286	2302	2328	2361	2394	2438
#医院	张	1761	1795	1841	1863	1872	1907
卫生技术人员	人	2749	2751	2773	2808	2842	2878
#医生	人	1725	1743	1769	1804	1845	1893
十一、全部职工人数	人	9.21	9.28	9.36	9.41	9.38	9.37
#国有经济	人	6.78	6.81	6.89	6.95	6.93	6.92
城镇集体经济	人	1.93	1.97	2.01	2.03	2.06	2.05
其它经济	人	0.50	0.50	0.46	0.43	0.39	0.40
城镇个体劳动者	人	1.83	1.94	2.05	2.13	2.24	2.89
职工平均工资	元	1850	1950	2005	3279	4025	4531
#国有经济	元	1860	2061	2127	3357	4074	4859
城镇集体经济	元	1779	1900	1969	2150	3473	3543
其它	元	1822	1924	2003	2631	4052	4525
十二、农民人均纯收入	元	792	844	903	954	1118	1439

柑桔之乡—江津

[概况]1、**地理位置**:江津位于北纬28°28'~29°28'、东经105°49'~106°38'之间,东西宽80公里,南北长100公里,东邻巴南区、綦江县,南靠贵州省习水省,西依永川市、合江县,北接壁山县。2、**地形地貌**:处川东平行岭谷褶皱丘陵区,南部四面山区为云贵高原过渡到四川盆地的梯形地带,地势北低南高,最高海拔处四面山蜈蚣坝为1709.4米,境内相对高度1530.9米。3、**气候**:属北半球亚热带季风气候区,四川盆地气候和云贵高原气候相互作用。年平均气温18.4℃,年降雨量1030.7毫米,年平均湿度为81%,年平均日照时数1273.6小时,无霜期341天。4、**山脉河流**:主要有四面山、龙门槽山、碑槽山、华盖槽山等四大山脉。境内河道属长江水系,大小溪河37条,流域面积大于1000平方公里有的长江、綦江河、笋溪河、塘河、璧南河等。5、**土壤**:共划分为紫色土、水稻土、黄壤和冲积土4个土类、8个亚类、25个土属、72个种、110个变种。6、**历史沿革**:古为巴国地。周慎靓王五年(公元前316年),秦灭巴,设置郡县,为江州县辖。南齐永明五年(487年),单独建县。隋开皇初(598年)改名江津县,隶属渝州至今。解放后,1951年壁山专员公署迁江津,1960年移永川。1983年并入重庆市。1992年8月撤县设市。7、**行政区划和人口**:幅员3200.22平方公里(四川省府1985年批准的数字),其中陆地占93.7%,水域占6.3%。1995年辖46个镇、20个乡,930个村,7508个经济合作社。年末总人口数144.94万人,比1994年减少3900人。8、**自然资源**:①植物资源,境内有野生植物1500余种,蕨类植物150余种,中草药600多个品种。国家保护珍贵树种有刺桫椤、钟萼木、福建柏、银杏、杜仲、鹅掌楸、金佛山兰、香果树、木瓜红、穗花杉、八角莲、红豆树、德昌杉、中华双扇蕨、双音座莲、川桂皮等20余种,另有柑桔、猕猴桃、樱桃等野生果树资源。竹子有20多种。②动物资源,野生动物有鸟纲、哺乳纲、爬行纲、两栖类200多种,其中脊椎动物60多种,分属11目30科53属。属于经济类型的动物99种,药用动物62种。国家保护的珍贵动物有虎、豹、猕猴、大灵猫、小灵猫、林麝、毛冠麝、白尾海雕、红腹锦鸡、弹琴蛙等。经济鱼类共78种,有长江鲟、中华鲟、白鲟等世界淡水鱼中的珍贵鱼类,有长吻鮠(江团)、肥鮀、铜鱼(密子鱼)、鳗丽(白鳝)等名贵鱼种。③矿物资源,天然气藏量丰富,是川东地区的主要气源之一;有含硅95%以上的优质硅矿200多万吨、石英矿2500多万吨、石膏600多万吨、盐矿1000多万吨、白色软质粘土矿400多万吨、石灰石2.5亿吨、岩硝102多万吨,还有锰、铁、金、滑石等矿产。④水资源,年总贮量为15亿立方米,境内耕地亩均水1310立方米。地下水年总贮量0.6亿立方米。境内可供开发的水电蕴藏量11.4亿千瓦。10、土特产:江津土特产品众多,尤以江津柑桔和"天府花生"更负盛名。江津是著名的柑桔产区,素有"桔乡"之称,有两千年的栽培历史,五十年代就驰名中外,"江津广柑"以果型美观,色泽鲜艳,细腻化渣,酸甜适度而独具特色。县内培育的"锦橙"、"先锋橙"(又名鹅蛋柑)和"五月红"、"大红袍"列为全国推广的优良品种。柑桔是江津外贸出口的主要农产品之一,常年产量二千五百万公斤以上。

"八五"时期,江津人民在江津市委、市人民政府的领导下,团结一心,艰苦奋斗,江津经济和各项社会事业全面发展。1995年,国内生产总值实现537326万元(按现价计划,下同),比1990年(按可比价计算,下同)增长1.1倍,其中第一、二和三产业增加值分别实现215185万元、195762万元和126406万元,分别比1990年增长48.0%、1.8倍和1.7倍。工农业总产值437848万元,比1990年增长74.1%,粮食产量71.46万吨、比1990年增长7.6%,油料产量6632吨、比1990年下降8.9%,猪肉产量9.34万吨,比1990年增长22.7%。乡镇企业营业收入769103万元,上交税金25080元元,实现利润40908万元。全部独立核算工业企业销售收入305260万元,利税总额-5760万元,减亏2808万元。1995年货运量完成820万吨,客运量完成1724万人次。邮电业务总量完成2319万元,比1990年增长3.9倍;社会消费品零售总额实现129297万元,比1990年增长1.4倍;全社会固定资产投资完成83379万元、比1990年增长2.0%,地方财政收入完成7838万元,财政支出14450万元,年末城乡居民储蓄余额为153594万元、比1990年增长3.3倍。普通中学在校生47471人,小学在校生11961人,学龄儿童入学率保持在100%;推广应用科技成果项目37项目,文化馆(站)67个,医院病床2236张,卫生技术人员3304人,人口出生率为11.39‰,自然增长率为3.85‰。

9-12 江津市主要社会经济指标

指　　　标	单　位	1990年	1991年	1992年	1993年	1994年	1995年
一、年末总人口	万人	143.97	144.41	144.57	144.84	145.33	144.94
#非农业人口	万人	18.43	18.58	18.59	19.35	21.04	20.88
社会从业人员	万人	77.04	80.00	82.83	80.29	77.44	81.37
第一产业	万人	53.04	54.77	55.26	40.63	40.19	39.86
第二产业	万人	12.86	13.71	13.12	21.78	20.28	23.76
第三产业	万人	11.14	11.52	14.45	17.88	16.97	17.75
二、国内生产总值(现价)	万元	151099	173130	214319	286410	382203	537326
第一产业	万元	74116	79296	84729	105240	134250	215158
第二产业	万元	47993	56154	79340	113057	152137	195762
第三产业	万元	28990	37680	50250	68113	95816	126406
人均国内生产总值	元	1056	1219	1532	2053	2634	3702
国内生产总值指数(以上年=100)	%	112.0	112.7	119.9	111.4	127.5	108.9
三、乡村人口	万人	119.75	114.37	114.27	23.85	24.14	24.14
年末实有耕地面积	公顷	74947	74776	74570	74234	73951	73579
通电村数	个	930	930	930	930	930	930
农村用电量	万千瓦时	7296	7440	7701	11995	13075	13684
农林牧渔业产值(90年不变价)	万元	128035	135260	138120	145411	150500	155316
农业	万元	69419	72355	73958	80676	82023	84536
#种值业	万元	65016	67264	68792	72126	73264	75754
林业	万元	3428	3180	3628	3881	3638	3461
牧业	万元	53513	57491	58782	58629	61951	63296
渔业	万元	1675	2234	1752	2225	2888	4023
粮食产量	吨	663999	681868	664915	684112	701229	714550
油料产量	吨	7277	6406	6937	5801	5170	6632
糖类产量	吨	57893	67248	50084	53062	49767	47552
蚕茧产量	吨	1986	2263	1929	2355	2874	2427
茶叶产量	吨	630	775	790	823	729	762
水果产量	吨	42310	39706	53194	69467	60434	61368
肉类产量	吨	84595	90806	92270	95114	103986	107011
#猪肉产量	吨	76144	81030	82163	84200	91909	93445
水产品产量	吨	4006	5425	4058	5086	7351	10280
乡镇企业总产值(90年不变价)	万元	71982	96537	200768	310851	563680	748286
四、全部工业总值(现价)	万元	122545	142143	217339	319274	462102	466036
全部工业总产值(90年不变价)	万元	123483	143140	187504	243238	326738	282532
轻工业	万元	78329	87412	100548	140607	166896	124143
重工业	万元	45154	55728	86956	102631	159842	158389
全部独立核算工业主要指标							
职工平均人数	人	55522	57278	53875	51264	49486	53396
工业总产值(90年不变价)	万元	101291	113176	122251	154547	178381	203703
工业销售产值(现价)	万元	94353	104286	118626	225615	285396	289503
产品销售收入	万元	87295	100099	115512	160680	256831	285147
#产品销售税金及附加	万元	4388	5495	5325	7023	1016	1083
利润总额	万元	5109	2192	4447	4373	-27411	-13550
五、客运总量	万人	966	1289	1406	1521	1588	1724

9-12 续表

指　　标	单位	1990年	1991年	1992年	1993年	1994年	1995年
货运总量	万吨	628	663	692	747	769	820
客运周转量	万人公里	32772	40411	45405	47936	49239	53842
货运周转量	万吨公里	7320	7918	13941	15633	17127	18794
邮电业务总量(90年不变价)	万元	477	591	743	922	1551	2319
年末电话机数(包括分机)	部	6012	7441	7383	8061	11278	17640
六、全社会固定资产投资	万元	81761	86780	43656	60078	75185	83379
#国有固定资产投资	万元	76233	75061	26352	34111	45003	32606
#基本建设	万元	71808	67547	16971	13294	23573	11052
更新改造	万元	4351	7465	9287	18707	19567	17008
集体单位投资	万元	1503	1792	4630	9387	12704	14134
#城镇	万元	733	796	1890	787	904	971
全社会新增固定资产	万元	63285	62184	24719	26361	51714	58127
全社会房屋建筑竣工面积	万平方米	10.13	12.77	29.35	27.97	28.45	32.13
#住宅	万平方米	5.93	6.62	10.08	11.99	7.51	14.16
七、社会消费品零售总额	万元	53194	57576	62296	74187	103384	129297
#国有经济	万元	14991	18701	19150	16278	24116	31011
集体经济	万元	15062	12854	14335	25782	27470	27808
集市贸易成交额	万元	18747	25066	29752	35907	54786	64351
八、地方预算内财政收入	万元	8139	8407	8727	5256	5985	7838
#各项税收	万元	7849	7910	8124	4627	5560	7002
地方预算内财政支出	万元	8197	8014	9316	11547	12155	14450
年末城乡居民储蓄	万元	35250	45956	59513	72699	108163	153594
年末金融机构存款余额	万元	57181	74991	93645	105419	128819	189700
年末金融机构贷款余额	万元	64504	82314	104901	127694	162903	199901
九、学校数	所	123	123	119	118	112	104
#普通中学	所	5	10	10	15	11	5
在校学生数	人	152415	146584	148652	187965	161856	167169
#普通中学	人	54400	47759	42501	39949	43864	47471
十、卫生机构数	个	208	197	197	192	189	189
#医院	个	113	113	113	113	124	124
卫生机构床位数	张	2608	2650	2661	2661	2590	2571
#医院	张	2279	2309	2309	2309	2262	2236
卫生技术人员	人	3390	3398	3414	3414	3337	3304
#医生	人	1981	1955	1903	1903	1872	1849
十一、全部职工人数	人	90745	94838	85739	89796	87948	87658
#国有经济	人	63627	64603	58330	62419	63032	64385
城镇集体经济	人	27118	27300	27004	25593	24300	22540
其它经济	人	–	2935	405	1784	616	733
城镇个体劳动者	人	6135	9616	21408	24712	26600	28100
职工平均工资	元	1797	1912	2256	2818	3552	4165
#国有经济	元	1987	2152	2522	3176	4104	4678
城镇集体经济	元	1365	1389	1660	1871	2149	2669
其它	元	–	1622	2222	3884	3422	3071
十二、农民人均纯收入	元	666	703	741	843	1137	1507

发展中的合川

一、概况

三江环抱的合川市,物产丰富,素有"小重庆"之称,位于四川盆地东部,东接邻水、渝北,南葦北碚、壁山,西南连铜梁,西北毗邻蓬溪、潼南,北界武胜,东北与岳池接壤。合川处于工业经济比较发达的重庆与资源存在丰富的川北地区的结合部,得重庆经济中心城市发展所依靠的卫星城。合川水陆交通方便,工商业比较发达,全市幅员面积2356平方公里,辖50个镇、8个乡、6个街道办事处,916个村、7610个村民小组,总户数44.62万户,人口149.13万人,居四川省第三位,人口密度为633人/平方公里。

合川地处华鉴南段西北麓,是盆中丘陵和盆东平行岭谷的交接地带。由于嘉、渠、涪三江及临渡河纵贯全境,构成扇形的向心水道网;东、北、西三面较高,南面较低,微向三江河谷缓斜,地形以丘陵为主;除三江沿岸属深丘谷地外,大部是浅丘,多呈台阶、方山。海拔300—450米,属中亚热带季风湿润气候年均气温摄氏17.9度,无霜期362天,年日照1166.1小时,年降水量926.6毫米,主要灾害性天气是干旱。市内三江一河及其支流总长2000余公里,是灌溉、发电、航运的重要水利资源。林地以马尾松为主,杉、柏、青冈、樟、楠、类等次之,森林覆盖率为18.0%。矿产资源有煤、铁、液体盐(卤折盐)、重晶石、天青石、冰洲石、硫铁矿、天然气等。

二、历史沿革

合川古为巴国别都。周慎靓王五年(公元前316年)秦灭巴始置垫江县,南朝宋元初元年(公元420年)置宕渠郡县,西魏恭帝三年(公元556年)改宕渠郡为垫江郡,设合州,县为石镜县。隋开皇三年(公元583年)废郡专为合州。开皇末年改为涪州,增设赤水县,至元二二年(公元1285年)重置合川,隶重庆路。1913年改为合川县,属东川道1935年属四川省第三行政督察区。建国后,属壁山、江津专区,后为永川地区。1952年底由在工矿地区增划合川市,1957年撤市复旧合川县,属永川地区,1983年划入重庆市,1992年撤县设市。

三、经济建设及社会发展概况

建国以后,特别是"八五"时期,我市各条战线积极稳妥推进经济体制改革,并充分利用撤县设市的有利时机和有利条件,加大改革开放力度,在机遇与挑战中实现经济的突飞猛进,整个国民经济呈现出欣欣向荣的繁荣景象。1995年国内生产总值达517952万元(当年价),比1990年增长90.8%,平均递增13.8%(可比价),人均国内生产总值(当年价)达3473元。工农业总产值(按90年不变价计算,新口径)283067万元,粮食总产量达741198吨,全年出槽肥猪100.6万头,水产品2751吨,柑桔28807吨。乡镇企业总产值(老口径)达653374万元,从业人员达18.7万人,占农村总劳动力的24.2%,乡村企业利税总额2483万元。工业产品羽绒、肠衣、猪鬃是合川传统的出口商品,换汇率高,长期销住韩国、东南亚等地区和国家。"合川桃片",历史悠久,驰名巴蜀,畅销不衰,多次获奖,1991年重获国家银质奖。"阳城头曲"、"合川酱油",1988年、1989年分别获中商部优质奖。"嘉陵牌"碳酸锶,是四川省优质产品,用于电子工业,是市场上的热门货。全社会客运总量1444万人,旅客周转量48457万人公里;货运量334万吨。货物周转量41067万吨公里。邮电业务总量2607万元,程控交换机容量2.5万门,电话机总数达16792部。社会消费品零售总额136000万元,比1990年增长1.7倍。全社会固定资产投资额达58163万元,比1990年增长2.3倍,平均每年递增26.9%。财政增收,金融形势稳定。全年实现财政收入7327(新口径)万元,财政支出14282万元;各项存款余额突破20亿元大关,其中城乡居民储蓄存款余额为175583万元;各项货款余额为163569万元。各类普通学校877所,在校学生数17.98万人,学龄儿童入学率达99.5%。各类电影放映单位28个,文化馆(站)65个,出版报纸749万份,合川电视播出新闻稿件1655件。医疗卫生机构发展到160个,病床2557张,卫生技术人员1837人。体育事业成绩显著。1995年,我市成功举办了盛大的第四届职工体育运动会。老年人体育活动盛况空前,全年安排比赛6次,参加人数1845人。全市学生体育锻炼达标率为93%。城镇职工人平工资3772元,农民人均纯收入1386元。

四、名胜古迹

合川山川秀美,名胜繁多,自然景观与人文景观兼而有之,游览胜地古老壮观,风景秀美,各具特色,是赏景览胜的理想之地。旅游资源主要有钓鱼城古战场遗址、嘉陵江小山峡、水波洞,自然风景区有二佛寺、双龙湖,古圣寺、龙多山、云门山。

9－13 合川市主要社会经济指标

指　　标	单 位	1990 年	1991 年	1992 年	1993 年	1994 年	1995 年
一、年末总人口	万人	148.97	149.35	149.28	149.61	148.70	149.13
#非农业人口	万人	17.40	17.75	17.98	18.47	18.32	18.86
社会从业人员	万人	78.52	78.49	86.35	82.18	81.55	75.33
第一产业	万人	66.18	66.15	72.78	66.36	63.37	57.74
第二产业	万人	6.78	6.78	7.46	10.28	11.56	9.67
第三产业	万人	5.56	5.56	6.11	5.54	6.62	7.92
二、国内生产总值(现价)	万元	151812	160754	186933	217682	395836	517952
第一产业	万元	80573	79338	69052	74917	99798	175372
第二产业	万元	37639	45799	60189	75290	143421	148580
第三产业	万元	33600	35617	57602	67475	152617	194000
人均国内生产总值	元	280	293	326	367	450	534
国内生产总值指数(以上年＝100)	%	105.7	105.9	111.2	112.8	122.5	118.6
三、乡村人口	万人	133.44	135.01	134.34	134.35	138.58	138.64
年末实有耕地面积	公顷	81627	81433	81140	81023	80925	80915
通电村数	个	915	915	917	916	916	916
农村用电量	万千瓦时	2888	3245	3390	3734	3649	4014
农林牧渔业产值(90 年不变价)	万元	11.21	11.32	10.29	10.57	10.18	11.25
农业	万元	6.63	6.60	6.27	6.75	6.41	6.79
#种值业	万元	4.77	4.79	5.92	6.41	6.01	6.47
林业	万元	0.14	0.25	0.21	0.25	0.21	0.33
牧业	万元	4.17	4.20	3.74	3.49	3.46	4.02
渔业	万元	0.27	0.27	0.07	0.08	0.10	0.11
粮食产量	吨	799727	792558	667853	705000	669276	741198
油料产量	吨	10978	12021	10585	8771	7577	7928
糖类产量	吨	38254	39900	26531	20213	9291	9419
蚕茧产量	吨	6807	6878	5850	5277	4635	3410
茶叶产量	吨	353	303	270	408	231	165
水果产量	吨	34414	20091	21756	27082	25200	29232
肉类产量	吨	79513	82202	66604	60879	70891	70836
#猪肉产量	吨	79038	81729	66334	60609	67118	70442
水产品产量	吨	2808	2877	2800	2165	2167	2751
乡镇企业总产值(90 年不变价)	万元	100366	118907	200534	292832	443771	653347
四、全部工业总值(现价)	万元	91051	160038	190695	204541	318491	214259
全部工业总产值(90 年不变价)	万元	152912	175702	180203	217265	294604	170559
轻工业	万元	118329	135964	139447	163083	181312	76026
重工业	万元	34583	39738	40756	54182	113292	94533
全部独立核算工业主要指标							
职工平均人数	人	52146	53165	59200	54734	58626	54141
工业总产值(90 年不变价)	万元	116680	116785	116330	120610	136730	123289
工业销售产值(现价)	万元	69279	69347	108959	117301	154496	135106
产品销售收入	万元	68529	50270	106820	122206	81620	136085
#产品销售税金及附加	万元	4583	4395	5782	6133	1490	1285
利润总额	万元	－1792	－798	2626	5756	2811	－6733
五、客运总量	万人	489	489	763	995	1116	1444

9－13 续表

指　　标	单　位	1990 年	1991 年	1992 年	1993 年	1994 年	1995 年
货运总量	万吨	57	62	219	229	240	234
客运周转量	万人公里	489	10625	20273	27451	30734	48457
货运周转量	万吨公里	18976	18984	86384	87431	41890	41067
邮电业务总量(90 年不变价)	万元	452	552	747	961	1471	2381
年末电话机数(包括分机)	部	3751	3760	3660	4557	9626	16792
六、全社会固定资产投资	万元	17683	22406	23093	34763	45427	58163
#国有固定资产投资	万元	6846	12792	17207	23208	27151	23066
#基本建设	万元	5017	8413	13677	11451	8740	9162
更新改造	万元	1809	1979	13677	11451	8740	9162
集体单位投资	万元	2490	3296	1413	6289	11309	12025
#城镇	万元	772	753	1286	1893	1433	1129
全社会新增固定资产	万元	13222	15324	34255	33940	19042	64697
全社会房屋建筑竣工面积	万平方米	119.59	160.69	201.83	17.30	13.98	101.43
#住宅	万平方米	94.16	138.14	189.63	11.23	4.74	52.20
七、社会消费品零售总额	万元	49843	58184	63474	73015	105567	136000
#国有经济	万元	13660	17284	19467	21414	20264	25657
集体经济	万元	34474	23962	37568	42922	44754	43697
集市贸易成交额	万元	23393	30752	34942	395511	593110	92733
八、地方预算内财政收入	万元	8885	7282	8404	10377	6313	7327
#各项税收	万元	7350	6200	7706	9065	5963	6948
地方预算内财政支出	万元	7919	7222	8399	8994	13359	14282
年末城乡居民储蓄	万元	30987	42768	–	–	128583	175583
年末金融机构存款余额	万元	38925	68019	56463	86701	156519	206422
年末金融机构贷款余额	万元	58313	71280	90168	119569	108675	16359
九、学校数	所	1003	984	975	953	910	877
#普通中学	所	111	117	117	109	88	86
在校学生数	人	163227	158162	156540	164052	174923	179839
#普通中学	人	58000	52400	44800	41485	46074	44445
十、卫生机构数	个	174	161	160	148	160	160
#医院	个	110	107	106	106	111	111
卫生机构床位数	张	2348	2400	2410	2075	2482	2557
#医院	张	2150	2113	2123	1828	2179	2206
卫生技术人员	人	2805	2850	2825	2878	2806	2837
#医生	人	1412	1374	1341	1386	1299	1325
十一、全部职工人数	人	91332	89343	88218	82549	75700	75496
#国有经济	人	63484	65075	65232	58566	55500	54348
城镇集体经济	人	27848	24268	22986	23509	19300	19842
其它经济	人	–	–	–	474	900	1306
城镇个体劳动者	人	3329	3412	3484	3693	10500	11700
职工平均工资	元	1844	2098	2259	2435	3364	3772
#国有经济	元	2133	2332	2485	2731	3657	4094
城镇集体经济	元	1353	1479	1594	1719	2381	2813
其它	元	–	–	–	1866	4000	4932
十二、农民人均纯收入	元	664	700	720	790	1051	1386

食品工业基地一永川

永川，古为昌洲属地，公元776年割泸洲，壁山两县地始置永川县，因县城三河汇流，形如“篆文”的“永”字，故取名永川，至今已有1200多年历史。1960年四川省江津专署迁至永川，1981年更名永川行署，1983年地市合并隶属重庆市，1992年3月撤县建永川市。

永川位于东经105°37'31"至106°5'7"，北纬28°56'16"至29°34'30"。地处四川省东南部，重庆市西南面，长江上游北岸，东靠壁山、江津，南连合川、泸县，西接荣昌、大足，北与铜梁毗邻。全市地貌分为低山、丘陵、缓丘平坝三大类，永川属中亚热带湿润季风气候区，日气温多年平均为17.8C，年均降雨量1036毫米。土地面积1573平方公里，人口101.81万人，全市辖34个乡、镇、街道办事处。永川历为川东南物资集散中心和陆路交通枢纽，是重庆西部经济重镇，四川省综合体制改革试点市和省确定发展县级成渝“一条线”城市。

永川物华天宝，资源丰富。拥有储量丰富的煤、铁、天然气、石英砂、石灰石、重晶石、粘土矿、钾盐等20多种矿藏资源，已成为全国重点产煤县(市)之一，永川素有天府“三江粮仓”之称，已建成全国商品粮、瘦肉型商品猪、稻田养鱼、柑桔、蚕桑、茶叶生产基地；林木总面积1.71万公顷，面积近1333万公顷的楠竹，被列入全国楠竹生产基地。

永川交通通讯发达，是商贾云集、商贸繁荣之地。境内交通四通八达，成渝公路、成渝高速公路、成渝铁路横贯市境，四条省道和若干跨县市道路与周边县市相通，社社均通公路，全市公路通车里程853公里；长江穿越南部3个乡镇，流程21.5公里。无线寻呼、移动通讯电话覆盖全市，自动程控电话、直拔电话、图文电话、图文传真通达全国各地及20多个国家和地区。全市有“三资企业”36个，集市贸易市场58个，国家一二级物资储备仓库5个，转运站(场)7个，备有中转、通用仓库设备45处，为物资储备和商品中转创造了重要条件。目前，全市创汇企业已发展到30多家，出口产品的品种增至40多个。氨基酸、白厂丝、绢丝、羽毛、羽绒制品、茶叶、豆豉、柑桔、服装等远销美、法、英、意、日等30多个国家和地区。

永川工业基础雄厚，门类齐全。全市有工业企业5272个，已形成具有地方特色、基础雄厚的能源、化工、建材、机械、丝绸、食品为支柱产业的工业体系。1985年以来，先后有27个产品获部、省、重庆市优质产品称号，跨入全国百家食品县行列，在第五届亚太地区国际博览会上，永川牌永川豆豉、北庆牌陪都火锅汤料、石松牌永川高粱酒、松溉牌豆豉系列、永川牌灵芝酱油共获得四块金牌、一块银牌。氨基酸系列产品销量占全国三分之一，丝绸年出口创汇1000万美元。

“八五”时期是永川改革开放、经济建设和社会各项事业发展最辉煌的时期。在此期间，全市人民在市委、市府的带领下，抓住机遇，深化改革，加快发展，全面完成了“八五”计划确定的各项目标和任务，国民经济和社会事业持续、加速、稳定、健康发展，取得了令人瞩目的成就。国民经济快速增长，经济实力明显增强，1995年全市国内生产总值达到251101万元，按可比价计算“八五”时期年均增长11.5%，比“七五”时期的增幅高出4.1个百分点。随着经济总量的快速增长，全市综合经济实力显著增强，人均国内生产总值由1990年的827元增加到1995年的2471元，按可比价计算，“八五”时期平均每年增长11.0%。农业生产稳步发展，1995年实现农业增加值102184万元，按可比价计算，“八五”时期年均增长5.8%。工业生产保持了一定增幅，1995年实现工业增加值50573万元，扣除物价因素，“八五”时期平均每年递增16.9%。城乡零售市场繁荣兴旺，1995年全市实现社会消费品零售总额104757万元，“八五”时期平均每年递增22.3%。固定资产投资增加，社会物质基础日趋雄厚。“八五”时期全市累计完成全社会固定资产投资额215784万元，年均增长31.1%。科技和社会事业长足发展，1995年全市有科研单位11个，科技企业48家。技术中介机构25个，技术服务机构272个。有各类学校684个，其中高等学校1所，在校学生2734人，中专5所，在校学生4409人，小学学龄儿童入学率达99.8%。有卫生机构115个，医院床位2581张，卫生技术人员3065人，平均每千人拥有卫生技术人员3人。城乡居民收入大幅度增加，1995年我市城镇人均生活费收入达到3344元，比1990年增长1.3倍，年均增长18.4%，农民人均纯收入1532元，比1990年增长1.5倍，年均增长19.8%。

9－14 永川市主要社会经济指标

指标	单位	1990年	1991年	1992年	1993年	1994年	1995年
一、年末总人口	万人	99.75	100.27	100.55	101.09	101.44	101.81
#非农业人口	万人	14.18	14.48	14.97	15.76	16.20	16.78
社会从业人员	万人	55.12	52.52	53.54	53.98	52.05	55.08
第一产业	万人	40.82	37.38	37.19	35.86	37.16	36.40
第二产业	万人	7.71	8.35	9.21	9.20	8.63	10.39
第三产业	万人	6.59	6.79	7.14	8.92	6.26	8.29
二、国内生产总值(现价)	万元	105966	120138	142898	169590	234373	251101
第一产业	万元	40472	40120	45087	51787	70051	102184
第二产业	万元	38185	46527	56902	66827	92812	73427
第三产业	万元	27309	33491	40909	50976	71510	75490
人均国内生产总值	元	1067	1201	1423	1682	2314	2471
国内生产总值指数(以上年＝100)	%	107.4	106.5	110.0	112.9	112.9	113.2
三、乡村人口	万人	85.89	85.68	85.16	84.55	83.88	85.43
年末实有耕地面积	公顷	54280	54007	53802	53741	53704	53669
通电村数	个	629	629	629	629	629	631
农村用电量	万千瓦时	2915	3563	4942	5161	5814	6317
农林牧渔业产值(90年不变价)	万元	75672	74378	75069	77304	78604	81832
农业	万元	46236	43606	43204	44120	43643	45583
#种值业	万元	43240	40600	40153	41070	40702	42488
林业	万元	2545	1974	1768	2027	1938	1707
牧业	万元	25805	27123	28715	29457	30986	32525
渔业	万元	1086	1675	1382	1700	2037	2017
粮食产量	吨	532753	518803	491811	499188	501867	514418
油料产量	吨	5741	5518	6103	5211	4270	5303
糖类产量	吨	9388	10884	3795	4943	3209	3326
蚕茧产量	吨	1405	1730	1909	1489	1638	1404
茶叶产量	吨	1642	1468	1288	1315	1155	1027
水果产量	吨	12971	9683	14750	18743	17876	16287
肉类产量	吨	43110	44450	46103	46871	50428	51957
#猪肉产量	吨	38746	39931	41040	41284	43689	44953
水产品产量	吨	3110	3800	3200	3800	4600	4700
乡镇企业总产值(90年不变价)	万元	61370	76953	122229	223776	472429	729409
四、全部工业总值(现价)	万元	78141	90077	116043	170315	296268	189372
全部工业总产值(90年不变价)	万元	85852	96923	117993	168680	277927	135592
轻工业	万元	50318	58972	64179	70291	106514	59127
重工业	万元	35534	37951	53814	98389	171413	76465
全部独立核算工业主要指标							
职工平均人数	人	43268	47480	46629	42941	41334	49499
工业总产值(90年不变价)	万元	56415	66293	75297	71192	70179	78655
工业销售产值(现价)	万元	51366	60824	68451	69497	81444	102469
产品销售收入	万元	50465	60724	70771	74376	74021	101516
#产品销售税金及附加	万元	3440	3086	3573	3714	1127	1164
利润总额	万元	239	－47	878	22	－3136	－6906
五、客运总量	万人						

9－14 续表

指　　标	单　位	1990 年	1991 年	1992 年	1993 年	1994 年	1995 年
货运总量	万吨	－	－	－	－	－	－
客运周转量	万人公里	55767	71218	44805	43392	39379	34819
货运周转量	万吨公里	20222	16782	18892	13113	25256	23954
邮电业务总量(90 年不变价)	万元	494	598	745	924	1753	2722
年末电话机数(包括分机)	部	5234	5869	6352	6855	12499	13885
六、全社会固定资产投资	万元			28580	45944	58726	57534
#国有固定资产投资	万元		6220	11258	16382	23333	14445
#基本建设	万元		2231	2809	5288	11719	9275
更新改造	万元			7722	8961	10034	2312
集体单位投资	万元			6201	14448	13784	14541
#城镇	万元			339	2448	408	337
全社会新增固定资产	万元					47390	51727
全社会房屋建筑竣工面积	万平方米					12.98	15.90
#住宅	万平方米						
七、社会消费品零售总额	万元	38329	42319	49561	60217	81714	104757
#国有经济	万元	4374	9909	17287	16768	22384	21336
集体经济	万元	11754	13039	14112	20235	25449	23318
集市贸易成交额	万元	12305	12447	19849	26738	37942	49917
八、地方预算内财政收入	万元	7000	7009	8429	10126	4530	5931
#各项税收	万元	6597	6778	8199	9588	4045	5190
地方预算内财政支出	万元	5899	6142	7838	9209	11438	11445
年末城乡居民储蓄	万元	30275	41087	52356	66623	93962	127862
年末金融机构存款余额	万元	42705	56034	69017	71363	96965	115630
年末金融机构贷款余额	万元	46481	59274	71971	86727	103862	121028
九、学校数	所	759	756	760	746	715	696
#普通中学	所	70	70	79	78	81	85
在校学生数	人	125498	122996	127551	137797	145986	150860
#普通中学	人	41779	37073	32412	31422	36494	41991
十、卫生机构数	个	162	163	163	111	111	115
#医院	个	81	78	78	48	50	54
卫生机构床位数	张	2614	2606	2608	2552	2587	2807
#医院	张	2370	2372	2366	2383	2407	2581
卫生技术人员	人	2930	2979	3146	3006	3092	3065
#医生	人	1478	1411	1463	1348	1310	1422
十一、全部职工人数	人	79751	82477	74400	68536	66699	66206
#国有经济	人	64888	68099	60400	51662	53630	51781
城镇集体经济	人	14863	14378	14000	13516	11887	11150
其它经济	人	－	－	－	3358	1182	3275
城镇个体劳动者	人	2214	3655	3900	4300	6400	9100
职工平均工资	元	1727	1908	2449	2626	3610	4058
#国有经济	元	1813	1952	1451	2807	3802	4313
城镇集体经济	元	1355	1706	1895	1952	2746	3024
其它	元	－	－	－	2513	3308	3505
十二、农民人均纯收入	元	621	702	747	869	1173	1532

川东鱼米之乡——长寿

一、概况

长寿位于四川东部，地处长江北岸，幅员面积1415.49平方公里。其中陆地面积1305.6平方公里，水域面积109.89平方公里。全县水力蕴藏量19.77万千瓦，可开采量为17.1万千瓦。县境内有一股日流量为1500万立方米的国内稀有珍贵的优质矿泉水，已建成中外合资重庆天泉矿泉饮料有限公司，其"人头山"矿泉水1994年获乌兰巴托国际食品博览会金奖。县内矿藏资源丰富，目前已探明具有开采价值的矿产资源有20多种。烟煤储量4598万吨，天燃气已探明储量318亿立米，属全国大型气田。已钻出20米厚盐层的盐井一处。全县现有园地3693公顷，林地2.84万公顷，森林覆盖率为18.6%，木材蓄积量达80万立方米。境内有1江、3河、13溪、35条沟、175处地下水出露点，2座人工湖及104座水库。气候属于亚热带湿润气候区，年均气温17.68℃，常年降水量1200毫米左右，年无霜期300天以上。

1995年，全县辖22镇14个乡，573个村民委员会。年末总人口87.11万人，比1990年增加1.09万人，其中：农业人口73.19万人。社会从业人员48.30万人，其中第三产业从业人员9.53万人，比1990年增加1万人。

二、经济发展概况

1995年全县国内生产总值(现价)达303637万元，比1990年增长1.0倍，年均递增15.0%；工农业总产值(90年不变价)420935万元，比1990年增长77%。完成财政收入6154万元，比上年增长25.2%。

[农业]长寿素以"川东鱼米之乡"著称，盛产水稻、玉米、小麦、红苕、油菜、生猪等农副产品。1995年现行农村社会总产值608682万元，比1990年增长5.7倍；农牧渔业增加值达90009万元，比1990年增长1.5倍；粮食总产量445112吨，比1990年增长7.7%，为历史上粮食产量最高年。水果产量20503吨，水产品产量5019吨。分别比1990年增长123.5%和123.4%。土特产品各具特色，尤以沙田柚和夏橙驰名中外，沙田柚形似葫芦，汁多味浓，嫩脆化渣，营养丰富，素有"天然罐头"之美称，年产135万个，1985年和1988年获农业部金杯奖，被列为全国优质水果。夏橙是近十年来利用长寿湖区最佳生态条件发展起来的名特优新产品，它色泽鲜艳，汁多味厚，细嫩可口。年产250多万公斤，获省级优质奖，长寿县被联合国粮农组织列为夏橙生产基地。

[工业]1995年全县工业企业4120个，其中大中型企业10个。全部工业总产值(90年价)290783万元，比1990年增长62.0%，其中轻工业60.3%；重工业39.7%。长寿工业以化学工业为主体，西南最大的化工企业——四川维尼纶厂生产的甲醇、聚乙烯醇远销欧美、日本和东南亚等20多个国家和地区，长寿化工总厂是全国化工原料基地，其氯丁橡胶、氯酸钾、烧碱等行销全国，四川染料厂是全国染料基地，其生产的染料和保险粉50%以上出口，是重庆市的出口创汇大户。此外长风化工厂和川东净化总厂等厂家生产的产品也运销国外。

[交通、邮电]1995年全区完成客运总量6196万人，比1990年增长4.7倍。货运总量1025万吨，比1990年增长1.8倍，客运周转量80906万人公里，货运周转量40586万吨公里，分别比1990年增长2.95倍和46.5%。到1995年底，全县实现36个乡镇通公路，通车里程达1188公里，比1990年增加571公里。1995年完成邮电业务总量(90年不变价)1866万元，比1990年增长4.6倍。电话用户已发展到8929户，23个乡镇开通了农村程控电话。

[固定资产投资]1995年全社会固定资产投资总额达83929万元，比1990年增长62.7%。新增固定资产51067万元，比1990年增长9.6倍。全社会房屋竣工面积15.7万平方米。其中住宅6.41万平方米

[商贸]长寿是下川东地区商贸中心之一，商业设施齐全。1995年有各类商业网点11341个，从业人员23890人。社会消费品零售总额达88177万元，比1990年增长1.2倍，集市贸易成交额达48238万元，比1990年增长4.3倍。

[金融、保险]1995年全县金融和非金融机构贷款余额达209916万元，比1990年增长2.3倍。存款余额190615万元，比1990年增长2.7倍。其中居民储蓄余额达140689万元，比1990年增长2.7倍。

[文教、卫生]1995年有各类学校504所，在校学生102112人；卫生机构91个，病床1658张，技术人员2712人，其中医生2143人，比1990年增长75%。

[人民生活]1995年职工平均工资5097元，比1990年增长1.9倍，农民人平纯收入1408元，比1990年增长1.1倍。

9－15 长寿县主要社会经济指标

指　　标	单 位	1990年	1991年	1992年	1993年	1994年	1995年
一、年末总人口	万人	86.02	86.41	86.50	86.46	86.79	87.11
#非农业人口	万人	12.52	12.62	12.56	13.24	13.45	13.92
社会从业人员	万人	48.31	49.83	46.92	47.17	47.02	48.30
第一产业	万人	30.08	31.03	28.30	28.48	28.02	28.47
第二产业	万人	9.70	9.50	9.30	9.55	9.09	10.30
第三产业	万人	8.53	9.30	9.32	9.14	9.91	9.53
二、国内生产总值(现价)	万元	126852	134644	167005	204547	244228	303637
第一产业	万元	35747	35402	42731	60668	71569	90009
第二产业	万元	72069	77680	92015	108497	124614	149771
第三产业	万元	19036	21562	32259	35382	48045	63857
人均国内生产总值	元	1479	1562	1965	2367	2819	3492
国内生产总值指数(以上年＝100)	%	100.0	106.1	124.0	122.5	119.4	104.6
三、乡村人口	万人	73.32	73.43	73.76	73.74	72.91	73.11
年末实有耕地面积	公顷	47478	47159	47098	46945	46945	46981
通电村数	个	565	565	565	568	568	568
农村用电量	万千瓦时	2683	1454	2031	2640	3150	3896
农林牧渔业产值(90年不变价)	万元	57861	59108	63817	66792	70750	73297
农业	万元	32784	32675	34495	36562	37745	39117
#种植业	万元	31673	31402	33119	35099	36169	37434
林业	万元	1315	1364	1814	1108	758	656
牧业	万元	22895	23958	26274	26942	30191	31295
渔业	万元	867	1111	1234	2180	2056	2230
粮食产量	吨	413340	407470	409963	421640	436325	445112
油料产量	吨	7021	8514	7873	7886	5879	7271
糖类产量	吨	404	432	372	352	352	311
蚕茧产量	吨	547	678	912	1163	1484	973
茶叶产量	吨	436	421	246	350	407	543
水果产量	吨	9175	6408	8678	14328	17209	20503
肉类产量	吨	37699	39636	41917	43696	47254	47879
#猪肉产量	吨	35792	37620	41860	41192	43848	44104
水产品产量	吨	2247	2584	3011	4838	4910	5019
乡镇企业总产值(90年不变价)	万元	53370	65472	86447	172944	311908	462111
四、全部工业总值(现价)	万元	165127	164617	224231	279309	363601	399125
全部工业总产值(90年不变价)	万元	179518	197923	233957	277653	328812	290783
轻工业	万元	108246	128177	153390	171516	210777	175234
重工业	万元	71272	69746	80567	106137	118035	115549
全部独立核算工业主要指标							
职工平均人数	人	49788	51220	53071	52895	56635	54907
工业总产值(90年不变价)	万元	139999	156976	176387	183884	206233	237038
工业销售产值(现价)	万元	127237	141987	159545	167122	216413	284326
产品销售收入	万元	106102	136632	158225	187533	202837	285164
#产品销售税金及附加	万元	9207	103164	12288	11884	1567	1512
利润总额	万元	5962	11341	6305	－8225	－7770	900
五、客运总量	万人	1093	1157	2208	5647	5995	6196

9-15 续表

指　　标	单　位	1990年	1991年	1992年	1993年	1994年	1995年
货运总量	万吨	373	229	563	785	1059	1025
客运周转量	万人公里	20506	21560	39967	177793	72551	80906
货运周转量	万吨公里	27710	22230	30747	33977	37613	40586
邮电业务总量(90年不变价)	万元	333	395	530	696	1183	1866
年末电话机数(包括分机)	部	5590	5982	6540	8283	10419	15569
六、全社会固定资产投资	万元	51630	55492	72682	60462	63638	83929
#国有固定资产投资	万元	43861	44786	60611	36890	35753	49766
#基本建设	万元	6258	4338	12432	7256	9848	7502
更新改造	万元	12902	13431	16950	27267	23269	35861
集体单位投资	万元	1707	2682	3933	10858	12349	11128
#城镇	万元	451	143	666	774	644	740
全社会新增固定资产	万元	4827	5100	9054	27949	29417	51067
全社会房屋建筑竣工面积	万平方米	12.58	10.27	12.10	9.00	13.31	15.70
#住宅	万平方米	5.83	8.10	4.28	2.00	6.25	6.41
七、社会消费品零售总额	万元	39772	42138	54430	60694	73927	88177
#国有经济	万元	9388	9795	15610	12100	12920	16150
集体经济	万元	10748	7865	14744	21376	21706	18430
集市贸易成交额	万元	9075	12397	18021	22652	35283	48238
八、地方预算内财政收入	万元	11137	9872	7007	18426	4917	6154
#各项税收	万元	10604	9411	6563	17476	4232	5803
地方预算内财政支出	万元	7713	7217	7379	18426	4917	12399
年末城乡居民储蓄	万元	32985	42607	52090	67121	98583	140689
年末金融机构存款余额	万元	52237	65763	78092	100896	137774	190615
年末金融机构贷款余额	万元	64647	77632	92905	124930	172533	209916
九、学校数	所	551	556	554	562	531	504
#普通中学	所	66	67	66	71	70	68
在校学生数	人	112373	104491	100568	100219	102822	102112
#普通中学	人	41827	38917	35067	32999	33166	35325
十、卫生机构数	个	151	153	152	98	91	91
#医院	个	18	19	19	18	53	53
卫生机构床位数	张	1564	1633	1666	1688	1671	1658
#医院	张	1564	1633	1666	1668	1651	1638
卫生技术人员	人	2564	2620	2643	2627	2694	2712
#医生	人	1222	1234	1230	1217	2143	2143
十一、全部职工人数	人	92030	96692	96881	91700	74300	77469
#国有经济	人	75967	78452	78337	76000	59300	59812
城镇集体经济	人	16063	18240	18544	15600	14600	17306
其它经济	人	–	–	–	100	400	351
城镇个体劳动者	人	653	637	2495	1600	2264	2814
职工平均工资	元	2328	2375	2809	3225	4182	5097
#国有经济	元	2472	2704	2982	3630	4494	5363
城镇集体经济	元	1575	1687	2038	2343	2874	4199
其它	元	–	–	–	2416	4540	6829
十二、农民人均纯收入	元	684	697	720	842	1072	1408

重庆的南大门——綦江

綦江县位于东经106度23分—106度55分，北纬28度28分—29度11分之间，是四川盆地东南边缘和云贵高原的结合部。东邻万盛区，南接贵州习水、桐梓两县，西连江津市，北靠巴南区，东北与南川市接壤，是重庆的南大门。幅员面积2178平方公里，辖33个乡镇，585个村、5853个村民小组。居住着汉、苗、回、满等15个民族，系重庆市少数民族最多的一个县。1995年末全县人口932257人，其中非农业人口185843人。境内有松藻矿务局、重钢四厂、綦江齿轮厂、重庆冶炼厂、双溪机械厂、重庆钢丝绳厂、綦江铝厂、重庆造纸厂、庆江机器厂、綦南供电局等23家中央、省、市属大中型企业。

綦江历史悠久。早在周代即属巴国疆域。秦、汉、晋到南北朝为巴郡江州辖地，元末农民起义首领明玉珍据蜀称帝始置綦江县。迄今630余年末更名。自1958年起隶属重庆市。

綦江县以山地为主，地势呈南高北低走势，海拔在188米至1819之间。境内气候温和，雨量充沛，四季分明，年平均气温18.8℃，年降雨量1071毫米，适宜农作物的生长和种植养殖业的发展。全县盛产水稻、小麦、玉米、红苕、土豆、油菜等。传统的土特产，横山大米、茶叶、木瓜、魔芋等久负盛名；"金角牌"老四川牛肉干驰名中外。全县已形成了以烤烟、蚕桑、茶叶、柑桔、林业、生猪、渔业等为骨干的多经生产基地。是全国商品粮基地县，全国百强生猪产肉大县和全国农业秸杆养牛示范县。

綦江物产丰富。县境内已探明的有煤、铁、铜、硫磺、天然气、大理石、方解石、石英砂等矿产资源。煤炭储量达15亿吨，铁矿储量达2亿吨以上。是重庆总体规划的煤铁中心，年产原煤600万吨，每年为国家提供原煤400万吨以上。天然气是国家重点开发地区之一，铜矿储量590万吨、大理石储量1218万立方米，方解石储量亿吨以上。水能资源丰富，蕴藏量15.73万千瓦，仅开发22%。森林地面积4.2万公顷，木材蓄积量71.6万立方米，森林覆盖率30.1%，綦江山川秀丽，旅游资源极为丰富。白云观、古剑名山、天台山、石刻巧夺天工的石门寺，石壕溶洞群

邓狮山孔明洞、丁山水库等众多的风景名胜，吸引四方游客，终年络绎不绝。

綦江有较强的工业基础。境内有众多的中央、省、市属大中型企业，拥有固定资产原值17亿元，职工5万余人，重庆50强企业县内有5家。县属工业已形成机械、化工、能源、食品等重点骨干企业。以汽车齿轮、小型柴油机、"金角牌"老四川牛肉干、茧丝绸四大系列为龙头的名、特、优产品已打入国际市场，远销东南亚。

綦江交通发达。境内铁路、水路、公路兼备。川黔铁路、210国道纵贯南北，与三(江)万(盛)铁路，川湘公路纵横交错。綦江南来北往注入长江，綦河开发已被交通部列为内河重点开发项目。水运可以从贵州桐梓直达长江，形成了铁路、公路、水路四通八达的交通运输网络。即将动工的川黔高速公路将为綦江的发展带来一个新的契机，届时，綦江到重庆仅需45分钟。

綦江通讯便利。全县已有10个邮电支局安装程控电话交换机，18个乡镇开通程控电话，形成了2万门程控电话本地网。

綦江城市建设初具规模。县城古南镇是全县政治、经济、文化中心，已有1400年历史，城区面积9万平方公里，经济相对发达，集一二三产业为一体，工商企业300余家。1993年以来，改造了城北路、新建了河东路和城东大道。新建了沱湾大桥、人行虹桥。

綦江社会事业发展迅速。全县有中专2所，中学93所，小学595所，学龄儿童入学率99.2%，幼儿园103所。全县科技人员35130名。有文化馆61个，俱乐部14个。民间文化蜚声中外，农民版面、少儿绘画、根雕、壁挂艺术久负盛名。1987年被文化部命名为"中国现代民间绘画画乡"。

"八五"是綦江发展的一个重要时期。全县人民在县委、县府的领导下，全面贯彻中央十四大精神，沿着建设有中国特色的社会主义道路，抓住机遇、深化改革、扩大开放、促进发展、保持稳定，全县经济和社会事业均取得显著成绩。1995年全县国内生产总值达28.04亿元，按可比价格计算，比1990年增长85.3%，平均每年增长13.1%，工农业总产值由1990年的16.76亿元增加到1995年的45.19亿元，平均每年增长21.9%，财政收入由1990年的1.03亿元增加到1995年的1.82亿元，平均每年增长12.1%，社会消费品零售额达8.96亿元，比1990年增长2.0倍，平均每年增长24.3%。随着经济的高速发展，综合经济实力的不断增强，城乡人民生活水平进一步改善。1995年全县人均国民生产总值达3004元，比1990年增长82.8%，平均每年增长12.8%，全县职工平均工资由1990年2021元增加到4639元，增长1.3倍，农民人均纯收入由567元增加到1433元，增长1.5倍，城乡居民储蓄额达9.82亿元，比1990年增长2.8倍。

9-16 綦江县主要社会经济指标

指　　标	单　位	1990年	1991年	1992年	1993年	1994年	1995年
一、年末总人口	万人	92.40	92.82	92.56	92.78	93.42	93.26
#非农业人口	万人	18.62	18.69	18.45	18.73	18.88	18.58
社会从业人员	万人	49.52	50.62	51.63	50.44	55.09	51.23
第一产业	万人	33.02	32.44	31.69	29.73	28.60	29.86
第二产业	万人	11.07	12.14	13.37	15.15	18.85	13.08
第三产业	万人	5.43	6.04	6.57	5.56	7.64	8.29
二、国内生产总值(现价)	万元	86595	99206	115024	151656	209503	280389
第一产业	万元	34436	38189	37609	47043	66919	104845
第二产业	万元	37906	40679	53494	72635	95875	118507
第三产业	万元	14253	20338	23921	31978	46709	57037
人均国内生产总值	元	941	1071	1241	1637	2250	3004
国内生产总值指数(以上年=100)	%	97.1	113.5	108.7	118.8	113.9	111.1
三、乡村人口	万人	74.61	74.95	76.52	74.49	74.84	75.61
年末实有耕地面积	公顷	58210	58100	57381	57162	56990	56866
通电村数	个	422	431	442	450	452	455
农村用电量	万千瓦时	7426	7572	6845	6850	6928	6935
农林牧渔业产值(90年不变价)	万元	62846	67067	68439	72526	75149	83118
农业	万元	32276	35072	35231	37185	37759	40737
#种值业	万元	30395	33163	33197	35114	35647	38147
林业	万元	1505	1250	1756	1863	1979	1997
牧业	万元	28752	30405	31109	32615	34166	38678
渔业	万元	313	340	343	863	1245	1706
粮食产量	吨	366863	400500	351500	385582	412254	430898
油料产量	吨	3381	4161	4328	4469	4105	5791
糖类产量	吨	691	584	325	275	159	180
蚕茧产量	吨	551	680	797	1353	2134	1512
茶叶产量	吨	983	998	1048	1576	2234	1899
水果产量	吨	2125	2444	2566	2571	3443	4205
肉类产量	吨	48018	50962	49568	53251	57073	63262
#猪肉产量	吨	47840	50417	48957	51851	54792	55923
水产品产量	吨	705	768	705	1990	3377	4714
乡镇企业总产值(90年不变价)	万元	37232	55154	107939	205739	434494	680589
四、全部工业总值(现价)	万元	103328	141190	198451	273160	384969	534686
全部工业总产值(90年不变价)	万元	104723	142021	179080	231445	316328	368755
轻工业	万元	20486	25882	35267	49102	68092	71412
重工业	万元	84237	116139	143813	182343	248236	297343
全部独立核算工业主要指标							
职工平均人数	人	62742	67768	71564	75322	64498	65247
工业总产值(90年不变价)	万元	91651	124632	146391	152308	155984	150774
工业销售产值(现价)	万元	81475	125429	160031	163762	217087	218644
产品销售收入	万元	76026	114071	163574	175717	165330	222030
#产品销售税金及附加	万元	3570	6710	10116	8319	1042	1670
利润总额	万元	-1745	-2545	-1328	-2283	-4082	-491
五、客运总量	万人	413	471	544	612	793	844

9－16续表

指　　标	单　位	1990年	1991年	1992年	1993年	1994年	1995年
货运总量	万吨	47	50	62	76	102	128
客运周转量	万人公里	8916	10046	11075	12710	15354	17486
货运周转量	万吨公里	1265	1311	1404	1467	1696	2144
邮电业务总量(90年不变价)	万元	397	443	552	703	1149	1762
年末电话机数(包括分机)	部	4181	4703	5169	6475	8949	14925
六、全社会固定资产投资	万元	21958	25804	29856	33315	38600	41549
#国有固定资产投资	万元	13844	16656	20174	15647	17921	17835
#基本建设	万元	6913	8306	13749	7689	8044	9907
更新改造	万元	6641	7858	6177	7429	9465	6602
集体单位投资	万元	5114	5648	6097	13877	14665	16900
#城镇	万元	689	769	1128	1466	1818	4387
全社会新增固定资产	万元	10048	13117	18415	21007	23481	26436
全社会房屋建筑竣工面积	万平方米	7.11	8.44	10.14	12.49	14.12	26.24
#住宅	万平方米	3.16	4.12	4.70	5.10	5.26	7.14
七、社会消费品零售总额	万元	30163	34883	39494	48847	58953	89556
#国有经济	万元	9537	11438	12573	13585	12575	18537
集体经济	万元	11331	11381	11028	12197	11509	7665
集市贸易成交额	万元	10445	11640	14478	32640	51300	65200
八、地方预算内财政收入	万元	10276	6922	8113	17587	5021	5940
#各项税收	万元	9769	6399	8408	17501	4113	5469
地方预算内财政支出	万元	7100	6675	7251	11543	12128	12069
年末城乡居民储蓄	万元	25900	33754	42121	49913	73203	98239
年末金融机构存款余额	万元	35731	50922	55315	62305	100531	131700
年末金融机构贷款余额	万元	67814	91605	69303	114430	123765	164021
九、学校数	所	706	689	688	687	669	662
#普通中学	所	87	86	84	86	80	77
在校学生数	人	110961	103948	101224	104989	112217	115445
#普通中学	人	38226	34172	29308	26092	27895	30482
十、卫生机构数	个	131	172	172	108	111	111
#医院	个	25	24	24	23	23	23
卫生机构床位数	张	2156	2042	2057	2173	2245	2345
#医院	张	1989	1830	1847	1916	1923	1973
卫生技术人员	人	2752	2733	2819	2635	2539	2547
#医生	人	1063	973	1037	1016	895	898
十一、全部职工人数	人	103823	105823	134300	95100	90300	90000
#国有经济	人	76435	75126	102300	67000	63600	66200
城镇集体经济	人	27388	30697	32000	28000	25500	22700
其它经济	人	－	－	－	100	1200	1100
城镇个体劳动者	人	4198	4537	4400	1800	7400	6800
职工平均工资	元	2021	2003	2778	3070	3838	4639
#国有经济	元	2185	2189	3000	3315	4246	5011
城镇集体经济	元	1538	1527	1995	2463	2810	3553
其它	元	－	－	－	1800	2017	3382
十二、农民人均纯收入	元	567	619	684	823	1126	1433

黄桃之乡—潼南

一、概况

潼南县位于四川盆地中部偏东，重庆市郊北部。全县幅员面积1594平方公里，海拔在217—619.7米之间。潼南气候温和，雨量充沛，冬湿、春旱、夏热、秋短，四季分明，热量丰富，无霜期长，少冰雪，多云雾，日照少，降水多。常年平均气温17.8℃，年极端最低气温－3.8℃，最高气温40.8℃，年平均降雨量为980毫米，4至9月降雨量占全年降雨量的78.1%，属亚热带温润气候区，具有雨热同季的特点，无霜期长达335天。

1995年末，潼南县辖22个镇，9个乡，567个村，4350个社。全县总人口883810人，其中农业人口占93.4%，非农业人口占6.6%。

水利电力资源比较丰富。涪江、琼江由东向西南斜贯县境，共长177公里，平均年水资源总量约为6.1亿立方米，多年平均经流总量为154亿立方米；另有大小溪河84条，总长一千余公里。

潼南旅游资源主要有潼南大佛，距县城西北1.5公里，系省级文物保护单位，面临涪江，背倚南山，寺庙始建于唐咸通年间(860－880年)，寺内有“八大金仙”，俗称“金大佛”，佛高达20米，雕琢细腻，表情温厚亲切，自然传神，近千年佛像金光灿烂，被誉为“金佛之冠”；寺侧有建于明朝宣德年间的我国四大回音建筑之一的“石磴琴声”，古韵琴声悠扬；峭壁上清朝同治年间云岩手书的我国最大的石刻正楷顶天“佛”字，高8.85米，笔划粗1.25米，书法质朴遒劲，刚健挺拔，占岩面积达60余平方米，在相距500米处仍清晰可辨；在县城西北郊的尖山之麓的杨闇公烈士陵园，园内花木葱笼，镌刻着朱德为其墓亲笔撰写的碑文，是潼南县青少年爱国主义教育、革命传统教育基地之一，属重庆市重点文物保护单位；马龙山卧佛，位于县城南部39公里处，距大足县“宝顶”石刻30公里处，卧佛身长36米，头长9米，面宽5.4米，胸阔7.5米，手掌长3.8米，是我国迄今发现的雕凿年代最晚，规模最大的石刻卧像。

二、经济社会发展状况

党的十一届三中全会以来，特别是在“八五”时期，潼南经济更是突飞猛进的向前发展，1995年，全县国内生产总值达到150514万元，按可比价格计算，“八五”时期国内生产总值年平均递增7.0%，是建国以来发展速度最快的时期。第一产业占61.1%，第二产业占19.4%，第三产业占19.0%。人均国内生产总值(现价)达1703元。

1.**农业**：1995年，全县农业总产值141161万元，比1990年增长1.4倍，按可比价格计算，年均增长1.9%；粮食总产量451003吨，比1990年增长5.8%，油菜籽、花生、麻类产量分别为6666吨，5256吨、1286吨，蚕茧产量1880吨。土特产以黄桃最负盛名。潼南是全国瘦肉型猪生产基地之一，1995年全县生猪出栏66.88万头，猪肉产量4.58万吨，比1990年增长12.5%，年均增长2.4%。

2.**工业**：以农副产品为主的加工工业初具规模，1995年，全县工业总产值(90年不变价)89036万元，比1990年增长1.7倍，年均增长21.7%，出口产品有食品罐头、白条肉、生丝、碳钢、轴承、猪鬃等，年创汇1000万美元。

3.**运输邮电**：成渝公路、绵渝公路、319国道贯穿县境。连接南北的涪江大桥已于1994年通车。1995年全县完成货运周转量16786万吨公里，比1990年增长5.0倍，年平均增长43.1%，客运周转量17119万人公里，比1990年增长1.8倍，年均增长22.5%；邮电业务总量852万元，比1990年增长3.5倍，年均增长35.1%。

4.**固定资产投资**：1995年，全社会固定资产投资2.7亿元，比1990年增长85.0%，年均增长13.1%。新增固定资产2930万元。

5.**国内商业**：1995年，实现消费品零售总额48297万元，比1900年增长1.6倍，年均增长20.8%；其中个体私营经济实现消费品零售总额14950万元，比1990年增长5.2倍，年均增长43.9%，所占比重由1990年的12.9%上升到31.0%。

6.**财政金融**：1995年全县实现财政收入(老口径)6439万元，比1990年增长1.3倍，年均增长18.1%，财政支出8681万元，比1990年增长92.1%，年均增长13.9%。1995年末，全县各项存贷款余额13.43亿元，其中存款余额6.87亿元，城乡居民储蓄存款余额63574万元，比1990年增长3.6倍，年均增长35.8%。

7.**科技、文教、卫生、体育**：1995年全县有中小学635所，在校学生134747人，教职工6300人，其中专任教师4880人，全县学龄儿童入学率98.4%。有文化站31个，文化馆1个，图书馆1个，电影放映点(院)11个。有卫生机构104个，病床1119张，专业卫生技术人员1375人，其中医生759人。

8、**人民生活**：1995年，全县职工人平工资4091元，比1990年增长2554元，增长1.7倍，年均增长21.6%；农民人均纯收入1202元，比1990年增加623元，增长107.6%，年均增长15.7%。

9－17 潼南县主要社会经济指标

指　　标	单　位	1990年	1991年	1992年	1993年	1994年	1995年
一、年末总人口	万人	86.08	86.93	87.29	87.67	87.92	88.88
#非农业人口	万人	4.97	5.07	5.07	5.39	5.59	5.80
社会从业人员	万人	43.87	44.38	44.57	45.08	47.53	47.16
第一产业	万人	38.24	38.61	38.78	35.07	36.45	35.38
第二产业	万人	2.74	2.90	3.08	4.16	6.08	5.94
第三产业	万人	2.80	2.87	2.71	2.85	5.00	5.84
二、国内生产总值(现价)	万元	57338	59111	64854	89608	119956	150514
第一产业	万元	39403	40192	41142	54645	68265	92713
第二产业	万元	8155	8051	10811	17493	29068	29185
第三产业	万元	9780	10868	12901	17470	22623	28616
人均国内生产总值	元	673	683	745	1023	1366	1709
国内生产总值指数(以上年＝100)	%	114.1	103.1	109.7	138.2	133.9	125.5
三、乡村人口	万人	80.04	81.03	81.65	82.02	81.84	82.56
年末实有耕地面积	公顷	53315	53160	52391	52319	52218	52064
通电村数	个	555	562	565	567	567	567
农村用电量	万千瓦时	2702	2966	3001	3316	4057	4731
农林牧渔业产值(90年不变价)	万元	68053	69377	70185	72269	73362	74813
农业	万元	38958	39016	39264	40324	40600	41638
#种值业	万元	35879	36138	37059	37877	35897	37094
林业	万元	1339	2109	1616	1636	1734	1261
牧业	万元	26196	26618	27575	28393	29519	29791
渔业	万元	1560	1634	1730	1916	1509	2120
粮食产量	吨	426446	430609	438606	436075	437001	451003
油料产量	吨	14302	13564	13112	12035	9892	11922
糖类产量	吨	2363	2409	1981	1583	1137	1286
蚕茧产量	吨	2698	2286	2806	2368	2379	1880
茶叶产量	吨	47	36	40	36	37	29
水果产量	吨	7002	8357	6719	9419	8164	5918
肉类产量	吨	40711	43283	43935	44616	44877	45900
#猪肉产量	吨	40671	43242	43890	44579	44830	45816
水产品产量	吨	3542	3669	3884	4300	3340	4828
乡镇企业总产值(90年不变价)	万元	18338	20293	32190	66232	143125	147462
四、全部工业总值(现价)	万元	30926	34626	38576	56949	108444	117116
全部工业总产值(90年不变价)	万元	33288	36510	40776	53032	102765	89036
轻工业	万元	22421	23953	21950	43825	72424	54085
重工业	万元	10867	12557	18826	13257	30341	34951
全部独立核算工业主要指标							
职工平均人数	人	13391	14268	15374	15042	18028	17725
工业总产值(90年不变价)	万元	25165	27479	27776	32925	48762	40435
工业销售产值(现价)	万元	25758	26088	22955	30598	49550	46183
产品销售收入	万元	25758	26088	27800	33244	49999	46183
#产品销售税金及附加	万元	1331	1176	1221	1280	604	348
利润总额	万元	1732	635	523	445	139	－2430
五、客运总量	万人	240	284	344	260	324	431

9－17 续表

指　　标	单 位	1990年	1991年	1992年	1993年	1994年	1995年
货运总量	万吨	15	17	22	57	92	114
客运周转量	万人公里	6204	8388	9457	10275	15762	17119
货运周转量	万吨公里	2794	3250	4993	8121	14233	16786
邮电业务总量(90年不变价)	万元	189	216	253	313	478	852
年末电话机数(包括分机)	部	1246	1362	1611	1763	2625	5584
六、全社会固定资产投资	万元	14599	6291	11618	15775	18708	27025
#国有固定资产投资	万元	4275	1799	4223	5568	2984	3448
#基本建设	万元	2121	810	2907	2944	2944	3099
更新改造	万元	2154	989	1316	2624	40	349
集体单位投资	万元	4238	500	3417	6115	7135	12058
#城镇	万元	316	500	1015	198	405	659
全社会新增固定资产	万元	3264	5036	3529	7822	18302	25479
全社会房屋建筑竣工面积	万平方米	70.10	64.50	74.80	93.10	140.80	117.20
#住宅	万平方米	49.70	53.20	64.30	67.20	22.70	98.10
七、社会消费品零售总额	万元	18806	21595	26274	28689	38109	48297
#国有经济	万元	9307	9424	6684	5179	7154	8741
集体经济	万元	2153	2320	5367	5385	9754	12864
集市贸易成交额	万元	8048	14105	14675	22398	27226	33526
八、地方预算内财政收入	万元	2800	2821	2884	4129	5390	6439
#各项税收	万元	2057	2057	2113	2889	1299	1452
地方预算内财政支出	万元	4520	4379	5401	6106	6923	8681
年末城乡居民储蓄	万元	13765	18507	23327	20690	40494	65574
年末金融机构存款余额	万元	20477	26249	30117	23967	43001	68738
年末金融机构贷款余额	万元	27899	33124	41277	50978	62060	65614
九、学校数	所	647	644	644	633	637	635
#普通中学	所	43	44	49	49	50	48
在校学生数	人	109978	109057	110051	115910	123323	134747
#普通中学	人	32110	29701	26878	25651	25104	29843
十、卫生机构数	个	106	106	106	103	103	104
#医院	个	68	68	68	68	68	68
卫生机构床位数	张	1168	1155	1299	1234	1249	1119
#医院	张	1152	1125	1272	1207	1222	1092
卫生技术人员	人	1359	1353	1377	1355	1342	1375
#医生	人	712	547	698	709	740	759
十一、全部职工人数	人	27981	28270	29097	33200	30400	29100
#国有经济	人	20246	20290	20847	23600	22600	21800
城镇集体经济	人	7735	1980	8250	9600	7800	7300
其它经济	人	–	–	–	–	–	–
城镇个体劳动者	人	769	828	911	1285	2209	4014
职工平均工资	元	1537	1765	1994	2322	3523	4091
#国有经济	元	1629	1842	2159	2527	3840	4300
城镇集体经济	元	1281	1560	1574	1795	2338	3395
其它	元	–	–	–	–	–	–
十二、农民人均纯收入	元	579	605	635	701	960	1202

彩龙故乡—铜梁

铜梁县位于四川盆地东南部,距重庆110公里,地处川中丘陵与川东平岭谷区的交接地带,介于东经105°46'至106°16',北纬29°31'至30°05'之间。东南接壁山县,东北邻合川市,西南靠大足县,西北界潼南县,南接永川市。全县南北长约62公里,东西宽约48公里。幅员面积1334公里,人口798693人,辖33个镇,县政府驻巴川镇。

历史沿革:铜梁历史悠久,文化灿烂。唐代长安年间(公元704年)建县至今,县历有1290年,因境内"小铜梁山"得名,建国以来,先后隶属于壁山、江津、永川地区,1983年3月划归重庆市管辖。1976年被中国科学院命名为"铜梁文化"遗址的发现,证明了两万多年前的旧石器晚期,县内已有古人类活动。县文物馆现陈列有铜梁出土的更新世纪石器、殷周方鼎,东汉陶器,明代熏炉和恐龙化石等文物。铜梁纸扎工艺精湛,铜梁彩龙气势磅礴,铜梁龙灯造形独特,被誉为"龙灯之乡"。

投资环境:(1)气候:四川盆地中亚热带湿润气候区,气候温和,四季分明,雨量充沛,无霜期长,年平均气温为17.9℃,历年最高温度为40.5℃,最低温度为-2.5℃。年平均降雨量为1064毫米,全年分配不均,4-10月降雨相对集中,占年降雨量的77%,(2)交通:境内河道纵横,公路密集。河流主要有涪江、琼江、小安溪,通航里程达151公里,能远航长江中下游,公路通车1300公里,县外沟通广州、成都、重庆、南充、永川等地,县内每一平方公里土地上有公路0.97公里,90%以上的村,80%以上的社通公路。(3)通讯:全县通讯网络健全,建有数字微波站,发展有无线寻呼系统和无线移动电话,县城已安装程控电话4558门,可直拔100多个国家和地区。(4)电力:已建有35千瓦伏变电站5座,主要容量1.88万千伏安,配电变压器914台,容量5.47万千伏安,共架35千伏输电线路6回71.7公里,全县建成水电站31个。国家重点工程安居水电站已建成发电,装机3万千瓦。年发电量1.7亿千瓦时。(5)供水:淡水资源充足,水质优良,无污染。拥有自来水供水能力22000吨/日,城区自来水普及率达99%。(6)金融、保险:中国工商银行、建设银行、中国银行、农业银行在我县均设有支行,城市信用社即将开业。各行已实行了储蓄电脑通存通兑服务,工行、建行支行已开办了外币存贷。中国人民保险公司铜梁分公司已开办了62个险种,存保额达24.98亿元。(7)商业:国营、集体、个体商业网点遍布城乡,全县拥有市场面积15万平方米,实施网点项目15个。(8)旅游:铜梁山水秀丽,旅游资源丰富。境内有重庆四大名泉中海拔最高的西温泉,是游泳和避暑的好地方。地处国道319线上的东山汤峡口,景色清幽,具有群山叠嶂,陡崖峭壁,茂林修订之美。县南5公里处的巴岳山雄奇壮观,有35峰,以香炉峰为最高,直逼蓝天,循盘山公路而上,可接峰顶,攀上天灯石,可撒开视野环顾四周自然之美景。县城巴川镇的凤山风景区,建有国际主义英雄邱少云烈士纪念馆。

资源情况:(1)农业资源:有耕地面积47750公顷,其中水田36839公顷,粮食以种水稻为主,小麦、玉米、柑桔、甘蔗、茶叶、黄花、辣椒等;副业有畜牧业和渔业。林木蓄积量5102万立方米,森林覆盖率达25%。名优特产有"铜龙牌兰花根"、"岚峰黄花"、"涪江牌蛋黄元"、"铜水72-1"优质锦橙,巴岳山的高香江碎茶。还有引进发展的较高经济价植的甲鱼、珍珠、对虾、美国蛙、食用蛇等,(2)水力资源:境内水力资源较为丰富。有涪江、琼江、小安溪、久远河、准运河、平滩河等六条主要河流,水力资源理论蕴藏量6.1万千瓦,可开发量为5.1万千瓦,占理论蕴藏量83.6%,已开发容量4.3万千瓦,可开发量的84%,(3)水面资源:全县有山平塘4700口,总蓄水3204万立方米,石河塘723处,蓄水1982万立方米,水库106座,渔业养殖面积2185公顷,养殖产量5233吨,水产品总产量达5560吨。(4)矿产资源。主要有煤炭、铁矿石、锶矿、矿泉水、玻璃、石英砂、钾矿、天然气、石灰岩等。煤的储量达5906万吨,可开采量2141万吨,年产量56万吨。优质矿泉水16处,可供发展饮料工业,锶矿储量达2543吨,具有贮量大、品位高、质量好、露天开采等优点,属特大型矿床,是铜梁经济腾飞的一大依托。(5)工业基础:工业门类齐全,较为发达,已形成茧丝绢绸、综合能源、医药化工、机械加工、建筑建材为主的五大骨干工业产业。有丝绸企业11个,缫丝能力4万多绪,年产生丝1000吨以上,织机1000多台,年织绸1100多万米,化工企业6个,年产碳酸锶1500吨。1995年,工业总产值达184193万元,比1990年增长2.7倍,平均增长29.8%。(6)农业基础:已建立起蚕桑、鸡、鸭、鱼、兔、猪、水果、蔬菜、珍稀名特优品种,山羊、农副产品加工十大商品生产基地。1995年,全县 完成农业总产值76002万元,经1990年增长44.3%,年均增长7.6%,粮食产量39.54万吨,油料产量2536吨,蚕茧产量2992吨,猪肉产量47755吨。

9－18 铜梁县主要社会经济指标

指　　标	单　位	1990 年	1991 年	1992 年	1993 年	1994 年	1995 年
一、年末总人口	万人	78.92	79.35	79.59	79.87	80.35	80.90
#非农业人口	万人	6.67	6.77	6.91	6.79	7.51	7.87
社会从业人员	万人	41.00	42.00	42.23	43.35	43.61	50.60
第一产业	万人	30.59	31.34	31.51	32.11	32.30	35.76
第二产业	万人	6.72	6.50	6.92	6.83	6.07	10.61
第三产业	万人	3.69	4.16	3.80	4.41	5.24	4.23
二、国内生产总值(现价)	万元	68165	73641	80854	110171	160447	213960
第一产业	万元	33610	37819	36817	50142	69254	79165
第二产业	万元	18875	19132	22838	30544	48452	77026
第三产业	万元	15680	16690	21198	29485	42741	57769
人均国内生产总值	元	864	928	1016	1379	1997	2565
国内生产总值指数(以上年＝100)	%	104.0	121.2	105.2	112.8	122.4	118.3
三、乡村人口	万人	72.25	72.58	72.68	73.08	72.84	73.03
年末实有耕地面积	公顷	48600	48504	48302	48100	47896	47750
通电村数	个	573	573	573	573	573	573
农村用电量	万千瓦时	1809	1869	2148	2527	3737	4517
农林牧渔业产值(90 年不变价)	万元	52661	70056	70380	72705	74500	76002
农业	万元	28078	39154	38813	39439	40490	40919
#种值业	万元	25366	34577	33194	33059	33496	33436
林业	万元	1426	2423	1916	2384	1913	1933
牧业	万元	22031	27003	28138	28524	29414	30058
渔业	万元	1126	1476	1513	2358	2683	3092
粮食产量	吨	417458	420409	395226	387321	391388	395380
油料产量	吨	3307	3178	3094	2466	1933	2536
糖类产量	吨	17526	18498	4161	2540	784	469
蚕茧产量	吨	3605	3318	2766	2864	3200	2992
茶叶产量	吨	211	204	181	185	224	149
水果产量	吨	16157	9712	11169	19764	15218	14558
肉类产量	吨	43187	44750	42080	45118	43234	48032
#猪肉产量	吨	43108	44668	42003	45006	46068	47755
水产品产量	吨	2815	3461	3569	5560	6242	7342
乡镇企业总产值(90 年不变价)	万元	37224	43320	70250	118800	204241	218605
四、全部工业总值(现价)	万元	44637	51100	62123	87682	132335	216827
全部工业总产值(90 年不变价)	万元	49921	55122	65230	85005	119154	184193
轻工业	万元	30181	34889	37435	49910	48062	86869
重工业	万元	19740	20233	27795	35095	71092	97324
全部独立核算工业主要指标							
职工平均人数	人	22885	24896	25593	26944	27099	27948
工业总产值(90 年不变价)	万元	34968	39571	47460	56279	65161	84943
工业销售产值(现价)	万元	33157	37522	45002	48918	72474	103142
产品销售收入	万元	32658	35714	43181	57743	63608	90524
#产品销售税金及附加	万元	2739	2496	2397	2753	1119	690
利润总额	万元	524	1680	1708	958	－183	－3753
五、客运总量	万人	599	468	768	439	503	912

9－18续表

指　　标	单　位	1990年	1991年	1992年	1993年	1994年	1995年
货运总量	万吨	191	179	173	211	237	201
客运周转量	万人公里	14601	10337	29169	9741	10997	7209
货运周转量	万吨公里	12494	12607	14414	14843	15612	14599
邮电业务总量(90年不变价)	万元	137	256	314	437	606	1276
年末电话机数(包括分机)	部	1692	1821	2072	3456	10150	11936
六、全社会固定资产投资	万元	15220	18195	19747	31702	37864	40264
#国有固定资产投资	万元	6870	8155	5413	9870	13072	9641
#基本建设	万元	6366	6963	3621	5649	3963	4591
更新改造	万元	504	1108	1702	3927	8821	4635
集体单位投资	万元	1111	1582	3489	10245	6963	9940
#城镇	万元	148	231	378	488	155	53
全社会新增固定资产	万元	2576	3671	5349	15865	13944	12185
全社会房屋建筑竣工面积	万平方米	101	101	109	110	120	157
#住宅	万平方米	88	92	74	98	110	144
七、社会消费品零售总额	万元	30776	33736	48126	64507	85980	73245
#国有经济	万元	7767	9481	19507	11204	9883	12667
集体经济	万元	14307	14793	20304	40212	14721	15808
集市贸易成交额	万元	10539	13600	16604	21327	31469	36023
八、地方预算内财政收入	万元	4955	4435	4681	6401	8386	10122
#各项税收	万元	4581	4030	4419	5705	6960	8401
地方预算内财政支出	万元	5362	5051	5624	6385	7958	8859
年末城乡居民储蓄	万元	20174	26651	32887	49056	70616	106009
年末金融机构存款余额	万元	31869	36672	44443	62657	88001	126432
年末金融机构贷款余额	万元	35410	47129	54497	73954	99582	128021
九、学校数	所	618	618	601	575	554	517
#普通中学	所	44	49	49	49	50	49
在校学生数	人	105955	108381	107565	106400	109697	114137
#普通中学	人	31961	28620	26329	24759	26349	27753
十、卫生机构数	个	131	131	130	133	129	129
#医院	个	64	62	62	62	66	66
卫生机构床位数	张	1320	1403	1390	1399	1459	1459
#医院	张	1160	1235	1235	1236	1302	1302
卫生技术人员	人	1565	1561	1567	1495	1533	1747
#医生	人	725	738	731	824	848	899
十一、全部职工人数	人	35663	36186	36971	35100	36000	36400
#国有经济	人	25949	27469	27306	25800	25100	25600
城镇集体经济	人	9714	8717	8700	9300	9600	10400
其它经济	人	－	－	－	－	－	－
城镇个体劳动者	人	1663	1679	1695	2250	2400	1000
职工平均工资	元	1768	1774	2070	2468	3373	4203
#国有经济	元	1914	1945	2169	2501	3497	4039
城镇集体经济	元	1379	1466	1481	1652	2072	3560
其它	元	－	－	－	4150	2698	4124
十二、农民人均纯收入	元	668	764	692	818	1084	1407

石刻之乡——大足

石刻之乡—大足县,位于四川盆地东部,地处川中丘陵与川东平行岭交接地带,东邻铜梁,西接安岳,南连永川、荣昌,北枕安岳;西距省城成都270公里,东离山城重庆176公里,交通方便,物产丰富,以石刻之乡著称之世。

大足县隶属重庆市,现辖32个乡镇,502个村,4449个村民组,286个居民组,人口90.13万人,土地面积1390平方公里,耕地面积446平方公里,森林面积达162平方公里,覆盖率19.6%。气候属亚热带湿润季风气候,热量丰富,雨量充足。经济建设在"八五"期间取得了辉煌的成绩,1995年,全县国内生产总值248121万元,比1990年增长1.1倍。财政收入超亿元,达到10002万元,比1990年增长1.5倍。

农业:1995年,全县农业总产值达到7.09亿元,比1990年增长24%,粮食产量473375吨,猪牛羊肉达45884吨,分别比1990年增长11.4%和11.5%。

乡镇企业增势强劲,到1995年,总产值达到56.3亿元,比1990年增长12.2倍,现拥有企业11774个,从业人员59887人,乡镇企业已成为农村经济发展的主要支撑力量。

工业:全县工业以重工业为主,1995年工业总产值达152191万元,比1990年增长2.1倍。轻重工业结构由1990年的74.7∶25.3变为1995年的36.3∶63.7。主要工业产品有菜刀、剪刀、汽车配件、管件,天青石产品等,特别是日用刀剪、管件产品产量大,质量好,畅销全国各地。

交通邮电:交通路线四通八达,乡乡通公路县县通汽车,特别是成渝铁路,成渝高速公路经过县境,大大地缩短了到成渝两地的距离。1995年,公路客运量和货运量分别为1242万人和152万吨,比1990年增长81.0%和12.3%,客运周转量和货运周转量分别比1990年增长50.9%和92.8%。邮电事业日新月异,现代通信设备增加,通讯能力增强,1995年,全县邮电业务总量达885万元,比1991年增长6.1倍,电话用户发展到7321户。

固定资产投资:"八五"期间,固定资产投资快速增长,到1995年末全社会固定资产投资31748万元,比1991年增长5.7倍。在城市建设方面,大足宾馆、体育馆、大足县中学及标准运动场,城市住宅等的建成,已使大足县城容貌换新。

商业:实行多种经济成份,多种经营方式,多种流通渠道的商业体制,积极推行各种商业企业制度的改革,保持了市场的繁荣活跃。1995年末,全县有城乡商业、饮食网点12249个,从业人员22873人,社会消费品零售总额达55824万元,比1990年增长1.3倍,集市贸易成交额86991万元,增长7.0倍。

旅游:在"八五"期间,充分利用资源优势,广泛开展招商引资活动,到1995年末,我县三资企业已达9家。1995年举办的《石刻艺术节》,带动了经济的发展,提高了大足的知名度。全年共接待外宾7192人。

教育、文化:坚持教育优先发展的战略地位,多渠道增加教育投入,不断地改善办学条件,现拥有小学519所,普通中学68所,职业中学3所,中师校1所。全县人民文化娱乐生活进一步丰富,1995年,拥有卫星转播台二座,有线电视用户1.5万户,广播覆盖率达90%。

卫生:卫生事业稳步发展,1995年,全县拥有医疗机构112个,床位1416张,卫生技术人员1534人,其中:医生786人,平均每千人拥有卫生技术人员1.7人。

人民生活:随着经济建设的发展,"八五"期间城乡人民的物质文化生活水平有了很大提高,城镇职工人平工资收入达3857元,比1991年增长1.4倍。据农村住户调查,全县农民人平纯收入1558元,比1990年增加935元,增长1.5倍,每百户家庭平均拥有自行车38辆,手表164只,风扇96台,电视机72台。全县城乡居民储蓄存款46184万元,比1990年增长2.4倍。

石刻艺术:大足县素称"石刻之乡",县内的摩岩造白象分布于宝顶山、北山、南山、妙高山共四十余处,五万余尊。大足石刻始于唐代,历经五代、两宋而成。是我国晚期石刻艺术的优秀代表,是一座古代石刻艺术宝库,国务院将大足石刻最集中的北山、宝顶两处,列为全国第一批重点文物保护。

龙水小五金:龙水小五金是大足的一大经济特色,它风格独特,门类齐全,久盛不衰,并以龙水镇为中心,幅射发展于全县,龙水小五金的主要特点:门类齐全、产量多、质量好。主要门类有:日用五金、工具五金,炊具五金,家具五金等。为了搞好流通在龙水镇兴建了五金市场,废旧钢铁市场,引来了全国各地的五金产品,年成交额数亿元,成为国内五金产品交易的集散地。

9-19 大足县主要社会经济指标

指　　标	单　位	1990年	1991年	1992年	1993年	1994年	1995年
一、年末总人口	万人	86.23	87.04	87.60	88.10	89.66	90.13
#非农业人口	万人	7.86	7.72	7.79	7.94	8.38	8.66
社会从业人员	万人	45.42	48.66	49.95	49.88	58.13	58.13
第一产业	万人	35.12	35.12	34.87	34.90	31.05	31.05
第二产业	万人	5.93	8.30	9.12	9.11	14.10	14.10
第三产业	万人	4.37	5.24	5.96	5.87	12.98	12.98
二、国内生产总值(现价)	万元	68146	73611	92427	120382	191500	248121
第一产业	万元	37019	37606	46615	61817	77683	90982
第二产业	万元	15965	17930	23236	33450	62887	81633
第三产业	万元	15162	18075	22576	25115	50930	75506
人均国内生产总值	元	80	850	1058	1370	2155	2760
国内生产总值指数(以上年=100)	%	107.0	108.2	110.8	113.3	122.9	116.2
三、乡村人口	万人	78.40	79.28	79.87	80.99	81.99	82.59
年末实有耕地面积	公顷	45329	45257	45088	44938	44756	44553
通电村数	个	502	502	502	502	502	502
农村用电量	万千瓦时	4030	3799	3088	3059	3687	3596
农林牧渔业产值(90年不变价)	万元	5.68	5.89	6.18	6.50	6.80	7.09
农业	万元	3.63	3.76	3.92	4.13	4.16	4.23
#种值业	万元				3.73	3.74	3.79
林业	万元	0.13	0.13	0.15	0.10	0.07	0.13
牧业	万元	1.82	1.88	1.98	2.09	2.43	2.59
渔业	万元	0.10	0.12	0.13	0.18	0.14	0.14
粮食产量	吨	425095	442524	449604	455000	465005	473375
油料产量	吨	4219	4499	4407	4277	3456	4604
糖类产量	吨	147	227	172	203	163	139
蚕茧产量	吨	813	840	1037	860	510	380
茶叶产量	吨	111	128	86	80	71	78
水果产量	吨	4990	4096	4047	8198	4404	4520
肉类产量	吨	41126	42037	43094	44350	45233	45884
#猪肉产量	吨	41120	42010	43050	44126	44967	45619
水产品产量	吨	2345	2797	2933	3988	3272	3351
乡镇企业总产值(90年不变价)	万元	42710	56779	102230	169881	357324	563104
四、全部工业总值(现价)	万元	48977	53764	82391	130002	253365	152197
全部工业总产值(90年不变价)	万元	50142	56617	81051	123636	245630	112789
轻工业	万元	37443	41486	63003	96436	114450	55265
重工业	万元	12699	15131	18048	27200	131180	57524
全部独立核算工业主要指标							
职工平均人数	人	17041	18044	20396	20249	18156	19559
工业总产值(90年不变价)	万元	22129	25183	26856	31846	50925	54469
工业销售产值(现价)	万元	18870	22508	24750	29921	51657	57104
产品销售收入	万元	18447	21346	24386	35564	49074	55120
#产品销售税金及附加	万元	1749	1937	1601	2586	651	934
利润总额	万元	1997	2244	932	926	-90	-2142
五、客运总量	万人	858	935	1201	1280	1383	1553

9－19 续表

指　　标	单　位	1990年	1991年	1992年	1993年	1994年	1995年
货运总量	万吨	178	261	134	204	216	200
客运周转量	万人公里	12759	13435	17656	17535	17810	19252
货运周转量	万吨公里	5384	7643	5499	8753	9555	10380
邮电业务总量(90年不变价)	万元	125	263	348	378	574	885
年末电话机数(包括分机)	部	1286	1408	1577	2236	3361	7321
六、全社会固定资产投资	万元	4735	7463	14297	25481	35591	31748
#国有固定资产投资	万元	1491	2852	3143	7238	9767	7061
#基本建设	万元	601	1203	1272	1592	1301	2274
更新改造	万元	572	1191	1433	2113	2254	2900
集体单位投资	万元	523	1100	3748	11437	14167	14627
#城镇	万元	316	307	1024	1798	534	－
全社会新增固定资产	万元	4469	6539	11747	16399	30091	29718
全社会房屋建筑竣工面积	万平方米	37.21	49.19	63.63	52.39	67.49	103.64
#住宅	万平方米	31.98	38.94	59.34	46.55	63.33	74.30
七、社会消费品零售总额	万元	24380	28217	29061	31746	43950	55824
#国有经济	万元	7270	9234	6731	8189	9204	13451
集体经济	万元	7054	6975	8796	8998	11415	14304
集市贸易成交额	万元	10889	12522	23735	56736	68744	86991
八、地方预算内财政收入	万元	3980	4221	5101	6314	4288	5302
#各项税收	万元	4089	4396	4839	5827	3008	4559
地方预算内财政支出	万元	5051	5346	5895	6898	8678	9507
年末城乡居民储蓄	万元	13804	18197	22944	27021	35747	46184
年末金融机构存款余额	万元	22295	27665	32648	41538	55470	65620
年末金融机构贷款余额	万元	32744	34678	43215	55869	69379	78800
九、学校数	所						
#普通中学	所	67	68	68	68	66	66
在校学生数	人	113248	106944	106989	112614	123565	132312
#普通中学	人	32991	31075	27513	25690	28624	32581
十、卫生机构数	个	114	114	115	115	113	112
#医院	个	64	64	64	64	64	72
卫生机构床位数	张	1312	1331	1331	1350	1357	1416
#医院	张	1042	1076	1098	1109	1120	1158
卫生技术人员	人	1473	1485	1496	1476	1509	1534
#医生	人	911	897	887	880	860	786
十一、全部职工人数	人	35435	38514	41079	40889	38940	33908
#国有经济	人	21391	25124	25655	25970	24990	21951
城镇集体经济	人	14044	12809	14763	14237	13305	11092
其它经济	人	－	581	661	682	645	865
城镇个体劳动者	人	5541	5770	4103	4506	9113	12435
职工平均工资	元	1577	1689	2006	2248	3511	3857
#国有经济	元	1760	1838	2212	2456	3813	4260
城镇集体经济	元	1259	1400	1635	1859	2495	3107
其它	元	－	1768	1948	2096	2142	2473
十二、农民人均纯收入	元	674	714	788	876	1162	1558

繁荣昌盛的荣昌

一、概况

荣昌建县有1237年的悠久历史。唐乾元二年(公元758年)设昌元县,明洪武六年(公元1373年)昌元县系置荣州,昌州之地,而致名荣昌县,变寓繁荣昌盛之意,属重庆府;1993年由永州地区并入重庆市,荣昌县即成为重庆市辖县。

荣昌县位于四川中部,重庆西部,成渝沿线上,东邻大足,南接永州、沪县,西连隆昌,北靠内江、东岳,东西宽39.1公里,南北长44.2公里,幅员面积1079平方公里。荣昌地处川中丘陵和川东平行岭谷交接地带,整个地形以浅丘为主,平均海拔380米。全县森林覆盖率18.5%,绿化覆盖率18.8%。县水利工程蓄水量8933万立方米,水资源3.93亿立方米,境内有以濑溪河,清流河为主的大小溪河148条。濑溪河由东北向西南穿境而过,境内干流长度为51.1公里,年流经量280亿产方米。荣昌气候温和,雨量充沛,四季分明,是典型的中亚热带季风性湿润气候。平均气候17.8℃,年均降雨量1111.8毫米,全年无霜期327天。县内资源丰富,已控明的矿产资源主要有煤炭、天然气、陶瓷、粘土、页岩、石灰石、建材砂石、石英砂、矿泉水等。

荣昌县辖20个镇,10个乡,539个村;总人口79.13万人,人口密度733人/平方公里,耕地面积4.11万公顷,人均耕地0.05亩。

二、经济和社会发展成就

党的十一届三中全会以来,全县人民在县委、县政府的领导下,以邓小平同志建设有中国特色社会主义理论为指导,以真贯彻党的路线、方针、政策。抓住机遇、深化改革、加快发展、走富民兴县的路子,取得了国民经济和社会事业全面发展的好成绩,全面完成了“八五”计划确定的各项目标和任务。1995年全县实现国民生产总值21.35亿元,实现财政收入8816万元,农民人均纯收入1538元。

[农业]荣昌县农村资源丰富,气候适宜,有利于农业生产和农村经济发展,是全国“三高”农业示范县和长江防护林工程建设县。1995年全县完成现价农村社会总产值32.5亿元,农业总产值(90年不变价)5.2亿元,粮食总产量35.6万吨,油料产量7972吨,茶叶2200吨,蚕茧303吨,水果4698吨,猪肉总产量25618吨,水产品产量3692吨。荣昌猪是全国三大优良地方种猪之一,瘦肉多,肉质好,繁殖力强,适应性广,生长迅速,年末生猪存栏47.82万头,出栏肉猪39.41万头,产仔猪189万头,外销仔猪132万头,是全国最大的外向型仔猪生产基地。蚕桑是荣昌县农村新的经济增长点,最高产量达63.23万斤。荣昌茶叶以红碎茶为主,是全国红碎茶出口基地县。茶叶单产150公斤以上,居全国之首,总产量2200吨,出口红碎茶1800多吨,创汇105万美元。

乡镇企业迅猛发展,成为荣昌县经济发展的一大支柱,现有乡镇企业1.46万个,职工总数7.92万人。

[工业]荣昌矿产资源丰富,煤炭可开采地质储量9600万吨,天然气储量10亿立方米,还有石灰石、石英砂、页岩等。1995年全县工业总产值(90年不变价)达到165455万元,比1990年增长3.3倍,年均增长33.6%。工业产品陶器是中国名陶之一,有1300多个花色品种,折扇已有3000多年生产历史,与苏杭扇齐名,为我国三大名扇之一,年产150万把。夏布是荣昌出口创汇的支柱产业。现有织机1500多台,编制人员1.5万人,创汇1500万美元。“可口福”牌冻全猪曾获国家“星火计划”成果奖和四川“星火计划”二等奖,年产2000吨,主要销往新加坡、香港等国家和地区。

[交通运输邮电业]1995年县内有公路358条共1432公里,完成公路客运周转量61494万人公里,货物周转量5500万吨公里。邮电业务总量1245万元,比1990年增长3.6倍。

[财政金融]1995年财政收入8816万元,财政支出9466万元。年末银行各项存款81259万元,其中居民储蓄存款余额77098万元,银行各项贷款75899万元,分别比1990年增长3.1倍、3.5倍和2.4倍。

[科技、教育、文化、卫生]1995年全县有科技人员1.3万人,每年为国家承担数十项科研项目,1978年以来近百项科技成果获国家和省、部科技进步奖。有各类学校471所,小学生入学率99.8%。初等教育普及率达99.1%。荣昌县是重庆市、四川省和全国文化先进县,全县有乡镇文化站30个、村(街道)、企业文化室237个,电影放映点39个,各类文化活动场所468个,县图书馆为国家二级馆,藏书9.5万册。有医疗卫生机构72个,病床1591张,卫生技术人员2054人。

9－20 荣昌县主要社会经济指标

指　　标	单 位	1990 年	1991 年	1992 年	1993 年	1994 年	1995 年
一、年末总人口	万人	77.48	77.87	77.85	77.97	78.86	79.13
#非农业人口	万人	11.51	11.76	12.87	12.05	12.56	12.91
社会从业人员	万人	36.74	37.44	37.98	38.05	38.03	38.13
第一产业	万人	27.49	27.75	28.08	28.01	26.96	25.91
第二产业	万人	6.04	6.27	6.31	6.32	6.69	7.60
第三产业	万人	3.21	3.42	3.59	3.72	3.48	4.62
二、国内生产总值(现价)	万元	61388	65158	73342	98727	140558	213530
第一产业	万元	30654	32616	35015	47556	56300	96703
第二产业	万元	18208	20331	24438	33737	47806	62516
第三产业	万元	12526	12211	13889	17434	36452	48311
人均国内生产总值	元	797	839	942	1267	1794	2705
国内生产总值指数(以上年＝100)	%	112.49	110.90	113.21	115.63	115.92	113.78
三、乡村人口	万人	66.25	66.67	66.13	66.15	65.98	66.36
年末实有耕地面积	公顷	42116	41883	41671	41560	41440	41089
通电村数	个	539	539	539	539	539	539
农村用电量	万千瓦时	1818	1863	2012	2450	2580	2632
农林牧渔业产值(90 年不变价)	万元	45160	47171	48225	50819	51847	52170
农业	万元	29861	30270	30494	30872	30339	30920
#种值业	万元	27835	28588	28921	29031	28211	28920
林业	万元	811	875	759	1062	921	638
牧业	万元	13413	14874	15609	17492	19143	19060
渔业	万元	1075	1152	1363	1393	1444	1552
粮食产量	吨	352297	355820	356132	345484	341350	355687
油料产量	吨	7176	8033	7475	7182	6697	7972
糖类产量	吨	12726	22411	10293	8082	7544	6236
蚕茧产量	吨	558	627	632	540	340	303
茶叶产量	吨	1700	1706	1616	1750	2250	2200
水果产量	吨	4065	4012	5823	6810	4770	4698
肉类产量	吨	22983	23672	22880	23557	25265	25722
#猪肉产量	吨	22929	23529	22723	23462	25166	25618
水产品产量	吨	2500	3080	3135	3250	3415	3692
乡镇企业总产值(90 年不变价)	万元	33726	37342	60040	90481	180773	326505
四、全部工业总值(现价)	万元	39165	46358	58286	107053	134622	232923
全部工业总产值(90 年不变价)	万元	38843	46046	56171	80913	110351	165455
轻工业	万元	13207	12789	20529	44963	51858	87658
重工业	万元	25636	33257	35642	35950	58493	77797
全部独立核算工业主要指标							
职工平均人数	人	35891	54656	54832	55284	55319	53566
工业总产值(90 年不变价)	万元	33755	37566	39587	48245	57206	70145
工业销售产值(现价)	万元	31931	44236	42937	58258	78772	90240
产品销售收入	万元	30410	42063	41347	52520	72343	85019
#产品销售税金及附加	万元	1550	1786	1801	2485	1292	681
利润总额	万元	－5340	－4156	－5908	1034	－123	2261
五、客运总量	万人	993.30	1149	1243.10	1346	1637.50	1940.40

9－20续表

指　　标	单　位	1990年	1991年	1992年	1993年	1994年	1995年
货运总量	万吨	311.10	368.40	455.90	286.30	115.40	132.30
客运周转量	万人公里	20682	22980	24186	25795	31850	36291
货运周转量	万吨公里	9895	11052	12171	7091	3276	5706
邮电业务总量(90年不变价)	万元	272	314	384	463	763	1245
年末电话机数(包括分机)	部	1276	1356	1746	2095	3274	6602
六、全社会固定资产投资	万元	7845	11300	13660	23665	23910	38382
#国有固定资产投资	万元	4142	5674	6744	11177	9881	12219
#基本建设	万元	1212	1974	3865	3300	2574	4922
更新改造	万元	1910	2476	2033	7551	7149	6616
集体单位投资	万元	1491	2270	2712	5106	6298	7741
#城镇	万元	176	102	175	986	425	137
全社会新增固定资产	万元	6394	8590	10928	18485	19748	31550
全社会房屋建筑竣工面积	万平方米	7.32	11.28	13.65	18.69	18.01	10.60
#住宅	万平方米	4.21	5.32	5.78	9.03	7.22	6.48
七、社会消费品零售总额	万元	20197	21874	24863	28279	36511	46243
#国有经济	万元	7959	8136	8394	8572	10126	12410
集体经济	万元	5507	5595	6693	7811	9342	11845
集市贸易成交额	万元	11315	13452	17144	23346	37965	55018
八、地方预算内财政收入	万元	3487	3863	3628	5222	3370	4672
#各项税收	万元	3412	3639	3803	5413	3076	4066
地方预算内财政支出	万元	5125	4837	5781	5668	8396	8036
年末城乡居民储蓄	万元	17033	18473	29260	37651	54236	77098
年末金融机构存款余额	万元	19588	21428	33356	42546	65606	81259
年末金融机构贷款余额	万元	22160	24214	36493	45780	59430	75899
九、学校数	所	608	600	614	594	558	471
#普通中学	所	66	67	67	67	63	52
在校学生数	人	98682	99808	102660	104079	113158	113735
#普通中学	人	29358	28553	25937	22493	24259	26066
十、卫生机构数	个	91	91	91	85	78	72
#医院	个	39	37	38	38	57	28
卫生机构床位数	张	1447	1469	1498	1538	1633	1591
#医院	张	1228	1246	1265	1309	1404	1355
卫生技术人员	人	1820	1840	1919	1963	2010	2054
#医生	人	836	847	885	915	811	555
十一、全部职工人数	人	60217	61374	49496	67900	66500	64800
#国有经济	人	44229	45521	28924	49300	49200	48600
城镇集体经济	人	15988	15853	20572	18600	17300	16200
其它经济	人	–	–	–	–	–	–
城镇个体劳动者	人	3833	4027	4400	4700	10100	11400
职工平均工资	元	1988	1993	2090	2721	4032	4167
#国有经济	元	2288	2303	2301	3088	3820	4453
城镇集体经济	元	1144	1166	1767	1734	2372	3280
其它	元	–	–	–	–	–	–
十二、农民人均纯收入	元	613	670	685	776	1161	1538

正在崛起的渝西卫星城——璧山

一、概况

璧山县从唐朝至德二年(公元 757 年)设置县制以来,已有 1200 多年的历史,因境内"四壁环山,山出白石,明润如玉",故名璧山。

璧山县位于四川省东南部,重庆市区西侧,距重庆市区 38 公里,素有重庆西大门之称。地势属川东南平行岭谷褶皱区,华蓥山的支脉缙云山(东山),西温泉山(西山)分别从东西两侧纵贯县境。全县幅员面积 913 平方公里,东西宽 15 公里,南北长 60 公里,海拔 500-885 米,以丘陵面积为主。有大小溪河 75 条,主要河流有璧北河、璧南河、梅江河,是全县农田灌溉的重要水源。璧山属亚热带湿润季风气候,无霜期长,有利于多种生物发育生长。

1995 年末,全县有 20 个镇,6 个乡,38 个居委会,181 个居民小组,458 个村,3247 个村民小组。总人口 59.34 万人,人口密度 650 人/平方公里,耕地面积 47.26 万亩,农业人口平均每人拥有耕地 0.90 亩,属人多地少的县。

璧山的名优土特产品主要有:"山泉牌 SQ-J 系列多功能低度酒处理设备"(获全国"七五"星火计划成果博览会展览金奖)、"山泉牌 JSQ 系列高效灭菌净水器"(获全国"七五"星火计划成果博览会销售展览金奖)、"CD-Y 型导热油"(获全国"七五"星火计划成果博览银奖)、"电脑刺绣踏花被"(获重庆市一级一等品,远销欧美)、"天池牌银丝粉"(获商业部优质产品称号)、"迎祥牌麻辣酱"(获商业部优质产品称号)、"青杠板栗"(含蛋白质、淀粉、糖丰富,名列四川省第一名,全国第四名,远销香港、日本)、"大路七蕊黄花"、"璧山兔"、"来凤鲜鱼"等。

璧山县境内山青水秀,旅游点甚多,拥有青龙湖、金剑山、金堂湖、登云坪等十余处风景名胜区。

二、建设成就

"八五"时期,全县人民在县委、县府的领导下,以邓小平同志建设有中国特色的社会主义理论为指导,坚持"一个中心,两个基本点",积极抓住机遇,深化改革,生产力得到进一步解放,国民经济和社会事业快速、健康、稳定、协调发展。1995 年,全县国民生产总值(90 年不变价)达 16.08 亿元,比 1990 年增长 84.4%,年平均递增 13.0%,工农业总产值(90 年不变价)24.76 亿元,比 1990 年增长 1.8 倍,年平均递增 23.0%,财政收入首次突破亿元大关,经济实力增强。

[农业]1995 年全县完成现价农村社会总产值 48.06 亿元,其中:非农产业总产值 38.76 亿元,占 80.6%。完成农业总产值(90 年不变价)4.57 亿元,比 1990 年增长 4.8%,年平均递增 0.9%,农副产品商品率达到 44.9%,粮食总产量 25.28 万吨,比 1990 年下降 9.2%,水果产量 2.88 万吨,比 1990 年增长 65.2%。生猪存栏头数 33.39 万头,比 1990 年增长 28.4%,水产品产量 4920 吨,比 1990 年增长 85.2%。

[工业]璧山境内矿产资源丰富,有煤、石油、天然气、石灰石、白泡石、红砂石、煤矸石、方解石和石膏等,为全县工业的发展创造了良好的自然条件。1995 年全县完成工业总产值(原规定,90 年不变价)37.8 亿元,其中,轻工业产值 32.13 亿元,重工业产值 5.67 亿元。

[固定资产投资]1995 年全县完成固定资产投资 29379 万元,其中生产性投资占 41.2%,新增固定资产 29977 万元,全年竣工房屋面积 746211 平方米,其中住宅面积 612011 平方米。

[运输邮电业]璧山交通十分方便,成渝高速公路、国道 319 线贯通全县,高速公路入口—青杠镇被誉为"渝西第一镇",是全国五十个小集镇建设试点镇之一。1995 年全县完成货运量 187 万吨,货物周转量 9907 万吨公里,客运量 1232 万人,旅客周转量 27001 万人公里,公路通车里程 523 公里。程控电话全面开通,1995 年全县完成邮电业务总量 2165 万元,年末电话用户达到 10174 户。

[批发零售贸易业]城乡市场繁荣活跃,1995 年全县社会消费品零售总额达到 144602 万元,集市贸易成交额 24632 万元。

[科技、教育、卫生、体育事业]1995 年全县开展科技研究项目 30 项,取得科技成果 8 项,拥有文化馆 1 个,图书馆 1 个,电影院 18 个,拥有各类学校 346 所,专任教师 3839 人。

[财政、金融]1995 年全县的财政收入首次突破亿元大关,达到 10586 万元。各项存款余额 111746 万元,其中,城乡居民储蓄余额 85370 万元,人均 1439 元,各项贷款余额 76602 万元。

[人民生活]1995 年,全县职工人平工资 3711 元,其中国有单位人平 4047 元,集体单位人平 2819 元,农民人均纯收入 1556 元。

9-21 璧山县主要社会经济指标

指　　标	单 位	1990年	1991年	1992年	1993年	1994年	1995年
一、年末总人口	万人	58.42	58.67	58.79	58.93	59.23	59.34
#非农业人口	万人	5.26	5.33	5.80	6.10	6.56	6.90
社会从业人员	万人	29.72	32.47	32.17	32.42	35.15	34.35
第一产业	万人	22.16	23.04	22.06	21.74	23.88	22.20
第二产业	万人	5.04	4.89	5.45	5.75	6.06	6.81
第三产业	万人	2.52	4.54	4.66	4.93	5.21	5.34
二、国内生产总值(现价)	万元	48527	58773	65345	85766	119080	160772
第一产业	万元	26741	27867	28017	34103	46946	62644
第二产业	万元	11345	12539	18103	28660	44256	59726
第三产业	万元	10441	12367	19225	23003	27878	38402
人均国内生产总值	元	833	901	1113	1457	2016	2712
国内生产总值指数(以上年=100)	%	105.4	102.1	106.8	114.1	122.9	120.6
三、乡村人口	万人	53.32	53.34	53.79	53.13	53.03	52.86
年末实有耕地面积	公顷	32479	32279	32075	31883	31646	31508
通电村数	个	461	461	461	461	461	461
农村用电量	万千瓦时	2630	3260	3765	4518	5000	6186
农林牧渔业产值(90年不变价)	万元	43612	42730	42834	43191	44116	45700
农业	万元	26342	25435	25742	26247	25973	27543
#种值业	万元	26109	24306	24600	24568	24520	26155
林业	万元	671	605	721	629	750	672
牧业	万元	15530	15558	15231	14939	15761	15622
渔业	万元	1069	1132	1140	1376	1632	1863
粮食产量	吨	278310	250462	23819	236784	241357	252815
油料产量	吨	3391	3289	3055	2479	2477	2836
糖类产量	吨	2326	2542	1998	2200	1460	1583
蚕茧产量	吨	2468	2151	1782	1634	1511	1182
茶叶产量	吨	300	320	300	311	319	295
水果产量	吨	17443	18127	20399	24849	23838	28814
肉类产量	吨	18571	18471	18495	18745	20299	19703
#猪肉产量	吨	18315	18289	18231	18521	20047	19505
水产品产量	吨	2656	3024	2955	3550	4280	4920
乡镇企业总产值(90年不变价)	万元	33232	39889	64034	131503	301659	498708
四、全部工业总值(现价)	万元	37586	46000	63647	121565	240528	264219
全部工业总产值(90年不变价)	万元	44463	51742	69878	120948	241880	201927
轻工业	万元	25038	30750	42838	86555	165418	86518
重工业	万元	19425	20992	27040	34393	76462	115409
全部独立核算工业主要指标							
职工平均人数	人	21072	21802	21316	22101	23160	23124
工业总产值(90年不变价)	万元	28381	33420	38166	52035	56064	53208
工业销售产值(现价)	万元	23828	29512	36890	58413	66665	63692
产品销售收入	万元	25428	31011	27703	66774	66508	63692
#产品销售税金及附加	万元	1600	1499	1760	2550	1187	531
利润总额	万元	-271	-392	292	1447	-1334	-5226
五、客运总量	万人	927	1136	1131	1427	1055	1232

9-21 续表

指　　标	单位	1990年	1991年	1992年	1993年	1994年	1995年
货运总量	万吨	111	147	120	376	197	187
客运周转量	万人公里	19833	25452	30108	35582	45754	27001
货运周转量	万吨公里	4033	6287	6352	9453	3630	9907
邮电业务总量(90年不变价)	万元	288	369	501	970	1401	2165
年末电话机数(包括分机)	部	1913	2207	1693	5321	6873	10174
六、全社会固定资产投资	万元	4588	7445	11457	19435	20510	33286
#国有固定资产投资	万元	964	1679	2673	6968	7210	15139
#基本建设	万元	666	1095	1590	3182	4292	3536
更新改造	万元	298	572	985	2803	460	3648
集体单位投资	万元	1028	1130	4439	8989	10903	10791
#城镇	万元	234	376	312	1362	1029	694
全社会新增固定资产	万元	2539	1323	5076	14520	14687	33211
全社会房屋建筑竣工面积	万平方米	49	46	49	52	16	66
#住宅	万平方米	45	43	44	38	16	61
七、社会消费品零售总额	万元	20127	21939	24419	29707	35600	44712
#国有经济	万元	4903	5529	6508	8957	457	11469
集体经济	万元	7472	7528	8500	9841	12654	13806
集市贸易成交额	万元	6487	8046	9025	13013	16217	24632
八、地方预算内财政收入	万元	3651	3485	3838	5467	3667	5582
#各项税收	万元	2975	2885	2735	5458	3336	4404
地方预算内财政支出	万元	4023	3940	4674	5645	7245	9542
年末城乡居民储蓄	万元	21191	28455	35508	43567	61453	85370
年末金融机构存款余额	万元	28749	36202	52249	65089	84527	111746
年末金融机构贷款余额	万元	24356	29547	40008	51468	60592	76602
九、学校数	所	442	432	429	422	400	346
#普通中学	所	75	75	75	74	70	55
在校学生数	人	69916	67477	66685	70270	73921	75300
#普通中学	人	25761	22088	20360	19998	21907	22299
十、卫生机构数	个	90	90	88	85	85	85
#医院	个	43	43	43	43	48	48
卫生机构床位数	张	1029	1040	1081	1074	1096	4098
#医院	张	927	949	981	981	1003	1009
卫生技术人员	人	1174	1124	1091	1115	1139	1172
#医生	人	673	319	547	567	605	518
十一、全部职工人数	人	31979	31846	31587	32200	29400	29700
#国有经济	人	21561	21843	21821	22958	21300	20800
城镇集体经济	人	10418	10003	9766	8842	7700	7000
其它经济	人	-	-	-	400	380	3000
城镇个体劳动者	人	1269	1449	1449	1517	2883	4100
职工平均工资	元	1730	1714	2436	2662	3838	4324
#国有经济	元	1897	1769	2735	2813	4248	4796
城镇集体经济	元	1335	1583	1764	2263	2642	3112
其它	元	-	-	-	3003	4211	4136
十二、农民人均纯收入	元	610	606	679	844	1076	1556

9－22 重庆经济技术开发区主要经济指标

指标	单位	1993年	1994年	1995年
一、占地面积	万平方米	960	960	960
企业数	个	510	558	1060
总人数	人	50899	53569	94569
二、总产值	万元	248200	292400	336200
三、总收入	万元	48763	54584	35550
#产品销售收入	万元	199900	27289	183357
商品销售收入	万元	39274	50942	19389
四、 利润总额	万元	60300	94883	100713
税金总额	万元	11847	17712	10650
五、出口总额	万元	139600	178010	82644
六、人均总产值	元	27427	32230	8739
人均总收入	元	4522	1900	1266
#产品销售收入	元	888	373	134
商品销售收入	元	3236	4575	8952
人均创利润	元	636	854	947
人均创税金	元	6282	2601	3942
人均出口额	美元	1234	486	417

9－23 重庆高新技术产业开发区主要经济指标

指标	单位	1992年	1993年	1994年	1995年
一、占地面积	万平方米	2000	2000	2000	2000
企业数	个	484	1200	1700	1700
总人数	人	9830	18188	29658	32403
二、总产值	万元	4246	87275	136091	203190
三、总收入	万元	46758	95989	155255	210685
#技术性收入	万元	5458	11638	10332	7528
产品销售收入	万元	2886	52293	92269	142146
商品销售收入	万元	12414	28355	50915	51128
四、利润总额	万元	2268	8900	13036	21600
上缴税费	万元	4515	6600	7231	12600
五、出口总额	万美元	807	941	1234	5365
六、人均总产值	元	4319	47985	45887	62707
人均总收入	元	47567	52776	52348	65020
人均创利润	元	2307	4893	4395	6666
人均创税金	元	4593	3629	2438	3889
人均出口额	美元	821	517	416	1779

农 业 10

AGRICULTURE

- 1995年，乡村总户数330.15万户，总人口1122.54万人，劳动力619.0万人。

- 1995年，现价农村社会总产值1011.24亿元，其中非农行业产值占76.4%。农业总产值238.74亿元。

- 农业商品产值113.15亿元，农业商品率为47.4%。

- 1995年粮食总产量586.94万吨，油料产量7.49万吨，猪肉产量68.35万吨。

资料整理

雷曼琳

现价农村社会总产值

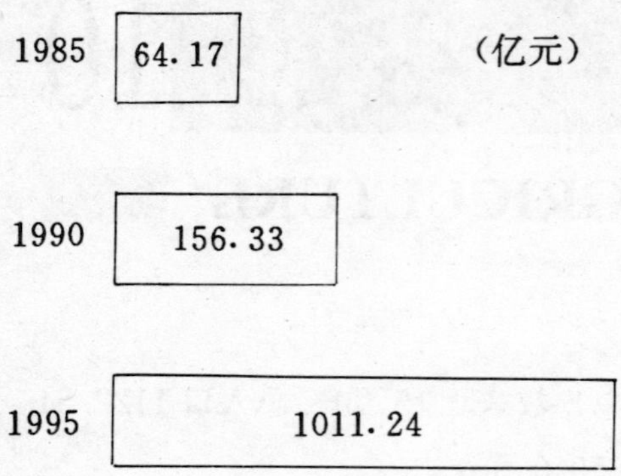

农业总产值构成

(1995 年)

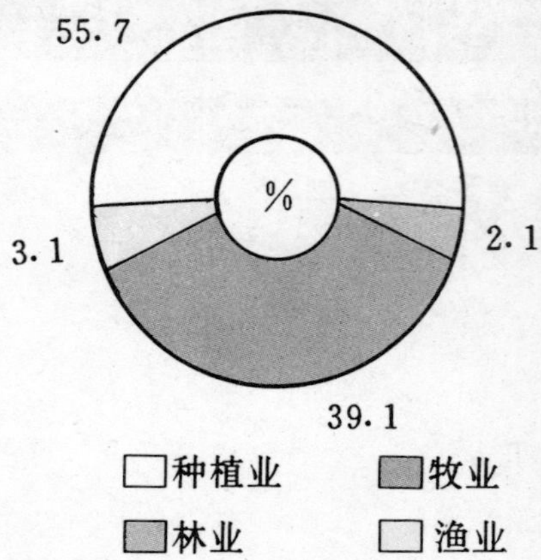

主要农产品产量

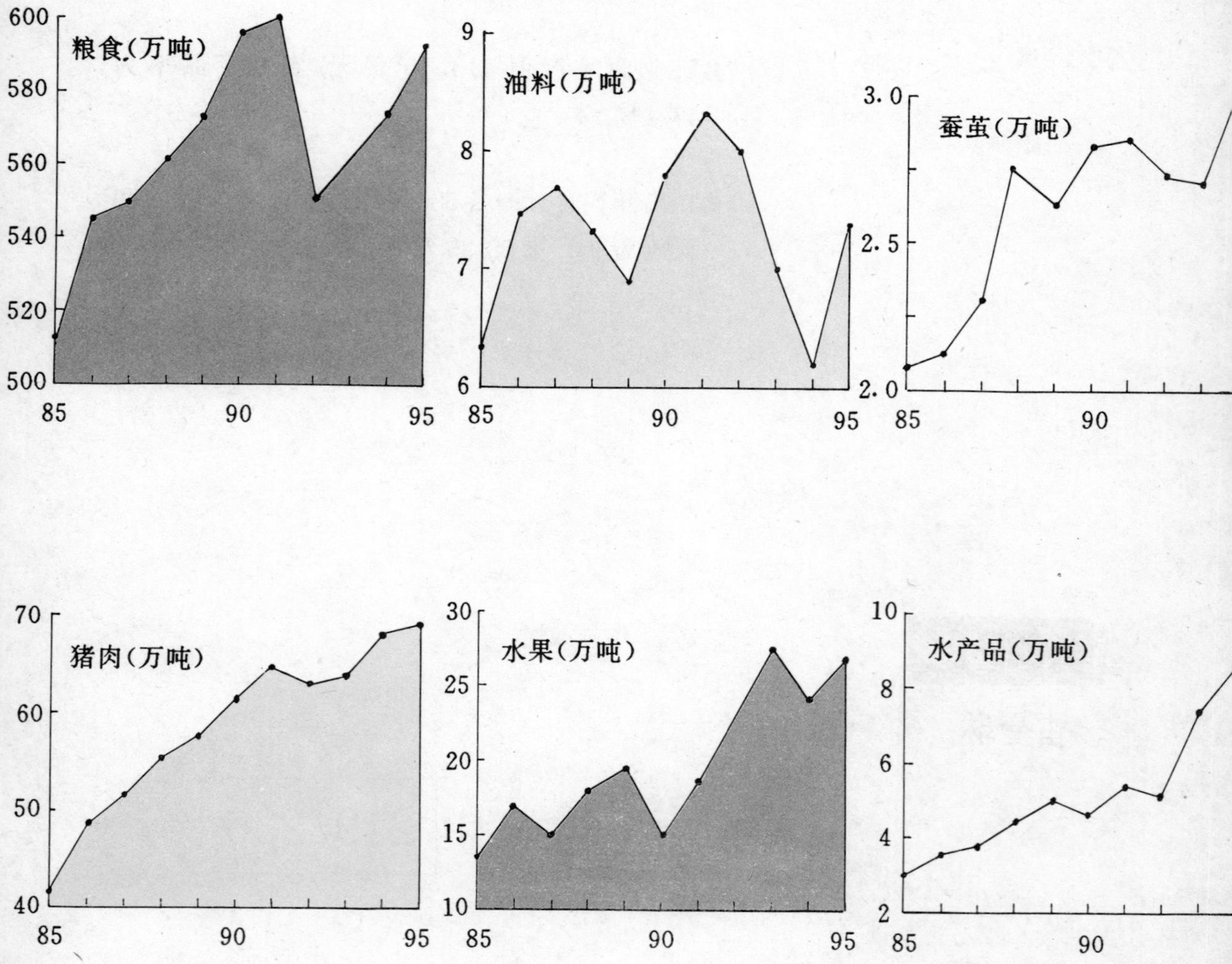

10－1 农村基层组织情况

年份　区市县	乡镇数（个）	#镇数	村民委员会（个）	乡村户数（万户）	乡村人口（万人）	乡村劳动力（万人）	男	女
1985	771	44	8545	273.90	1089.20	530.00	286.70	243.30
“七五”时期								
1986	751	60	8545	282.80	1093.90	547.10	293.40	254.30
1987	744	70	8544	295.40	1107.80	562.50	300.40	262.10
1988	743	71	8544	305.40	1112.60	574.50	308.20	266.30
1989	724	84	8545	316.10	1119.20	584.10	311.80	272.80
1990	719	88	8544	323.70	1127.40	593.80	317.40	276.40
“八五”时期								
1991	716	92	8544	328.40	1132.40	609.50	329.50	280.00
1992	662	114	8545	329.40	1132.30	620.70	334.00	286.70
1993	649	127	8543	329.10	1125.10	616.70	332.80	283.90
1994	533	381	8540	329.40	1120.70	614.40	332.30	282.10
1995	534	384	8320	330.15	1122.54	619.10	333.70	285.40
大渡口区	3	3	32	2.20	6.46	3.69	1.75	1.94
江北区	10	3	82	3.60	10.86	6.83	3.29	3.54
沙坪坝区	12	12	87	7.37	23.14	12.49	6.21	6.28
九龙坡区	12	11	191	8.68	26.42	16.20	8.29	7.91
南岸区	9	9	109	4.99	14.57	8.41	4.10	4.31
北碚区	17	15	301	12.16	38.65	21.32	11.10	10.21
万盛区	8	5	92	4.30	16.11	9.53	4.76	4.77
双桥区	2	－	14	0.68	2.36	1.30	0.69	0.61
渝北区	35	21	629	19.89	65.75	38.87	20.69	18.18
巴南区	41	29	507	20.66	65.71	36.32	19.03	17.29
江津市	66	46	930	38.40	126.86	74.44	43.11	31.33
合川市	64	56	916	39.77	135.21	77.18	42.82	34.36
永川市	34	20	631	24.88	85.43	43.67	23.60	20.07
长寿县	36	22	572	21.91	73.11	40.19	20.47	19.72
綦江县	33	23	585	20.70	75.61	38.87	20.50	18.37
潼南县	31	22	567	22.26	82.56	44.25	24.44	19.81
铜梁县	33	25	573	20.73	72.92	40.04	21.45	18.59
大足县	32	22	502	22.03	82.59	41.89	23.58	18.31
荣昌县	30	20	539	18.73	65.25	33.65	17.82	15.83
璧山县	26	20	461	16.21	52.96	29.96	15.99	13.97

10-2乡村劳动力

单位:万人

年份　区市县	农、林、牧、渔业	工　业	建筑业	交通运输邮电通讯业	批发零售贸易业餐饮业及仓储业	金融、保险业	其　他非农行业
1985	454.50	29.00	18.90	3.40	5.40	0.10	18.70
"七五"时期							
1986	456.40	35.40	22.90	3.80	6.80	0.10	21.70
1987	458.50	38.10	27.60	4.10	7.80	0.10	26.30
1988	465.90	39.40	27.98	4.50	8.00	0.13	28.59
1989	475.50	38.00	27.40	5.20	8.40	0.10	29.50
1990	485.80	35.60	27.90	5.40	9.20	0.10	29.80
"八五"时期							
1991	494.00	36.20	27.50	5.20	10.40	0.20	36.00
1992	489.60	38.50	30.50	5.70	11.80	0.20	44.40
1993	460.00	40.60	38.00	6.80	13.50	0.20	57.60
1994	448.40	38.10	40.00	7.60	14.10	—	66.20
1995	436.78	37.78	42.66	8.19	15.21	—	78.48
大渡口区	2.13	0.73	0.15	0.19	0.17	—	0.31
江北区	5.10	0.46	0.26	0.11	0.26	—	0.64
沙坪坝区	7.19	2.25	0.64	0.31	0.55	—	1.55
九龙坡区	10.91	2.09	0.96	0.38	0.62	—	1.24
南岸区	5.30	1.20	0.51	0.20	0.35	—	0.85
北碚区	14.59	2.58	1.73	0.29	0.64	—	1.49
万盛区	6.63	1.08	0.52	0.18	0.20	—	0.93
双桥区	0.96	0.14	0.08	0.01	0.03	—	0.07
渝北区	32.27	0.93	1.55	0.32	0.93	—	2.86
巴南区	27.97	1.72	1.94	0.45	10.04	—	3.22
江津市	35.64	8.75	9.80	2.51	3.19	—	14.56
合川市	57.74	1.39	4.44	0.49	0.98	—	12.14
永川市	30.76	2.69	2.97	0.42	0.90	—	5.93
长寿县	28.35	1.05	4.23	0.29	1.12	—	5.15
綦江县	28.73	2.15	2.04	0.38	0.83	—	4.74
潼南县	35.01	0.55	1.90	0.21	0.36	—	6.20
铜梁县	29.37	1.24	3.92	0.47	0.77	—	4.26
大足县	30.03	3.49	2.34	0.35	1.06	—	4.62
荣昌县	25.91	0.68	1.60	0.32	0.46	—	4.68
璧山县	22.18	2.61	1.07	0.32	0.76	—	3.03

10-3 耕 地 面 积

单位:公顷

年份 区市县	年末实有耕地面积	田	土	年内减少耕地面积	#国家基建占地	#乡村集体占地	#农民个人建房占地
1985	719890	461419	258471	6174	1529	744	461
“七五”时期							
1986	716732	459689	257043	3256	873	309	288
1987	715061	458722	256339	1851	679	376	243
1988	713978	458056	255922	1186	507	182	118
1989	712660	459097	255563	1408	578	229	104
1990	711728	456862	254866	1015	406	160	71
“八五”时期							
1991	709302	455810	253492	2581	762	441	69
1992	705943	453877	252066	3444	867	1000	67
1993	702876	450827	252049	3186	796	1102	110
1994	701032	448496	252536	2420	856	907	122
1995	698515	446754	251761	2566	801	1265	229
大渡口区	2281	1034	1247	5	1	2	2
江 北 区	5628	2650	2978	83	29	53	1
沙坪坝区	13715	8671	5044	31	19	11	1
九龙坡区	13482	8725	4757	74	64	9	1
南 岸 区	7178	3642	3536	60	55	5	–
北 碚 区	20583	9784	10799	115	36	31	14
万 盛 区	9137	4418	4719	39	25	11	3
双 桥 区	1106	903	203	–	–	–	–
渝 北 区	42260	22007	20253	301	144	150	7
巴 南 区	54171	30302	23869	161	70	35	5
江 津 市	73579	49533	24046	373	46	267	11
合 川 市	80915	47363	33552	87	29	45	13
永 川 市	53669	43687	9982	35	29	6	–
长 寿 县	46981	28046	18935	63	14	43	3
綦 江 县	56866	33349	23517	125	23	91	11
潼 南 县	52064	28063	24001	157	24	100	13
铜 梁 县	47750	36839	10911	151	25	76	24
大 足 县	44553	36550	8003	203	69	97	10
荣 昌 县	41089	28911	12178	362	70	191	101
璧 山 县	31508	22277	9231	141	29	42	9

10-4 现价农村社会总产值

单位:万元

年份 区市县	总计	农林牧渔业总产值	非农行业产值	工业	建筑业	运输业	商业、饮食业
1985	641742	402515	239227	134790	52244	18486	33707
“七五”时期							
1986	736989	468231	268758	166803	43227	21279	37449
1987	867767	521401	346366	216157	55098	28712	46399
1988	1147597	655333	492264	333305	61392	37895	59672
1989	1292507	700972	591535	387114	77993	50947	75481
1990	1563347	862166	701181	455621	95682	62883	86995
“八五”时期							
1991	1785783	916160	869623	567122	115215	78948	108338
1992	2491664	957248	1525416	965080	242206	131244	195886
1993	4316677	1190826	3125851	1827746	523104	250078	524923
1994	7549856	1645825	5904031	3529751	929394	532519	912367
1995	10112375	2387400	7724975	4714103	1114887	679395	1216590
大渡口区	239709	14565	225144	171575	17382	8567	27620
江北区	258557	23181	235376	129434	47993	17459	40490
沙坪坝区	507648	62988	444660	332237	34802	43834	33787
九龙坡区	646905	70727	576178	441033	14942	74776	45427
南岸区	376477	35172	341305	212851	51776	30556	46122
北碚区	756124	75915	680209	343221	132070	66438	138480
万盛区	156307	33702	122605	59575	22740	15510	24780
双桥区	54724	4509	50215	42629	2570	1246	3770
渝北区	795954	138029	657925	297532	141714	24920	193759
巴南区	714476	190216	524260	392404	66876	25134	39845
江津市	943164	337737	605427	253509	126282	96361	129275
合川市	901946	252445	649501	282357	235522	50505	81117
永川市	456040	156261	299779	277167	6150	7282	9180
长寿县	617806	154166	463640	207423	60113	74322	121782
綦江县	699590	171094	528496	283110	45984	60942	138460
潼南县	331948	141168	190780	155771	18786	5285	10938
铜梁县	317367	153882	163485	94414	32331	26428	10312
大足县	641801	150303	491498	345472	28276	19876	97874
荣昌县	324981	128376	196605	165121	7764	5716	18004
璧山县	370854	92967	277887	227268	20814	24238	5567

10-5 主要年份农林牧渔总产值及指数

(1990年不变价)

年份	农林牧渔业总产值	农业	林业	牧业	渔业
绝对数(亿元)					
1952	25.75	18.96	0.69	5.39	0.13
1957	32.19	22.97	0.75	7.51	0.20
1962	20.20	16.51	0.43	2.80	0.08
1965	31.50	22.66	0.93	7.05	0.16
1970	32.52	23.58	0.56	7.53	0.18
1975	35.63	25.91	0.81	8.29	0.25
1978	42.71	31.72	0.87	9.47	0.28
1980	53.21	35.64	1.30	15.49	0.33
1985	78.34	44.89	3.30	25.71	1.06
1986	84.91	47.97	2.76	28.92	1.25
1987	87.12	48.74	2.05	30.84	1.36
1988	91.72	49.11	2.02	34.89	1.64
1989	94.30	50.64	2.02	35.41	1.79
1990	97.60	52.50	2.07	36.80	1.80
1991	101.18	53.69	2.50	38.46	2.14
1992	101.92	53.44	2.24	39.82	2.15
1993	106.33	55.94	2.60	40.58	2.65
1994	109.38	60.96	2.22	43.15	3.05
1995	112.70	62.72	2.40	44.08	3.50
指数(上年=100)					
1952	106.1	104.6	114.1	111.5	104.2
1957	101.7	97.7	91.0	117.0	106.7
1962	134.7	141.0	87.1	119.6	108.3
1965	112.9	115.4	98.3	105.7	123.2
1970	115.8	117.5	104.2	109.9	132.3
1975	98.7	98.2	107.1	99.0	124.8
1978	114.2	111.5	113.8	124.9	115.9
1980	106.1	101.2	123.0	117.3	122.0
1985	103.0	96.3	131.0	114.7	123.2
1986	108.4	106.9	83.7	112.5	117.7
1987	102.6	101.6	74.3	106.6	109.1
1988	105.3	100.8	98.5	113.2	120.7
1989	102.8	103.1	99.9	101.5	108.9
1990	103.5	103.7	102.7	103.9	100.7
1991	103.7	102.3	120.4	104.5	118.9
1992	100.7	99.5	89.7	103.5	100.7
1993	104.3	104.7	116.1	101.9	123.1
1994	102.9	109.0	85.2	106.3	115.3
1995	103.0	102.9	108.1	102.2	114.8

10－6 农业商品产值和商品率

年份 区市县	农业商品产值（亿元）						商品率
	总 计	种植业	林 业	牧 业	#猪	渔 业	（%）
1985	16.90	7.29	0.23	7.74	5.62	0.46	42.0
"七五"时期							
1986	21.42	9.01	0.30	9.73	－	0.61	45.8
1987	25.04	10.09	0.33	11.98	8.60	0.79	48.0
1988	33.19	11.03	0.52	18.66	13.20	1.2	50.6
1989	36.66	12.65	0.49	20.10	14.14	1.4	52.3
1990	41.17	14.35	0.49	22.08	15.35	1.5	47.8
"八五"时期							
1991	44.86	16.33	0.46	23.39	15.97	1.83	49.0
1992	46.70	16.71	0.56	25.04	17.48	1.99	48.8
1993	58.08	24.15	0.73	30.22	21.41	2.98	48.8
1994	82.76	32.94	0.75	45.19	32.34	3.9	50.2
1995	113.15	49.94	0.89	56.81	42.22	5.50	47.4
大渡口区	1.06	0.67	…	0.26	0.20	0.13	72.8
江 北 区	1.54	0.86	…	0.57	0.39	0.11	66.4
沙坪坝区	4.14	2.30	0.01	1.61	0.98	0.22	65.7
九龙坡区	4.92	2.61	0.01	2.01	1.40	0.29	69.6
南 岸 区	2.24	1.09	…	0.90	0.56	0.24	63.7
北 碚 区	3.45	1.52	0.03	1.69	1.32	0.22	45.4
万 盛 区	1.09	0.71	0.06	0.23	0.13	0.10	32.3
双 桥 区	0.23	0.13	…	0.09	0.08	0.01	51.0
渝 北 区	5.21	1.69	0.01	3.32	2.57	0.19	37.7
巴 南 区	10.15	4.25	0.04	5.27	3.72	0.59	53.4
江 津 市	19.62	9.45	0.33	8.97	6.25	0.87	58.1
合 川 市	8.77	2.67	0.03	5.90	4.64	0.17	34.7
永 川 市	7.69	3.89	0.07	3.47	2.46	0.26	49.2
长 寿 县	6.69	2.91	0.02	3.47	2.54	0.28	43.4
綦 江 县	7.28	2.30	0.08	4.68	3.91	0.21	42.5
潼 南 县	6.09	2.66	0.02	3.19	2.73	0.22	43.1
铜 梁 县	7.04	2.82	0.03	3.68	2.77	0.51	45.7
大 足 县	5.74	2.34	0.08	3.12	2.53	0.20	38.2
荣 昌 县	6.02	2.91	0.03	2.76	1.85	0.32	46.9
璧 山 县	4.17	2.16	0.02	1.64	1.17	0.35	42.0

10－7 农业机械拥有量

年份	农业机械总动力(万千瓦)	农用大中型拖拉机		小型和手扶拖拉机		农用排灌动力机械(万千瓦)	农用水泵(台)
		(台)	(万千瓦)	(台)	(万千瓦)		
1985	133.930	908	2.43	8755	8.20	49.52	45335
“七五”时期							
1986	141.3	858	2.32	9295	8.84	49.45	46068
1987	149.098	812	2.19	9631	9.33	50.30	47301
1988	158.297	709	1.96	9646	9.67	49.92	47717
1989	164.76	639	1.77	9559	9.73	49.56	46401
1990	168.42	534	1.52	8831	9.02	48.02	45241
“八五”时期							
1991	172.32	420	1.22	7540	7.78	46.37	44133
1992	177.84	328	0.97	6200	6.84	45.97	43000
1993	187.19	292	0.86	5400	5.67	49.81	42900
1994	199.06	217	0.64	4491	4.73	51.00	43834
1995	209.37	138	0.41	3991	4.23	46.88	43162

10－7续表

年份	机动脱粒机(台)	磨面机碾米机(部)	农用载重汽车		饲料粉碎机(部)	渔用机动船(艘)
			(辆)	(万千瓦)		
1985	5117	44504	4899	4.76	19065	125
“七五”时期						
1986	3508	46719	5353	36.37	21002	150
1987	2119	47721	6113	40.79	21797	158
1988	2678	49025	6774	45.48	22245	147
1989	2412	49054	7662	51.58	23018	213
1990	6969	50500	7259	50.65	24270	232
“八五”时期						
1991	11974	19526	7715	55.13	25795	276
1992	16207	48900	8167	59.18	25300	282
1993	17120	49600	8406	61.25	26400	303
1994	20829	49338	9062	70.28	21988	301
1995	25551	15325	9981	77.51	22727	426

10－8 有效灌溉面积和化肥施用量

年份	有效灌溉面积		化肥施用量(折纯)			
	(万亩)	占耕地面积比重(%)	(万吨)	氮肥	磷肥	钾肥
1985	488.00	45.19	13.80	12.20	1.30	0.30
“七五”时期						
1986	493.00	45.86	16.40	13.90	2.40	0.10
1987	490.00	45.69	17.40	14.50	2.50	0.10
1988	498.00	46.50	17.00	13.60	2.90	0.10
1989	500.00	46.78	20.50	16.70	3.30	0.10
1990	501.30	46.96	22.30	17.80	3.90	0.10
“八五”时期						
1991	505.20	47.80	22.90	17.10	4.70	0.40
1992	506.00	47.80	23.10	16.70	4.90	0.60
1993	507.00	48.10	24.10	16.10	5.00	0.70
1994	–	–	24.50	16.70	5.70	0.90
1995	509.23	48.60	26.98	18.32	6.09	1.03

10－9 农 村 用 电 量

年份	农村用电量(万千瓦时)	乡村办电站个数(个)	乡村办电站发电能力(万千瓦)	村组办电站个数(个)	村组办电站发电能力(万千瓦)
1985	34988	203	3.30	72	0.30
“七五”时期					
1986	37738	186	3.20	84	0.40
1987	47874	196	3.50	83	0.50
1988	51030	200	3.80	85	0.40
1989	56617	201	3.80	83	0.50
1990	61822	201	3.90	78	0.40
“八五”时期					
1991	63282	186	3.80	86	0.80
1992	72812	180	3.80	84	0.80
1993	83199	183	4.30	86	0.90
1994	94421	180	4.00	85	0.80
1995	102582	267	5.30	–	–

10－10 主要农作物播种面积

单位:公顷

项　　目	1985年	1990年	1992年	1993年	1994年	1995年
全年农作物总播种面积	**1354713**	**1439793**	**1465033**	**1448693**	**1422713**	**1428958**
一、谷物	889767	922513	918093	899373	870120	873615
#夏收谷物	642540	272773	277987	270140	318786	319284
1.稻谷	434260	437860	437167	427947	417720	421197
早稻	9427	9193	11187	7820	7093	6679
中稻	415573	417687	412933	410287	401607	406119
晚稻	9260	10980	13047	9840	9020	8399
2.小麦	241100	259846	264993	258247	245127	246221
3.玉米	174740	185973	184300	183407	181053	181967
4.高粱	22813	15960	14700	13880	12740	12622
5.其他谷物	16853	22873	16933	15893	13467	11608
二、豆类合计	76373	69707	71227	74600	77413	77128
大豆	21673	20307	19713	20553	19720	19578
杂豆	54700	49400	51513	54047	57700	57550
三、油料合计	54873	61700	64800	55440	48147	57479
#花生	11000	8560	8233	8213	8227	8641
油菜籽	43160	52847	56267	46953	39660	48617
芝麻	673	267	253	240	220	183
向日葵籽	40	26	47	33	33	38
四、麻类合计	4073	2693	1980	1633	1380	1123
#苎麻	400	733	313	200	207	202
黄红麻	3673	1960	14467	1373	1173	921
五、糖料合计	6407	4713	3673	2947	2567	2323
甘蔗	6407	4713	3673	2947	2567	2323
六、烟叶合计	2753	3040	9007	7420	3573	3118
#烤烟	－	787	6693	5367	1807	1470
七、药材类合计	1247	320	367	560	840	908
八、薯类	196553	213527	214813	215980	225587	224906
#马铃薯	6207	9800	11367	15800	14933	23945
九、蔬菜、瓜类	81753	103167	114247	121680	121227	121978
1.蔬菜	81753	101487	113133	120133	119260	119658
2.瓜类	－	1680	1113	1553	1960	2320
十、其他饲料	35293	58413	66827	69033	71860	66378
#青饲料	26727	43973	48100	50100	52973	49688

10-11 主要农作物产量

单位:吨

项　　目	1985年	1990年	1992年	1993年	1994年	1995年
一、谷物合计	4322966	5082057	4742298	4711276	4786034	4873947
#夏收谷物	3649597	694212	759211	760015	834625	853309
1.稻谷	2830792	3397259	3178363	3042561	3161362	3248589
早稻	41776	54620	64877	44892	40961	39623
中稻	2747559	3282712	3048296	2950333	3075034	3163337
晚稻	41457	59927	65190	47336	45367	45629
2.小麦	657785	666853	729047	732532	700124	710135
3.玉米	709913	905443	737979	858638	810501	786201
4.高粱	87743	63481	46909	42625	42146	40213
5.其他谷物	36769	49021	49997	34920	71901	88809
二、豆类合计	114087	109175	94197	119172	150246	125240
大豆	39876	38484	33158	37122	55865	43607
杂豆	74211	70691	61039	82050	94381	81633
三、油料合计	63105	77093	79346	71325	61187	74972
#花生	18925	15457	13254	14708	11796	13062
油菜籽	43773	61394	65823	56378	48688	61680
芝麻	338	210	222	193	210	180
向日葵籽	69	33	44	45	41	48
四、麻类合计	10308	4759	3759	2966	2183	2054
#苎麻	209	630	314	288	219	255
黄红麻	10098	4128	3242	2678	1961	1799
五、糖料合计	221215	153571	111633	102394	79967	74190
甘蔗	221215	153571	111633	102394	79967	74190
六、烟叶合计	3597	3931	11273	10165	5098	4395
#烤烟	2	653	7137	6804	2280	1525
七、薯类	750495	750588	696384	859891	803852	870201
#马铃薯	11285	20601	25954	27792	35492	40373
八、蔬菜、瓜类						
蔬菜	2765000	3506693	3731400	3698424	3942100	4050000

注:粮食产量等于谷物、豆类、薯类产量之和。

10－12 林牧渔业生产情况

项　　目	1985年	1990年	1992年	1993年	1994年	1995年
一、林业生产						
1.当年造林面积(公顷)	17933	11347	29567	29900	18527	27911
2.迹地更新面积(公顷)	313	207	393	60	300	916
3.育苗面积(公顷)	2027	727	8020	700	593	730
4.幼林抚育实际面积(公顷)	23927	15353	25220	29600	14580	21759
5.成林抚育面积(公顷)	8340	10793	10947	15800	11693	14102
6.村组和农户采伐木材(万立方)	7.60	7.60	13.40	9.50	6.70	9.20
7.村组和农户采伐竹材(万根)	12.40	29.50	70.00	48.60	100.30	64.40
8.主要林产品产量						
油桐籽(吨)	1550	567	1105	762	444	1516
油茶籽(吨)	84	65	59	16	105	111
棕　片(吨)	904	1184	959	1198	763	731
二、牧业生产						
1.年末大牲畜总头数(万头)	42.00	34.40	32.10	30.40	29.80	38.45
#农事劳役头数	35.30	28.20	25.70	23.90	24.10	28.92
2.年末生猪存栏头数(万头)	777.40	843.60	819.50	800.00	818.10	798.95
3.年末羊只数(万只)	9.70	5.60	4.70	5.30	7.80	11.06
4.年内出栏肥猪头数(万头)	715.80	907.50	938.30	935.70	947.60	963.29
5.年内出售自宰肉用羊(万只)	23.60	10.60	6.10	6.60	8.20	12.55
6.当年肉类总产量(万吨)	44.36	65.62	67.89	69.13	74.55	76.75
#猪肉	41.33	61.29	62.68	63.18	67.26	68.35
禽肉	2.36	3.82	4.59	5.19	6.35	6.89
免肉	0.14	0.32	0.39	0.42	0.45	0.49
7.奶类产量(万吨)	2.81	4.39	5.42	5.24	4.65	3.87
8.蜂蜜产量(吨)	644	699	836	834	869	1142
9.禽蛋产量(万吨)	4.71	6.79	7.38	7.64	8.54	9.07
10.出售自宰家禽(万只)	1633	2605	3286	3590	4076	4568
三、渔业生产						
1.水产品总产量(吨)	28081	45149	50653	66678	75961	87800
#养殖产量	23566	40300	46900	62700	72000	83800
2.水产品养殖面积(公顷)	25867	26800	26667	28733	29967	30060
#池塘	11200	11800	12200	13600	14593	14807
水库	13600	13933	13133	13467	13467	13467
四、蚕茶果产量						
1.蚕茧产量(吨)	20647	28082	27258	27004	28860	24717
2.茶叶产量(吨)	8116	9793	9392	10812	12814	10212
3.水果产量(万吨)	13.10	18.68	18.49	25.74	23.16	24.27
#柑桔	11.49	16.30	16.14	22.41	19.56	20.34

10－13 主要农副产品产量

年份 区市县	粮食（万吨）	小 麦	水 稻	油料（万吨）	甘蔗（万吨）	茶叶（万吨）	蚕茧（万吨）	水果（万吨）
1985	518.76	65.78	283.08	6.31	22.12	0.81	2.06	13.10
"七五"时期								
1986	553.90	70.50	299.80	7.55	24.28	0.90	2.07	15.93
1987	557.40	66.20	306.00	7.61	22.23	1.03	2.30	15.00
1988	565.00	58.80	329.10	7.30	22.66	1.03	2.72	9.67
1989	575.03	54.61	333.29	6.80	18.29	1.01	2.63	17.31
1990	594.18	66.68	339.72	7.71	15.36	0.98	2.81	18.68
"八五"时期								
1991	598.12	70.74	326.97	8.11	18.35	1.01	2.82	15.30
1992	553.29	72.90	317.84	7.93	11.16	0.94	2.73	18.49
1993	569.03	73.30	304.26	7.13	10.24	1.08	2.70	25.74
1994	574.01	70.01	316.14	6.12	7.90	1.28	2.90	23.16
1995	586.94	71.01	324.86	7.49	7.42	1.02	2.47	24.27
大渡口区	1.16	0.12	0.50	…	…	…	…	0.06
江 北 区	3.77	0.44	1.85	0.05	－	…	0.02	0.61
沙坪坝区	9.80	0.68	6.24	0.02	0.02	0.03	…	0.39
九龙坡区	11.40	0.95	7.04	0.12	0.03	…	…	1.41
南 岸 区	5.69	0.71	2.76	0.01	…	…	0.02	0.12
北 碚 区	17.36	0.24	7.25	0.17	…	0.03	0.07	0.76
万 盛 区	6.87	0.90	2.77	0.05	－	0.05	0.02	0.05
双 桥 区	1.43	0.11	0.96	0.01	－	－	－	0.02
渝 北 区	36.74	4.29	15.92	0.44	－	0.01	0.28	0.85
巴 南 区	48.27	5.31	23.41	0.31	0.02	0.18	0.35	0.98
江 津 市	71.46	8.35	39.98	0.66	4.76	0.07	0.24	6.14
合 川 市	74.12	8.68	36.58	0.79	0.94	0.02	0.34	2.92
永 川 市	51.44	6.26	35.10	0.53	0.33	0.10	0.18	1.63
长 寿 县	44.51	5.36	24.19	0.73	0.03	0.05	0.09	2.05
綦 江 县	43.09	6.19	19.71	0.58	0.02	0.19	0.15	0.42
潼 南 县	45.10	5.29	22.60	1.19	0.33	…	0.19	0.59
铜 梁 县	39.54	5.15	25.77	0.25	0.05	0.01	0.30	1.46
大 足 县	47.34	6.23	29.00	0.46	0.09	…	0.04	0.45
荣 昌 县	35.57	3.54	23.74	0.80	0.62	0.22	0.03	0.47
璧 山 县	25.28	3.11	16.37	0.28	0.16	0.03	0.12	2.88

10-13续表

年份　区市县	出　槽 肥猪头数 (万头)	肉　类 总产量 (万吨)	#猪肉	牛　奶 (万吨)	禽　蛋 (万吨)	水产品 (万吨)	生猪年 末头数 (万头)	大牲畜 年末数 (万头)
1985	715.77	44.36	41.30	2.80	4.70	2.81	777.40	42.00
"七五"时期								
1986	749.30	51.04	47.50	3.10	5.20	3.27	785.30	41.20
1987	786.80	54.12	50.40	3.40	5.40	3.52	805.70	39.50
1988	868.40	60.94	57.10	3.70	6.20	4.33	832.10	37.90
1989	881.00	62.68	58.59	3.80	6.50	4.59	838.20	36.00
1990	907.50	65.62	61.29	4.40	6.80	4.51	843.60	34.40
"八五"时期								
1991	931.10	68.29	63.59	4.94	7.19	5.09	844.00	33.50
1992	938.30	67.89	62.68	5.42	7.38	5.07	819.50	32.10
1993	935.70	69.13	63.18	5.24	7.64	6.67	809.90	30.40
1994	947.60	74.55	67.26	4.60	8.54	7.60	818.10	29.80
1995	963.30	76.75	68.35	3.90	9.07	8.78	798.90	38.40
大渡口区	5.63	0.43	0.40	0.08	0.03	0.16	3.34	0.05
江 北 区	7.74	0.64	0.61	0.69	0.05	0.15	4.76	0.26
沙坪坝区	19.64	1.48	1.26	1.30	0.28	0.31	11.42	0.41
九龙坡区	25.48	2.39	1.91	0.30	0.26	0.46	16.32	0.19
南 岸 区	12.29	0.83	0.79	0.48	0.08	0.24	7.71	0.26
北 碚 区	31.03	2.26	2.10	0.12	0.29	0.38	24.92	0.46
万 盛 区	13.18	1.00	0.94	0.02	0.07	0.13	11.05	0.62
双 桥 区	1.81	0.29	0.17	…	0.01	0.03	1.68	0.03
渝 北 区	61.24	4.85	4.59	0.30	0.44	0.46	44.22	1.62
巴 南 区	80.17	7.14	6.25	0.28	1.00	0.89	60.52	3.02
江 津 市	122.95	1.07	9.34	0.03	1.29	1.03	90.43	3.26
合 川 市	100.63	7.44	7.04	0.07	0.95	0.52	90.09	1.88
永 川 市	69.16	5.20	4.50	0.04	0.54	0.47	60.84	1.58
长 寿 县	63.01	4.8	4.41	0.07	1.12	0.50	49.88	2.89
綦 江 县	86.04	6.8	5.59	0.03	0.51	0.47	65.97	15.11
潼 南 县	66.88	4.74	4.58	…	0.43	0.48	70.11	1.93
铜 梁 县	63.67	5.13	4.76	…	0.44	0.73	50.30	1.59
大 足 县	60.83	5.28	4.56	…	0.63	0.50	54.16	1.67
荣 昌 县	39.41	3.23	2.56	0.01	0.29	0.37	47.82	0.96
璧 山 县	32.51	2.23	1.95	0.01	0.36	0.49	33.39	0.68

10－14 主要农副产品产量与建国以来最高年产量比较

项　　目	1985年	建国以来最高年		1995年为建国以来年的(%)
		年份	产量	
一、粮食总产量(万吨)	**586.94**	**1991**	**598.12**	**98.1**
#小麦	71.01	1983	81.86	86.8
稻谷	324.86	1990	339.70	95.6
红苕	82.98	1979	94.87	87.5
玉米	78.62	1991	90.80	86.6
大豆	4.36	1994	5.59	78.0
高粱	4.02	1984	9.84	40.9
二、经济作物				
#油料(万吨)	7.50	1982	10.13	74.0
#油菜籽(万吨)	6.17	1982	8.67	71.2
甘蔗(万吨)	7.42	1982	29.98	24.8
烟叶(万吨)	0.44	1992	1.13	38.9
麻类(万吨)	0.21	1985	1.03	20.4
三、畜产品				
生猪年末存栏头数(万头)	798.95	1991	844.00	94.7
出栏肥猪头数(万头)	963.29	1995	963.29	100.0
肉类总产量(万吨)	76.75	1995	76.75	100.0
#猪肉	68.35	1995	68.35	100.0
牛奶产量(万吨)	3.87	1992	5.42	71.4
禽蛋产量(万吨)	9.07	1995	9.07	100.0
年末大牲畜总头数(万头)	38.45	1971	51.62	74.5
四、水产品				
水产品产量(万吨)	8.78	1995	8.78	100.0
五、蚕茧茶果产量				
蚕茧产量(万吨)	2.47	1994	2.89	85.5
茶叶产量(万吨)	1.02	1994	1.28	79.7
水果产量(万吨)	24.27	1993	25.74	94.3
#柑桔	20.34	1993	22.41	90.8

10－15 乡镇企业基本情况

行业 区市县	企业个数(个)		企业人数(人)		总 产 值 (万元)		
	1994年(老口径)	1995年(新口径)	1994年(老口径)	1995年(新口径)	老口径		新口径
					1994年	1995年	1995年
总 计	**323574**	**174067**	**2088956**	**1294918**	**7102035**	**10133188**	**5461120**
一、按行业分							
1.农业	2858	2001	36148	23936	48702		36628
2.工业	105233	39788	985063	639432	3616219		2812336
3.建筑业	18893	2184	552453	329019	1630062		1158261
4.交通运输业	37148	27104	111231	62479	671952		544175
5.批发零售餐饮业	125915	93080	283546	216417	1135100		909720
#餐饮业	29234	19453	84424	63527	483859		339789
6.服务业	28672	9140	100595	21926	－	－	－
7.其他行业	4855	770	19920	1709	－	－	－
二、按地区分							
大渡口区		2368		23936		200197	140509
江北区	3348	3433	28315	30274	146220	235970	152611
沙坪坝区	7718	7765	90560	85185	563477	613790	592401
九龙坡区	8502	8562	99500	107443	545944	760335	760328
南岸区	4902	5139	54506	58134	273875	531806	342538
北碚区	10419	10733	75236	78831	347436	678654	368965
万盛区	8694	1331	42540	18910	100769	146116	27426
双桥区	1284	608	9699	6213	51188	80437	37516
渝北区	23471	7095	139855	59847	577761	770043	240538
巴南区	36358	7709	255447	70043	1068419	799938	254483
江津市	28807	19952	256192	138762	563680	748286	450111
合川市	35785	10378	186142	68953	443771	653347	200277
永川市	29809	13172	170010	89168	472429	729409	263243
长寿县	20674	7886	95273	49227	311908	460135	108038
綦江县	21795	15074	159814	102156	434494	681189	391006
潼南县	7552	6330	51531	45132	143125	292143	147462
铜梁县	16077	11952	73209	64047	217783	363076	218605
大足县	28122	11774	134441	59887	357324	563104	243630
荣昌县	14742	9837	79104	58372	180773	326505	172135
璧山县	15515	12969	87582	80398	301659	498708	349298

注:根据报表制度规定,95年起乡镇企业所有指标均按新口径统计,即不包括无照经营数,故与往年数字不可比,下表同。

10-16 乡镇企业主要财务指标

（1995年） 单位：万元

区(市)县	营业收入	利润总额	应交税金	工资总额	固定资产原值	银行(信用社)贷款
总计	**5192318**	**247000**	**226516**	**430697**	**799221**	**276796**
大渡口区	129324	7861	8055	9339	20145	6483
江北区	131722	2675	6638	8662	26395	10224
沙坪坝区	568639	40457	28221	28642	74226	18033
九龙坡区	757977	35742	35458	47017	99355	32630
南岸区	352952	20135	15151	28835	39927	7825
北碚区	384823	20331	18015	31062	54561	23489
万盛区	31772	1334	2530	4570	11807	3950
双桥区	25614	942	1082	2471	10947	6580
渝北区	271584	8401	6381	19560	13890	17443
巴南区	227399	9238	14399	22757	43549	14367
江津市	427865	30125	24704	48650	62894	19459
合川市	169975	2859	6587	17920	62692	17723
永川市	246998	8770	9204	27299	51275	15678
长寿县	90304	3810	6002	12693	38261	13812
綦江县	119792	13156	7010	22527	35389	14696
潼南县	207715	2066	3543	9582	28315	8160
铜梁县	246998	3059	9055	19279	48226	12112
大足县	265719	16394	8682	20321	30272	12796
荣昌县	174287	7017	4925	24008	24588	6712
璧山县	360859	12628	10874	25503	42507	14624

主要统计指标解释

【农村非农行业产值】 指在一定时期内农村生产的，以货币形式表现的农村工业、建筑业、交通运输业、批发零售贸易业四个物质生产部门的全部产品的总量。农村非农行业产值的计算范围包括：乡村及村以下各种合作经济组织和农户从事工业、建筑业、交通运输业、批发零售贸易业及餐饮活动所生产的产值。凡在农村的国营工业、建筑业、交通运输业、批发零售贸易业和餐饮业的产值均不包括在内。集体和国有联营的企业；凡厂址在农村，利用农村劳动力，土地或生产用房进行生产的联营企业，其产值应计算在内。农民在城里办企业，从事工业、建筑业、交通运输业、批发零售贸易业和餐饮业活动的产值，另作附记指标进行统计。

1.农村工业总产值：是以货币表现的乡办工业，村办工业和村以下办工业企业生产的产品产量。包括成品价值和对外承做的工业性作业价值两部分。准备出售的半成品，其价值也应计入工业总产值内。

农村工业总产值按“工厂法”计算，即按每个企业工业生产活动的最终成果计算，在企业内部不允许重复，即不能将企业内部各个车间生产的成果相加。计算工业总产值的工业产品必须符合国务院各部和省、自治区、直辖市主管部门规定的质量标准，或订货合同规定的技术条件。凡不符合产品质量标准的不合格品一律不计算产量、产值。工业性作业只恢复或提高原来产品使用价值或只完成成品生产中的个别工序，应按加工费计算产值，不包括原材料的价值。

2.农村建筑业产值：是以货币表现的农村各种合作经济组织的建筑队（组）和个体的专业人员从事农村建筑生活活动的总成果。建筑活动包括各种建筑物的建筑工程，各种机械设备的安装工程（不包括安装的机械设备本身的价值），建筑物和房屋修理以及工程项目有关的勘察设计和地质勘探活动。

农村建筑业产值主要包括兴建房屋、农田水利建筑及开垦荒地的产值。建筑工程和安装工程产值合并在一起计算。其产值按兴工动料全部投资额（但不包括被安装设备本身的价值）计算。只有劳动力投入，没有工程设施的农田基本建设，暂不计算。

3.农村运输业总产值：指农村各级合作经济组织和住户从事货物运输活动的产值。包括水运、陆运、装卸、搬动等货物运输活动，其产值按这些单位的全部货运收入计算。

4.农村贸易业总产值：指农村供销社和其他合作经济组织和住户从事贸易活动的产值，贸易业产值就是一般所说的商业附加费，也就是商品流动费，税金和销售利润（亏损则为负数）的总和。其产值按已销售产品购销差价减托运费和装卸搬运费计算。或用商品流动费加税金，销售利润（亏损则为负数）减运输费求得。在搜集资料比较困难的情况下，也可根据这些农村商业单位的零售额乘以毛利率（购销差价率）再减去托运费和装卸搬运费来估算。

农村饮食业总产值包括农村集体经济组织办的饮食业产值和个体饮食业产值，其产值按饮食业的营业额计算。

【农林牧渔业总产值】 指以货币表现的农林牧渔业全部产品总量。它反映了一定时期由农林牧渔业生产的总成果和总规模。

农林牧渔业总产值一般采用“产品法”进行计算，即凡是产品质量合格的，都按产品产量乘以其产品单价求得每一种农产品的产值，然后将四业产品的产值相加求得。

从计算范围看，包括农民和集体、机关、团体、学校及国营农林牧渔业生产的产品，但不包括农业科学试验单位作为试验用的产品和军事部门生产的产品。

一、农业产值：包括农作物种植业和其他农业的主产品和副产品产值。农作物种植业产值包括谷物、豆类、油料、麻类、棉花、糖料、烟叶、药材、薯类、蔬菜、瓜类、茶、桑、果类产值以及不属于以上各类种植作物的产值。如饲料作物（专指青饲料）、绿肥作物、水生植物（如苇子、莒草、莲子、藕菱角等）以及花卉、香茅等等。

其他农业产值包括采集野生植物产值和农民家庭兼营的商品性工业产值。采集野生植物产值按采集到的种种野生药材、纤维原料、油料、淀粉原料、柴草等原料产品（未经加工）的数量乘以产品的单价计算。农民家庭兼营的商品工业产值是指以经营农业为主的农民家庭兼营的商品性工业产值，只计算农民家庭为出售而生产的工业品价值；农民对企业承做的零配件加工不计算产值。

二、林业产值：包括林木的栽培即成片造林、迹地更新、零星植树、育苗、幼林抚育、成林抚育、林产品的采集和村及村以下农户或农村集体组织的竹木采伐。

三、牧业产值:包括除渔业养殖以外的一切动物饲料和放牧以及捕猎野兽、野禽。

四、渔业产值:包括水生动物和海藻类植物的养殖和捕捞。

【谷物】 指全社会的产量。包括国营农场、乡(社)集体统一经营的和农民家庭经营的谷物产量,还包括社员自留地、工矿企业职工家属办的农场和其他经营生产的产量。谷物产量应按晒干入库的产量统计。谷物包括稻谷、小麦、玉米、高粱、谷子和其他谷物,不包括薯类和豆类。

【豆类产量】 指全部豆类产量。按去豆荚后的干豆计算。

【薯类产量】 指全社会的产量。以块根重量按5公斤折原粮1公斤计算。

【油料产量】 指全部油料作物产量。包括花生、油菜籽、芝麻、向日葵籽、胡麻籽(亚麻籽)和其他油料。不包括木本油料和野生油料。花生以带壳的干花生计算。**【麻类产量】** 指全部麻类作物产量。包括黄红麻、大麻、苎麻、亚麻、苘麻和其他麻类。其产量除亚麻以麻杆计算,苎麻以刮皮后的干麻计算。苘麻和大麻以熟皮计算外,其余一律以生麻皮计算。一般情况是一斤熟麻皮可折为二斤生麻皮。

【水产品产量】 指人工养殖的水产品和天然生长的水产品的捕捞量。包括海水的鱼类、虾蟹类、贝类和藻类以及淡水的鱼类、虾蟹类和贝类,不包括淡水水生植物。

【耕地面积】 指可以用来种植农作物、经常进行耕锄的田地,除包括熟地、当年新开荒地连续撂荒未满三年的耕地和当年的休闲地(轮歇地)外,还包括以种植农作物为主并附带种植桑树、茶树、果树和其他林木的土地,以及沿海、沿湖地区已围垦利用的“海滩”、湖田”等面积。但不包括属于专业性的桑园、茶园、果园、果木苗圃、林地、芦苇地、天然或人工草地面积。

【农作物总播种面积】 指实际播种或移植有农作物的面积。凡是实际种植有农作物的面积,不论是种植在耕地还是非耕地上,也不论面积大小,均应统计。同时还包括应遭灾补种和改种的农作物面积,种一亩算一亩。

【有效灌溉面积】 指具有一定的水源,地块比较平整,灌溉工程或设备已经配套,在一般年景下当年能够正常灌溉的耕地面积。

【农用化肥施用量】 指实际用于农业生产的化肥数量。包括氮肥、磷肥、钾肥和复合肥。化肥施用量要求按折纯量计算,即各类化学肥料的实际施用量按其含氮、含五氧化二磷,含氧化钾的比例折成百分之百计算。

【农业机械总动力】 指主要用于农、林、牧、渔业的各种动力机械的动力总和,包括耕地机械、农用排灌动力机械、收获机械、植保机械、林业机械、畜牧机械、渔业机械、农产品加工机械、农用运输机械、其他农业机械。按能源又分为柴油、汽油、动力和其他动力。总动力按法定计算单位千瓦计算。

【猪、牛、羊肉产量】 指当年出栏并已屠宰的猪、牛、羊的肉产量。即屠宰后除去头蹄下水后带骨肉(即胴体重)的重量。

工 业 11

INDUSTRY

●1995年，全市工业企业82428个，其中乡及乡以上企业9641个，大中型企业304个。

●1995年，全市工业总产值1201.09亿元，其中轻工业产值461.80亿元，重工业产值739.29亿元。

●1995年，钢产量150.66万吨，原煤产量1745.97万吨，天然气46.07亿立方米，发电量94.69亿千瓦小时。

●1995年，全部独立核算工业企业7612个，总产值767.01亿元，产品销售收入643.78亿元，实现利税48.37亿元。

资料整理

张界民 毛文玲 邓继书
张淑兰 万 涛
陈 平 杨方国

工业总产值（90 年不变价）

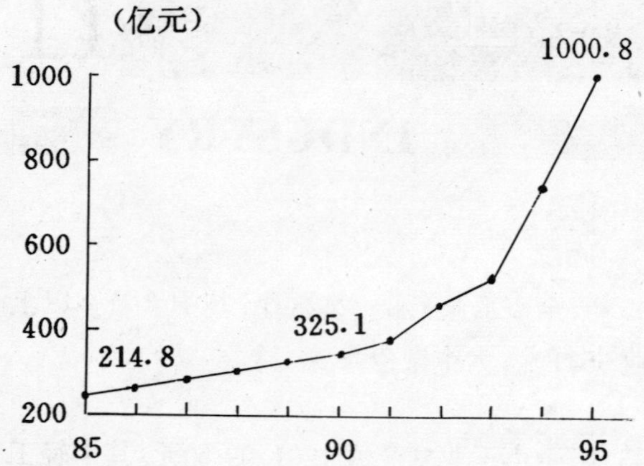

轻重工业产值比重

(1995 年)

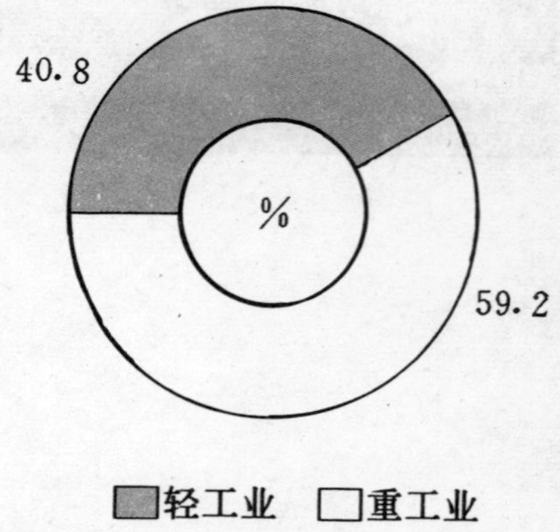

主要工业产品产量

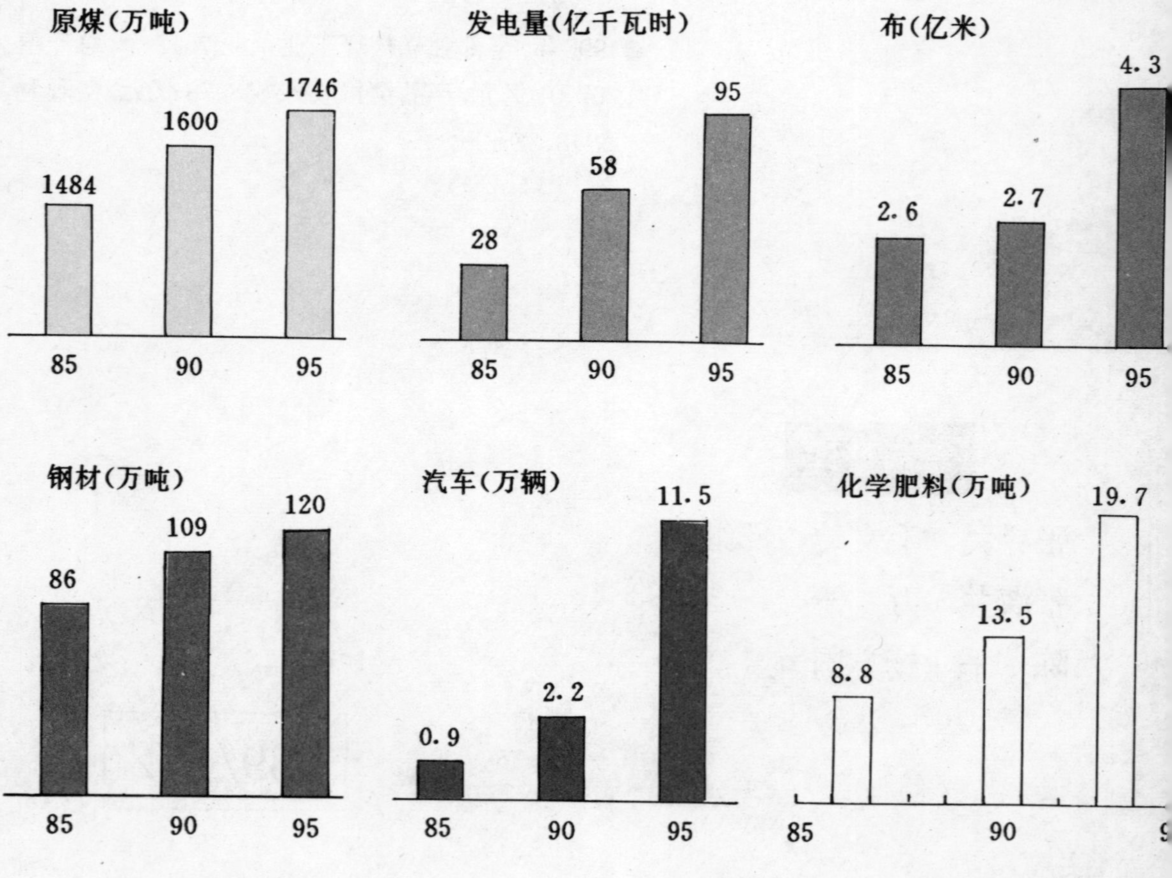

11－1 各种经济类型工业企业单位数和总产值

分　　类	1985年	1990年	1992年	1993年	1994年	1995年	
						老口径	新口径
企业单位数(个)	**70930**	**96909**	**98679**	**118364**	**111580**	**82428**	**57455**
国有企业	1124	1230	1168	1301	1142	1179	1254
集体企业	27737	22917	22283	24535	21166	20516	16686
#乡办工业	3499	3883	4149	–	–	4865	4247
村办工业	7582	12656	13986	15110	12767	10809	8299
城镇合作经营工业	185	295	146	158	309	515	271
农村合作经营工业	13861	3278	1270	1962	1871	1500	911
私营工业	–	–	–	–	–	–	2969
城乡个体工业	42025	72704	75131	92272	88929	59963	35994
城镇个体工业	5788	4725	4702	5427	7290	4893	4524
农村个体工业	36237	67979	70429	86845	81639	55070	31470
其他经济类型工业	44	58	97	256	343	770	552
#私营经济	–	–	–	30	50	185	9
联营经济	41	53	70	71	81	34	57
股份制经济	–	–	–	33	62	269	142
外商投资经济	–	4	20	49	83	112	134
港澳台投资经济	–	–	–	73	67	154	209
工业总产值(亿元)	214.79	325.14	449.09	566.15	770.97	1000.79	804.19
国有企业	169.71	227.35	286.33	314.99	280.46	295.92	332.93
集体企业	43.11	76.28	119.53	157.55	226.17	292.12	201.83
#乡办工业	8.24	17.41	32.30	–	–	88.9	48.65
村办工业	3.00	13.74	30.18	39.88	94.30	132.1	71.86
城镇合作经营工业	0.08	0.26	0.41	0.30	0.38	2.2	2.93
农村合作经营工业	2.32	2.55	1.74	2.13	2.77	11.34	6.56
私营工业	–	–	–	–	–	–	26.66
城乡个体工业	1.26	16.29	36.88	72.03	158.41	273.97	124.57
城镇个体工业	0.11	0.53	0.95	2.31	8.16	11.43	8.11
农村个体工业	1.15	15.76	35.93	69.72	150.25	262.54	116.46
其他经济类型工业	0.71	5.22	6.35	21.58	105.93	138.78	118.20
#私营经济	–	–	–	0.2	6.53	9.63	2.35
联营经济	0.71	5.01	3.52	1.86	2.01	1.01	1.33
股份制经济	–	–	–	8.50	59.04	65.05	66.89
外商投资经济	–	0.20	2.61	3.97	34.07	52.38	31.67
港澳台投资经济	–	–	–	7.05	4.28	10.52	15.95

注：①本表工业总产值按原规定统计、按90年不变价计算。

②新口径：指乡镇企业从95年起所有指标均不包括无照经营数，下同。

11－2 全部工业企业单位数

单位:个

类　　别	1985年	1990年	1992年	1993年	1994年	1995年	
						老口径	新口径
一、乡镇、街道及其以上工业	**7277**	**7976**	**8146**	**8862**	**7704**	**9641**	**9011**
(一)按经济类型及隶属关系分							
1.国有经济	1124	1230	1168	1301	1142	1179	1254
中央企业	110	98	97	113	117	–	102
地方企业	1014	1132	1071	1188	1025	–	1152
#县属企业	520	716	951	716	603	–	764
2.集体经济	6109	6688	6881	7305	6219	7692	7205
#县属企业	620	1116	1119	1171	1145	–	1230
3.私营经济	–	–	–	30	50	185	9
4.联营经济	41	53	70	71	81	34	57
5.股份制经济	–	–	–	33	62	269	142
6.外商投资经济	–	4	20	49	83	112	134
7.港澳台投资经济	–	–	–	73	67	154	209
8.其它经济	3	1	7	–	–	16	1
(二)按轻、重工业分							
1.轻工业	4330	4444	4435	4334	3652	5141	4411
以农产品为原料	3186	3104	3027	2980	2422	–	2894
以非农产品为原料	1144	1340	1408	1354	1230	–	1517
2.重工业	2947	3532	3711	4528	4052	4500	4600
采掘工业	554	568	582	530	514	–	567
原料加工	434	557	594	705	659	–	736
加工工业	1959	2407	2535	3293	2879	–	3297
(三)按企业规模分							
1.大型企业	73	99	79	80	94	107	112
2.中型企业	112	148	186	183	176	197	200
3.小型企业	7092	7729	7881	8599	7434	9337	8699
二、城市(镇)街道以下工业	**5973**	**5020**	**4848**	**5585**	**7559**	**5408**	**4795**
(一)城镇合作经营工业	185	295	146	158	309	515	271
1.轻工业	165	231	96	117	286	–	137
2.重工业	20	64	50	41	23	–	134
(二)城镇个体工业	5788	4725	4702	5427	7290	4893	4524
1.轻工业	5712	4337	3512	4569	5835	–	3259
2.重工业	76	388	1190	858	1455	–	1265
三、农村乡镇以下工业	**57680**	**83913**	**85685**	**103917**	**96277**	**67379**	**40680**
(一)农村村办工业	7582	12656	13986	15110	12767	10809	8299
1.轻工业	4654	7861	8384	8549	7088	–	4052
2.重工业	2928	4795	5602	6561	5679	–	4247
(二)农村合作经营工业	13861	3278	1270	1962	1871	1500	911
1.轻工业	8468	2036	933	1429	1321	–	406
2.重工业	5393	1242	337	533	559	–	505
(三)农村个体工业	36237	67979	70429	86845	81639	55070	31470
1.轻工业	32055	60296	57109	68291	59402	–	20362
2.重工业	4182	7683	13320	18554	22237	–	11108
四、私营工业	–	–	–	–	–	–	**2969**
1.轻工业	–	–	–	–	–	–	1385
2.重工业	–	–	–	–	–	–	1584

11－3 工 业 总 产 值

（90年不变价） 单位:亿元

年 份	工业总产值	#乡及乡以上	国有工业	集体工业	城乡个体工业	其他工业经济类型
1985	214.79	208.12	169.71	43.11	1.26	0.71
"七五"时期						
1986	229.05	212.73	175.18	51.37	3.86	0.69
1987	261.50	238.29	197.11	58.20	6.65	1.38
1988	309.68	277.85	226.66	72.77	9.93	1.72
1989	322.21	284.83	228.63	77.61	12.88	2.28
1990	325.14	292.29	227.35	76.28	16.29	5.22
"八五"时期						
1991	364.65	324.25	250.74	90.21	20.72	2.98
1992	449.09	379.87	286.33	119.53	36.88	6.35
1993	566.15	451.82	314.99	157.55	72.03	21.58
1994	770.97	515.12	280.46	226.17	158.41	105.93
1995(老口径)	1000.79	571.61	295.92	292.12	273.97	138.78
(新口径)	804.19	556.82	332.93	201.83	151.23	118.20

11－3续表1 单位:亿元

年 份	轻工业	#以农产品为原料	#以非农产品为原料	重工业	#采掘工业	#原材料工业	#加工工业
1985	103.85	65.31	28.88	110.93	9.32	44.76	59.85
"七五"时期							
1986	113.85	69.71	31.48	115.20	9.52	46.68	55.34
1987	127.37	70.56	39.03	134.13	10.41	52.02	66.27
1988	146.74	77.84	48.13	162.94	11.34	57.14	83.40
1989	146.22	74.59	48.13	175.99	11.98	57.19	92.94
1990	143.09	74.20	48.99	182.05	9.55	57.95	101.60
"八五"时期							
1991	160.09	78.77	55.88	204.56	10.18	61.39	118.03
1992	187.28	78.49	66.43	261.81	10.52	70.61	153.82
1993	224.50	81.70	71.75	341.65	13.56	76.62	208.19
1994	300.65	79.15	80.38	470.32	11.41	74.23	269.95
1995(老口径)	408.53	79.18	100.38	592.26	11.71	87.56	292.78
(新口径)	328.44	75.23	99.26	475.75	11.20	84.54	286.59

11－3续表2 单位:亿元

年份	大型企业	中型企业	小型企业
1985	56.57	66.93	84.62
"七五"时期			
1986	59.36	71.58	81.79
1987	85.01	65.72	87.56
1988	103.70	76.62	97.53
1989	113.85	74.65	96.33
1990	112.64	74.66	104.99
"八五"时期			
1991	130.82	74.88	118.55
1992	163.32	86.41	130.14
1993	207.10	81.49	163.23
1994	251.85	76.89	186.38
1995(老口径)	303.20	81.89	186.52
(新口径)	297.47	80.69	178.66

11－4 工业总产值指数

(上年＝100) 单位:%

年份	工业总产值	#乡及乡以上	国有工业	集体工业	城乡个体工业	其他工业经济类型
1985	116.74	116.73	111.31	144.42	168.00	77.17
"七五"时期						
1986	106.64	102.22	103.22	119.16	306.35	97.18
1987	114.17	112.02	112.52	113.29	172.27	200.00
1988	118.42	116.60	114.99	125.03	149.32	124.64
1989	104.05	102.51	100.87	106.65	129.71	132.56
1990	100.91	102.62	99.44	98.29	126.48	228.95
"八五"时期						
1991	112.15	110.93	110.29	118.26	127.19	57.09
1992	123.16	117.15	114.19	132.50	177.99	213.09
1993	126.07	118.94	110.00	131.81	195.31	339.84
1994	136.18	114.01	89.04	143.56	219.92	490.87
1995	129.81	110.97	105.51	129.16	172.95	131.01

11-5 全部工业企业总产值

(90年不变价)　　单位:万元

类别	1985年	1990年	1992年	1993年	1994年	1995年	
						老口径	新口径
一、乡镇、街道及其以上工业	**1319285**	**2922935**	**3798682**	**4518166**	**5151224**	**5811793**	**5716085**
(一)按经济类型及隶属关系分							
1.国有经济	1037847	2273501	2863269	3149869	2804596	2959200	3329300
中央企业	330056	758723	1084720	1410900	1401415	-	1595220
地方企业	707791	1514778	1778549	1738969	1403181	-	1734080
#县属企业	86474	245610	266350	257600	247623	-	279494
2.集体经济	276831	597194	871905	1152522	1287325	1464794	1204811
#县属企业	35115	117338	161121	182400	224357	-	242845
3.私营经济	-	-	-	2000	65322	96338	23465
4.联营经济	4588	50106	35248	18575	20124	10169	13260
5.股份制经济	-	-	-	85000	590416	650505	668869
6.外商投资经济	-	1985	26132	39700	340664	523755	316737
7.港澳台投资经济	-	-	-	70500	42777	105186	159468
8.其它经济	19	149	2128	-	-	1846	175
(二)按轻、重工业分							
1.轻工业	600684	1231931	1449173	1534513	1595291	1852800	1795615
以农产品为原料	376789	741982	784883	817000	791479	-	791767
以非农产品为原料	223895	489949	664290	717513	803812	-	1003848
2.重工业	718601	1691004	2349509	2983653	3555933	3958993	3920470
采掘工业	9778	95524	105195	135559	114146	-	117116
原料加工	227931	579484	706098	766219	742284	-	875575
加工工业	440892	1015996	1538216	2081875	2699503	-	2927779
(三)按企业规模分							
1.大型企业	368548	1126406	1633169	2071000	2518497	2909991	3031971
2.中型企业	400124	746628	864106	814900	768904	770009	818871
3.小型企业	5506132	1049901	1301407	1632266	1863823	2131793	1865243
二、城市(镇)街道以下工业	**2136**	**7944**	**13671**	**26062**	**85336**	**136230**	**110336**
(一)城镇合作经营工业	934	2602	4128	2990	3758	21956	29285
1.轻工业	819	1976	2615	2236	2992	-	17167
2.重工业	115	626	1513	754	766	-	12118
(二)城镇个体工业	1202	5324	9543	23072	81578	114274	81051
1.轻工业	1150	4946	6429	16857	58618	-	54049
2.重工业	52	396	3114	6215	22960	-	27002
三、农村乡镇以下工业	**72680**	**320562**	**678549**	**1117235**	**2473132**	**4059831**	**1948891**
(一)农村村办工业	33657	137442	301767	398750	943015	1321000	718635
1.轻工业	15089	57973	132521	150829	336988	-	315053
2.重工业	18568	79469	169246	247921	606027	-	403582
(二)农村合作经营工业	26073	25511	17449	21334	27661	113431	65641
1.轻工业	11602	14637	12114	14880	19382	-	26729
2.重工业	14471	10874	5335	6454	8279	-	38912
(三)农村个体工业	12950	157609	359333	697151	1502456	2625400	1164615
1.轻工业	9709	119513	269890	525708	993212	-	727160
2.重工业	3241	38096	89443	171443	509244	-	437455
四、私营工业	-	-	-	-	-	-	**266590**
1.轻工业	-	-	-	-	-	-	166465
2.重工业	-	-	-	-	-	-	100125

11-6 按各种分组的现价工业总产值

单位:亿元

分　　类	1985年	1990年	1992年	1993年	1994年	1995年	
						老口径	新口径
全 市 总 计	**146.55**	**312.16**	**463.50**	**680.89**	**949.24**	**1201.09**	**1010.49**
按经济类型分							
国有企业	110.94	222.33	308.76	413.55	395.76	432.69	489.05
集体企业	33.65	70.18	114.83	168.17	248.19	318.97	234.87
#乡办工业	7.69	16.19	29.87	37.8	25.18	93.62	69.65
村办工业	3.37	12.27	28.35	40.53	96.81	129.27	64.76
城镇合作经营工业	0.09	0.23	0.38	0.30	0.43	2.49	2.70
农村合作经营工业	2.61	2.28	1.64	2.17	5.75	12.36	5.78
私营经济	–	–	–	–	–	–	24.78
城乡个体工业	1.42	14.55	34.66	73.21	160.70	251.08	107.62
城镇个体工业	0.12	0.48	0.90	2.35	8.38	12.17	6.99
农村个体工业	1.30	14.07	33.76	70.86	152.32	238.91	100.63
其他经济类型工业	0.54	5.10	5.25	25.96	144.59	198.35	154.17
#私营经济	–	–	–	0.20	6.75	10.67	2.72
联营经济	0.54	4.86	3.10	1.77	2.18	1.12	1.75
股份制经济	–	–	–	8.52	68.77	85.07	87.33
外商投资经济	–	0.22	1.93	3.57	61.58	85.23	43.22
港澳台投资经济	–	–	–	11.90	5.31	14.47	19.13
按轻重工业分							
轻工业	63.60	131.26	176.52	227.12	328.51	461.80	356.49
#村办工业	1.51	5.18	12.46	15.33	34.60	56.69	28.40
城乡合作经营工业	1.24	1.49	1.39	1.74	3.95	6.49	3.93
城乡个体工业	1.09	11.11	25.95	55.14	106.71	157.30	67.49
私营经济	–	–	–	–	–	–	15.48
以农产品为原料	39.89	78.02	97.54	124.56	174.86	230.13	177.49
以非农产品为原料	23.71	53.24	78.98	102.56	153.65	231.67	179.00
重工业	82.95	180.90	286.98	453.77	620.75	739.29	654.00
#村办工业	1.86	7.09	15.90	25.20	62.22	72.58	36.36
城乡合作经营工业	1.46	1.02	0.64	0.74	2.24	8.36	4.55
城乡个体工业	0.33	3.44	8.69	18.05	53.99	93.78	40.13
私营经济	–	–	–	–	–	–	9.30
采掘工业	5.75	9.43	13.97	17.11	21.87	35.47	31.81
原料加工	26.31	65.51	92.29	146.05	168.90	217.53	195.18
加工工业	50.89	105.96	180.54	290.61	429.98	486.29	427.01
按企业规模分(乡及乡以上)							
大型企业	39.19	112.98	184.23	290.01	365.48	427.20	445.89
中型企业	42.25	72.20	84.23	90.25	96.52	110.70	113.08
小型企业	57.62	97.65	130.01	184.43	223.54	267.99	245.89

11－7 全部工业企业现价总产值

单位:万元

类别	1985年	1990年	1992年	1993年	1994年	1995年	
						老口径	新口径
一、乡镇、街道及其以上工业	**1390614**	**2828288**	**3984684**	**5646875**	**6855470**	**8058933**	**8048529**
(一)按经济类型及隶属关系分							
1.国有经济	1109439	2223291	3087609	4135500	3957589	4326900	4890500
中央企业	352823	754673	1205138	1751000	1872745	1924530	2178180
地方企业	756616	1468618	1882471	2384500	2084844	2396470	2712320
#县属企业	92439	191315	231974	295700	334638	396155	448367
2.集体经济	275801	554030	844645	1251675	1451960	1748500	1616300
#县属企业	34984	66023	90568	207900	257091	336368	310936
3.私营经济	－	－	－	2100	67490	106700	27229
4.联营经济	5374	48617	30983	17700	21761	11200	17500
5.股份制经济	－	－	－	85200	687745	850700	873300
6.外商投资经济	－	2215	19264	35700	615833	852300	432200
7.港澳台投资经济	－	－	－	119000	53092	144700	191300
8.其它经济	－	135	2183	－	－	17933	200
(二)按轻、重工业分							
1.轻工业	597638	1134831	1367199	1549075	1832489	2413244	2411895
以农产品为原料	374878	674453	755534	849575	975421	1194480	1193812
以非农产品为原料	222760	460378	611665	699500	857068	1218764	1218083
2.重工业	792976	1693457	2617485	4097800	5022981	5645689	5636634
采掘工业	10790	88296	127441	154500	177044	222183	216162
原料加工	251521	613335	841809	1318900	1366681	1600851	1599955
加工工业	530665	991826	1648235	2624400	3479256	3822655	3820517
(三)按企业规模分							
1.大型企业	391898	1129861	1842319	2900100	3654800	4272000	4458851
2.中型企业	422473	721963	842298	902500	965231	1107000	1130782
3.小型企业	576243	976464	1300067	1844275	2235439	2679933	2458896
二、城市(镇)街道以下工业	**2136**	**7093**	**12843**	**26489**	**88048**	**146600**	**96812**
(一)城镇合作经营工业	934	2323	3878	3039	4297	24900	26986
1.轻工业	819	1764	2457	2273	3421	14516	15732
2.重工业	115	559	1421	766	876	10384	11254
(二)城镇个体工业	1202	4770	8965	23450	83751	121700	69826
1.轻工业	1150	4416	6039	17133	60179	81204	46591
2.重工业	52	354	2926	6317	23572	40496	23235
三、农村乡镇以下工业	**72680**	**286216**	**637431**	**1135516**	**2548862**	**3805367**	**1711761**
(一)农村村办工业	33657	122716	283482	405275	968138	1292700	647674
1.轻工业	15089	51762	124491	153297	345966	566885	284023
2.重工业	18568	70954	158991	251978	622172	725815	363651
(二)农村合作经营工业	26073	22778	16392	21683	57537	123600	57845
1.轻工业	11602	13069	11380	15123	36063	50423	23598
2.重工业	14471	9709	5012	6560	21474	73177	34247
(三)农村个体工业	12950	140722	337560	708558	1523187	2389067	1006242
1.轻工业	9709	106708	253537	534310	1006916	1491791	628311
2.重工业	3241	34014	84023	174248	516271	897276	377931
四、私营工业	－	－	－	－	－	－	**247798**
1.轻工业	－	－	－	－	－	－	154763
2.重工业	－	－	－	－	－	－	93035

11－8 全部工业产品产量

产品名称	单位	1985年	1990年	1993年	1994年	1995年
纺织产品						
化学纤维	万吨	1.54	1.88	2.25	3.06	3.14
纱	吨	50307	45553	41118	43426	43023
布	万米	26396.00	27403.00	32639.44	42780.97	42515.20
印染布	万米	13450.00	10654.00	8681.32	7873.41	8776.58
呢绒	万米	230.00	209.89	93.01	127.97	62.72
毛线	吨	862	819	597	1175	1108
丝	吨	2550	3264	5078	5099	3163
丝织品	万米	553.56	1381.00	1948.40	1453.05	912.88
织布折用纱线量	吨	36594	36352	19100	43341	35242
针棉织品折用纱线量	吨	8512	9858	2828	3162	2916
毛巾	万条	1524.00	1317.00	3069.40	2115.96	2042.30
毛毯	万条	13.24	5.71	5.89	6.00	0.20
袜子	万双	1104.00	1408.00	789.89	622.97	726.00
轻工产品						
电视机	万台	23.06	25.43	10.52	4.78	6.38
#彩色电视机	台	21196	115880	45000	20517	37368
录音机	台	51550	36400	36300	26463	–
缝纫机	架	42479	60776	2300	2471	1772
洗衣机	台	223283	270372	416100	476076	320210
电冰箱	台	26465	112428	77100	58621	33723
电风扇	万台	80.31	122.87	76.80	90.75	131.46
自行车	万辆	26.50	16.05	1.07	4.75	4.00
摩托车(轻骑)	万辆	46.78	18.85	72.23	80.25	75.81
手表	万只	158.59	61.50	142.24	75.80	111.78
钟	万只	9.98	32.72	44.95	41.86	55.29
电表	万只	110.40	135.48	137.40	351.44	123.70
水表	万只	15.70	8.99	11.44	6.43	7.66
电熨斗	万个	23.90	8.68	0.01	–	–
机制纸及纸板	吨	121000	100400	117292	134769	155642
日用陶瓷制品	万件	6131.00	5869.70	2698.53	4368.00	3507.12
日用玻璃制品	吨	167327	157920	98600	135532	123446
日用精铝制品	吨	2210	1589	2362	2461	2577
日用搪瓷制品	吨	5147	6946	4312	5046	4596
灯炮	万只	3984.10	4825.00	5287.08	5074.54	5777.43
合成洗涤剂	吨	15760	20257	23875	28818	28689
肥皂	吨	22933	19579	19529	18358	16736
火柴	万支	3440000	4603000	1942773	3572500	2419685
干电池	万只	13008	12223	19304	19664	21196
保温瓶及瓶胆	万个	696	1054	1132.01	844	742.38
卷烟	万箱	34.00	27.40	26.00	23.51	23.45
饮料酒	吨	158462	129200	219028	229154	259600
#白酒	吨	78992	66000	60292	59579	68313
啤酒	吨	35037	59700	157700	168575	190806
糖(含土糖)	吨	21329	9958	4900	4618	3053
罐头	吨	45870	37100	37930	43418	30547
食用植物油	吨	11888	20895	15623	10493	13674
铁锅	万口	173.96	179.88	68.50	81.88	102.37

11－8续表1

产品名称	单位	1985年	1990年	1993年	1994年	1995年
布鞋	万双	1103.00	946.00	1426.80	1220.74	2173.19
胶鞋	万双	1901.00	2872.00	1988.30	2160.75	3468.27
皮鞋	万双	626.00	1043.00	3284.65	5085.16	6464.02
服装	万件	1308.81	2464.00	4310.27	5068.12	3962.63
家具	万件	282.00	323.00	947.38	2046.62	499.70
铅笔	万支	16740.5	20867.00	8529.95	4474.49	21.40
精甘油	吨	830	851	－	－	249
大型及专用衡器	台	638	606	624	384	296
乳制品	吨	877	2577	3181	4535	4159
无酒精饮料(软饮料)	吨	50631	64468	57268	56307	125107
原材料产品						
原煤	万吨	1483.77	1600.48	1668.22	1719.00	1745.97
洗精煤	万吨	234.25	198.44	184.56	183.17	172.76
焦炭	万吨	86.42	142.60	138.85	136.32	133.36
发电量	万千瓦时	284931.00	577805.00	921601.07	957207.93	946901.74
天然气	万立方米	242821	342245	365000	410000	450000
生铁	万吨	75.38	114.11	125.89	129.12	135.88
铁矿石(成品矿)	万吨	2.83	20.29	－	50.90	20.69
钢	万吨	104.95	120.87	114.38	136.94	150.66
#普通钢	万吨	47.00	68.41	76.13	93.54	84.47
优质钢	万吨	57.95	52.45	38.25	43.40	66.19
钢材	万吨	86.01	109.32	162.71	130.70	119.58
#大型钢材	万吨	4.38	5.83	7.30	7.61	2.67
中型钢材	万吨	4.92	7.07	10.12	5.93	2.49
优质钢材	万吨	11.41	13.98	44.27	19.08	20.57
中厚钢材	万吨	35.93	50.02	55.93	53.83	53.20
无缝钢管	万吨	2.71	2.77	3.52	3.46	3.47
十种有色金属	吨	15869	20205	32872	31183	54519
#铜	吨	11202	12090	12344	13418	11834
铝	吨	3732	6544	10642	11583	33779
改制钢材	吨	－	－	5900	50494	67992
硫酸	吨	83329	98369	107400	116591	191517
盐酸	吨	40916	40985	49100	51025	52407
烧碱	吨	61962	77807	70500	67996	75907
纯苯	吨	4865	2311	5662	2484	6329
电石(折合量)	吨	30035	25379	28200	22782	29220
精甲醇(商品量)	吨	56714	65967	90008	95018	105668
染料	吨	1983	2071	2164	2538	2366
油漆	吨	27961	33605	41784	46690	42439
硫磺	吨	22402	43425	－	－	455
塑料	吨	11231	4959	3538	8018	4193
合成橡胶	吨	6087	5406	7251	8024	9299
化学原料药	吨	3128	16228	18469	21398	24338
轮胎外胎	万条	113.08	127.12	210.67	278.83	33.13
水泥	万吨	158.12	199.19	306.67	384.62	445.11
石棉制品	吨	5123	3083	－	4251	31645
硅(实物量)	万块	249011.00	303344.00	609362.11	654773.00	591244.48

11－8续表2

产品名称	单位	1985年	1990年	1993年	1994年	1995年
瓦(实物量)	万片	73377	103459	136549	203978	69110
木材	万立方米	8.89	8.52	2.15	5.05	10.28
人造板	立方米	5400	8100	63000	85439	17585
#木质纤维板	立方米	4600	5800	1600	68728	189
皮革	万张	90.00	69.08	72.23	31.89	30.37
机电产品						
矿山设备	吨	2356	1625	8806	4971	7407
化工设备	吨	3557	2075	3953	1124	1249
起重设备	吨	9586	5796	18371	16308	20211
冷冻设备	套	797	557	756	612	799
发电设备(500千瓦以上)	台(组)	48	56	55	39	95
	千瓦	72400	231400	156700	201631	593890
交流电动机	台			42408	40479	138906
	万千瓦	63.33	53.42	64.21	67.33	72.56
电力变压器	万千伏安	58.29	72.88	155.46	199.32	236.98
金属切削机床	台	5667	1879	4391	3843	4065
锻压设备	台	546	521	2197	1688	1837
汽车	辆	8897	21769	68221	87713	114714
内燃机(商品量)	万千瓦	110.13	130.21	157.68	541.00	633.63
钢芯铝绞线	吨	3294	1778	2525	1434	2433
裸铜元线及电车线	吨	1441	1066	600	877	1115
工业泵	台	7136	10214	13200	4065	4606
风机	台	8150	4614	5300	8733	25560
气体压缩机	台	268	318	1194	577	3452
滚动轴承	套	3251200	9540000	–	4761612	–
工业锅炉	蒸吨	1421	410	752	809	1159
	台			337	337	439
民用钢质船舶	艘	396	110	72	68	191
	吨	75347	35735	28800	46807	46076
支农产品						
合成氯	吨	117127	157583	214600	233952	235527
化肥(100%)	吨	87523	134997	178900	190867	197301
#氮肥	吨	76092	103206	146000	152714	148225
磷肥	吨	11431	31491	32800	37179	48706
配混合饲料	吨	105645	178918	237983	353404	408145
中小农具	万件	320.50	633.00	1053.77	1118.45	–
塑料制品	吨	30569	40610	95385	74658	90520
#农膜	吨	737	2786	2297	2384	4161
农药	吨	4584	4847	4718	5870	6278

11－9 主要年份全部工业产品产量

年　份	化学纤维（万吨）	纱（万吨）	布（亿米）	呢绒（万米）	毛线（吨）	丝织品（万米）	缝纫机（万架）
1957	–	2.57	1.16	75.2	214	…	–
1962	–	1.52	0.79	122.5	109	21.5	–
1965	–	3.71	1.46	117.0	276	45.0	–
1970	0.01	4.22	1.65	119.0	326	70.0	0.15
1975	0.01	4.38	1.67	142.0	180	90.0	1.41
1978	0.02	4.55	1.97	149.0	514	71.0	4.00
1980	1.27	4.90	2.16	151.0	573	85.9	10.28
1985	1.54	5.03	2.64	230.0	862	553.6	4.25
“七五”时期							
1986	1.54	5.11	2.77	238.0	911	591.5	5.19
1987	1.56	6.23	2.68	220.0	979	927.0	10.41
1988	1.70	5.79	2.88	190.3	955	957.0	7.26
1989	1.62	4.95	2.75	225.1	1279	1164.8	7.66
1990	1.88	4.56	2.74	209.89	819	1381.0	6.08
“八五”时期							
1991	2.82	5.11	2.98	181.41	646	1405.3	2.04
1992	2.95	5.40	2.91	141.00	753	1350.3	2.07
1993	2.25	4.21	3.26	93.01	597	1948.4	0.23
1994	3.06	4.34	4.28	127.97	1175	1453.05	0.25
1995	3.14	4.30	4.25	62.72	1108	912.88	0.18

11－9 续表 1

年　份	电视机（万台）	#彩色电视机	家用洗衣机（万台）	家用电冰箱（万台）	电风扇（万台）	自行车（万辆）	手表（万只）
1957							
1962	–	–	–	–	–	–	–
1965	–	–	–	–	–	–	–
1970	–	–	–	–	–	–	–
1975	–	–	–	–	–	–	0.1
1978	–	–	–	–	–	–	0.4
1980	3.47	–	0.12	0.03	18.27	0.51	48.48
1985	23.06	2.12	22.33	2.65	80.31	26.50	158.59
“七五”时期							
1986	20.22	5.98	5.19	2.72	116.24	33.40	161.74
1987	28.44	15.06	10.41	10.96	86.45	42.01	99.10
1988	28.16	17.04	7.26	26.30	77.91	45.57	66.47
1989	25.37	15.12	7.66	19.10	100.10	45.35	67.51
1990	25.43	11.59	6.08	11.24	122.87	16.05	61.50
“八五”时期							
1991	15.61	7.88	24.69	10.20	97.12	12.21	60.12
1992	16.16	6.76	26.36	9.69	102.62	5.20	26.80
1993	10.52	4.50	41.61	7.71	76.80	1.07	142.24
1994	4.78	2.05	47.61	5.86	90.75	4.75	75.80
1995	6.38	3.74	32.02	3.37	131.46	4.00	111.78

11－9续表2

年　　份	钟（万只）	摩托车（万辆）	#轻骑	机制纸及纸板（万吨）	日用精铝制品（万吨）	日用搪瓷制品（万吨）	合　成洗涤剂（万吨）
1957	4.84	－	－	1.11	－	0.07	－
1962	3.17	－	－	1.13	0.02	0.12	－
1965	0.16	－	－	2.09	0.02	0.18	－
1970	21	－	－	2.33	0.07	0.20	－
1975	48.14	－	－	3.76	0.16	0.25	－
1978	65.44	－	－	5.83	0.23	0.37	0.22
1980	100.52	0.27	0.27	7.64	0.23	0.41	0.38
1985	9.98	47.4	47.18	12.10	0.22	0.51	1.58
"七五"时期							
1986	24.07	31.94	31.74	11.15	0.26	0.55	1.99
1987	56.08	27.14	26.68	11.13	0.34	0.60	1.78
1988	35.27	44.47	44.02	10.72	0.21	0.71	1.79
1989	21.86	36.85	36.85	10.71	0.20	0.78	1.89
1990	32.72	38.22	18.85	10.04	0.16	0.69	2.03
"八五"时期							
1991	38.67	48.48	23.40	10.34	0.14	0.73	2.07
1992	44.72	69.37	51.78	12.00	0.19	0.69	2.44
1993	44.95	120.38	72.23	11.73	0.24	0.43	2.39
1994	41.86	170.23	80.25	13.48	0.25	0.50	2.88
1995	55.29	220.17	75.81	15.56	0.26	0.46	2.87

11－9续表3

年　　份	保温瓶及瓶胆（万个）	卷　烟（万箱）	饮料酒（万吨）	糖（万吨）	食　用植物油（万吨）	皮　鞋（万双）	原　煤（万吨）
1957	114.1	2.85	2.85	0.14	0.64	83.8	320.94
1962	162.7	1.64	0.89	0.02	0.24	95.1	486.99
1965	123.1	4.77	2.25	0.34	0.55	87.1	508.96
1970	174.0	7.18	2.61	0.56	0.47	185.3	673.85
1975	280.0	11.51	3.73	1.44	0.42	175.6	889.17
1978	404.0	17.03	4.21	1.88	0.76	255.1	1101.03
1980	383.0	22.01	6.12	2.37	1.12	397.4	1191.57
1985	696.0	34.00	15.85	2.13	1.19	626.0	1483.77
"七五"时期							
1986	753.1	36.00	13.51	1.55	2.01	647.5	1190.26
1987	928.1	36.70	16.16	1.46	2.01	711.0	1594.39
1988	870.6	34.96	15.58	1.46	1.75	883.40	1702.36
1989	827.0	28.35	14.89	1.10	1.69	987.0	1744.00
1990	1054.0	27.40	12.92	1.00	2.09	1043.0	1600.48
"八五"时期							
1991	1173.2	26.00	14.38	0.97	2.09	1120.9	1638.87
1992	837.1	26.00	13.61	0.75	1.78	2090.8	1574.70
1993	1132.01	26.00	21.91	0.49	1.56	3284.65	1668.22
1994	1114.41	23.51	22.92	0.46	1.05	5085.16	1719.00
1995	1016.24	23.45	25.96	0.31	1.38	6464.02	1745.97

11-9续表4

年份	焦碳（万吨）	天然气（亿立方米）	#辖区内	发电量（亿千瓦时）	生铁（万吨）	铁矿石（万吨）	铁合金（万吨）
1957	40.20	–	–	4.96	14.40	37.33	0.35
1962	50.03	0.01	–	11.15	11.33	45.27	0.26
1965	50.45	0.02	–	14.07	21.47	39.07	0.87
1970	43.55	0.03	0.01	19.61	18.39	53.78	2.26
1975	54.88	0.06	0.01	22.30	20.96	50.38	2.08
1978	69.26	0.09	0.02	26.00	48.14	86.99	2.67
1980	82.00	15.78	3.37	28.63	56.05	5.67	3.29
1985	86.42	24.28	5.18	28.49	75.38	2.83	4.27
"七五"时期							
1986	91.42	25.72	5.49	32.60	83.45	4.01	3.51
1987	95.52	28.19	6.02	44.46	69.95	0.26	3.70
1988	102.99	29.18	6.23	55.17	85.57	0.52	3.88
1989	127.94	31.58	6.74	58.37	88.62	12.20	4.10
1990	142.60	34.22	7.57	57.78	114.11	20.29	4.59
"八五"时期							
1991	134.06	35.46	7.31	64.35	115.75	21.20	3.98
1992	133.18	36.00	6.56	69.24	126.31	19.46	4.23
1993	138.85	36.50	6.37	92.16	125.89	30.25	7.71
1994	136.32	41.00	5.72	95.72	129.12	26.90	4.89
1995	133.36	45.00	5.41	94.69	135.88	23.89	6.03

11-9续表5

年份	钢（万吨）	钢材（万吨）	铜（万吨）	铝材（万吨）	硫酸（万吨）	盐酸（万吨）	烧碱（万吨）
1957	35.48	37.15	0.43	–	0.81	0.78	0.64
1962	30.57	22.35	0.11	–	0.77	1.01	0.79
1965	46.14	44.45	0.43	–	2.08	0.97	1.25
1970	44.11	47.58	0.66	0.02	1.38	1.53	1.64
1975	45.51	46.25	0.53	0.67	3.63	2.12	2.22
1978	67.90	73.09	0.72	1.47	5.92	1.87	3.33
1980	89.46	76.03	1.13	2.27	8.04	2.25	4.31
1985	104.95	86.01	1.12	4.50	8.33	4.09	6.20
"七五"时期							
1986	110.69	94.67	1.11	4.55	9.65	3.74	6.37
1987	98.36	111.15	1.14	5.00	9.71	4.37	6.67
1988	116.57	120.76	1.01	5.01	10.41	4.37	7.52
1989	115.76	102.40	1.17	4.99	9.84	4.52	8.05
1990	120.87	109.32	1.21	3.97	9.84	4.10	7.78
"八五"时期							
1991	118.62	105.44	0.89	5.51	10.69	4.23	7.34
1992	126.33	112.09	1.24	5.55	11.83	4.34	6.95
1993	114.38	162.71	0.31	5.79	10.74	4.91	7.05
1994	136.94	130.70	1.34	6.19	11.66	5.10	6.80
1995	150.66	119.58	1.18	5.93	19.15	5.24	7.59

11－9 续表 6

年　　份	合成橡胶（万吨）	化学药品（万吨）	轮胎外胎（万条）	水　泥（万吨）	变压器（万千伏安）	金属切削机　床（台）	锻压设备（台）
1957	-	0.01	-	19.28	7.31	554	71
1962	0.05	0.01	-	15.85	3.15	270	34
1965	0.23	0.02	4.33	27.75	15.93	799	128
1970	0.19	0.03	5.80	34.00	32.96	2311	102
1975	0.25	0.09	9.37	54.74	25.82	2591	371
1978	0.33	0.16	15.22	75.14	37.37	3179	370
1980	0.39	0.17	24.44	88.64	46.10	4296	264
1985	0.61	0.31	113.08	158.12	58.29	5667	546
“七五”时期							
1986	0.64	0.38	91.36	151.25	75.56	4637	582
1987	0.46	0.41	102.14	166.68	87.51	4752	674
1988	0.54	0.42	142.50	196.36	88.94	4924	787
1989	0.42	0.45	134.69	192.65	102.90	3847	277
1990	0.54	1.62	127.12	199.19	72.88	1879	521
“八五”时期							
1991	0.66	1.29	137.89	237.74	90.14	3503	834
1992	0.70	1.64	189.91	288.29	152.51	4324	1161
1993	0.73	1.85	210.61	306.67	155.46	4391	2197
1994	0.80	2.14	278.53	384.62	199.32	3843	1688
1995	0.93	2.43	33.13	445.11	236.98	4065	1837

11－9 续表 7

年　　份	汽　车（辆）	内燃机（万千瓦）	合成氯（万吨）	化　肥（万吨）	塑料制品（万吨）	#农膜	农　药（万吨）
1957	-	0.26	-	-	-	-	0.09
1962	255	1.37	-	-	-	-	0.19
1965	2	2.74	-	0.26	0.28	0.01	0.44
1970	272	5.30	0.16	1.83	0.45	0.03	0.53
1975	1056	28.08	2.98	3.41	0.67	0.07	0.93
1978	1649	30.27	6.59	8.52	1.20	0.20	1.50
1980	2255	26.80	8.09	8.49	1.33	0.02	1.49
1985	8897	110.13	11.71	8.75	3.06	0.07	0.46
“七五”时期							
1986	6099	94.18	10.84	9.77	3.31	0.12	0.48
1987	9004	92.60	12.32	11.69	3.64	0.07	0.33
1988	16620	125.03	12.14	11.80	4.24	0.20	0.35
1989	20218	129.02	14.77	12.73	4.27	0.26	0.44
1990	21769	130.21	15.76	13.50	4.06	0.28	0.48
“八五”时期							
1991	30376	178.46	17.82	15.43	4.35	0.31	0.56
1992	45577	173.29	20.71	16.57	5.01	0.39	0.34
1993	68221	157.68	21.46	17.89	9.54	0.23	0.47
1994	87713	541.00	23.40	19.09	7.47	0.24	0.59
1995	114714	663.63	23.55	19.73	9.05	0.42	0.63

11－10 全部独立核算工业企业主要指标

年 份	企业单位数(个)	职工平均人数(人)	工业总产值(万元)		工业增加值(万元)
			90年不变价	当 年 价	
1978	5220	887408	909505	589268	－
1980	6253	928335	1075147	696594	－
1982	6671	1074875	1288665	801223	－
1985	6628	1150087	1950392	1321680	－
"七五"时期					
1986	7205	1183341	1992164	1393845	－
1987	7165	1214373	2242902	1663990	－
1988	7050	1240175	2608870	2192159	－
1989	7050	1266618	2654652	2576944	－
1990	6996	1286892	2714915	2629068	－
"八五"时期					
1991	7169	1317054	3020376	2974224	－
1992	6814	1329567	3578974	3715409	970016
1993	6409	1407478	4274300	5354200	154200
1994	6807	1320703	5031193	6709875	1669053
1995(原规定)	7612	1331430	5578094	7620141	1583470
(新规定)	－	－	5437986	6506523	－

注:原规定与新规定的区别见篇后主要统计指标解释。

11－10续表

年 份	年末固定资产(万元)		全部流动资金平均余额	销售收入	实现利税
	原 值	净 值			
1978	655032	436739	281979	547548	112068
1980	754268	487692	308864	640007	136779
1982	891368	604305	365738	779671	147998
1985	1166771	793467	543682	1279746	234889
"七五"时期					
1986	1227188	810012	714348	1351740	200050
1987	1380807	949398	814211	1647605	219600
1988	1543663	1046626	946362	2141122	310867
1989	1748170	1180218	1252911	2348974	306218
1990	1937538	1291051	1652732	2379654	205550
"八五"时期					
1991	2154876	1413708	2063432	2870085	231717
1992	2437283	1604637	2436422	3618669	302451
1993	2808200	1879100	3010900	5358500	476600
1994	4117672	2744442	4036360	5465174	474382
1995	6019135	4166131	4993967	6437782	483742

11－11 国有独立核算工业企业主要指标

年份	企业单位数(个)	职工平均人数(人)	工业总产值(万元)		工业增加值(万元)
			90年不变价	当年价	
1978	800	616788	787833	486329	–
1980	835	647428	943078	582164	–
1982	834	714441	1084798	661362	–
1985	851	752166	1586692	1049359	–
“七五”时期					
1986	844	761474	1600035	1099334	–
1987	856	772230	1810556	1322856	–
1988	836	786454	2081695	1733853	–
1989	824	804966	2099872	2047522	–
1990	830	821551	2098052	2051626	–
“八五”时期					
1991	822	834108	2321180	2312430	–
1992	793	839249	2689831	2861944	745668
1993	807	829456	3074000	4049100	1122200
1994	773	768407	2743805	3873831	933329
1995(原规定)	843	780642	3254213	4749875	1014886
(新规定)	–	–	3175412	4029760	–

11－11续表

年份	年末固定资产(万元)		全部流动资金平均余额	销售收入	实现利税
	原值	净值			
1978	628475	417224	235636	457781	98825
1980	714663	457625	268932	538206	120070
1982	829187	558183	307236	657570	123988
1985	1055500	712403	435793	1020873	191379
“七五”时期					
1986	1089417	711056	578944	1080204	163536
1987	1207869	824714	654453	1328773	182242
1988	133979	902379	752304	1694895	253459
1989	1512249	1018770	999725	1856658	250222
1990	1675876	1117829	1353666	1890600	164327
“八五”时期					
1991	1854709	1219082	1684609	2267630	186825
1992	2090691	1383272	1962083	2853450	244478
1993	2335200	1561900	2397000	4170000	388800
1994	2922950	1906292	2671869	3270892	228784
1995	4481732	3083373	3491701	4083748	300855

11－12 集体独立核算工业企业主要指标

年份	工业总产值		年末固定资产		全部流动资金平均余额	销售收入	实现利税
	1990年不变价	当年价	原值	净值			
1978	121344	83339	26557	19515	25734	72806	12856
1980	165281	113513	39605	29676	39522	100929	16709
1982	203867	137954	60585	44718	55311	120253	18897
1985	363700	267204	107813	77780	105521	253495	42707
"七五"时期							
1986	392129	289486	132568	94716	132463	266089	35855
1987	432346	331568	163296	116839	154253	309535	37018
1988	527175	444193	192162	134979	185526	432241	55294
1989	554780	512533	221444	150040	237099	476082	53926
1990	564623	526474	246317	161772	285463	475885	41074
"八五"时期							
1991	669357	634825	279255	179205	346899	580361	44884
1992	828063	803398	312974	195084	419719	724556	57533
1993	984800	1045800	385100	251300	471900	1003800	66800
1994	1228086	1390125	449345	296077	570357	953295	58896
1995(原规定)	1142469	1432837	570923	391864	687172	1144892	44057
(新规定)	1095054	1233674	–	–	–	–	–

11－13 全部独立核算工业企业主要经济效益指标

年份	每百元固定资产原值实现的产值(元)	每百元固定资产原值实现的利税(元)	每百元资金实现的利税(元)	每百元销售收入实现的利润(元)	全部流动资金周转天数(天)	全员劳动生产率(元/人、年)
1978	89.96	17.11	15.59	12.22	185	–
1980	92.35	18.13	17.17	12.62	174	–
1982	89.89	16.60	15.26	9.99	169	–
1985	113.28	20.13	17.57		153	–
"七五"时期						
1986	113.58	16.30	13.12	6.44	190	–
1987	120.51	15.90	12.45	5.54	178	–
1988	142.01	20.14	15.60	6.96	159	–
1989	147.41	17.52	12.59	5.41	192	–
1990	135.69	10.61	7.05	1.49	250	–
"八五"时期						
1991	138.02	10.75	6.67	1.44	259	–
1992	152.44	12.41	7.78	2.65	245	7296
1993	190.66	16.97	9.79	2.91	202	10758
1994	162.95	11.52	7.35	1.61	266	12638
1995	126.60	8.04	5.82	0.46	283	11804

11－14 国有独立核算工业企业主要经济效益指标

年份	每百元固定资产原值实现的产值（元）	每百元固定资产原值实现的利税（元）	每百元资金实现的利税（元）	每百元销售收入实现的利润（元）	全部流动资金周转天数（天）	全员劳动生产率（元/人、年）
1978	77.38	15.72	16.83	12.34	185	－
1980	81.46	16.80	16.53	12.87	180	－
1982	79.76	14.95	14.33	10.17	168	－
1985	99.42	18.13	16.67	9.83	154	－
“七五”时期						
1986	100.91	15.01	12.68	6.20	193	－
1987	109.52	15.09	12.32	5.39	177	－
1988	129.41	18.92	15.32	6.42	160	－
1989	135.40	16.55	12.40	5.46	194	－
1990	122.42	9.81	6.65	1.37	258	－
“八五”时期						
1991	124.68	10.07	6.43	1.43	267	－
1992	136.89	11.69	7.31	2.94	251	8885
1993	173.39	16.65	10.23	3.29	256	13529
1994	132.53	7.83	5.32	－0.15	298	12146
1995	105.98	6.71	5.16	0.55	312	12946

11－15 集体独立核算工业企业主要经济效益指标

年份	每百元固定资产原值实现的产值（元）	每百元固定资产原值实现的利税（元）	每百元资金实现的利税（元）	每百元销售收入实现的利润（元）	全部流动资金周转天数（天）	全员劳动生产率（元/人、年）
1978	313.81	48.41	28.41	12.94	127	－
1980	286.61	42.19	24.15	11.44	141	－
1982	227.70	31.19	18.89	9.18	166	－
1985	247.84	39.61	23.30	10.68	150	－
“七五”时期						
1986	218.37	27.05	15.84	7.45	179	－
1987	203.05	22.67	13.67	6.16	179	－
1988	231.16	28.77	17.25	7.13	155	－
1989	231.45	24.35	13.93	5.32	179	－
1990	213.74	16.67	9.18	2.25	216	－
“八五”时期						
1991	226.92	16.04	8.53	1.76	215	－
1992	256.70	18.38	9.50	2.46	211	4471
1993	271.57	17.35	9.59	1.10	195	5660
1994	309.37	13.11	6.97	0.15	218	7671
1995	250.97	7.72	4.24	－1.62	219	6313

11－16 全部独立核算工业企业主要财务指标

（1995年）　　　　单位：万元

行业	企业单位数（个）	工业总产值（原规定）		工业增加值	资本金合计
		90年不变价	当年价		
全市总计	**7612**	**5578094**	**7620141**	**1583470**	**2630204**
按经济类型分					
国有经济	843	3254213	4749875	1014886	1732994
集体经济	6224	1142469	1432837	289680	366577
股份制经济	139	668437	814017	191344	141047
外商投资经济	134	316737	403223	52430	272342
港、澳、台投资经济	208	159457	178460	29488	103623
按轻重工业分					
轻工业	3602	1713035	2201518	369030	727147
以农产品为原料	2290	716508	1024513	125937	288545
以非农产品为原料	1312	996527	1177005	243093	438603
重工业	4010	3865059	5418623	1214440	1903057
采掘工业	523	113995	205247	88485	140152
原料工业	672	859785	1539903	342871	597092
加工工业	2815	2891278	3673474	783084	1165814
按企业规模分					
大型企业	112	3031971	4341374	972764	1465466
中型企业	200	818871	1100990	213534	350282
小型企业	7177	1727252	2177778	397173	814457
按行业分					
采掘业					
煤炭采选业	406	99901	186694	83641	136631
黑色金属矿采选业	2	224	432	80	140
有色金属矿采选业	2	1867	2506	345	228
非金属矿采选业	108	9501	12323	3570	1879
其他矿采选业	3	2219	2770	686	629
木材及竹材采运业	4	386	711	187	850
制造业					
食品加工业	394	110877	182305	16112	37731
食品制造业	165	56543	82427	11198	27350
饮料制造业	397	71340	97968	20716	47653
烟草加工业	2	47078	55254	23175	6095
纺织业	323	226064	323247	10089	90448
服装及其他纤维制品制造业	169	20131	24212	2895	9475
皮革、毛皮、羽绒及其制品业	128	27306	36828	3030	9368
木材加工及竹、藤、棕、草制品业	76	9604	12679	2437	9254
家具制造业	133	11602	13768	2458	5222
造纸及纸制品业	165	56550	88782	15228	18216
印刷业、记录媒介的复制	273	45554	58342	11564	20638
文教体育用品制造业	57	7441	8951	1916	4954
石油加工及炼焦业	22	10493	12871	1763	7426
化学原料及化学制品制造业	410	466293	552617	95570	171086
医药制造业	70	188425	185606	34268	56192
化学纤维制造业	13	100160	165791	51801	103626
橡胶制品业	73	77130	89202	15034	35073
塑料制品业	260	52474	65862	12922	26073
非金属矿物制品业	819	203406	287079	83845	111366
黑色金属冶炼及压延加工业	117	308897	667234	143228	170806
有色金属冶炼及压延加工业	62	162927	290755	24602	95153
金属制品业	456	120950	151029	28534	48073
普通机械制造业	588	299140	391627	98788	201538
专用设备制造业	191	43184	52519	11157	25660
交通运输设备制造业	855	859971	1123847	207539	504250
武器弹药制造业	27	1319823	1661593	371926	260033
电气机械及器材制造业	262	165597	199431	35260	57441
电子及通信设备制造业	68	143226	128257	17260	38252
仪器仪表及文化、办公用机械制造业	128	110221	120465	27381	62873
其他制造业	169	27110	31115	6014	8891
电力煤气及水生产供应业					
电力、蒸汽、热水的生产和供应业	139	102837	225769	98879	156855
煤气生产和供应业	8	3160	4252	840	26341
自来水的生产和供应业	68	8483	23025	7534	36435

11－16 续表 1　　(1995 年)　　单位：万元

行业	资产总计	流动资产年平均余额	固定资产原值	固定资产净值	固定资产净值年平均余额
全市总计	**11327866**	**4993967**	**6019135**	**4166131**	**3320345**
按经济类型分					
国有经济	8041670	3491701	4481732	3083373	2338395
集体经济	1256273	687172	570923	391864	352650
股份制经济	779922	377000	269820	194156	159855
外商投资经济	911526	310666	576235	399322	379506
港、澳、台投资经济	306146	113362	106169	86380	80279
按轻重工业分					
轻工业	2643212	1165614	1453515	1000699	842226
以农产品为原料	1230487	540956	684391	482801	392838
以非农产品为原料	1412725	624658	769124	517898	449388
重工业	8684654	3828353	4565621	3165432	2478119
采掘工业	431964	139860	360655	242565	200580
原料工业	3064774	1221101	1932773	1254884	1122206
加工工业	5187916	2467392	2272192	1667983	1155333
按企业规模分					
大型企业	7108699	3090389	3782030	2583564	2026692
中型企业	1753071	719345	1003745	676507	524316
小型企业	2466096	1184233	1233360	906060	769337
按行业分					
采掘业					
煤炭采选业	421021	134666	355483	239154	197383
黑色金属矿采选业	380	204	250	121	110
有色金属矿采选业	261	17	255	220	233
非金属矿采选业	11539	4592	6353	4876	4627
其他矿采选业	2913	864	459	380	324
木材及竹材采运业	1096	175	1148	896	998
制造业					
食品加工业	146124	66451	80981	58127	44336
食品制造业	101918	44601	58802	41912	33245
饮料制造业	154039	61875	87431	69358	57187
烟草加工业	74747	34721	29122	24102	19496
纺织业	430188	182763	277438	186117	156098
服装及其他纤维制品制造业	25341	13739	10820	6805	6638
皮革、毛皮、羽绒及其制品业	41692	26470	18062	11945	8616
木材加工及竹、藤、棕、草制品业	26340	8224	21318	15948	7408
家具制造业	11213	6377	5483	3260	3009
造纸及纸制品业	99175	37516	47485	32996	27927
印刷业、记录媒介的复制	73169	30288	44280	30492	20748
文教体育用品制造业	11135	5367	7170	4626	3622
石油加工及炼焦业	19374	8261	10966	7768	7918
化学原料及化学制品制造业	733056	297103	394517	266120	215967
医药制造业	255953	106607	82833	51997	50795
化学纤维制造业	239291	71088	222644	136214	135768
橡胶制品业	160479	58664	101972	83408	51263
塑料制品业	71268	34670	34269	23444	21232
非金属矿物制品业	384978	141197	236897	165169	138562
黑色金属冶炼及压延加工业	1219241	663795	627364	399556	339939
有色金属冶炼及压延加工业	422333	124337	250824	188488	168358
金属制品业	164400	90297	79910	54770	41978
普通机械制造业	675455	350750	331301	211360	174230
专用设备制造业	99267	53432	57801	33470	24094
交通运输设备制造业	1639118	934837	546022	442038	317265
武器弹药制造业	1846315	711542	819248	624926	348053
电气机械及器材制造业	235141	134823	101753	65932	51284
电子及通信设备制造业	290650	128916	127092	92443	84592
仪器仪表及文化、办公用机械制造业	308181	168353	131176	87296	74832
其他制造业	31818	16304	14479	10598	8462
电力煤气及水生产供应业					
电力、蒸汽、热水的生产和供应业	770605	197866	698493	422355	416251
煤气生产和供应业	68583	30243	33306	24252	17410
自来水的生产和供应业	60073	11970	63929	43196	40089

11－16续表2　　(1995年)　　单位:万元

行　　业	流动负债合计	长期负债合计	所有者权益	产品销售收入	产品销售费用
全市总计	**5513382**	**2052129**	**3739702**	**6437782**	**131316**
按经济类型分					
国有经济	3821948	1629801	2587075	4083748	68219
集体经济	783515	156803	307970	1144892	29693
股份制经济	354451	113541	311414	680949	10637
外商投资经济	414496	62259	425629	348814	8166
港、澳、台投资经济	121776	86614	95606	143432	13777
按轻重工业分					
轻工业	1476296	485597	670406	1829511	57464
以农产品为原料	800626	256847	167759	864145	25258
以非农产品为原料	675670	228749	502648	965366	32206
重工业	4037086	1566532	3069296	4608272	73852
采掘工业	130083	125189	176290	178957	5400
原料工业	1448714	650546	964043	1358554	16981
加工工业	2458289	790796	1928963	3070762	51472
按企业规模分					
大型企业	3249605	1257958	2597991	3722057	52357
中型企业	861944	472996	417586	937582	29116
小型企业	1401834	321174	724126	1778143	49843
按行业分					
采掘业					
煤炭采选业	125107	124582	171057	165031	5041
黑色金属矿采选业	317	10	53	349	5
有色金属矿采选业	13	－	249	2585	3
非金属矿采选业	4297	3100	4015	8746	373
其他矿采选业	1417	58	1437	1863	12
木材及竹材采运业	197	50	849	520	14
制造业					
食品加工业	95299	17911	32806	162058	4378
食品制造业	64458	21964	15096	84170	3340
饮料制造业	79529	29806	42847	82551	5167
烟草加工业	59593	3165	10823	51464	1451
纺织业	317702	115339	－3219	258150	2685
服装及其他纤维制品制造业	17015	3436	4464	20819	705
皮革、毛皮、羽绒及其制品业	32353	6330	2371	29760	1531
木材加工及竹、藤、棕、草制品业	10716	2419	13186	10389	255
家具制造业	4725	580	5769	11738	401
造纸及纸制品业	51548	29880	17730	72740	1617
印刷业、记录媒介的复制	33531	14432	25192	41934	1171
文教体育用品制造业	6262	706	4075	7358	398
石油加工及炼焦业	6940	1603	10817	12355	627
化学原料及化学制品制造业	333058	199195	199635	472507	17316
医药制造业	113248	60630	82061	151020	5729
化学纤维制造业	84124	53171	101884	135784	4773
橡胶制品业	73161	50362	36873	71340	1344
塑料制品业	39455	12015	19788	55824	1551
非金属矿物制品业	167241	85920	130612	229907	8292
黑色金属冶炼及压延加工业	725907	172284	320704	581485	3471
有色金属冶炼及压延加工业	177325	215078	29923	213558	1271
金属制品业	89140	29752	45132	120949	2595
普通机械制造业	355804	107320	211441	340301	6673
专用设备制造业	56091	15549	27372	43083	1247
交通运输设备制造业	717882	175734	736232	897869	13043
武器弹药制造业	835826	246875	763576	1399225	16737
电气机械及器材制造业	127130	29604	78213	164683	5378
电子及通信设备制造业	186015	64844	39755	107715	2252
仪器仪表及文化、办公用机械制造业	188053	55906	61432	113723	4909
其他制造业	18034	3229	10540	27150	1064
电力煤气及水生产供应业					
电力、蒸汽、热水的生产和供应业	273393	84618	412409	238851	316
煤气生产和供应业	32496	5084	31003	29302	3961
自来水的生产和供应业	8982	9589	41502	18929	221

11－16 续表 3　　(1995 年)　　单位:万元

行业	产品销售税金及附加	产品销售利润	利润总额	利税总额	职工平均人数(人)
全市总计	**136472**	**906052**	**29522**	**483742**	**1331430**
按经济类型分					
国有经济	75711	608611	22413	300855	780642
集体经济	12292	136302	－18577	44057	445246
股份制经济	40204	105106	48138	125515	50900
外商投资经济	3761	38749	－22294	2553	21184
港、澳、台投资经济	4404	13699	－365	9947	18380
按轻重工业分					
轻工业	39409	200992	－61355	52161	436431
以农产品为原料	28374	64582	－71003	－9173	251153
以非农产品为原料	11035	136410	9649	61334	185278
重工业	97063	705061	90876	431582	882791
采掘工业	2230	31057	－951	13839	150910
原料工业	7365	183966	－751	87903	207861
加工工业	87469	490038	92579	329839	524020
按企业规模分					
大型企业	90471	566617	117787	408862	513299
中型企业	27856	141884	－32829	39440	226281
小型企业	18145	197552	－55437	35440	584431
按行业分					
采掘业					
煤炭采选业	1966	28819	－1757	11914	144476
黑色金属矿采选业	1	－38	－108	－103	195
有色金属矿采选业	2	64	18	31	310
非金属矿采选业	215	1786	809	1620	6108
其他矿采选业	43	388	131	414	188
木材及竹材采运业	6	－12	－168	－150	687
制造业					
食品加工业	337	7114	－7028	－4196	20104
食品制造业	472	5633	－2526	862	20197
饮料制造业	6196	11733	－121	10867	14656
烟草加工业	18152	7858	4386	26371	2571
纺织业	1342	3420	－59295	－48434	120727
服装及其他纤维制品制造业	140	882	－2505	－1884	12821
皮革、毛皮、羽绒及其制品业	181	2239	－1937	－734	10269
木材加工及竹、藤、棕、草制品业	93	1141	－1242	－587	7185
家具制造业	76	1340	360	871	5765
造纸及纸制品业	478	9506	－852	3190	19675
印刷业、记录媒介的复制	383	6968	－631	2163	15436
文教体育用品制造业	72	1016	－427	71	4546
石油加工及炼焦业	64	1268	－287	341	2101
化学原料及化学制品制造业	6933	71950	6219	32357	84588
医药制造业	872	22074	304	7620	19709
化学纤维制造业	668	24551	3294	10986	13194
橡胶制品业	2292	5214	－5075	517	20148
塑料制品业	406	7118	－523	2318	16522
非金属矿物制品业	3014	41371	－204	17711	99577
黑色金属冶炼及压延加工业	3081	71844	470	29741	93625
有色金属冶炼及压延加工业	1061	27221	－2803	6585	18246
金属制品业	825	15967	－3166	2532	40544
普通机械制造业	2427	75070	－2936	19831	98352
专用设备制造业	347	7713	－5036	－2602	22311
交通运输设备制造业	5354	123727	29376	80292	126776
武器弹药制造业	75135	212413	94916	232781	130616
电气机械及器材制造业	1058	26484	－1203	6914	41213
电子及通信设备制造业	434	17596	－9189	－5791	22472
仪器仪表及文化、办公用机械制造业	916	25399	－4512	2371	33060
其他制造业	373	3561	307	1853	8785
电力煤气及水生产供应业					
电力、蒸汽、热水的生产和供应业	874	36145	4346	35719	20655
煤气生产和供应业	44	－2230	－1950	－1841	2258
自来水的生产和供应业	140	1741	64	1224	4849

11-17 国有独立核算工业企业主要财务指标

(1995年)　　单位:万元

行业	企业单位数(个)	工业总产值(原规定) 1990年不变价	工业总产值(原规定) 当年价	工业增加值	资本金合计	资产总计	流动资产年平均余额
全市总计	**843**	**3254213**	**4749875**	**1014886**	**1732994**	**8041670**	**3491701**
按轻重工业分							
轻工业	426	744742	4749875	186470	371789	1545320	593948
以农产品为原料	283	390636	1061256	77301	157862	849945	335375
以非农产品为原料	143	354106	592856	109169	213927	695375	258573
重工业	417	2509471	468400	828416	1361205	6496350	2897754
采掘工业	52	78875	3688619	67457	124798	386234	122451
原料工业	97	616206	154467	267247	466450	2292520	1004360
加工工业	268	1814390	1163708	493713	769958	3817596	1770943
按企业规模分							
大型企业	99	2320497	2370444	768356	1300623	5992790	2642314
中型企业	162	667446	3413807	173295	280243	1449705	600512
小型企业	576	266270	938065	73234	152128	599175	248876
按行业分							
采掘业							
煤炭采选业	48	75975	398003	66364	123060	381142	120995
黑色金属矿采选业	1	157	150618	44	130	333	175
非金属矿采选业	2		357	240	240	5224	800
其他矿采选业	1	433	559	684	582	2835	848
木材及竹材采运业	1	2183	2729	154	835	1063	160
制造业		154	292				
食品加工业	64	54622	104395	7510	26604	108102	48088
食品制造业	49	30131	50732	7062	19049	70895	27814
饮料制造业	50	45349	63150	16794	20499	97020	37261
烟草加工业	1	47016	55147	23147	4866	73255	34501
纺织业	40	136577	202931	5304	58320	324806	120672
服装及其他纤维制品制造业	7	336	490	-70	400	874	394
皮革、毛皮、羽绒及其制品业	12	4548	5966	-304	2010	13923	5194
木材加工及竹、藤、棕、草制品业	7	3613	4745	628	5448	17359	4063
家具制造业	1	-	-	-	-	-	-
造纸及纸制品业	18	25136	43574	6623	8240	65207	21896
印刷业、记录媒介的复制	31	27100	36084	6683	10924	46626	16213
文教体育用品制造业	8	1847	2264	608	1454	4155	2035
石油加工及炼焦业	2	8726	9922	1712	5737	16831	7366
化学原料及化学制品制造业	57	266202	343207	51767	87901	449118	180507
医药制造业	15	78176	73501	14095	12809	89208	37109
化学纤维制造业	5	98859	164058	51720	101029	235016	69359
橡胶制品业	10	36779	47185	7543	16358	110465	25855
塑料制品业	11	12638	16412	3478	5839	16323	6255
非金属矿物制品业	60	68060	106440	31342	34278	171952	54305
黑色金属冶炼及压延加工业	10	262278	595969	133870	149510	1147141	626551
有色金属冶炼及压延加工业	9	143266	252554	21760	85457	399256	117735
金属制品业	22	27009	40727	8650	13645	59355	32181
普通机械制造业	54	155109	216699	60292	93837	448145	226436
专用设备制造业	22	20371	24859	4968	14386	64183	31084
交通运输设备制造业	58	441909	641025	120101	336819	1098222	677163
武器弹药制造业	25	889001	1121707	239376	212781	1525567	568072
电气机械及器材制造业	30	57727	75821	15959	17421	107175	55733
电子及通信设备制造业	23	115824	111681	14765	31239	267880	113616
仪器仪表及文化、办公用机械制造业	20	40071	40460	8298	29235	131290	59787
其他制造业	9	2092	3251	497	1577	9729	5676
电力煤气及水生产供应业							
电力、蒸汽、热水的生产和供应业	23	65089	115557	75576	139331	356468	114374
煤气生产和供应业	6	2126	2834	467	25787	67538	29893
自来水的生产和供应业	31	7730	21973	7181	35358	57992	11535

11－17 续表 1　　(1995 年)　　单位:万元

行　　业	固定资产 原值	固定资产 净值	固定资产净值年平均余额	流动负债合计	长期负债合计	所有者权益
全市总计	**4481732**	**3083373**	**2338395**	**3821948**	**1629801**	**2587075**
按轻重工业分						
轻工业	1008922	673572	555327	851948	349692	343321
以农产品为原料	508103	358743	279049	539184	215254	95366
以非农产品为原料	500819	314829	276278	312765	134438	247955
重工业	3472811	2409802	1783068	2969999	1280110	2243755
采掘工业	332797	223222	182000	109626	117036	159504
原料工业	1429613	936596	802084	1130025	517871	644621
加工工业	1710401	1249983	798985	1730349	645203	1439629
按企业规模分						
大型企业	3209642	2227404	1693633	2741472	1171840	2076979
中型企业	893187	595640	455851	761045	345718	342837
小型企业	378904	260329	188912	319430	112244	167259
按行业分						
采掘业						
煤炭采选业	330376	221474	180362	107513	116857	156705
黑色金属矿采选业	233	104	110	290	－	43
非金属矿采选业	3435	3208	3026	1260	2381	1582
其他矿采选业	420	341	305	1353	58	1424
木材及竹材采运业	1137	887	989	177	49	837
制造业						
食品加工业	66966	46582	34653	74401	12284	21399
食品制造业	44761	31670	23787	41955	18166	10679
饮料制造业	57944	45649	40329	46436	26421	24137
烟草加工业	27851	22954	18398	59266	3165	10823
纺织业	222307	150826	120458	226836	101179	－3209
服装及其他纤维制品制造业	788	473	384	787	112	－26
皮革、毛皮、羽绒及其制品业	10590	7177	4035	12447	4747	－3271
木材加工及竹、藤、棕、草制品业	18222	13736	5182	5785	1534	10040
家具制造业	－	－	－	－	－	－
造纸及纸制品业	30436	21649	17018	29480	26222	9504
印刷业、记录媒介的复制	31799	22034	12425	16600	12261	17765
文教体育用品制造业	3554	2011	1028	2234	62	1860
石油加工及炼焦业	9800	7058	7204	5838	1435	9558
化学原料及化学制品制造业	295909	191957	145683	226266	115544	107202
医药制造业	34932	21655	16538	43687	20409	25112
化学纤维制造业	219948	134120	133896	82143	52986	99775
橡胶制品业	82351	70770	38886	39825	48287	22353
塑料制品业	9693	6587	5704	8181	4556	3586
非金属矿物制品业	112288	75444	53566	61481	39006	71465
黑色金属冶炼及压延加工业	599419	378006	321686	673224	165887	308030
有色金属冶炼及压延加工业	236042	175274	155424	167039	214323	17894
金属制品业	32653	20184	13418	28605	14964	15786
普通机械制造业	243939	153214	123273	240891	87109	120133
专用设备制造业	42299	23969	16389	33268	11797	19101
交通运输设备制造业	311889	240386	151119	424966	107775	565481
武器弹药制造业	705213	537620	290460	689357	232736	603436
电气机械及器材制造业	54532	34499	23427	59381	19288	28506
电子及通信设备制造业	120179	87283	79827	171077	64005	32798
仪器仪表及文化、办公用机械制造业	71519	46397	36603	83546	30762	14633
其他制造业	4832	3532	2464	6448	1253	2027
电力煤气及水生产供应业						
电力、蒸汽、热水的生产和供应业	348387	218719	204106	109377	57826	189263
煤气生产和供应业	33122	24135	17276	31961	5084	30494
自来水的生产和供应业	61972	41790	38960	8566	9273	40154

11－17 续表 2 (1995 年) 单位:万元

行业	产品销售收入	产品销售费用	产品销售税金及附加	产品销售利润	利润总额	利税总额
全市总计	**4083748**	**68219**	**75711**	**608611**	**22413**	**300855**
按轻重工业分						
轻工业	903635	23965	27438	108142	－44381	22855
以农产品为原料	510393	12836	25072	46250	－44582	2404
以非农产品为原料	393243	11129	2366	61891	201	20451
重工业	3180113	44254	48273	500469	66794	277999
采掘工业	137195	3615	1423	25512	－1452	9705
原料工业	1039556	11419	5437	137196	7411	72802
加工工业	2003361	29220	41413	337760	60834	195492
按企业规模分						
大型企业	2938470	42006	50359	445834	78209	279789
中型企业	803840	18399	22645	120352	－34258	25611
小型企业	341437	7814	2707	42425	－21538	－4545
按行业分						
采掘业						
煤炭采选业	134372	3600	1361	25098	－1321	9487
黑色金属矿采选业	280	4	1	－61	－113	－108
非金属矿采选业	495	26	16	122	－38	18
其他矿采选业	1830	4	41	388	146	425
木材及竹材采运业	297	3	4	－40	－179	－171
制造业						
食品加工业	93302	2271	162	2967	－7249	－5296
食品制造业	58661	2105	342	4788	－524	1953
饮料制造业	53853	2603	4719	10624	2752	11008
烟草加工业	51362	1451	18152	7818	4352	26322
纺织业	162476	1412	807	5678	－40202	－33300
服装及其他纤维制品制造业	444	41	4	－11	－164	－150
皮革、毛皮、羽绒及其制品业	5039	95	33	541	－1220	－887
木材加工及竹、藤、棕、草制品业	4003	114	36	439	－1037	－745
家具制造业	－	－	－	－	－	－
造纸及纸制品业	35810	557	227	5021	－706	1215
印刷业、记录媒介的复制	23906	562	186	4132	－209	1288
文教体育用品制造业	1975	63	12	354	－46	66
石油加工及炼焦业	9640	221	41	1214	2	501
化学原料及化学制品制造业	299912	4642	1676	48650	－608	12717
医药制造业	58508	2241	305	9672	－181	2306
化学纤维制造业	134312	4694	666	24438	3318	10984
橡胶制品业	36774	632	613	4447	－2394	－539
塑料制品业	14650	474	91	2036	216	799
非金属矿物制品业	83937	3588	989	17495	－856	6556
黑色金属冶炼及压延加工业	526021	2455	2639	68287	3909	31192
有色金属冶炼及压延加工业	179936	1125	776	25487	－3037	5579
金属制品业	33234	299	235	5429	－1028	633
普通机械制造业	190446	3771	1488	47936	－6388	7314
专用设备制造业	20675	438	130	4309	－3265	－2134
交通运输设备制造业	525016	6373	1069	76620	29777	61264
武器弹药制造业	955416	12390	36714	152883	52128	126526
电气机械及器材制造业	62293	1844	438	13256	－289	3419
电子及通信设备制造业	96377	1857	395	16283	－8581	－5593
仪器仪表及文化、办公用机械制造业	39065	1992	307	5414	－4905	－2975
其他制造业	3805	130	136	360	－331	9
电力煤气及水生产供应业						
电力、蒸汽、热水的生产和供应业	139050	58	733	17252	12450	31746
煤气生产和供应业	28534	3909	42	－2337	－1801	－1722
自来水的生产和供应业	18048	176	124	1623	35	1146

11－18 集体独立核算工业企业主要财务指标

（1995年）　　　　单位：万元

行业	企业单位数（个）	工业总产值（原规定）		工业增加值	产品销售收入	固定资产	
		1990年不变价	当年价			原值	净值
全市总计	**6224**	**1142469**	**1432837**	**289680**	**1144892**	**570923**	**391864**
按轻重工业分							
轻工业	2882	582489	717728	118666	569274	237580	161904
以农产品为原料	1853	235732	308992	38428	240862	118807	77713
以非农产品为原料	1029	346757	408736	80239	328412	118773	84191
重工业	3342	559980	715109	171014	575618	333343	229960
采掘工业	468	34696	50091	20701	41379	27539	19092
原料工业	522	134724	187064	37894	157072	101566	73741
加工工业	2352	390560	477955	112419	377167	204239	137128
按企业规模分							
大型企业	3	56667	64374	11273	56816	15919	10693
中型企业	22	65963	74937	14918	61386	40852	28381
小型企业	6127	1019838	1293526	263489	1026690	514153	352790
按行业分							
采掘业							
煤炭采选业	355	23503	35387	16950	30278	24787	17429
黑色金属矿采选业	1	67	75	35	69	18	17
有色金属矿采选业	2	1867	2506	345	2585	255	220
非金属矿采选业	106	9068	11764	3330	8251	2919	1667
其他矿采选业	2			2	34	39	39
木材及竹材采运业	3	36	42	32	223	11	9
制造业		232	420				
食品加工业	313	18581	30711	2861	22192	6659	4999
食品制造业	100	21008	21470	3688	17851	7542	5401
饮料制造业	332	19796	26499	5120	20800	13229	9483
烟草加工业	1	63	107	27	102	1271	1148
纺织业	263	77773	102576	4891	76234	43475	26815
服装及其他纤维制品制造业	144	15168	18331	2173	15708	8008	4653
皮革、毛皮、羽绒及其制品业	98	15939	20985	2423	16735	6258	3804
木材加工及竹、藤、棕、草制品业	67	5502	7408	1736	6135	2840	1988
家具制造业	126	8988	10761	1788	9409	4451	2414
造纸及纸制品业	137	27223	38480	8028	31312	13890	8731
印刷业、记录媒介的复制	223	13730	16750	4108	13279	8222	5590
文教体育用品制造业	41	4583	5634	1311	4527	1603	980
石油加工及炼焦业	19	1682	2197	474	1815	934	527
化学原料及化学制品制造业	302	67597	81009	16428	66777	34951	24870
医药制造业	42	13433	15407	2112	11712	5040	3573
化学纤维制造业	5	158	182	30	130	336	230
橡胶制品业	60	15053	16451	4129	13341	5894	3496
塑料制品业	226	34790	42309	7957	34704	18518	11963
非金属矿物制品业	704	98661	134243	40587	111870	83916	57065
黑色金属冶炼及压延加工业	103	43842	67209	9002	53245	26306	20055
有色金属冶炼及压延加工业	46	6353	9046	888	7322	3854	3208
金属制品业	406	80041	94055	18603	74433	37105	25711
普通机械制造业	492	73771	92909	21929	75184	39454	26085
专用设备制造业	150	18109	21913	5670	17453	9230	5061
交通运输设备制造业	727	292675	350094	74020	268578	95773	71947
电气机械及器材制造业	214	86205	101209	15706	83676	33474	21456
电子及通信设备制造业	28	6407	6547	1690	4918	2920	2284
仪器仪表及文化、办公用机械制造业	93	14754	16732	4072	13121	5541	3275
其他制造业	146	21336	24301	4610	20240	7604	5338
电力煤气及水生产供应业							
电力、蒸汽、热水的生产和供应业	109	3243	5203	2383	9557	12616	8913
煤气生产和供应业	1	479	863	188	213	26	13
自来水的生产和供应业	37	753	1052	353	881	1957	1406

11－18续表　　(1995年)　　单位:万元

行　　业	资本金合计	资产合计	流动资产平均余额	盈亏相抵后的利润总额	利税总额	负债总额	所有者权益
全市总计	**366577**	**1256273**	**687172**	**－18577**	**44057**	**948303**	**307970**
按轻重工业分							
轻工业	151586	540363	308173	－13216	14605	422626	117738
以农产品为原料	70893	244964	140516	－19561	－7147	218495	26469
以非农产品为原料	80693	295399	167657	6345	21752	204131	91269
重工业	214992	715910	378999	－5361	29453	525677	190233
采掘工业	15139	45212	17331	449	4052	28759	16453
原料工业	62541	212550	105017	－2884	5616	162101	50448
加工工业	137311	458148	256651	－2926	19784	334816	123331
按企业规模分							
大型企业	9885	40489	29522	583	2991	30993	9497
中型企业	21180	84751	44051	－2809	1355	60821	23930
小型企业	335513	1131033	613600	－16351	39712	856490	274543
按行业分							
采掘业							
煤炭采选业	13356	39361	13593	－488	2345	25341	14020
黑色金属矿采选业	10	47	29	5	5	37	10
有色金属矿采选业	228	261	17	18	31	13	249
非金属矿采选业	1639	6315	3792	848	1602	3883	2432
其他矿采选业	47	78	16	－14	－12	65	13
木材及竹材采运业	14	33	15	11	20	20	13
制造业							
食品加工业	4821	14440	8095	－825	－252	11749	2691
食品制造业	4690	16679	8417	－574	130	13777	2902
饮料制造业	6705	29487	16178	192	2739	26718	2769
烟草加工业	1229	1493	220	35	49	1493	－
纺织业	20723	77206	46594	－16100	－12754	83245	－6039
服装及其他纤维制品制造业	6958	19431	11381	－1840	－1337	16587	2843
皮革、毛皮、羽绒及其制品业	3851	19887	14679	－484	218	17445	2442
木材加工及竹、藤、棕、草制品业	3039	7747	3936	－141	219	5320	2427
家具制造业	3948	8862	5120	90	500	4675	4187
造纸及纸制品业	7347	26087	12247	282	2223	19265	6822
印刷业、记录媒介的复制	5830	16149	8869	－133	796	10848	5301
文教体育用品制造业	1246	3829	2062	13	315	2677	1152
石油加工及炼焦业	762	1698	896	－44	78	982	716
化学原料及化学制品制造业	19451	77647	49720	－147	3847	61289	16358
医药制造业	3661	12873	7271	－629	－216	11484	1389
化学纤维制造业	232	358	103	－8	－2	142	216
橡胶制品业	5010	11799	6568	－56	815	8817	2982
塑料制品业	13504	43113	23070	－268	1341	31631	11483
非金属矿物制品业	48363	139896	60141	－11	7984	101649	38246
黑色金属冶炼及压延加工业	20257	67577	34969	－3410	－1480	55785	11792
有色金属冶炼及压延加工业	2738	8094	2717	－289	－54	4476	3617
金属制品业	25009	82716	46332	－392	3189	59486	23231
普通机械制造业	22350	89483	52400	－1381	3514	66356	23127
专用设备制造业	7691	24328	16407	－405	662	17971	6357
交通运输设备制造业	65611	252857	142889	7389	20999	176659	76198
电气机械及器材制造业	24580	85756	52903	－1095	2673	62209	23547
电子及通信设备制造业	1957	7458	4438	266	522	4177	3281
仪器仪表及文化、办公用机械制造业	5874	16073	11277	7	848	11280	4793
其他制造业	5091	17369	8728	478	1641	10649	6720
电力煤气及水生产供应业							
电力、蒸汽、热水的生产和供应业	7660	27661	10618	517	781	19243	8418
煤气生产和供应业	20	46	33	－21	－2	129	－83
自来水的生产和供应业	1077	2081	435	29	77	733	1348

11－19 独立核算乡办工业企业主要财务指标

(1995年) 单位:万元

行业	企业单位数(个)	工业总产值(原规定) 不变价	当年价	工业增加值	产品销售收入	利税总额
全市总计	**3506**	**480497**	**622298**	**122336**	**493046**	**12160**
按轻重工业分						
轻工业	1541	225836	281321	37642	219941	－3132
重工业	1965	254661	340976	84694	273105	15292
按行业分						
采掘业						
煤炭采选业	329	20523	30884	15002	26417	2108
黑色金属矿采选业	1	67	75	35	69	5
有色金属矿采选业	2	1867	2506	345	2585	31
非金属矿采选业	97	8473	11041	3013	7589	1537
其他矿采选业	1	15	17	－1	9	－5
木材及竹材采运业	3	232	420	32	223	20
制造业						
食品加工业	226	36786	43988	5395	40006	1175
食品制造业	57	11751	10558	2352	8799	121
饮料制造业	309	14111	19047	3201	15297	1614
纺织业	148	43609	54952	857	41703	－9160
服装及其他纤维制品制造业	34	2374	2957	564	2291	45
皮革、毛皮、羽绒及其制品业	34	4680	6273	885	4625	－56
木材加工及竹、藤、棕、草制品业	41	2917	4006	779	3154	148
家具制造业	75	3594	4192	950	3416	238
造纸及纸制品业	66	12945	18457	3978	14123	1008
印刷业、记录媒介的复制	82	4071	4802	1043	3949	273
文教体育用品制造业	11	1420	1889	551	1478	164
石油加工及炼焦业	12	856	1225	306	1070	35
化学原料及化学制品制造业	167	30822	36467	6342	28843	1069
化学纤维制造业	21	8157	10808	1090	7794	－167
医药制造业	5	633	937	94	744	－20
橡胶制品业	22	12712	13979	3496	10142	552
塑料制品业	97	8443	10657	1797	8453	22
非金属矿物制品业	564	69454	96749	30314	81049	7251
黑色金属冶炼及压延加工业	64	21761	33115	4818	25306	388
有色金属冶炼及压延加工业	33	3808	5440	496	4832	21
金属制品业	181	36473	42012	6242	32554	914
普通机械制造业	185	22059	29362	5908	23172	419
专用设备制造业	58	2779	3519	857	2868	191
交通运输设备制造业	316	71951	95627	16830	71039	1832
电气机械及器材制造业	53	12198	14469	1989	10272	7
电子及通信设备制造业	2	362	413	39	391	9
仪器仪表及文化、办公用机械制造业	21	2583	3670	731	2315	70
其他制造业	75	3823	4307	742	3353	171
电力煤气及水生产供应业						
电力、蒸汽、热水的生产和供应业	82	1640	2707	996	2436	83
自来水的生产和供应业	32	550	772	270	680	47

11－20 村办工业企业主要指标

（1995 年） 单位:万元

行 业	企业单位数（个）	工业总产值（新规定现价）	从业人员年末数(人)
全 市 总 计	**8299**	**535157**	**191144**
按轻重工业分			
轻工业	4052	234615	62799
重工业	4247	300542	128345
按行业分			
采掘业			
煤炭采选业	392	16250	19623
黑色金属矿采选业	2	138	209
有色金属矿采选业	5	257	97
非金属矿采选业	758	35505	22368
制造业			
食品加工业	1931	23136	7315
食品制造业	94	9143	2632
饮料制造业	284	5792	3030
纺织业	233	25773	8349
服装及其他纤维制品制造业	115	4554	2364
皮革、毛皮、羽绒及其制品业	69	4924	1487
木材加工及竹、藤、棕、草制品业	106	6573	1742
家具制造业	194	10529	3261
造纸及纸制品业	179	15027	4044
印刷业、记录媒介的复制	73	9682	2246
文教体育用品制造业	10	265	183
石油加工及炼焦业	9	832	164
化学原料及化学制品制造业	176	13336	4166
医药制造业	10	1881	416
橡胶制品业	72	8390	2732
塑料制品业	179	17363	4859
非金属矿物制品业	1764	91521	48044
黑色金属冶炼及压延加工业	36	8523	2064
有色金属冶炼及压延加工业	40	5237	684
金属制品业	319	28784	8026
普通机械制造业	490	59525	15297
专用设备制造业	25	3057	441
交通运输设备制造业	445	108393	18606
电气机械及器材制造业	79	10417	2970
电子及通信设备制造业	6	346	81
仪器仪表及文化、办公用机械制造业	40	4876	1206
其他制造业	134	4870	2180
电力煤气及水生产供应业			
电力、蒸汽、热水的生产和供应业	22	144	186
自来水的生产和供应业	8	115	72

11－21 分行业全部独立核算工业企业主要经济效益指标

(1995 年)

行业	每百元固定资产原值实现的产值（元）	每百元固定资产实现的利税（元）	每百元资金实现的利税（元）	每百元销售收入实现的利润（元）	全员劳动生产率（元/人、年）	全部流动资金周转天数（天）
全市总计	**127**	**8**	**6**	**—**	**1189**	**283**
按轻重工业分						
轻工业	151	4	3	－3	9327	233
重工业	119	9	7	2	6555	303
按行业分						
采掘业						
煤炭采选业	53	3	4	－1	579	298
黑色金属矿采选业	173	－41	－33	－31	409	214
非金属矿采选业	194	25	18	9	584	192
其他矿采选业	603	90	35	7	3651	169
木材及竹材采运业	62	－13	－13	－32	272	123
制造业						
食品加工业	225	－5	－4	－4	801	150
食品制造业	140	1	1	－3	554	193
饮料制造业	112	12	9	—	1413	274
烟草加工业	190	91	49	9	9014	246
纺织业	117	－17	－14	－23	84	258
服装及其他纤维制品制造业	224	－17	－9	－12	226	241
皮革、毛皮、羽绒及其制品业	204	－4	－2	－7	295	325
木材加工及竹、藤、棕、草制品业	59	－3	－4	－12	339	289
家具制造业	251	16	9	3	426	198
造纸及纸制品业	187	7	5	－1	774	188
印刷业、记录媒介的复制	132	5	4	－2	749	264
文教体育用品制造业	125	1	1	－6	421	266
石油加工及炼焦业	117	3	2	－2	839	244
化学原料及化学制品制造业	140	8	6	1	1130	230
医药制造业	224	9	5	—	1739	258
化学纤维制造业	74	5	5	2	3926	191
橡胶制品业	87	1	—	－7	746	300
塑料制品业	192	7	4	－1	782	227
非金属矿物制品业	121	7	6	—	842	224
黑色金属冶炼及压延加工业	106	5	3	0	1530	417
有色金属冶炼及压延加工业	116	3	2	－1	1348	213
金属制品业	189	3	2	－3	704	272
普通机械制造业	118	6	4	－1	1004	376
专用设备制造业	91	－5	－3	－12	500	453
交通运输设备制造业	206	15	6	3	1637	380
武器弹药制造业	203	28	22	7	2847	186
电气机械及器材制造业	196	7	4	－1	856	299
电子及通信设备制造业	101	－5	－3	－9	768	437
仪器仪表及文化、办公用机械制造业	92	2	1	－4	828	540
其他制造业	215	13	7	1	685	219
电力煤气及水生产供应业						
电力、蒸汽、热水的生产和供应业	32	5	6	2	4787	302
煤气生产和供应业	13	－6	－4	－7	372	377
自来水的生产和供应业	36	2	2	—	1554	231

注：凡计算指标涉及到产值的均采用原规定的现价计算，下同。

11－22 分行业独立核算国有工业企业主要经济效益指标

(1995年)

行 业	每百元固定资产原值实现的产值(元)	每百元固定资产实现的利税(元)	每百元资金实现的利税(元)	每百元销售收入实现的利润(元)	全部流动资金周转天数(天)
全 市 总 计	**106**	**7**	**5**	**1**	**312**
按轻重工业分					
轻工业	105	2	2	－5	240
重工业	106	8	6	2	333
按行业分					
采掘业					
煤炭采选业	46	3	3	－1	329
黑色金属矿采选业	154	－46	－38	－40	229
非金属矿采选业	16	1	－	－8	590
其他矿采选业	650	101	37	8	169
木材及竹材采运业	26	－15	－15	－60	197
制造业					
食品加工业	156	－8	－6	－8	188
食品制造业	113	4	4	－1	173
饮料制造业	109	19	14	5	253
烟草加工业	198	95	50	8	245
纺织业	91	－15	－14	－25	271
服装及其他纤维制品制造业	62	－19	－19	－37	324
皮革、毛皮、羽绒及其制品业	56	－8	－10	－24	376
木材加工及竹、藤、棕、草制品业	26	－4	－8	－26	371
造纸及纸制品业	143	4	3	－2	223
印刷业、记录媒介的复制	113	4	4	－1	248
文教体育用品制造业	64	2	2	－2	376
石油加工及炼焦业	101	5	3	－	279
化学原料及化学制品制造业	116	4	4	－	220
医药制造业	210	7	4	－	232
化学纤维制造业	75	5	5	2	188
橡胶制品业	57	－1	－1	－7	257
塑料制品业	169	8	7	1	156
非金属矿物制品业	95	6	6	－1	236
黑色金属冶炼及压延加工业	99	5	3	1	435
有色金属冶炼及压延加工业	107	2	2	－2	239
金属制品业	125	2	1	－3	353
普通机械制造业	89	3	2	－3	434
专用设备制造业	59	－5	－4	－16	549
交通运输设备制造业	206	20	7	6	471
武器弹药制造业	159	18	15	5	217
电气机械及器材制造业	139	6	4	－	327
电子及通信设备制造业	93	－5	－3	－9	430
仪器仪表及文化、办公用机械制造业	57	－4	－3	－13	559
其他制造业	67	－	－	－9	545
电力煤气及水生产供应业					
电力、蒸汽、热水的生产和供应业	33	9	10	9	300
煤气生产和供应业	9	－5	－4	－6	382
自来水的生产和供应业	35	2	2	－	233

主要统计指标解释

【工业】 指从事自然资源的开采，对采掘品和农产品进行加工和再加工的物质生产部门。具体包括(1)对自然资源的开采，如采矿、晒盐、森林采伐等(但不包括禽兽捕猎和水产捕捞)；(2)对农副产品的加工、再加工，如粮油加工、食品加工、轧花、缫丝、纺织、制革等；(3)对采掘品的加工、再加工，如炼铁、炼钢、化工生产、石油加工、机器制造、木材加工等，以及电力、自来水、煤气的生产和供应等；(4)对工业品的修理、翻新，如机器设备的修理、交通运输工具(包括小卧车)的修理等。

1984年以前农村的村及村以下办工业归属农业，1984年及以后划归工业。

【独立核算法人工业企业和工业活动单位】 (1)独立核算法人工业企业指从事工业生产经营活动的单位。独立核算法人工业企业应同时具备以下三个条件①依法成立，有自己的名称、组织机构和场所，能够承担民事责任；②独立拥有和使用资产，承担负债，有权与其他单位签订合同；③独立核算盈亏，并能编制资产负债表。(2)工业活动单位指在一个场所从事一种或主要从事一种工业生产活动的经济单位。它包括独立核算工业企业按主营业务活动(即工业生产活动)划分的主营业务活动单位和非工业企业所属的工业生产活动单位(即原非独立核算工业生产单位)。工业活动单位，一般应同时具备以下三个条件①具有一个场所，从事一种或主要从事一种工业活动；②单独组织工业生产、经营业务活动；③单独核算收入和支出。

【企业经济类型】 指企业以生产资料的所有制性质和国家有关法规为依据对工业进行的分类，经济类型分类的标准目前仍根据国家统计局与国家工商行政管理局联合制发的《关于经济类型划分的暂行规定》(国颁字[1992]344号文件执行，具体分类的内容包括国有经济、集体经济、私营经济、个体经济、联营经济、股份制经济、外商投资经济、港、澳、台投资经济和其他经济。

【轻工业】 指主要提供生活消费品和制作手工工具的工业。按其所使用的原料不同，可分为两大类(1)以农产品为原料的轻工业，是指直接或间接以农产品为基本原料的轻工业。主要包括食品制造、饮料制造、烟草加工、纺织、缝纫、皮革和毛皮制作、造纸以及印刷等工业；(2)以非农产品为原料的轻工业，是指以工业品为原料的轻工业。主要包括文教体育用品、化学药品制造、合成纤维制造、日用化学制品、日用玻璃制品、日用金属制品、手工工具制造、医疗器械制造、文化和办公用机械制造等工业。

【重工业】 是指为国民经济各部门提供物质技术基础的主要生产资料的工业。按其生产性质和产品用途，可以分为下列为三类(1)采掘(伐)工业，是指对自然资料的开采，包括石油开采、煤炭开采、金属矿开采、非金属矿开采和木材采伐等工业；(2)原材料工业，指向国民经济各部门提供基本材料、动力和燃料的工业。包括金属冶炼及加工、炼焦及焦炭化学、化工原料、水泥、电力、石油和煤炭加工等工业；(3)加工工业，是指对工业原材料进行再加工制造的工业。包括装备国民经济各部门的机械设备制造工业、金属结构、水泥制品等工业，以及为农业提供生产资料如化肥、农药等工业。

根据上述划分原则，修理业中以重工业产品为修理作业对象的划为重工业，否则划为轻工业。

【工业总产值】 是以货币表现的工业企业在一定时期内生产的工业产品总量，它反映工业生产的总规模和总水平。它包括在本企业内不再进行加工，经检验，包装入库的成品价值，工业性作业价值，自制半成品、在产品期末期初差额价值。工业总产值采用“工厂法”计算，即以工业企业作为一个整体，按企业工业生产活动的最终成果来计算，企业内部不允许重复计算，不能把企业内部各个车间(分厂)生产的成果相加。但在企业之间、行业之间、地区之间存在着重复计算。

轻重工业总产值的划分也是按“工厂法”计算的，即一个工业企业在正常情况下生产的主要产品的性质属于轻工业，则该企业的全部总产值作为轻工业总产值；一个工业企业生产的主要产品的性质属于重工业，则该企业的全部产值作为重工业总产值。

【工业增加值】 指工业企业在报告期内以货币表现的工业生产活动的成果。工业增加值有两种计算方法一是生产法，即工业总产出扣除工业中间投入(在实际工作中为现价工业总产值扣除工业中间投入)；二是收入法，即从收入角度出发，根据生产要素在生产过程中应得的收入份额计算，具体构成项目包括固定资产折旧、劳动报酬、生产税净额、营业盈余，这种方法也称要素分配法。

【工业总产出】 指工业企业在一时期内工业生产活动的总成果。包括成品价值〔不含用订货者来料加工的成品(半成品)价值〕、对外加工费收入和自制半成品，在产品期初差额价值三部分。

【工业中间投入】 指工业企业在工业生产活动

中消耗的外购物质产品和对外支付的服务费用。服务费用包括支付给物质生产部门(工业、农业、批发零售贸易业、建筑业、运输邮电业)的服务费用和支付给非物质生产部门(如保险、金融、文化教育、科学研究、医疗卫生、行政管理等)的服务费用。工业中间投入的确定须遵循以下原则①必须是从外部购入的,并已计入工业总产出的产品和服务价值;②必须是本期投入生产,并一次性消耗掉(包括本期摊销的低值易耗品和本期材料消耗所负担的进项税等)的产品和服务价值。

【资本金】 指企业在工商行政管理部门登记的注册资金。企业筹集的资本金主要分为国家资本金、法人资本金、个人资本金以及外商资本金等。

【资产总额】 指企业拥有或控制的能以货币计量的经济资源,包括各种财产、债权和其他权利。资产按流动性质一般分为流动资产、长期投资、固定资产、无形资产、递延资产和其他资产。

【固定资产原价(值)】 指企业在建造、购置、安装、改建、扩建、技术改造某项固定资产时所支出的全部货币总额。它一般包括买价、包装费、运杂费和安装费等。

【固定资产净值】 指固定资产原价(值)扣除历年已提折旧额后的净额。

【流动资产】 指可以在一年或者超过一年的一个营业周期内表现或者使用的资产,包括货币资金、短期投资、应收及预付款、存货、待摊费用、一年内到期的长期投资等。

【长期投资】 指企业不准备在一年内变现的投资,它包括购置股票和长期债券以及对其他单位的投资形式。

【无形资产及递延资产】 无形资产是指企业长期使用而没有实物形态的资产,包括专利权、非专利技术、商标权、著作权、土地使用权、商誉等;递延资产是指不能全部计入当年投资损益,应当在以后各年度内分期摊销的各项费用,包括开办费、租入固定资产的改良及大修理支出等。

【其他资产】 指除流动资产、长期投资、固定资产、无形资产、递延资产以外的资产。如特种储备物资、银行冻结存款、冻结物资、涉及拆讼中的财产等。

【负债】 指企业承担的能够以货币计量、需以资产或者劳务偿付的债务,包括长期负债和流动负债,例如企业借入的资金以及应付未付的款项等等。

【长期负债】 指企业偿还期在一年内或者超过一年的一个营业周期的债务,包括长期借款、应付债券和其他长期负债。

【流动负债】 指企业将在一年内或者超过一年的一个营业周期内偿还的债务,包括短期借款、应付票据、应付帐款、预收货款、应付工资、应交税金、应付利润、其他应付款、预提费用等。

【营运资金】 指流动资产减去流动负债后的净额。

【所有者权益】 指企业投资人对企业净资产的所有权,即企业的全部资产减去全部负债后的净额。所有者权益包括企业所有者投入资金以及留存收益等。如实收资本、资本公积、盈余公积、未分配利润等。

【产品销售收入】 指企业销售产品的销售收入和提供劳务等主要经营业务取得的业务总额。

【成本费用总额】 指企业的产品销售成本、产品销售费用、管理费用和财务费用之和。

【实现利税总额】 指企业的消费税、资源税、应交增值税、城市维护建设税、教育费附加和利润总额之和。

【资金利税率】 指在一定时期内已实现的利润、税金总额占同期资产(固定资产净值与定额流动资金之和)平均余额的百分比。计算公式

$$资金利税率(\%)=\frac{报告期累计利润税金总额}{\begin{matrix}报告期固定资产\\净值平均余额\end{matrix}+\begin{matrix}报告期流动\\资金平均余额\end{matrix}}\times 100\%$$

资金利税率反映每单位(通常是每万元)资金所提供的利润税金额。它是考察和评价部门或企业生产经营活动效果的一个综合性指标。

【产值利税率】 指在一个时期内部门或企业已实现的利润税金额占同期全部工业总产值的百分比。计算公式

$$产值利税率(\%)=\frac{报告期利润税金总额}{报告期工业总产值}\times 100\%$$

产值利税率表明每单位工业总产值可提供的利润税金总额,利用产值利税率指标进行动态对比,可以反映一定时期内的经济效果的大小。

【工业产品销售率】 指企业在报告期内的工业销售产值与同期现价工业总产值之比,是反映工业产品生产已实现销售程度,分析工业产销衔接情况,研究工业产品满足社会需求程度的重要分析指标。计算公式

$$工业产品销售率(\%)=\frac{报告期现价工业销售产值}{报告期现价工业总产值}\times 100\%$$

【工业增加值率】 指企业在报告期内的工业增加值占工业总产值的比重,是反映工业生产降低中间消耗的经济效益指标。计算公式

$$工业增加值率(\%)=\frac{报告期现价工业增加值}{报告期现价工业总产值(原规定)}\times 100\%$$

或 $\dfrac{\text{报告期现价工业增加值}}{\text{报告期现价工业总产值(新规定)}+\text{本期应交销项税额}}\times 100\%$

【工业成本费用利润率】 指企业在报告期实现利润与成本费用之比，是反映工业生产成本及费用投入的经济效益指标，同时是反映企业降低成本及费用的经济效益指标。计算公式

工业成本费用利润率(%)=

$\dfrac{\text{报告期实现利润总额}}{\text{报告期成本费用总数}}\times 100\%$

【流动资产周转率】 指企业在一定时期内流动资产完成的周转次数，是反映工业企业投入流动资产的周转次数，是反映工业企业投入流动资产的周转速度的指标。计算公式

流动资产周转率(次)=

$\dfrac{\text{报告期累计产品销售收入}}{\text{报告期流动资产平均余额}}$

工业总产值计算新规定及其与原规定的区别： 自1992年起，国务院决定以国内生产总值作为衡量国民经济发展的总量指标，以工业增加值作为衡量工业经济的总量指标，淡化工业总产值指标的作用。但工业增加值的计算仍然要以工业总产值为基础。为使工业总产值的计算口径与工业中间投入的计算相配合，减少计算难度，保证工业增加值计算的准确性，在第三次全国工业普查方案中，针对工业总产值计算原规定的缺陷，对其作了下列四个方面的修订：

1.凡用自备原材料生产的产品，不论其加工的繁简程度如何，一律按全价，即工业总产值包括自备原材料的价值。

2.凡承接来料加工生产的产品，加工企业一律按财务上结算的加工费计算工业总产值，即不包括定货者来料的价值。

3.自制半成品、在制品期末期初差额价值，原则上应计入工业总产值，不再按生产周期是六个月以上还是六个月以下来区分是否计入工业总产值。

4.现价工业总产值一律采用不含销项税额的价格计算。

工业总产值计算新规定与原规定的区别主要包括以下两点：

1.计算口径不同

(1)全价与加工费的计算原则不同：新规定凡用自备原材料生产的产品，不论其加工的繁简程度如何，一律按全价计算工业总产值；凡承接来料加工生产的产品，一律按加工费计算工业总产值。原规定则根据加工的繁简程度，有一些特殊规定，即对某些来料加工，允许按全价计算工业总产值，对某自备原材料生产的产品，只允许按加工费计算总产值。

(2)自制半成品、在制品期末、期初差额价值计算规定不同：新规定要求原则上将自制半成品和在制品期末期初差额价值计入工业总产值，并明确，如果会计的产品成本核算计算了这部分价值，工业总产值中也相应包括，否则可不包括。原规定，凡生产周期在六个月以下的产品，在计算工业总产值时应包括这部分差额价值，否则，可不包括这部分价值。

2.计算价格不同

按新规定计算的工业总产值按不含销项税额的价格计算；原规定则按含销项税额的价格计算。按1990年不变价格计算的工业总产值则不涉及计算价格扣除增值税的问题。

建 筑 业 12

CONSTRUCTION

●1995年,全市建筑企业(国有和城镇集体)390个,完成总产值(施工产值)69.23亿元,比上年增长22.7%。

●1995年,全市建筑业全员劳动生产率32542元/人,工程质量优良品率38.2%。

资料整理

龚世芳　赵东兵

建筑业总产值

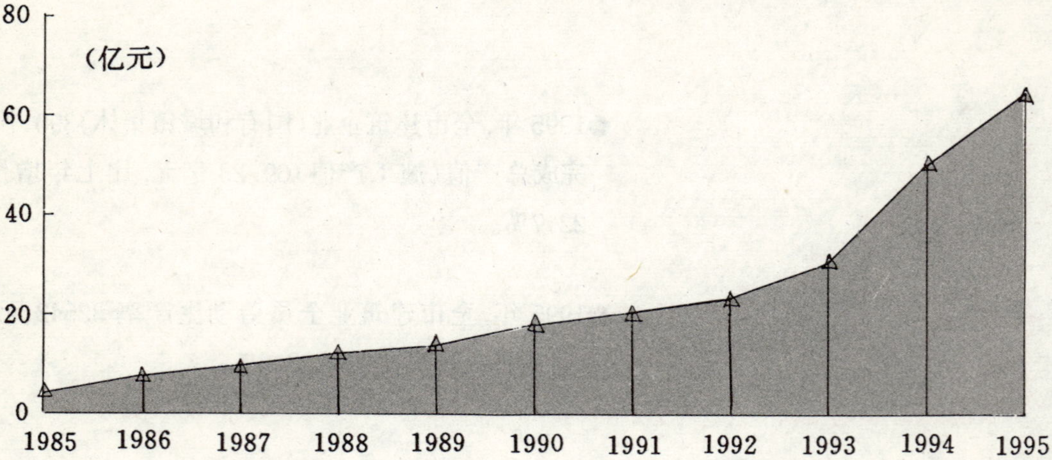

建筑业总产值构成(%)

(1995年)

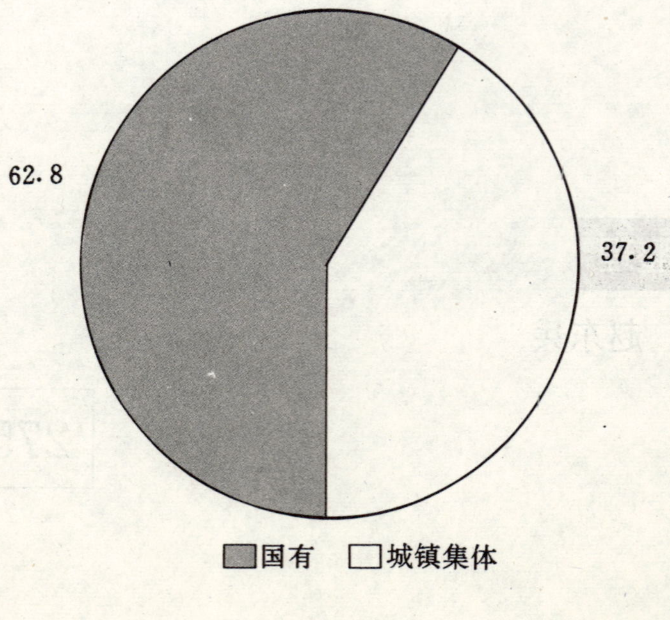

12－1 建筑业企业单位数和总产值

年　　份	总　计	国有企业	城镇集体企业
一、单位数(个)			
1985	199	34	165
“七五”时期			
1986	197	38	159
1987	200	38	162
1988	298	62	236
1989	301	64	237
1990	333	101	232
“八五”时期			
1991	7650	4329	3321
1992	359	106	253
1993	430	89	341
1994	384	111	273
1995	390	128	262
二、总产值(万元)			
1985	85443	53483	31960
“七五”时期			
1986	101217	66312	34905
1987	122812	82632	40180
1988	163799	109280	54577
1989	173317	113496	59821
1990	192789	128907	63882
“八五”时期			
1991	229781	149626	80155
1992	297844	191813	106031
1993	364925	223753	141172
1994	564124	349865	214259
1995	692250	434760	257490

注：建筑业统计数据不包括乡镇建筑企业。

12-2 建筑施工企业主要经济指标

(1995年)

指标	总计	国有经济	城镇集体经济	联营经营	股份制经济	外商投资经济	港澳台投资经济	城镇私营经济
施工企业单位人数(个)	390	95	262	1	4	11	14	3
建筑业职工年平均人数(万人)	21.27	11.56	9.02	0.21	0.06	0.25	0.14	0.03
自有固定资产原值(亿元)	25.74	18.08	7.32	-	0.05	0.11	0.13	0.05
自有固定资产合计(亿元)	18.31	12.45	5.59	-	0.04	0.09	0.11	0.03
自有机械设备台数(万台)	4.66	2.27	2.32	-	0.02	0.02	0.02	0.01
自有机械设备净价(亿元)	8.00	5.47	2.46	-	-	0.02	0.03	0.02
自有机械设备总功率(万千瓦)	80.89	49.91	30.11	-	0.25	0.33	0.17	0.12
总产值(亿元)	69.23	41.36	25.75	0.49	0.29	0.55	0.61	0.18
增加值(亿元)	22.57	14.93	7.07	0.17	0.05	0.17	0.12	0.06
# 本年固定资产折旧	1.55	1.16	0.36	-	-	0.02	0.01	-
应付工资	10.67	6.78	3.59	0.10	0.02	0.09	0.07	0.02
应付福利基金	1.25	0.79	0.44	0.01	-	0.01	-	-
工程结算税金及附加税金	2.04	1.25	0.74	0.01	-	0.01	0.03	-
工程结算利润	6.13	4.29	1.67	0.05	0.02	0.04	0.03	0.03
施工面积(万平方米)	1348.93	710.18	628.75	1.62	4.43	1.58	1.71	0.66
竣工面积(万平方米)	481.09	179.14	295.39	1.62	1.91	1.32	1.71	-
利润总额(亿元)	0.21	0.27	-0.02	-	-	-0.02	-0.02	-
全员劳动生产率								
按总产值计算(元/人)	32542	35774	28545	23665	51736	21675	43061	52898
按增加值计算(元/人)	10609	12913	7835	8578	8434	6607	8557	17233
技术装备率(元/人)	3761	4728	2725	19	856	725	1871	7657
动力装备率(千瓦/人)	3.80	4.32	3.34	0.03	4.36	1.28	1.23	3.70
房屋建筑面积竣工率(%)	35.7	25.2	47.0	100.0	43.2	83.4	100.0	-
工程质量优良品率(%)	38.2	52.1	28.2	33.3	10.0	6.5	100.0	-
产值利润率(%)	0.3	0.7	-0.1	-1.6	0.1	-3.9	-3.0	2.4

12－3 按经济类型分的建筑业总产值

(1995 年)　　单位:万元

区市县	建筑业总产值	国有经济	城镇集体经济	联营经营	股份制经济	外商投资经济	港澳台投资经济	城镇私营经济
全市总计	**692601**	**413556**	**257840**	**4896**	**2918**	**5469**	**6102**	**1820**
渝中区	189424	104732	76324	－	－	3798	3370	1200
大渡口区	39967	9146	30821	－	－	－	－	－
江北区	39461	22024	16700	－	466	221	50	－
沙坪坝区	46237	33546	12183	－	－	－	－	508
九龙坡区	128766	108666	15588	－	2404	1138	970	－
南岸区	66452	44708	19854	－	49	132	1709	－
北碚区	27179	20276	6903	－	－	－	－	－
万盛区	5019	2835	2184	－	－	－	－	－
双桥区	314	314	－	－	－	－	－	－
渝北区	31450	19058	12211	－	－	181	－	－
巴南区	21595	11192	10403	－	－	－	－	－
江津市	16896	618	16278	－	－	－	－	－
合川市	9071	5804	3267	－	－	－	－	－
永川市	4926	874	3940	－	－	－	－	112
长寿县	17681	7547	5238	4896	－	－	－	－
綦江县	12254	3238	9016	－	－	－	－	－
潼南县	9204	7859	1345	－	－	－	－	－
铜梁县	6551	－	6551	－	－	－	－	－
大足县	2379	180	2199	－	－	－	－	－
荣昌县	15323	10938	4385	－	－	－	－	－
璧山县	2452	－	2452	－	－	－	－	－

12-4 建筑业总产值构成及竣工产值

（1995年）　　单位:万元

地区及行业	总产值	建筑工程产值	安装工程产值	房屋、构筑物修理产值	非标准设备制造产值	竣工产值
全市总计	**692601**	**584503**	**85269**	**16213**	**6616**	**427681**
一、按地区分						
渝中区	189424	161101	24662	1069	2592	105932
大渡口区	39967	19481	12327	5723	2436	29297
江北区	39461	31801	6164	1271	225	28582
沙坪坝区	46237	43379	1626	1178	54	29099
九龙坡区	128766	113971	12328	2427	40	71549
南岸区	66452	46780	19501	147	24	33805
北碚区	27179	26389	358	422	10	20663
万盛区	5019	4067	863	27	62	2769
双桥区	313	268	46	-	-	188
渝北区	31450	29518	1901	31	-	21175
巴南区	21595	20018	1201	376	-	13445
江津市	16896	16576	30	289	-	7861
合川市	9071	8832	-	239	-	4726
永川市	4926	4926	-	-	-	3763
长寿县	17681	14192	1638	855	996	14375
綦江县	12254	11639	64	431	120	11838
潼南县	9204	8203	336	615	50	7987
铜梁县	6551	6094	-	457	-	6491
大足县	2379	2345	34	-	-	2458
荣昌县	15323	12882	1943	491	7	9665
璧山县	2453	2041	247	165	-	2013
二、按行业类别分						
1.土木工程建筑业	604506	545690	40131	15722	2963	375357
2.线路管道安装业	75230	25962	45138	477	3653	52324
3.建筑装饰业	12866	12852	-	14	-	-

12－5 建筑业企业个数及施工、竣工单位工程数

(1995年)　　　　单位:个

地区及分组	建筑业企业数	施工单位工程数	#本年新开工	竣工单位工程数	#优良工程数	单位工程竣工率(%)	单位工程优良品率(%)
全市总计	**390**	**5486**	**3016**	**3367**	**1285**	**61**	**38**
一、按地区分							
渝中区	78	1119	524	545	179	49	33
大渡口区	29	613	441	508	117	83	23
江北区	43	295	184	189	30	64	16
沙坪坝区	32	438	186	281	121	64	43
九龙坡区	45	722	393	424	251	59	59
南岸区	36	477	243	267	185	56	69
北碚区	12	370	206	272	187	74	69
万盛区	8	52	36	36	2	69	6
双桥区	1	10	8	8	－	－	－
渝北区	23	265	155	133	37	50	28
巴南区	13	120	52	71	31	59	44
江津市	6	79	53	38	8	48	21
合川市	8	90	41	47	17	52	36
永川市	8	77	36	37	10	62	27
长寿县	7	126	78	82	27	65	33
綦江县	12	235	128	140	28	60	20
潼南县	6	59	36	40	8	68	20
铜梁县	5	122	109	122	11	100	9
大足县	6	39	11	24	1	62	4
荣昌县	5	137	69	78	26	57	33
璧山县	7	41	27	25	9	61	36
二、按隶属关系分							
国有企业	95	2588	1209	1367	712	53	52
#中央企业	28	1322	585	792	528	60	67
地方企业	67	1266	624	575	184	45	32
城镇集体企业	262	2782	1716	1904	536	68	28

12－6 建筑业企业施工、竣工房屋面积

（1995 年）　　单位:万平米

地区及分组	房屋建筑施工面积	#本年新开工	房屋建筑竣工面积	#优良品面积	房屋面积竣工率（%）	房屋工程优良品率（%）
全市总计	**1348.93**	**534.18**	**481.09**	**159.43**	**36**	**33**
一、按地区分						
渝中区	334.94	119.25	94.89	24.64	36	26
大渡口区	27.99	10.66	21.25	4.72	38	22
江北区	94.48	22.39	33.43	3.30	24	10
沙坪坝区	106.92	51.31	28.64	9.55	48	33
九龙坡区	327.90	113.63	72.20	33.45	35	46
南岸区	68.13	30.59	19.30	5.87	45	30
北碚区	29.66	10.16	12.51	6.92	34	55
万盛区	7.32	3.38	2.21	0.20	46	9
双桥区	0.34	0.34	0.03	–	9	–
渝北区	54.89	22.67	34.13	13.79	41	40
巴南区	54.43	20.41	25.42	15.52	37	61
江津市	38.73	30.07	17.57	7.78	45	44
合川市	22.07	8.35	8.08	4.54	37	56
永川市	16.57	8.45	8.82	4.29	53	49
长寿县	29.03	11.63	14.32	6.10	40	43
綦江县	35.84	17.79	18.06	4.88	50	27
潼南县	12.92	10.28	10.00	2.89	80	29
铜梁县	23.29	17.70	23.29	2.70	76	12
大足县	17.59	2.67	16.28	0.16	15	1
荣昌县	37.21	16.59	15.88	5.69	45	36
璧山县	8.68	5.86	4.78	2.45	55	51
二、按隶属关系分						
国有企业	710.18	257.41	179.14	76.07	25	42
#中央企业	142.71	64.05	31.29	16.90	22	54
地方企业	567.46	193.36	147.84	59.17	26	40
城镇集体企业	628.75	272.77	295.39	79.37	47	27

12－7 建筑业企业技术装备情况

(1995 年)

地区及分组	自有机械设备总台数(台)	自有机械设备总功率(万千瓦)	#施工机械功率	自有机械设备净值(万元)	技术装备率(元/人)	动力装备率(千瓦/人)
全市总计	**46561**	**80.89**	**55.74**	**80003**	**3761**	**3.80**
一、按地区分						
渝中区	11843	16.44	10.11	21110	4470	3.48
大渡口区	2019	6.27	4.90	3247	2667	5.15
江北区	3031	8.99	3.40	5532	3986	6.48
沙坪坝区	2183	3.94	2.87	5199	4109	3.12
九龙坡区	6350	12.50	8.47	16188	3752	2.90
南岸区	4218	10.38	8.69	9488	6236	6.82
北碚区	1633	3.63	3.25	2646	2781	3.82
万盛区	1853	4.29	2.91	1247	3216	11.07
双桥区	13	0.04	0.03	18	400	0.78
渝北区	1965	3.45	3.16	5349	5244	3.38
巴南区	1634	1.24	1.17	2327	2994	1.60
江津市	983	0.59	0.52	1853	4930	1.56
合川市	820	1.04	0.81	800	2320	3.03
永川市	608	0.59	0.40	855	3217	2.24
长寿县	1289	1.75	0.68	733	991	2.36
綦江县	1083	1.09	0.74	1382	2104	1.65
潼南县	2185	1.95	1.53	516	2412	9.14
铜梁县	407	0.63	0.55	653	1866	1.79
大足县	543	0.47	0.37	80	779	4.62
荣昌县	1412	1.13	0.78	583	1122	2.17
璧山县	489	0.48	0.40	197	2089	5.07
二、按隶属关系分						
国有企业	22675	49.91	31.21	54654	4728	4.32
#中央企业	8511	22.16	16.36	30457	6724	4.89
地方企业	14164	27.75	14.85	24197	3442	3.95
城镇集体企业	23195	30.11	23.89	24585	2725	3.34

12－8 建筑业企业增加值

(1995 年)　　单位:万元

地区及行业	建筑业增加值	本年提取的固定资产折旧	本年应付工资总额	本年应付福利费总额	管理费用中劳动、待业保险	修理费用中的税金	工程结算税金及附加	工程结算利润
全市总计	**225684**	**15518**	**106709**	**12508**	**11830**	**2319**	**20405**	**61250**
一、按地区分								
渝中区	53389	3070	25843	3453	3040	571	4761	14930
大渡口区	12297	1105	5188	1051	74	137	979	3769
江北区	10278	595	6442	701	779	169	1029	1116
沙坪坝区	17731	1214	8331	821	842	159	1350	5465
九龙坡区	49970	2647	24459	2399	3923	483	4284	12178
南岸区	21475	3342	8966	1024	536	196	1625	5956
北碚区	9635	984	3732	595	988	35	800	2606
万盛区	2788	101	1492	203	46	3	97	954
双桥区	144	2	110	4	－	－	3	25
渝北区	12441	347	4089	360	425	22	1406	5851
巴南区	5902	377	3676	248	173	25	491	918
江津市	2103	197	1246	96	10	36	132	389
合川市	2866	143	906	101	280	25	208	1203
永川市	2446	318	933	121	124	104	152	694
长寿县	6770	305	3592	416	167	17	541	1841
綦江县	4372	272	2328	275	70	21	259	1159
潼南县	2946	209	1269	168	143	220	290	740
铜梁县	1406	42	568	67	2	6	484	236
大足县	456	9	248	13	9	－	57	120
荣昌县	5778	221	3000	376	197	87	1379	1019
璧山县	491	18	291	16	2	3	78	81
二、按行业类别分								
1.土木工程建筑业	198620	14198	95042	10687	10488	2170	17983	52446
#房屋建筑业	141399	8100	73234	7865	7009	1880	14255	31579
铁路公路遂道桥梁建筑业	21529	3625	7913	959	853	201	1325	6829
2.线路管道安装业	23215	1114	10059	1659	1318	127	2033	7354
#设备安装	20640	1000	9138	1588	1305	121	1779	6156
3.装饰装修业	3849	206	1608	162	24	22	389	1450

12－9 按经济类型分的建筑业增加值

（1995年）　　单位：万元

区市县	建筑业增加值	国有经济	城镇集体经济	联营经济	股份制经济	外商投资经济	港澳台投资经济	城镇私人经济
全市总计	**225684**	**149281**	**70681**	**1775**	**476**	**1667**	**1212**	**592**
渝中区	53389	35029	16415	－	－	1116	530	299
大渡口区	12297	3566	8731	－	－	－	－	－
江北区	10278	5781	4335	－	123	15	24	－
沙坪坝区	17731	13488	3964	－	－	12	－	267
九龙坡区	49970	42925	5888	－	345	444	368	－
南岸区	21475	16542	4627	－	8	8	290	－
北碚区	9635	7534	2101	－	－	－	－	－
万盛区	2788	1832	956	－	－	－	－	－
双桥区	144	144	－	－	－	－	－	－
渝北区	12441	5643	6726	－	－	72	－	－
巴南区	5902	3116	2786	－	－	－	－	－
江津市	2103	227	1876	－	－	－	－	－
合川市	2866	1989	877	－	－	－	－	－
永川市	2446	612	1808	－	－	－	－	26
长寿县	6770	2860	2135	1775	－	－	－	－
綦江县	4372	903	3469	－	－	－	－	－
潼南县	2946	2580	366	－	－	－	－	－
铜梁县	1406	－	1406	－	－	－	－	－
大足县	456	36	420	－	－	－	－	－
荣昌县	5778	4474	1304	－	－	－	－	－
璧山县	491	－	491	－	－	－	－	－

12－10 建筑企业主要财务指标和劳动生产率

（1995年）

地区及分组	资本金合计（万元）	资产合计（万元）			负债合计（万元）		
			流动资产	固定资产		流动负债	长期负债
全市总计	**196967**	**770239**	**548806**	**183102**	**566761**	**533922**	**32839**
一、按地区分							
渝中区	51656	209520	151531	50131	150464	140914	9550
大渡口区	12555	28951	19766	8376	16915	15564	1351
江北区	11052	56991	43469	12004	44898	42613	2285
沙坪坝区	12868	46146	32995	10713	33336	31383	1953
九龙坡区	32353	153179	102235	37077	120652	114365	6287
南岸区	17480	79670	58695	16716	62074	59218	2856
北碚区	7177	25183	17138	6942	20253	18042	2211
万盛区	3034	5783	3156	2148	2878	2627	251
双桥区	57	467	397	67	410	410	－
渝北区	9221	43552	31035	11230	31176	29497	1679
巴南区	4843	26314	21351	3611	21892	21815	77
江津市	6143	14980	10261	4416	8823	8806	17
合川市	1747	12698	9719	1762	10708	9171	1537
永川市	2563	6197	4215	1731	5927	5348	579
长寿县	8381	14631	11253	3281	8561	7151	1410
綦江县	5191	17118	13076	3496	12448	12212	236
潼南县	1523	4816	1683	2646	1420	1308	112
铜梁县	2130	2372	1090	1135	991	875	116
大足县	215	3500	3111	377	2859	2814	45
荣昌县	5712	15574	10470	4822	8260	8133	127
璧山县	1066	2597	2160	421	1816	1656	160
二、按经济类型分							
1.国有企业	108306	479039	324437	124497	349379	325855	23524
中央企业	50297	181825	112834	55625	130329	113075	17255
地方企业	58009	297214	211603	68872	219050	212780	6269
2.城镇集体企业	80367	274404	210587	55918	204807	197151	7656
3.其他各种经济	8294	16796	13782	2687	12575	10916	1659
#股份制	443	3265	2870	385	2936	2866	70

12－10续表　　(1995年)

地区及分组	所有者权益(万元)	#股本	劳动生产率(元/人) 按总产值计算的	按增加值计算的
全市总计	**203477**	**2400**	**32542**	**10609**
一、按地区分				
渝中区	59056	203	40109	11305
大渡口区	12036	－	32824	10099
江北区	12093	29	28436	7405
沙坪坝区	12810	－	36545	14014
九龙坡区	32527	490	29848	11583
南岸区	17596	50	43675	14115
北碚区	4930	－	28564	10126
万盛区	2904	－	12944	7192
双桥区	57	－	7000	3200
渝北区	12375	－	26230	12199
巴南区	4421	－	27785	7593
江津市	6156	－	44945	5596
合川市	1992	－	26309	8313
永川市	270	－	18533	9200
长寿县	6070	－	23919	9159
綦江县	4669	1580	18656	6656
潼南县	3396	－	43031	13770
铜梁县	1382	5	18728	4019
大足县	641	－	23206	4446
荣昌县	7314	－	29496	11123
璧山县	782	43	26014	5210
二、按经济类型分				
1.国有企业	129660	237	35774	12913
中央企业	51495	－	36937	14702
地方企业	78165	337	35025	11761
2.城镇集体企业	69597	1391	28584	7835
3.其他各种经济	4220	772	30656	8272
#股份制	329	－	51736	8434

12－11 建筑业企业利税总额

（1995年）

单位:万元

地区及分组	利税总额合计	利润总额	工程结算税金及附加	管理费用中的税金	产值利税率(%)	资产利税率(%)
全市总计	**24798**	**2074**	**20405**	**2319**	**3.58**	**3.22**
一、按地区分						
渝中区	6498	1166	4761	571	3.43	3.10
大渡口区	1453	337	979	137	3.63	5.01
江北区	626	－572	1029	169	1.59	1.10
沙坪坝区	3346	1837	1350	159	7.24	7.25
九龙坡区	4166	－601	4284	483	3.24	2.72
南岸区	809	－1012	1625	196	1.22	1.02
北碚区	404	－431	800	35	1.49	1.60
万盛区	172	72	97	3	3.43	2.97
双桥区	5	2	3	－	1.59	1.07
渝北区	2508	1080	1406	22	7.97	5.76
巴南区	478	－38	491	25	2.20	1.81
江津市	321	153	132	36	1.90	2.14
合川市	270	37	208	25	2.98	2.13
永川市	38	－218	152	104	0.77	0.61
长寿县	648	90	541	17	3.66	4.42
綦江县	337	57	259	21	2.74	1.96
潼南县	589	79	290	220	6.40	12.23
铜梁县	495	5	484	6	7.54	20.82
大足县	65	8	57	－	2.73	1.86
荣昌县	1482	16	1379	87	9.67	9.51
璧山县	88	7	78	3	3.59	3.39
二、按经济类型分						
1.国有企业	16141	2708	12476	957	3.90	3.37
中央企业	7733	2109	5388	236	4.62	4.25
地方企业	8408	599	7088	721	3.41	2.83
2.城镇集体企业	8519	－207	7384	1342	3.30	3.10
3.其他各种经济	138	－427	545	20	0.65	0.82
#股份制	57	3	54	－	1.95	1.75

主要统计指标解释

【建筑业企业】 指从事房屋、构筑物和设备安装和建筑物装修、装饰施工企业，一般称建筑公司、安装公司、工程公司、工程局(处)等。独立核算建筑企业指具备①依法成立、有自己的名称、组织机构和场所，能够承担民事责任；②独立拥有和使用资产、承担负债，有权与其他单位签订合同；③独立核算盈亏，能够编制资产负债表。非独立核算建筑企业指附属于其他行业的建筑业施工单位，同时具备①具有一个场所，从事或主要从事建筑安装活动；②单独组织生产经营活动；③在企业内部单位核算收支。

【建筑业总产值】 指建筑业企业或附营施工单位在一定时期内生产的建筑业产品以货币计算的总和。它是反映建筑业生产规模、发展速度、经营成果的重要标志。是计算建筑业经济效益、劳动生产率和建筑业在国民经济中所占比重的依据。

建筑业总产值计算口径曾有三次较大的变动。1982年及以后包括：施工产值、建安附属构件产值、建安运输产值、其他产值四部份。1991年突出行业产法，改为：施工产值、建安附属生产外销构件产值和建安附属勘察设计产值三部份，1993年又根据“国际修订方案”和新的会计制度，修订为只包括施工产值。与1982年以前的口径相一致，只计算自行完成工作量部份，包括建筑工程产值、安装工程产值、房屋构筑物修理产值、现场非标准设备制造产值四部份。

建筑业增加值：指建筑业企业报告期内以货币表现的建筑业生产经营活动最终成果。计算公式为：

独立核算企业建筑业增加值=本年提取的固定资产折旧+主营业务应付工资+主营业务应付福利费+管理费中的劳动待业保险金+工程结算税金及附加+管理费中的劳动待业保险金+工程结算税金及附加+管理费用中的税金+工程结算利润-转作奖金的利润。

【自有机械设备年末总台数和总功率】 指年末属于本单位自有够固定资产标准的施工机械、生产设备、运输设备的总台数和总功率(千瓦)数。不论是在用、在修、待修、在途、在库(包括封存)及不配套的，待报废的，出租和传出属本单位的均包括，但不包括借入或借出的机械设备。

【建筑业资本金】 指建筑企业在工商行政管理部门登记的注册资金。按投资主体分为国家、法人、个人以及外商资本金等。

【建筑企业资产】 指企业拥有或控制的货币计量的经济资源。建筑企业的资产按流动性分为：流动资产、长期投资、固定资产、专项工程、无形及递延资产和其他资产。

【建筑企业负债】 指能以货币计量以资产或劳务偿还的债务。按偿还期长短分为流动负债和长期负债。

流动负债：指将在一年或者超过一个营业周期内偿还的债务。包括短期借款、应付票据、应付帐款、预收帐款、应付工资、应交税金、应付利润，其他应付款、预提费用等。

长期负债：指偿还期在一年或者超过一年的营业周期以上的债务。

【所有者权益】 指企业投资人对企业净资产的所有权，等于全部资产减去全部负债后余额。

包括：实收资本、资本公积、盈余公积和未分配利润四部份。

【工程结算利润】 指已结算工程实现的利润，计算公式：

工程结算利润=工程结算收入-工程结算成本-工程结算税金及附加

【利润总额】 指企业全年实现的利润，计算公式：

利润总额=工程结算利润+其他业务利润-管理费用-财务费用+投资收益+营业外收入-营业外支出-当年百含工资结余。

【利税总额】 指企业全年实现的利润和税金总额，计算公式：

利税总额=利润总额+工程结算税金及附加+管理费中税金。

交通运输邮电通讯业 13

TRANSPORTATION, POSTS AND TELECOMMUNICATIONS SERVICES

- 1995年,全社会民用车辆拥有14.39万辆,民用船舶拥有4265艘。

- 1995年,全社会货物运输周转量290.52亿吨公里,旅客运输周转量138.77亿人公里。港口吞吐量507万吨。

- 1995年,邮电业务总量87815万元,全市电话户数达到24.99万户。

- 1995年,全市邮电局、所1265处,邮路总长度18582公里。

资料整理
张　丹

公路通车里程

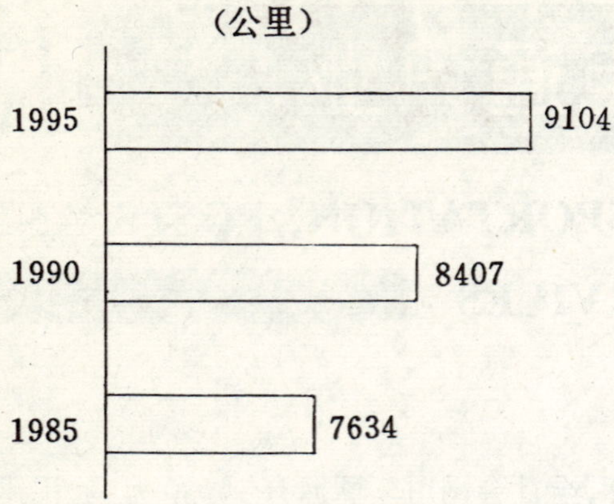

港口吞吐量

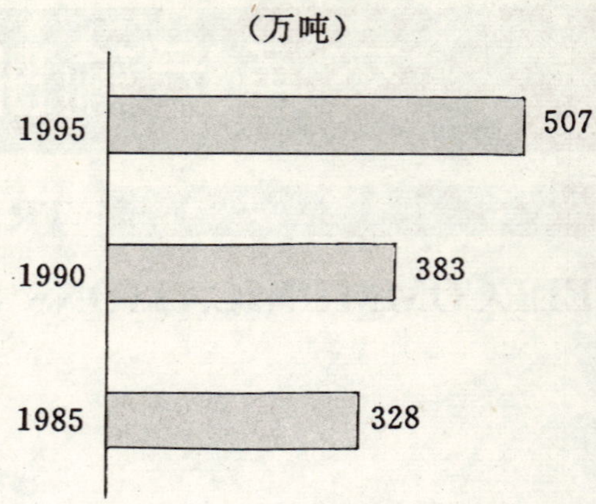

全社会旅客周转量

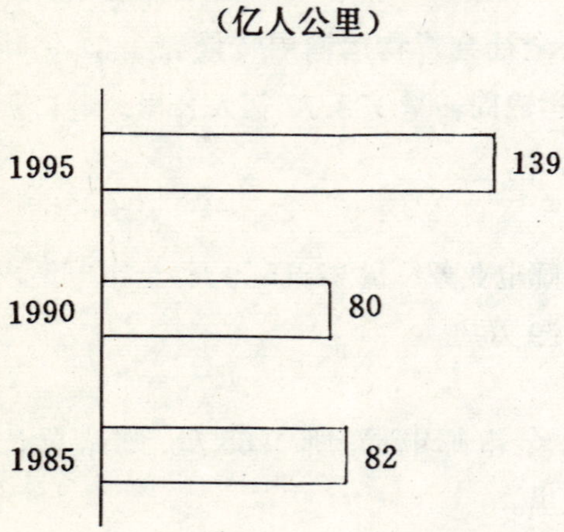

全社会货物周转量

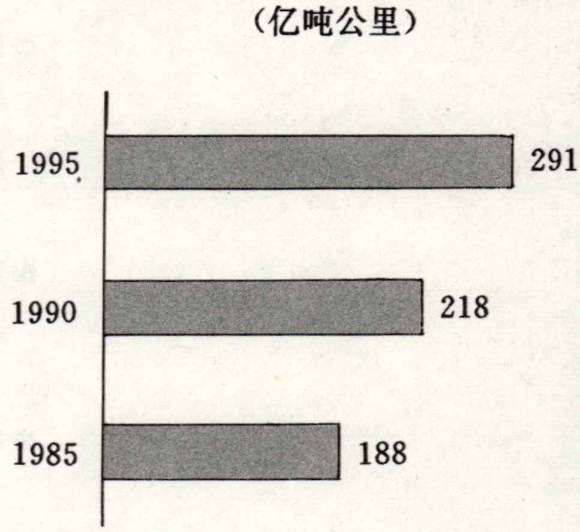

邮电业务总量

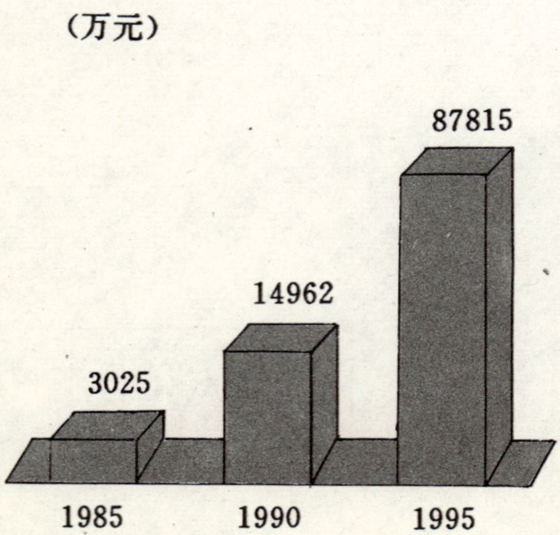

全市电话户数

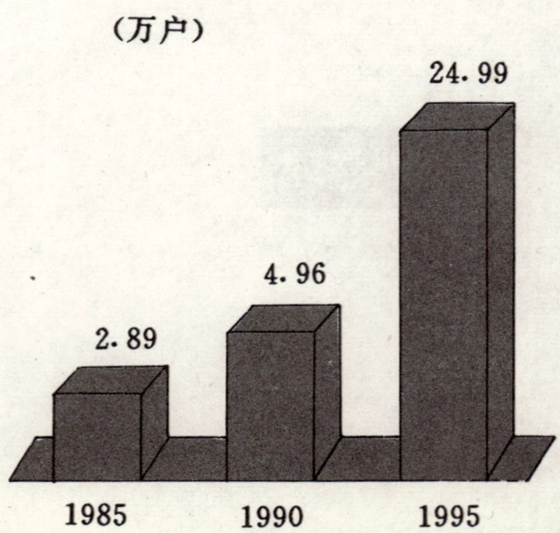

13－1 全社会民用车辆拥有量

单位:辆

项　　目	1985年	1990年	1992年	1993年	1994年	1995年
全 市 总 计	**67911**	**105323**	**130031**	**145378**	**173823**	**143915**
一、民有汽车	39898	59773	75375	84521	96970	100343
载货汽车	29173	42908	47778	51060	57706	52050
载客汽车	9284	15325	25272	30953	36699	45551
特种汽车	1441	1427	1270	1312	1338	1422
二、其他机动车	26297	43955	53173	59374	75376	41733
摩托车	4862	28412	39157	44630	56752	25693
轮胎式拖拉机	9661	11159	4972	4972	4972	2797
三、汽车挂车	1716	1595	1483	1483	1477	1839

13－2 全社会民用船舶拥有量

单位:艘

项　　目	1985年	1990年	1992年	1993年	1994年	1995年
全 市 总 计	**4114**	**4313**	**4156**	**4123**	**3897**	**4265**
机动运输船	567	1235	1283	1285	1335	1795
#拖轮	307	310	316	292	258	238
驳船	2181	2014	1770	1703	1642	1483
其他非机动船	1366	1064	1103	1135	920	987
在总计中私有拥有量:	1644	1877	1879	1900	1739	1977
机动运输船	143	651	750	753	830	980
#拖轮	52	16	12	0	0	1
驳船	397	245	77	66	39	42
其他非机动船	1124	981	1052	1081	870	955

13-3 客　运　量

单位:万人

年　　份	客运量总计	铁　路	公　路	水　运	民用航空
1985	11573	2438	7740	1383	12
"七五"时期					
1986	12482	2343	8722	1403	14
1987	13718	2448	9870	1385	15
1988	13957	2624	9815	1506	12
1989	16237	2478	12392	1357	10
1990	14487	1932	11556	978	21
"八五"时期					
1991	19311	2058	16172	1046	35
1992	25009	2186	21590	1131	102
1993	25653	2111	22251	1153	138
1994	25814	2070	22088	1470	186
1995	25854	1962	22556	1092	244

13-4 旅客周转量

单位:万人公里

年　　份	旅客周转量总计	铁　路	公　路	水　运	民用航空
1985	818688	473077	194971	150640	-
"七五"时期					
1986	879890	498130	218427	163333	-
1987	877166	462896	241779	172491	-
1988	949513	512038	249640	187835	-
1989	938071	474651	293003	170417	-
1990	800160	374372	286544	138356	888
"八五"时期					
1991	942797	418950	309186	156987	2202
1992	1189609	483174	464487	214004	27944
1993	1289752	521992	471749	217442	78569
1994	1372233	549000	540743	176490	106000
1995	1387727	532000	585784	164568	105375

13-5 货　运　量

单位:万吨

年　份	货运量总计	铁　路	公　路	水　运	民用航空
1985	12722.11	2438.60	9349.00	934.20	0.31
“七五”时期					
1986	13925.31	2471.00	10510.00	944.00	0.31
1987	14511.40	2478.00	11167.00	866.00	0.40
1988	21118.25	2615.00	17620.00	883.00	0.25
1989	18945.24	2815.00	14719.00	1411.00	0.24
1990	13717.20	2721.90	9645.50	1349.30	0.50
“八五”时期					
1991	14074.60	2771.00	10050.00	1253.00	0.60
1992	14850.69	2804.00	10961.00	1084.00	1.69
1993	15428.00	2872.00	11384.00	1170.00	2.00
1994	17341.00	2838.00	13330.00	1170.00	3.00
1995	18667.00	2960.00	14681.00	1022.00	4.00

13-6 货物周转量

单位:万吨公里

年　份	货物周转量总计	铁　路	公　路	水　运	民用航空
1985	1882117	1033464	270369	578284	-
“七五”时期					
1986	2056240	1091542	340969	623729	-
1987	2117404	1127679	317752	671973	-
1988	2428514	1170847	547665	710002	-
1989	2377303	1193486	388506	795311	-
1990	2181091	1177987	293173	709812	118
“八五”时期					
1991	2401988	1262380	309318	815125	520
1992	2619762	1396900	352429	869964	469
1993	2870764	1506080	382088	981882	714
1994	2663479	1568000	330112	764540	827
1995	2905161	1590000	372589	941289	1283

13－7 按系统分的旅客运输量

单位:万人次

项　　目	1985 年	1990 年	1992 年	1993 年	1994 年	1995 年
客运量总计	**11573**	**14487**	**25009**	**25653**	**25814**	**25854**
(1)交通系统	11573	12793	15920	14821	15241	14952
非交通系统	－	1694	9089	10832	10573	10902
#个体及联产	－	1598	1945	2318	1975	2886
(2)铁路	2438	1932	2186	2111	2070	1962
公路	7740	11556	21590	22251	22088	22556
交通系统	7740	9939	12623	11774	11880	12068
非交通系统	－	1617	8967	10477	10208	10488
#个体及联产	－	1598	1823	2202	1630	2472
水路	1383	978	1131	1153	1470	1092
交通系统	1383	901	1009	798	1105	678
非交通系统	－	77	122	355	365	414
#个体及联产	－	77	122	355	345	414
民航	12	21	102	138	186	244

13－8 按系统分的货物运输量

单位:万吨

项　　目	1985 年	1990 年	1992 年	1993 年	1994 年	1995 年
货运量总计	**12722**	**13717**	**14851**	**15428**	**17341**	**18667**
(1)交通系统	4649	4376	4443	4476	4816	4912
非交通系统	8073	9341	10408	10952	12525	13755
#个体及联产	－	581	1702	1791	3033	2869
(2)铁路	2439	2722	2804	2872	2838	2960
公路	9349	9646	10961	11384	13330	14681
交通系统	1276	886	898	847	1084	1295
非交通系统	8073	8760	10063	10537	12246	13386
#个体及联产	－	－	1702	1782	2754	2582
水路	934	1349	1084	1170	1170	1022
交通系统	934	768	739	755	891	653
非交通系统	－	581	345	415	279	369
#个体及联产	－	177	193	232	279	287
民航	…	…	2	2	3	4

13-9 公路线路里程

单位:公里

年　份	公路里程	年　份	公路里程	年　份	公路里程
1950	811	1971	4817	1985	7634
1958	2303	1972	5263	"七五"时期	
1959	2806	1973	5531	1986	7635
1960	3214	1974	5487	1987	7849
1961	3361	1975	5690	1988	8059
1962	3436	1976	6524	1989	8259
1963	3756	1977	6799	1990	8407
1964	3731	1978	7339	"八五"时期	
1965	3897	1979	7875	1991	8547
1966	4167	1980	7210	1992	8653
1967	4178	1981	7478	1993	8758
1968	4217	1982	7254	1994	8889
1969	4253	1983	7492	1995	9104
1970	4607	1984	7577		

13-10 交通运输系统运输工具数

年　份	营运载货汽车辆	营运载客汽车辆	铁路机车(辆)	铁路客车(辆)	机动船(艘/万瓦特)	驳船(艘/万吨位)	木帆船(艘/万吨位)
1985	2916	1177	2100	440	388/21219	1493/49.47	148/0.12
"七五"时期							
1986	2867	1323	190	437	403/19270	1564/53.70	66/0.04
1987	2769	1490	184	479	412/20020	1630/55.67	71/0.05
1988	2793	1563	193	481	397/20969	1553/55.67	59/0.04
1989	2836	1600	207	532	395/20866	1525/56.52	58/0.03
1990	2694	1740	224	535	398/5006	1512/57.44	70/0.05
"八五"时期							
1991	2659	2035	239	545	399/5006	1510/57.83	68/0.04
1992	2430	2453	256	590	395/4681	1439/57.10	46/0.03
1993	2147	2459	273	640	386/5344	1365/57.32	46/0.03
1994	2425	2912	291	692	399/9922	1293/56.78	46/0.03
1995	3062	3911	264	711	741/18426	1441/63.28	32/0.02

13－11 主要铁路干线营业里程

单位:公里

主要干线名称	营运里程	主要干线名称	营运里程
重庆－北京	2093	重庆—昆明	1102
重庆－上海	2501	重庆—武昌	1217
重庆－成都	504	重庆—西安	1346
重庆—安边	428	重庆—南宁	1325
重庆—达县	255	重庆—广州	2040
重庆—万盛	145	重庆—郑州	1397
重庆—贵阳	463	重庆—襄樊	899
重庆—攀枝花	1234	重庆—宜宾	406

13－12 民用航空线航程

单位:公里

航　线	航　程	航　线	航　程
重庆－北京	1593	重庆—南京	1233
重庆－上海	1519	重庆—沈阳	2178
重庆—广州	1171	重庆—济南	1322
重庆—深圳	1153	重庆—成都	262
重庆—海口	1253	重庆—昆明	610
重庆－厦门	1630	重庆—贵阳	340
重庆—桂林	743	重庆—西安	557
重庆—南宁	857	重庆—太原	1112
重庆—北海	1047	重庆—香港	1254
重庆—青岛	1584	重庆—兰州	1116
重庆—郑州	980	重庆—拉萨	1585
重庆—杭州	1500	重庆—汕头	1568
重庆—温州	1511	重庆—宁波	1550
重庆—福州	1598	重庆—哈尔滨	2584
重庆—三亚	1485	重庆—泸州	170
重庆—长沙	658	重庆—乌鲁木齐	2560
重庆—汉口	783		

13-13 港口吞吐量

年份	总计(万吨)			比重(%)	
		进口量	出口量	进口量	出口量
1985	328	145	183	44.2	55.8
"七五"时期					
1986	413	248	165	60.1	39.8
1987	401	222	179	55.3	44.7
1988	414	223	191	53.8	46.2
1989	451	240	211	53.2	46.8
1990	383	177	206	46.2	53.8
"八五"时期					
1991	390	176	214	45.1	54.9
1992	449	220	229	49.1	50.9
1993	469	185	284	39.4	60.6
1994	428	169	259	39.5	60.5
1995	507	271	236	53.0	47.0

13-14 邮电业务总量

年份	邮电业务总量(万元)	中央国营	地方国营	函件(万件)	包件(万件)	邮政快件(万件)	特快专递(件)	报刊期发数(万份)
1985	3025	2890	135	7002	88	-	-	32577
"七五"时期								
1986	3471	3320	151	7804	92	-	2082	34488
1987	8201	7839	362	28	95	-	8596	36667
1988	10066	9493	573	9398	133	30	11596	40394
1989	12157	11112	1045	8726	131	300	19000	16055
1990	14962	13362	1600	8777	166	429	17648	15925
"八五"时期								
1991	18569	17342	1227	9025	155	468	30901	17411
1992	24634	23645	989	10355	199	562	66931	18121
1993	37520	36205	1315	12434	244	690	215696	18365
1994	57396	55100	2296	12854	279	732	386801	15397
1995	87815	83407	4408	11197	279	665	491603	16367

13－14 续表

年份	电报（万份）	传真（份）	长途电话（万张）	市内电话（户）	无线寻呼电话用户（户）	移动电话用户（户）	农村电话（户）
1985	228	409	326	23304	－	－	5589
"七五"时期							
1986	2233	263	340	24382	－	－	5725
1987	280	241	395	28415	146	－	5607
1988	344	347	475	33526	800	－	6428
1989	333	195	520	39647	2312	－	6829
1990	317	1346	649	42579	3599	826	7026
"八五"时期							
1991	338	9251	967	53872	8697	936	7861
1992	356	14033	1659	82712	21124	1516	8726
1993	336	18343	2740	125023	52104	5912	10033
1994	254	16421	5740	190986	109232	16614	20008
1995	186	49713	9397	225931	171521	32433	23922

13－15 邮电局所数及邮电线路

年份	邮电局所（处）	邮路总长度（公里）	#市内邮路	#农村邮路	农村投递线路（公里）	长话电路（路）	电报电路（路）
1985	952	11523	1105	6819	34895	522	109
"七五"时期							
1986	967	11479	1033	10446	35977	589	111
1987	999	11509	1045	6333	36185	690	116
1988	1021	11601	876	6188	35575	783	173
1989	1121	11776	918	5904	11711	993	194
1990	1149	11698	894	5873	11743	1125	209
"八五"时期							
1991	1141	11304	857	5971	11897	1674	223
1992	1172	11490	906	5976	13200	2289	239
1993	1140	14139	894	5999	13181	4278	242
1994	1018	18582	908	5857	14462	7088	238
1995	1265	18582	908	5857	24732	10992	238

13－16 邮电通信工具拥有量

年份	载波电报机（部）	电传打字机（部）	电报传真机（部）	市话交换机容量（门）	农话交换机容量（门）	自动长话交换机（部）
1985	68	316	20	34440	12615	－
“七五”时期						
1986	79	362	8	22735	13405	－
1987	82	380	11	48290	13795	32
1988	104	232	9	51340	14507	532
1989	106	225	9	52040	15481	532
1990	111	261	38	61140	17169	500
“八五”时期						
1991	93	166	55	116300	19633	1500
1992	79	154	113	148980	21095	1844
1993	91	150	183	188080	25583	7232
1994	91	150	247	331480	56446	18510
1995	91	150	247	759192	80592	39930

13－17 邮电通信企业主要财务指标

单位:万元

年份	业务收入	业务支出	税金	收支差额	年末固定资产原值
1985	3576	2769	114	988	11184
“七五”时期					
1986	4190	3464	135	879	12031
1987	5249	3410	166	1479	13589
1988	7045	4786	194	1836	15888
1989	8516	6657	266	2531	20909
1990	10400	8192	312	2705	22202
“八五”时期					
1991	16276	12035	520	4605	33829
1992	21962	17585	714	4675	49332
1993	33468	24163	1088	7128	95103
1994	57759	38776	1901	10557	168016
1995	136646	63426	4400	13720	263093

主要统计指标解释

【铁路营业里程】 指办理客货运输业务的铁路正线总长度。凡是全线或部分建成双线及以上的线路,以第一线的实际长度计算:复线、站线、段管线、岔线和特别用途线以及不计算运费的联络线都不计算营业里程。铁路营业里程是反映铁路运输业务基础设施发展水平的重要指标,也是计算客货周转量、运输密度和机车车辆运用效率等指标的基础资料。

【公路里程】 也称"公路通车里程",是反映公路建设发展规模的重要指标,也是计算运输网密度等指标的基础资料;是指实际达到交通部制定的公路工程技术标准规定的等级的公路长度。它包括大中城市的效区公路以及通过小城镇街道的公路里程,也包括桥梁、渡口的长度,但不包括城市的街道以及厂矿、林区和农业生产用道的里程。两条或多条公路共同经由同一路段,只计算一次,不得重复计算里程长度。

【内河航道里程】 也称"内河通航里程",是反映内河水运网规模、水平和发展情况的主要指标;是指在枯水季节水深在0.3米以上,能通航运输船舶及排筏的天然河流、湖泊水库、运河及通航渠道的长度。包括全年季节性通航累计三个月以上的航道,但不包括仅供零散流放竹、木排的河道。

【民用航空航线里程】 指民航运输定期班机飞行的航线长度的总和。航线长度按机场之间的距离计算,通常有两种计算方法:将每条航线长度相加称为重复计算航线里程。如将两条或两条以上航线经过同一区段里程,只计算一次航线长度称为不重复计算航线里程。一般常用的是后者,它能确切反映民航运输网的规模,表明民航事业为国民经济服务和方便人民生活的程度。

【货物(旅客)周转量】 指运输业运送的货物(旅客)数量与其相应运输距离的乘积之总和。是反映运输业生产总成果的重要指标,也是编制和检查运输生产计划、计算运输效率。劳动生产率及核算运输单位成本的主要基础资料。通常以吨公里和人公里为计算单位。计算货物周转量通常按发出站与到达站之间的最短距离,也就是计费距离计算。

【邮电业务总量】 指以货币表现的邮电部门用于传递信息和提供其他邮电服务的总量。它综合反映了一定时期邮电工作的总成果,是研究邮电业务量构成和发展趋势的重要指标。它用各种邮电分类业务量,如函件件数、电报份数、长话张数、市内电话和农村电话的年均户数、订销报刊累计份数等,分别乘以相应的平均单价(不变价),加总后再加上出租电路和设备的收入、代用户维护电话交换机和线路等设备的收入、其他业务收入求得。

批发零售贸易和餐饮业 14

WHOLESALE AND RETAIC TRANE, CATERING SERVICE

●1995 年,批发贸易业机构、网点 23921 个,从业人员 11.07 万人;零售贸易业机构、网点 174376 个,从业人员 37.22 万人;餐饮业机构、网点 38467 个,从业人员 10.27 万人。

●1995 年,社会消费品零售总额 274.46 亿元,比上年增长 25.3%。

●1995 年,城乡集市贸易市场 1158 个,成交额 179.85 亿元,分别比上年增长 10.5%和 46.5%。

资料整理

全双美　曹世福

岑　健　祝怡文

吴　杰

社会消费品零售总额

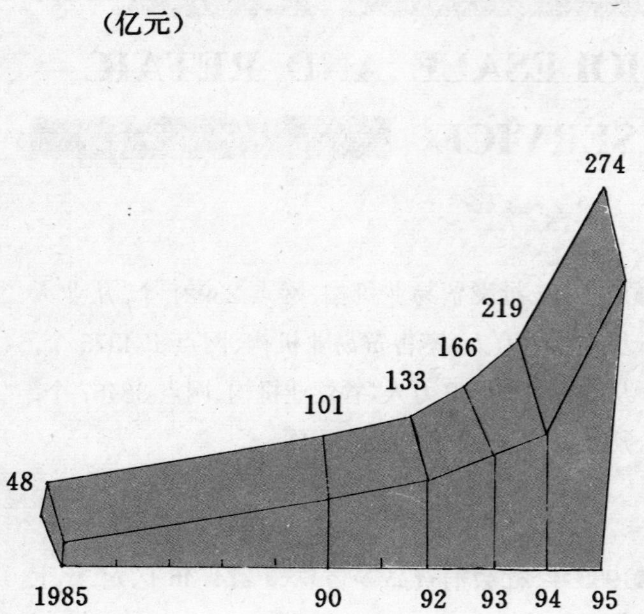

城乡集市贸易成交额

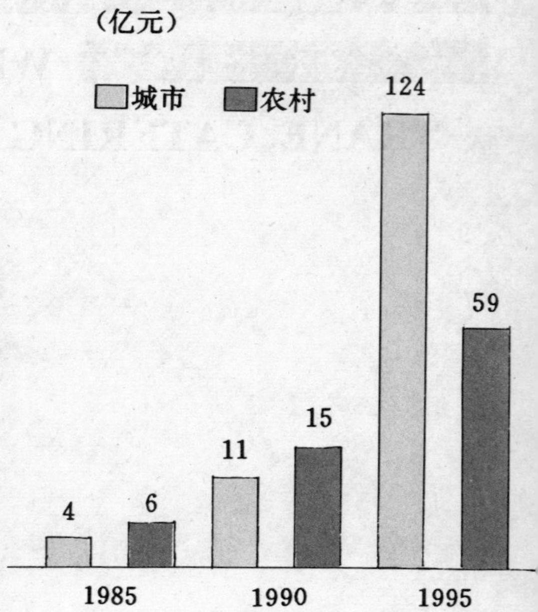

社会消费品零售总额构成(%)

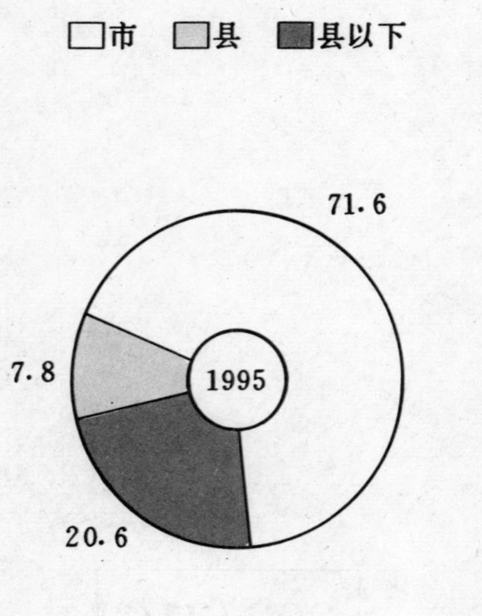

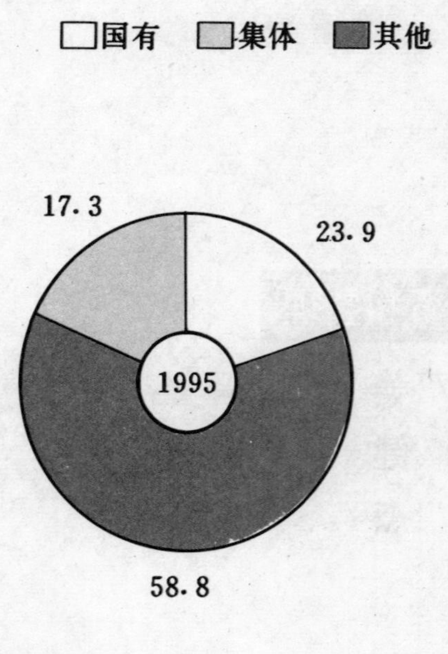

14－1 分经济类型批发零售贸易业、餐饮业机构网点和人员

指　　标	1985年	1990年	1991年	1992年	1993年	1994年	1995年
一、机构、网点(个)	**176618**	**169817**	**175603**	**183154**	**248188**	**212691**	**236764**
1.批发贸易业	4624	5966	3929	5711	25586	23100	23921
国有经济	2538	2860	2153	2886	7800	6713	6276
集体经济	2025	3087	1586	2821	3378	15952	17195
合营经济	61	19	3	4	–	29	8
其他经济	–	–	–	–	14408	406	442
2.零售贸易业	152531	137662	145066	148788	179802	155643	174376
国有经济	3361	4901	5030	5579	5253	2417	1848
集体经济	31099	32953	34417	34478	53419	10837	8218
合营经济	–	–	1	–		3	5
其他经济	118071	99808	105618	108731	121130	142386	164305
3.餐饮业	19463	26189	26608	28655	42800	33948	38467
国有经济	501	478	843	537	670	413	333
集体经济	4165	4105	3058	4509	11067	2497	3535
合营经济	–	2	2	–			
其他经济	14797	21604	22705	23609	31063	31038	34599
二、人员(人)	**377531**	**358242**	**377634**	**385327**	**381227**	**454799**	**585632**
1.批发贸易业	68743	42601	48174	57454	85772	111486	110723
国有经济	49656	30767	36833	42397	56251	58386	50589
集体经济	18795	11434	11308	15018	10799	49284	56618
合营经济	292	620	33	39	–	98	29
其他经济	–	–	–	–	18722	3718	3487
2.零售贸易业	259930	255575	268029	265571	224981	265059	372212
国有经济	30923	37429	40771	42297	13153	18860	18460
集体经济	89072	98234	99127	95752	64443	43155	33378
合营经济	–	–	100	–	–	–	26
其他经济	139935	119912	128021	127522	147385	203044	320348
3.餐饮业	48858	60066	61431	62302	70474	78254	102697
国有经济	7555	6466	10895	6872	5613	7936	4869
集体经济	19079	17298	13893	17974	21797	10639	12734
合营经济	–	1001	792	–	–		–
其他经济	22224	35081	35851	37456	43064	59679	85094

14－2 批发贸易业机构、网点和人员

(1995年)　　　　单位：个、人

指标	合计			市		
	机构	网点	人员	机构	网点	人员
全市总计	**1920**	**22001**	**110723**	**1381**	**7396**	**70690**
一、按经济类型分						
国有经济	788	5488	50589	504	3056	35487
集体经济	1037	16158	56618	788	4014	31936
私营经济	36	235	1159	35	233	1153
个体经济	–	–	–	–	–	–
联营经济	6	2	29	6	2	29
股份制经济	43	110	2218	38	83	1975
外商投资经济	5	2	13	5	2	13
港澳台投资经济	3	5	91	3	5	91
其他经济	2	1	6	2	1	6
二、按行业分						
食品、饮料及烟草	359	3723	22725	190	1825	13614
棉、麻及畜产品	42	459	2797	25	204	1538
纺织品、服装和鞋帽	49	374	3674	40	267	3419
日用百货	144	9543	27922	86	1307	10972
日用杂品	42	550	3405	21	216	2411
五金、交电及化工	227	850	7925	212	662	7054
药品及医疗器械	58	316	3079	41	181	2133
能源	107	467	5842	78	263	4470
化工材料	72	113	1839	63	97	1678
木材	43	171	1831	31	141	1628
建筑材料	99	752	5401	90	725	5261
矿产品	5	44	574	3	42	561
金属材料	234	587	7248	191	401	5811
机械、电子设备	124	234	2764	114	217	2599
汽车、摩托车及零配件	75	156	2146	72	154	2129
再生物资回收	40	269	2643	27	194	2380
其他	200	3393	8858	97	500	3032
三、按企业规模分						
大型企业	18	225	6073	18	225	6073
中型企业	201	2293	27342	162	1647	23404
小型企业	1644	19385	76604	1162	5455	40704
附营单位	57	98	704	39	69	509

14－2续表　　(1995年)　　单位:个、人

指　　标	县			县以下		
	机　构	网　点	人　员	机　构	网　点	人　员
全市总计	**267**	**2152**	**13055**	**272**	**12453**	**26978**
一、按经济类型分						
国有经济	178	1314	9491	106	1118	5611
集体经济	85	813	3331	164	11331	21351
私营经济	－	－	－	1	2	6
个体经济	－	－	－	－	－	－
联营经济	－	－	－	－	－	－
股份制经济	4	25	233	1	2	10
外商投资经济	－	－	－	－	－	－
港澳台投资经济	－	－	－	－	－	－
其他经济	－	－	－	－	－	－
二、按行业分						
食品、饮料及烟草	59	624	3595	110	1274	5516
棉、麻及畜产品	13	140	1040	4	115	219
纺织品、服装和鞋帽	4	18	58	5	89	197
日用百货	22	457	2415	36	7779	14535
日用杂品	7	36	220	14	298	774
五金、交电及化工	10	60	466	5	128	455
药品及医疗器械	15	129	876	2	6	70
能源	17	185	1212	12	19	160
化工材料	9	16	161	－	－	－
木材	11	28	193	1	2	10
建筑材料	5	18	51	4	9	89
矿产品	－	－	－	2	2	13
金属材料	38	138	887	5	48	550
机械、电子设备	10	17	165	－	－	－
汽车、摩托车及零配件	3	2	17	－	－	－
再生物资回收	12	70	249	1	5	14
其他	32	214	1450	71	2679	4376
三、按企业规模分						
大型企业	－	－	－	－	－	－
中型企业	30	445	3246	9	201	692
小型企业	225	1684	9652	257	12246	26248
附营单位	12	23	157	6	6	38

14－3 零售贸易业机构、网点和人员

（1995年）

单位：个、人

指标	合计			市		
	机构	网点	人员	机构	网点	人员
全市总计	**1309**	**173067**	**372212**	**985**	**66878**	**175145**
一、按经济类型分						
国有经济	199	1649	18460	157	1326	16776
集体经济	1030	7188	33378	780	4494	25277
私营经济	47	54	526	18	24	188
个体经济		164066	313393		60927	126461
联营经济	2	3	26	2	3	26
股份制经济	20	95	5167	18	93	5163
外商投资经济	6	5	353	5	4	345
港澳台投资经济	5	7	909	5	7	909
其他经济						
二、按行业分						
食品、饮料及烟草	316	2599	14047	241	2041	12218
日用百货	329	3341	23820	217	2208	20665
纺织品、服装鞋帽	59	320	2301	45	192	1865
日用杂品	67	988	3527	50	362	1865
五金、交电及化工	243	749	6801	210	532	5393
药品及医疗器械	53	244	2608	39	191	2377
图书报刊	29	139	1304	26	131	1270
其他零售业	213	164687	317804	157	61221	129492
三、按企业规模分						
大型企业	6	27	6382	6	27	6382
中型企业	114	1734	18933	106	1644	18401
小型企业	1122	7084	32141	825	4168	22761
附营单位	67	164222	314756	48	61039	127601

指标	县			县以下		
	机构	网点	人员	机构	网点	人员
全市总计	**160**	**7926**	**19339**	**164**	**98263**	**177728**
一、按经济类型分						
国有经济	23	143	900	19	180	784
集体经济	110	986	4077	140	1708	4024
私营经济	25	25	302	4	5	36
个体经济		6770	14051		96369	172881
联营经济						
股份制经济	1	1	1	1	1	3
外商投资经济	1	1	8			
港澳台投资经济						
其他经济						
二、按行业分						
食品、饮料及烟草	35	159	669	40	399	1160
日用百货	32	90	907	80	1043	2248
纺织品、服装鞋帽	8	41	186	6	87	250
日用杂品	10	532	1401	7	94	261
五金、交电及化工	27	127	1148	6	90	260
药品及医疗器械	12	42	172	2	11	59
图书报刊	2	4	26	1	4	8
其他零售业	34	6931	14830	22	96535	173482
三、按企业规模分						
大型企业						
中型企业	6	70	477	2	20	55
小型企业	143	1071	4721	154	1845	4659
附营单位	11	6785	14141	8	96398	173014

14－4 餐饮业机构、网点和人员

(1995 年)

单位:个、人

指标	合计 机构	合计 网点	合计 人员	市 机构	市 网点	市 人员
全市总计	**298**	**38169**	**102697**	**200**	**17704**	**53529**
一、按经济类型分						
国有经济	61	272	4869	50	220	4116
集体经济	223	3312	12734	136	763	4628
私营经济	3	24	506	3	24	506
个体经济		34503	81725		16639	41416
联营经济						
股份制经济	6	53	2675	6	53	2675
外商投资经济	4	4	117	4	4	117
港澳台投资经济	1	1	71	1	1	71
其他经济						
二、按行业分						
正　餐	252	3140	18045	163	666	9653
快　餐	15	214	1168	11	100	749
其他餐饮业	31	34815	83484	26	16938	43127
三、按企业规模分						
大型企业	4	102	3884	4	102	3884
中型企业	14	179	2538	13	158	2266
小型企业	166	3129	12557	108	665	4642
附营单位	114	34759	83718	75	16779	42737

指标	县 机构	县 网点	县 人员	县以下 机构	县以下 网点	县以下 人员
全市总计	**48**	**3099**	**9032**	**50**	**17366**	**40136**
一、按经济类型分						
国有经济	8	41	608	3	11	145
集体经济	40	1213	3822	47	1336	4284
私营经济						
个体经济		1845	4602		16019	35707
联营经济						
股份制经济						
外商投资经济						
港澳台投资经济						
其他经济						
二、按行业分						
正　餐	45	1243	4387	44	1231	4005
快　餐				4	114	419
其他餐饮业	3	1856	4645	2	16021	35712
三、按企业规模分						
大型企业						
中型企业	1	21	272			
小型企业	24	1199	3998	34	1265	3917
附营单位	23	1879	4762	16	16101	36219

14－5 主要年份分行业社会消费品零售总额和指数

年份	社会消费品零售总额	批发零售贸易业	餐饮业	制造业	其他行业	#农村对非农业居民零售
绝对数(万元)						
1952	47619	33782	4918	6121	2798	2776
1957	79142	61572	6861	7250	3459	2967
1962	91411	67567	10831	5944	7069	6554
1965	91724	78694	7862	2619	2549	2071
1970	112327	100121	7565	1771	2870	1894
1975	148193	119468	10331	5712	12682	11255
1978	165648	139941	12148	5465	8094	5672
1980	254451	202751	14190	19678	17832	13648
1985	482526	357712	20957	47457	56400	46810
1986	561006	411023	25210	51998	72775	60622
1987	662508	475939	30665	68237	87667	74264
1988	863916	627318	37129	86629	112840	96498
1989	977590	709939	45739	90110	131802	118199
1990	1008043	687195	67185	91627	162036	133023
1991	1154790	760023	72752	110171	211844	183086
1992	1332760	845336	85066	138982	263376	225469
1993	1656939	1020077	112259	182418	342185	293742
1994	2190000	1236989	128389	279711	544911	506767
1995	2744576	1612272	223766	153338	755200	575615
指数(上年＝100)						
1952						
1957	109.6	112.6	98.9	95.0	117.5	105.5
1962	93.1	89.4	125.3	129.5	76.0	81.4
1965	106.7	108.3	98.0	97.9	97.8	94.5
1970	109.0	107.9	104.7	84.9	287.9	332.3
1975	111.6	103.4	108.8	120.1	423.0	491.9
1978	106.7	107.1	119.1	105.7	88.2	72.7
1980	126.1	122.9	104.6	153.8	160.0	188.5
1985	128.6	127.3	114.3	131.3	142.3	144.4
1986	116.3	114.9	120.3	109.6	129.0	129.5
1987	118.1	115.8	121.6	131.2	120.5	122.5
1988	130.4	131.8	121.1	126.9	128.7	129.9
1989	113.2	113.2	123.2	104.0	116.8	122.5
1990	103.1	96.8	146.9	101.7	122.9	112.5
1991	114.6	110.6	108.3	120.2	130.7	137.6
1992	115.4	111.2	116.9	126.2	124.3	123.1
1993	124.3	120.7	132.0	131.3	129.9	130.3
1994	132.2	121.3	114.4	153.3	159.2	172.5
1995	125.3	130.3	174.3	54.8	138.6	113.6

14－6 按销售地区、经济类型和行业分的社会消费品零售总额

单位：万元

指　　标	1985 年	1990 年	1992 年	1993 年	1994 年	1995 年
社会消费品零售总额	**482526**	**1008043**	**1332760**	**1656939**	**2190000**	**2744576**
一、按销售地区分						
市的零售额			832402	1084872	1460223	1966378
县的零售额			142153	146726	201389	213824
县以下的零售额			358205	425341	528388	564374
二、按经济类型分						
国有经济	189775	359855	441619	628508	739454	654335
集体经济	210410	335373	374283	464577	416437	475760
私营经济				4134	71003	114445
个体经济	76236	263176	287802	241538	452043	631907
联营经济				1554	81120	9298
股份制经济				7673	82946	154259
外商投资经济				1425	1602	6020
港澳台投资经济				516	1153	15136
其他经济	6105	49639	229056	307014	344242	683416
三、按行业分						
批发零售贸易业	357712	687195	845336	1020077	1236989	1612272
餐饮业	20957	67185	85066	112259	128389	223766
制造业	47457	91627	138982	182418	279711	153338
其他	56400	162036	263376	342185	544911	755200
# 农民对非农业居民零售	46810	133023	225469	293742	506767	575615

注：93 年前部份指标由于报表制度未进行详细分组，故空缺。

14－7 批发、零售贸易业商品购进、销售、库存总额

（1995年）　　单位：万元

	商品购进总额		商品销售总额			库存
	合计	#从生产者购进	合计	批发	零售	合计
总计	**3643993**	**1833361**	**4029545**	**3175876**	**853669**	**618353**
一、按经济类型分组						
国有经济	2463251	1247518	2700080	2264421	435659	389897
集体经济	960297	450200	1048193	784940	263253	179717
私营经济	44432	18087	44849	26098	18751	3155
联营经济	1718	1390	1291	215	1076	454
股份经济	163823	112875	221653	99079	122574	38913
外商投资经济	2808	2433	2796	554	2242	1003
港澳台投资经济	7653	858	10661	547	10114	5214
其他经济	11		22	22		
二、按国民经济行业(中类)分组						
食品、饮料、烟草和家庭日用品批发业	1783160	846161	1926366	1592955	333411	343480
食品、饮料、烟草批发业	777644	258401	849445	699453	149992	182111
棉、麻、土畜产品批发业	145554	97318	161602	157750	3852	14103
纺织品、服装和鞋类帽发业	191951	72156	201362	186956	14406	14298
日用百货批发业	219739	122280	247899	172806	75093	55020
日用杂品批发业	28438	16027	33949	24134	9815	10556
五金、交电、化工批发业	306705	215671	321640	259760	61880	49391
药品及医疗器械批发业	113129	64308	110469	92096	18373	18001
能源、材料和机械电子设备批发业	1013617	627602	1141432	1042966	98466	123536
能源批发业	170083	64076	207206	183807	23399	10873
化工材料批发业	87869	60425	108649	105950	2699	10770
木材批发业	16522	6163	16819	15515	1304	2373
建筑材料批发业	98569	36971	111715	77807	33908	19177

14－7续表　　（1995年）　　单位：万元

	商品购进总额		商品销售总额			库　存
	合　计	#从生产者购进	合　计	批　发	零　售	合　计
矿产品批发业	8902	2062	8369	7710	659	852
金属材料批发业	278604	210454	297482	276065	21417	35734
机械、电子设备批发业	196874	144983	216684	213293	3391	22143
汽车、摩托车及零配件批发业	108635	86452	116973	106784	10189	14229
再生物资回收批发业	47559	16016	57535	56035	1500	7385
其他批发业	377582	162989	392443	361243	31200	48253
工艺美术品批发业	27153	14305	29630	29143	487	1508
图书报刊批发业	48816	42431	44100	41311	2789	4961
农业生产资料批发业	152282	78581	168093	142701	25392	33365
其他类未包括的批发业	149331	27672	150620	148088	2532	8419
零售业	469634	196609	569304	178712	390592	103084
食品、饮料和烟草零售业	94658	23075	110743	37729	73014	16856
日用百货零售业	182983	89758	257874	64119	193755	36144
纺织品、服装和鞋帽零售业	13632	7629	15483	3590	11893	4265
日用杂品零售业	14979	3314	18180	6293	11887	4057
五金、交电、化工零售业	61346	30069	67817	25345	42472	11858
药品及医疗器械零售业	30115	17950	36405	11459	24946	13461
图书报刊零售业	21154	5544	15727	5314	10413	3767
其他零售业	50767	19270	47075	24863	22212	12676
三、按企业规模分组						
大型企业	1095557	563170	1208465	1024498	183967	111267
中型企业	1459897	766272	1654521	1367265	287256	224223
小型企业	1088539	503919	1166559	784113	382446	282863

14－8 批发零售贸易业商品分类销售和库存

（1995年）　　　　单位：万元

类别	合计			大中型企业			小型企业		
	批发额	零售额	年末库存额	批发额	零售额	年末库存额	批发额	零售额	年末库存额
全市总计	**3175876**	**853669**	**618353**	**2391763**	**471223**	**335490**	**784113**	**382446**	**282863**
食品饮料烟酒类	760592	263079	195416	574113	136307	80992	186479	126772	114424
纺织品类	208227	27424	25891	191689	14006	18425	16538	13418	7466
服装鞋帽类	105791	81978	20688	95425	62763	11987	10366	19215	8701
日用品类	138989	81942	37913	112238	55006	22601	26751	26936	15312
家用电器类	179782	96586	53343	158239	66007	40812	21543	30579	12531
文化体育用品类	21386	18700	9576	18074	13514	6911	3312	5186	2665
化妆品类	15812	12623	4728	13665	8968	3312	2147	3655	1416
首饰类	10134	18593	9512	8224	17084	8711	1910	1509	801
中西药品类	97302	47844	33017	81245	28176	23172	16057	19668	9845
书报杂志类	46385	15654	8897	39263	8665	5378	7122	6989	3519
石油及制品类	152595	28357	10820	125755	15661	8469	26840	12696	2351
煤炭及制品类	42074	8054	1884	19306	3505	676	22768	4549	1208
化工材料及制品	268167	13394	34346	171163	1782	17388	97004	11612	16958
木材类	16441	6298	4029	4446	70	932	11995	6228	3097
建筑材料类	53598	17500	12257	23536	4249	5508	30062	13251	6749
黑色金属材料类	213750	5589	25218	150934	1299	16283	62816	4290	8935
有色金属材料类	35832	3081	4027	23366	1468	1918	12466	1613	2109
机电设备类	405401	23809	39555	352208	15147	25415	53193	8662	14140
其他类	403618	83164	87236	228874	17546	36600	174744	65618	50636
#生活消费品	36773	45802	23836	11055	6688	3341	25718	39114	20495

14－9 大中型批发零售贸易业商品销售和库存数量

（1995年）

品名	计量单位	销售数量 合计	批发销售量	零售量	年末库存量
粮食	吨	897537	491647	405890	391011
食用植物油	吨	99043	79101	19942	14524
猪和猪肉	吨	85634	61769	23865	6952
水产品	吨	3934	3861	73	708
盐	吨	137750	134835	2915	46867
食糖	吨	74280	72624	1656	3420
卷烟	吨	513138	509581	3557	19367
酒	吨	145385	141480	3905	9415
棉花	吨	36611	36583	28	2048
布	吨	165945	130495	35450	24660
#棉布	箱	36151	19295	16856	11389
呢绒	吨	3882	1168	2714	1984
绸缎	吨	236132	181753	54379	24201
服装	百米	391886	219581	100305	57439
针织内衣裤	百米	48052	31325	16727	13309
鞋	百米	180539	120727	59812	37035
#皮鞋	百米	47683	624	47059	2803
黄金饰品	百件	51571	4996	46575	7960
自行车	百件	125095	117607	7488	12905
摩托车	百双	107679	107231	2448	15294
电视机	百双	440924	394576	46348	77786
#彩色电视机	万元	184980	146017	38963	31359
录音机	辆	47629	15005	32624	15938
录像机	辆	20510	8123	12387	7016
照像机	台	18107	2039	16068	4975
家用电风扇	台	1464679	1389029	75650	303877
家用洗衣机	台	147650	120719	26931	23426
家用电冰箱	台	103177	79065	24112	25727
房间空调器	架	99780	61936	37844	23780
抽油烟机	台	11251	4826	6425	7681
化学肥料	台	992761	917295	75466	99200
化学农药	台	6249	5128	1121	3199
农用塑料薄膜	台	6709	6270	439	1857
农用动力机械	台	1207	1207	－	220
汽车	吨	13855	13228	627	845
#载货汽车	吨	8602	8341	261	542
生铁	吨	2453	2453	－	132
钢材	台	315008	312272	2736	43859
#中型钢	辆	28202	28004	198	3855
小型钢	辆	55337	53178	2159	6138
带　钢	吨	195	195	－	24
线　材	吨	26073	26052	21	801
中厚钢板	吨	69402	69091	311	13514
薄钢板	吨	85506	85471	35	5945
硅钢片	吨	1829	1829	－	3

14－9续表

品　　名	计量单位	销售数量 合计	批发销售量	零售量	年末库存量
优质型材	吨	－	－	－	4026
无缝钢管	吨	－	－	－	901
焊接钢管	吨	－	－	－	1002
铜	吨	2611	2599	12	76
铝	吨	614	609	5	95
铅	吨	202	202	－	10
锌	吨	1055	1047	8	234
锡	吨	113	104	9	11
钢材	吨	37	37	－	24
铝材	吨	1884	1332	552	654
烧碱	吨	4782	4776	6	308
纯碱	吨	11241	11175	66	903
橡胶(含天然、合成橡胶)	吨	3507	3507	－	428
水泥	吨	75607	75057	550	3940
平板玻璃	重量箱	157210	157210	－	68629
木材	立方米	2520	2520	－	47
煤炭	吨	866600	688418	178182	113705
润滑油	吨	－	－	－	5291
汽油	吨	327696	295195	32501	14620
柴油	吨	221470	210295	11175	27180
煤油	吨	14151	12311	1840	4217

14－10 城乡集市贸易情况

指　　标	1985年	1990年	1992年	1993年	1994年	1995年
一、集市数(个)	**842**	**895**	**951**	**987**	**1048**	**1158**
城　市	184	201	230	252	303	392
农　村	658	694	721	735	745	766
二、集市贸易成交额(万元)	**95787**	**252295**	**531627**	**757900**	**1228003**	**1798486**
城　市	35149	105555	274631	404147	756328	1205085
农　村	60638	146740	256996	353753	417675	593401
三、在集市贸易成交额中						
#粮油类		16659	25253	49984	97125	138351
肉禽蛋类		105412	154501	208677	294415	404882
水产品类		17596	33743	46645	69296	99500
蔬菜类		44701	83290	96017	124783	204478
干鲜果类		26658	44134	54653	73244	100969
农业生产资料类		3701	6320	6965	8550	－
大牲畜类		582	470	443	413	811

14－11 大中型批发零售贸易业、餐饮业财务状况

(1995年)　　　　单位:万元

指　　标	总　计	按行业分		按经济类型分		
		批发零售贸易业	餐饮业	国有经济	集体经济	其他经济
一、资本金合计	**209055**	**200741**	**8324**	**137465**	**26001**	**45589**
#国家资本金	179318	172485	6833	133792	16319	29207
二、年末资产负债						
1.流动资产合计	931309	938853	12456	710749	125775	114785
#存贷	296915	295596	1319	205384	54278	37253
2.固定资产合计	337999	325510	12489	269619	28647	39733
固定资产原值	358303	342618	15685	286371	29926	42006
#生产经营用	183805	172081	11724	144594	10300	28911
累计折旧	118241	114317	3923	101266	7199	9775
#本年提取折旧	14346	14037	309	12345	734	1267
3.无形及递延资产合计	20004	17880	2124	10034	1966	8004
4.资产总计	1371021	1343357	27664	1039497	161336	170188
5.负债合计	1096503	1085598	10905	865944	127401	103158
流动负债合计	1002170	993509	8661	788853	120514	92803
长期负债合计	91732	39489	2243	77965	4797	8970
6.所有者权益合计	274518	257759	16759	172552	33935	68031
#股本	49247	46122	3125	6739	5654	36854
三、损益及分配						
1.商品销售收入(营业收入)	2355907	2339507	16400	1790765	371578	193564
2.商品销售收入净额	2325483	2309083	16400	1766066	366268	193149
3.商品销售成本	2133642	2126074	7568	1631589	339313	162740
4.经营费用	103038	97755	5283	76257	14010	12771
#运杂及装卸费	36099	36009	90	28789	5792	1518
5.商品销售税金及附加费	4714	3925	789	2805	714	1195
6.商品销售利润	84088	81329	2759	55412	12228	16448
7.代购代销收入	2456	2456		1919	531	6
8.主营业务利润	86544	83785	2759	57331	12769	16454
9.其他业务利润	16612	16612		12162	3049	1401
10.管理费用	80280	77745	2535	58886	10989	10405
11.财务费用	57527	57264	263	47524	6659	3344
12.营业利润	－33984	－33849	－135	－37618	－391	－4025
13.补贴收入	22739	22739		22507	230	2
14.利润总额	2462	2076	386	－7599	2323	7738
15.应交所得税	5665	5446	219	3176	459	2030
16.转作奖金的利润	157	157		8	146	3
17.应付利润	3099	2847	252	1898	108	1093

主要统计指标解释

批发零售贸易业餐饮业机构和人员

【机构】 指各种经济类型独立核算法人批发零售贸易企业、餐饮企业的单位个数。机构应同时具备以下条件:①依法成立,有自己的名称、组织机构和场所,能够独立承担民事责任;②独立拥有和使用资产,承担负债,有权与其他单位签订合同;③独立核算盈亏,并能够编制资产负债表。

【人员】 即从业人员,指从事批发零售贸易业、餐饮业、对外贸易业劳动并取得劳动报酬或经营收入的人员。包括职工(包括:长期职工、合同制职工、临时职工)和其他从业人员(包括再就业离退休人员、三资企业中的外方人员和港澳台方人员)。

【社会消费品零售总额】 指各种经济类型的批发零售贸易业、餐饮业、制造业和其他行业对城乡居民和社会集体的消费品零售额和农民对非农业居民零售额的总和。这个指标反映通过各种商品流通渠道向居民和社会集团供应的生活消费品来满足他们的生产需要,是研究人民生活、社会消费品购买力、货币流通等问题的重要指标。对居民的消费品零售额:指售给机关、团体、部队、学校、企业、事业单位和城市街道居民委员会、农村村民委员会用公款购买的作用非生产、非经营使用的消费品。

【批发零售贸易业零售额】 指专门从事商品转卖业务的各种经济类型独立核算的批发零售贸易企业和其他行业附营的批发零售贸易单位直接售给居民和社会集团的消费品零售额。

【餐饮业零售额】 指专门从事食品的烹饪、调制并直接零售给居民饮食的各种饭馆、酒馆、茶馆等餐饮业的零售额。包括各种企业单位附设对外营业的饭馆、火车餐车、轮船餐厅、车站食堂、机场餐饮的零售额。不包括旅店(招待所)专供本店旅客食用,不对外营业的食堂,机关、团体学校、企业、事业单位的职工食堂出售饭菜的收入。

【制造业零售额】 指各种经济类型的制造业(工业)生产单位(包括乡办、村办工业)直接售给居民(包括本企业职工)和社会集团的消费品。

【其他行业零售额】 指批发零售贸易业、餐饮业、工业制造业以外的其他行业的直接零售额。包括各种经济类型的农业(不包括农民)、交通运输业、建筑业、服务业、公用事业、出版社等行业的零售额(跨行业的经济联合组织的零售额,按其主营活动确定其所属行业,列入该行业的零售额内)。

【农民对非农业居民的零售额】 指农民在集市和集市外售给非农业居民和社会集体的消费品。

商品分类

商品分类是按商品的性质和主要用途划分商品。通过商品分类统计可以反映不同时期对各类商品的需求情况,是观察分析市场需求状况的重要指标。

批发零售贸易企业商品批发零售库存

【批发】 指除零售以外的一切商品销售活动,包括对生产经营单位批发、对批发零售贸易业批发和出口。

【对居民和社会集团的商品零售(即零售)】 指售给城乡居民直接用于生活消费的商品和社会集团直接用于公用消费的商品。

【期末库存】 指批发零售贸易业企业已取得所有权的全部商品。这个指标反映批发零售贸易企业的商品库存的情况,对市场商品供应的保证程度。

【城乡集市贸易成交额】 指在农村集市和城市集市上买卖双方(包括农民、非农业居民、机关、团体、工商企业、个体商贩)成交的全部商品金额,是反映集市贸易规模的综合性指标。

企业财务状况主要指标

【资本金】 资本金是指批发零售贸易业、餐饮业企业在工商行政管理部门登记的注册资金。资本金按投资主体分为国家资本金、法人资本金、个人资本金和外商资本金等。

【资产负债】 资产是企业拥有或者控制的能以货币计量的经济资源,包括各种财产、债权和其他权利。资产按流动性质一般分为流动资产、长期投资、固定资产、无形资产、递延资产和其他资产。

负债是企业承担的能以货币计量、需以资产或劳务偿还的债务。债务一般是按负债的偿还期长短进行分类的,分为流动负债和长期负债。

损益及分配

【商品销售收入(营业收入)】 指批发零售贸易企业商品销售收入、接受其他单位委托代销商品的收入和餐饮企业的营业收入(包括餐费收入、冷热饮收入、服务收入和其他收入)。根据商品销售收入或营业收入发生额分析填列,或"损益表"中商品销售收入或营业收入项填列。

【商品销售收入净额】 指批发零售贸易企业商品销售收入减去商品销售折扣与折让后的净额。根据"损益表"中商品销售收入净额项填列。

【利润总额】 指企业全年实现的利润。包括营业利润、投资净收益以及营业外收支净额。根据"损益表"中利润总额项的发生额填列。

对外经济贸易和旅游业 15

FOREIGE TRADE AND TOURISM

●1995年，外贸进出口总额147916万美元，比上年增长12.9%。其中进口总额62349万美元，出口总额85567万美元，分别比上年增长9.0%和16.0%。

●1995年外商协议投资额84639万美元，实际利用外资56928万美元，分别比上年增长35.6%和下降11.6%。

●1995年接待海外旅客12.49万人，旅游外汇收入4959万美元，分别比上年增长0.8%和9.7%。

资料整理

周小平　张永德

袁雨萍　王忠秀

黄光明

外贸进出口总值

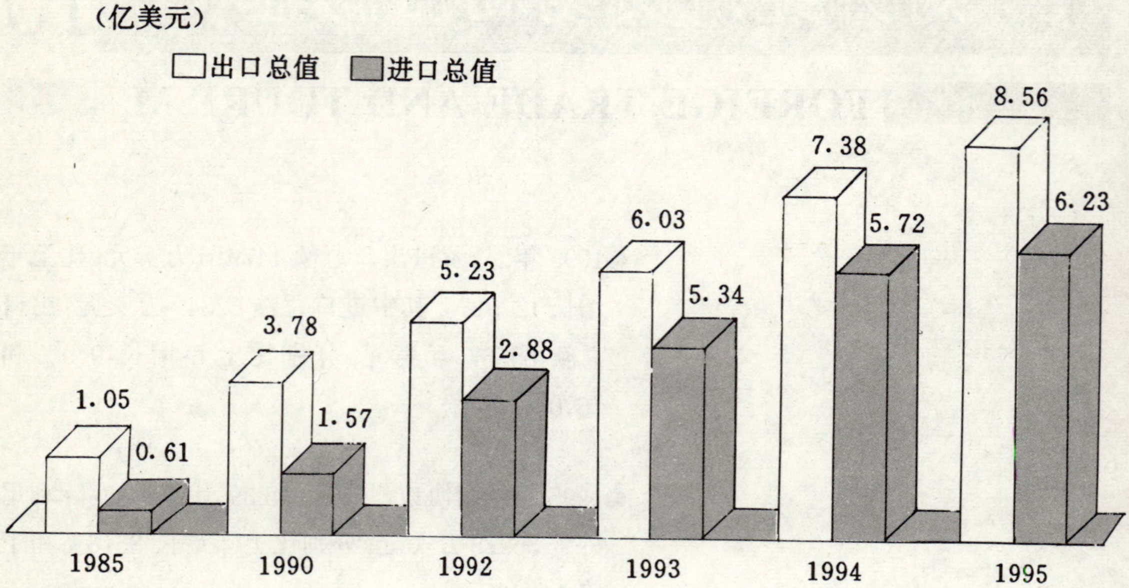

实际利用外资额

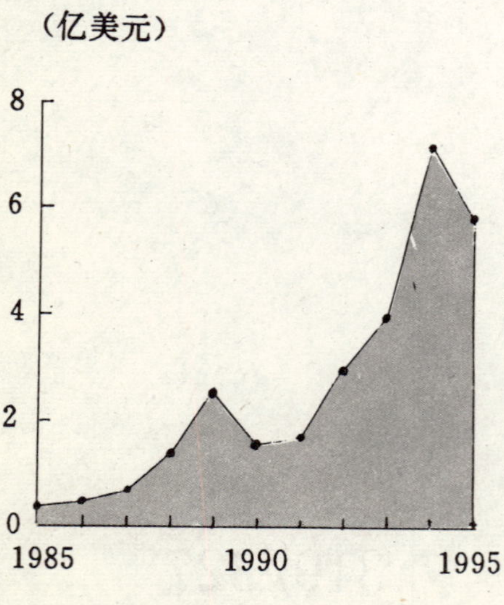

旅游人数与外汇收入

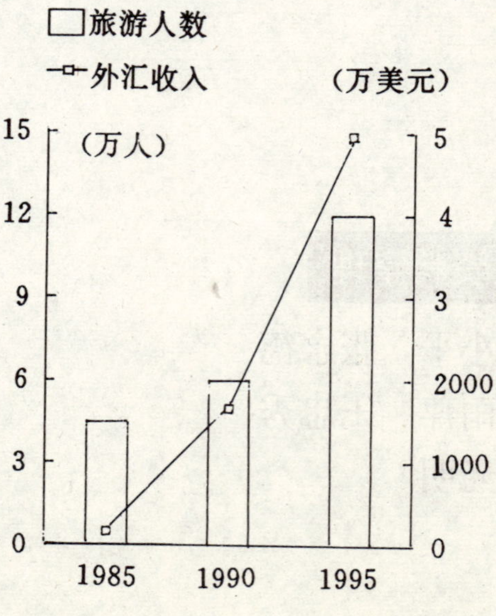

15-1 进 出 口 总 值

单位:万美元

指　　标	1985年	1990年	1992年	1993年	1994年	1995年
进出口总值合计	**16557**	**53520**	**81151**	**113671**	**130975**	**147916**
1.出口总值	10461	37799	52316	60285	73763	85567
化工医药类	2219	4628	6217	11142	15182	16056
五金矿产类	444	9281	8682	8271	7702	16533
机械设备类	547	4065	11077	8896	9772	11414
轻工业品类	582	3153	4740	6542	7021	6513
工艺品类	399	250	220	1618	806	719
纺织丝绸类	3034	10376	12965	16177	25157	27048
畜产品类	893	1950	2820	3487	3733	3663
粮油食品类	1633	2435	3090	3711	3727	3126
茶叶土产类	636	309	508	438	663	495
其他类	74	1352	1997	3	–	–
2.进口总值	6096	15721	28835	53386	57212	62349
#钢材	467	1123	5697	10422	3975	1119
金属矿砂	–	1122	1106	2344	1673	2749
化工原料	202	456	1742	1493	5135	5292
成套设备及技术引进	482	959	2133	8382	9715	6916
轻工机械	533	110	423	252	103	206
汽车及摩托车	994	2603	9149	17960	20781	21572
电子计算机	–	5	275	713	867	1090
西药	165	521	836	1493	1352	4221
家用电器	606	291	144	119	9	106
电视机及音响设备	75	338	89	541	263	–

15－2 重庆海关进出口商品总值

(1995年)　　单位：万美元

指　　标	进出口总值	出　口	进　口
全市总计	**139520**	**82888**	**56632**
一般贸易	94275	63603	30672
国家向国际组织无偿援助、赠送	1156	11	1145
华侨港澳同胞、外籍华人捐赠	1	–	1
补偿贸易	115	77	38
来料加工装配贸易	1415	728	687
进料加工贸易	29820	18333	11487
寄售、代销贸易	–	–	–
来料加工装配进口设备	1	–	1
外商投资企业作为投资进口的设备物品	12227	–	12227
外商投资企业进口供加工内销产品的料件	–	–	–
出料加工贸易	–	–	–
易货贸易	34	34	–
免税外汇商品	151	–	151
其　他	131	–	131

15-3 主要商品出口量

品　　名	计量单位	1985年	1990年	1992年	1993年	1994年	1995年
杂　豆	吨	459	3645	1680	1206	5671	1801
绿　豆	吨	-	3000	-	-	-	-
冻猪肉	吨	1395	3357	1722	746	2658	2249
柑桔橙	吨	5812	1089	-	-	-	600
水产品	吨	39	-	-	2	-	-
蔬　菜	吨	1409	3871	5816	4839	5651	6266
各种罐头	吨	9427	11240	13531	15924	10555	9988
棉　纱	件	3934	6088	3228	2110	3461	4319
苎麻纱	件	1041	2974	825	4805	15188	3050
棉麻混纺纱	件	7864	9936	8778	7014	21678	7682
棉　布	万米	493	1146	1385	1940	1606	982
棉麻混纺布	万米	82	631	470	407	384	183
苎麻布	万米	21	295	496	762	1030	1414
服　装	万件	80	176	1008	2066	1640	3125
#布制服装	万件	78	101	763	1393	868	2502
茶　叶	吨	2235	603	258	267	321	212
柠檬酸	吨	1347	1427	645	374	848	140
猪　鬃	箱	4332	6075	9467	17511	11431	8713
猪肠衣	桶	2299	3871	6200	26042	13667	10377
兔　毛	吨	8	70	71	251	211	67
鹅鸭绒毛	吨	181	467	451	934	3531	763
羽绒被	条	20460	25563	12400	17304	78912	19655
羽绒服装	万件	7	17	22	14	15	14
苎麻条	吨	254	1005	189	866	855	134
山羊板皮	张	220000	60000	-	-	-	-
皮褥子	条	39365	26350	-	-	-	-
纸　张	吨	2043	1273	474	480	138	1927
煤　炭	吨	-	6800	-	-	-	-
电冰箱	台	-	4957	3464	4473	3783	6293
收录两用机	台	3055	757596	173226	-	-	-
彩色电视机	台	-	12418	2002	128271	13655	3220
铅　笔	箩	270900	264080	122754	102070	117920	-
铝　材	吨	1270	-	56	10041	6775	2710
天青石	吨	365	2150	2217	4200	10000	10000
摩托车	辆	6556	12414	82677	38298	21743	26427
钾化合物	吨	860	1323	1001	1775	1885	2591
高锰酸钾	吨	688	1000	131	318	376	667

15－3续表

品　　名	计量单位	1985年	1990年	1992年	1993年	1994年	1995年
碳酸锶	吨	419	680	4239	7711	12829	13436
聚乙烯醇	吨	620	602	1815	2808	7440	9737
对苯二酚	吨	287	326	296	213	50	17
各种染料	吨	22	468	518	1525	1595	1419
保险粉	吨	825	1164	552	2433	1448	634
染料中间体	吨	824	3612	3239	15207	3454	7788
二奈酚	吨	795	2117	1041	2233	1128	298
二甲基苯胺	吨	27	651	518	648	621	959
乐　果	吨	120	519	98	11	102	152
盐酸四环素	吨	106	147	201	426	403	256
磺胺嘧啶	吨	132	85	136	191	313	299
新诺明	吨	74	–	–	–	–	–
结晶磺胺	吨	62	16	35	89	36	19
增效剂	吨	49	–	–	–	–	–
氯　喹	吨	106	58	83	–	–	–
维生素C	吨	62	35	91	267	309	242
扑热息痛	吨	98	–	–	108	252	36
呋喃唑酮	吨	155	112	106	207	179	51
川　芎	吨	164	169	75	112	18	43
黄　莲	吨	7	76	47	28	2	124
贝　母	吨	6	13	10	6	4	7
虫　草	吨	1	1	2	1	6	4
氯霉素	吨	7	–	1	–	–	–
氯霉素碱	吨	29	10	6	43	29	6
盐酸左旋咪唑	吨	3	–	14	51	84	41
盐酸四咪唑	吨	10	–	–	7	10	2
眠尔通	吨	33	24	26	41	56	53
盐酸普鲁卡因	吨	44	86	66	136	136	74
胱胺酸	吨	45	57	133	131	228	83
磺胺二甲基	吨	124	183	366	397	535	369
桑蚕丝	吨	418	729	470	233	364	353
桑绢丝	吨	84	84	175	357	370	282
桑　丝	吨	184	65	226	310	150	9
钢　材	吨	–	232405	256657	111454	82702	285407
汽　车	辆	10	1111	925	2	426	60
洗衣机	台	–	7950	14134	7285	8524	1868

15-4 利用外资情况

指　　标	1985年	1990年	1992年	1993年	1994年	1995年
一、新签利用外资协议(合同)数(个)	**25**	**79**	**488**	**737**	**413**	**314**
1.对外借款	7	8	7	9	10	9
2.客商直接投资	4	55	443	681	364	261
3.商品信贷及其他	14	16	38	47	39	44
二、协议(合同)额(万美元)	**3357**	**18633**	**56394**	**89884**	**62398**	**84639**
1.对外借款	1337	6959	13814	14976	10480	34803
2.客商直接投资	328	6245	37919	72892	47932	47834
3.商品信贷及其他	1692	5429	4661	2016	3986	2002
三、实际利用外资额(万美元)	**1885**	**14489**	**28466**	**34744**	**64374**	**56928**
1.对外借款	142	13187	14313	14554	17110	18000
2.客商直接投资	407	332	9015	19030	43949	35736
3.商品信贷及其他	1336	970	5138	1160	3315	3192

15-5 对外承包工程和劳务合作

指　　标	1985年	1990年	1992年	1993年	1994年	1995年
一、签订合同数(个)	**9**	**14**	**18**	**11**	**45**	**24**
1.对外承包工程	3	7	6	5	14	15
2.对外劳务合作	6	7	12	6	31	9
二、合同金额(万美元)	**2109**	**2971**	**3747**	**9360**	**4106**	**3818**
1.对外承包工程	2020	2560	2219	9030	2715	3638
2.对外劳务合作	89	411	1528	330	1391	180
三、实际完成营业额(万美元)	**572**	**2189**	**2878**	**2624**	**4132**	**3619**
1.对外承包工程	240	2071	2612	2410	3612	3311
2.对外劳务合作	332	118	266	214	520	308
附:对外经济援助项目(个)	-	-	-	-	-	1
合同金额(万美元)	-	-	-	33	-	132
营业额(万美元)	-	822	-	33	-	44

15－6 外商投资企业(项目)数和投资额

单位:个、万美元

指标	签定合同企业(项目)数		外商协议投资额		1995年实际利用外资额
	1995年	到1995年底累计	1995年	到1995年底累计	
全市总计	**261**	**1941**	**47834**	**223885**	**35736**
一、按投资方式分					
合资经营	135	1130	23117	124283	28346
合作经营	19	114	4177	23487	2249
独资经营	107	697	20540	76115	5141
二、按行业分					
农、林、牧、渔业	2	9	77	344	－
工业	174	1134	36246	104528	27491
建筑业	18	124	1898	11263	201
运输、邮电业	2	33	1744	9785	204
商业、饮食业、物资供销业	10	74	801	4708	1121
房地产、公用事业、服务业	55	418	7068	80642	6570
其他行业	－	149	－	12615	149
三、按主要国别(地区)分					
澳门	1	18	15	1808	55
台湾	46	381	2385	17489	2984
日本	31	101	11214	18116	20357
美国	21	205	1621	19780	2312
加拿大	6	22	1492	2415	－
香港	109	1013	14846	127992	6824
新西兰	－	5	－	135	－
新加坡	15	58	1627	10403	1126
马来西亚	1	11	16	1727	600
澳大利亚	4	8	129	639	44
法国	1	11	46	1402	196
英国	1	10	8	1342	90
瑞典	－	3	－	53	－
韩国	4	13	270	1544	14
印度尼西亚	1	2	33	71	63
泰国	4	25	783	3711	275
巴西	－	3	－	166	－
印度	－	1	－	3	－
俄罗斯	－	5	－	156	－
比利时	－	2	－	85	9
瑞士	－	1	－	6	－
洪都拉斯	－	1	－	200	－
斐济	－	1	－	4	－
巴拿马	－	1	－	20	－
南非	－	1	－	400	－
乌兹别克	－	1	－	5	－

注:1995年底累计,全市已开业的外商投资企业有654家,其中:中外合资企业416家,中外合作经营51家,外商独资企业187家。

15－7 旅游人数和外汇收入

指　标	1985年	1990年	1992年	1993年	1994年	1995年
一、接待旅游人数合计(人)	**46878**	**62577**	**124560**	**117533**	**123982**	**124922**
1.外国人	37898	18702	46924	52104	83908	84877
#日本	5941	3662	7466	9200	25516	30241
美国	10918	3240	9798	8196	11729	12428
法国	3716	1917	8214	9835	8258	6199
英国	1921	1142	2190	2341	3711	2908
德国	3844	1894	4399	5767	8483	6585
新加坡	1634	702	2558	2596	5229	5103
加拿大	1110	647	1239	1544	2485	1522
泰国	405	397	847	1088	1653	1819
意大利	405	441	1194	992	1521	892
澳大利亚	2247	529	804	849	1555	1012
2.华侨	644	122	156	384	558	305
3.港奥台胞	8336	43753	77480	65045	18552	39740
#台湾同胞	–	39661	62240	48058	20964	24534
二、旅游人数比重(%)	**100**	**100**	**100**	**100**	**100**	**100**
1.外国人	80.8	29.9	37.7	44.3	67.7	67.9
2.华侨	1.4	0.2	0.1	0.3	0.5	0.3
3.港奥台胞	17.8	69.9	62.2	55.4	14.9	31.8
#台湾同胞	–	63.2	50.1	40.9	16.9	19.6
三、平均每人逗留天数(人天)	**3.8**	**2.0**	**1.4**	**1.5**	**2.04**	**2.77**
1.外国人	3.9	2.1	1.4	1.5	2.05	2.65
2.华侨	4.6	2.8	1.5	2.1	1.58	3.38
3.港奥台胞	3.1	1.9	1.4	1.5	2.03	3.01
#台湾同胞	–	1.8	1.3	1.4	2.02	2.98
四、旅游外汇收入(万美元)	**439**	**1675**	**3123**	**4352**	**4520**	**4959**

15－8 重庆与国外友好城市交流

指　　标	1985年	1990年	1992年	1993年	1994年	1995年
一、出访交流考查						
批数	11	18	43	21	12	22
人次	60	107	392	142	74	139
二、派出进修生						
批数	2	3	3	2	2	1
人次	3	32	14	12	5	10
三、接待来访团组						
批数	7	13	131	23	10	31
人次	94	72	1154	184	93	134

15－9 重庆与国外结成友好城市一览

顺　　序	国　别	城　市	缔结日期
1	法　国	图卢兹市	1982.12
2	美　国	西雅图市	1983.06
3	加拿大	多伦多市	1986.03
4	日　本	广岛市	1986.10
5	英　国	莱斯特市	1993.10
6	俄罗斯	沃罗涅什	1993.10

主要统计指标解释

【进出口总额】 海关进出口总额指实际进出我国国境的货物总金额。包括对外贸易实际进出口货物,来料加工装配进出口货物,国家间、联合国及国际组织无偿援助物资和赠送品,华侨、港澳台同胞和外籍华人捐赠品,租赁期满归承租人所有的租赁货物,进料加工进出口货物,边境地方贸易及边境地区小额贸易进出口货物(边民互市贸易除外),中外合资经营企业、中外合作经营企业、外商独资经营企业进出口货物和公用物品,到、离岸价格在规定限额以上的进出口货样和广告品(无商业价值、无使用价值和免费提供出口的除外),从保税仓库提取在中国境内销售的进口货物,以及其他进出口货物。进出口总额用以观察一个国家在对外贸易方面的总规模。我国规定出口货物按离岸价格统计,进口货物按到岸价格统计。

【利用外资】 指我国各级政府、部门、企业和其他经济组织通过对外借款、吸收外商直接投资以及用其他方式筹措的境外现汇、设备、技术等。

【对外借款】 是我国利用外资的主要部分。包括我国通过外国政府贷款,国际金融组织贷款,外国银行商业贷款,出口信贷以及对外发行债券,股票等方式,从境外筹措的资金。

【外商直接投资】 是指外国企业和经济组织或个人(包括华侨、港澳台同胞以及我国在境外注册的企业)按我国有关政策、法规,用现汇、实物、技术等在我国境内开办外商独资企业、与我国境内的企业或经济组织共同举办中外合资经营企业、合作经营企业或合作开发资源的投资(包括外商投资收益的再投资)以及经政府有关部门批准的项目投资总额内,企业从境外借入的资金。

【对外承包工程】 包括各对外承包公司以招标议标承包方式承揽的下列业务:(1)承包国外工程建设项目;(2)承包我国对外经援项目;(3)承包我国驻外机构的工程建设项目;(4)承包我国境内利用外资进行建设的工程项目;(5)与外国承包公司合营或联合承包工程项目时我国公司分包部分;(6)以服务成果向业主收费的技术服务项目(包括承担地形地貌测绘;地质资源勘探与普查;建设区域规划;提供设计文件、图纸、生产工艺技术资料和工程技术经济咨询;工程项目的可行性考察、研究和评估;进行技术指导和培训人员等);(7)对外承包兼营的房屋开发业务。对外承包工程的营业额是以货币表现的本期内完成的对外承包工程的工作量,包括以前年度签订的合同和本年度新签订的合同在报告期完成的工作量。

【对外劳务合作】 指以收取工资的形式向业主或承包商提供技术和劳动服务的活动。我国对外承包公司在境外开办的合营企业,中国公司同时又提供劳务的,其劳务部分也纳入劳务合作统计,劳务合作营业额按报告期内向雇主提交的结算数(包括工资、加班费和奖金等)统计。

【旅游人员】 指来我国参观、访问、旅行、探亲、访友、休养、考察、参加会议和从事经济、科技、文化、教育、体育、宗教等活动的外国人、华侨、港澳和台湾同胞的人数。不包括外国在我国的常驻机构,如使领馆、通讯社、企业办事处的工作人员;来我国常住的外国专家、留学生以及在岸逗留不过夜人员。

【旅游外汇收入】 指国内各部门为来我国旅游的外国人、华侨、港澳和台湾同胞提供商品和劳务而获得的外汇收入。包括供应商品、饮食和提供住宿、交通、邮电、文化娱乐、导游等各项服务所得的全部外汇收入。

金融和保险业 16

BANKING AND INSURANCE

- 1995年,银行各项存款年末余额391.98亿元,贷款年末余额460.40亿元,分别比上年增长28.1%和21.6%。

- 1995年,国内保险承保额1529.15亿元,保费65488万元,已决赔款29823万元,分别比上年增长42.4%、23.5%和9.2%。

- 1995年,国外保险承保额96.05亿美元,保费418万美元,已决赔款93万美元,分别比上年增长81.0%、24.8%和3.3%。

资料整理

阳志静

银行存贷款年末余额

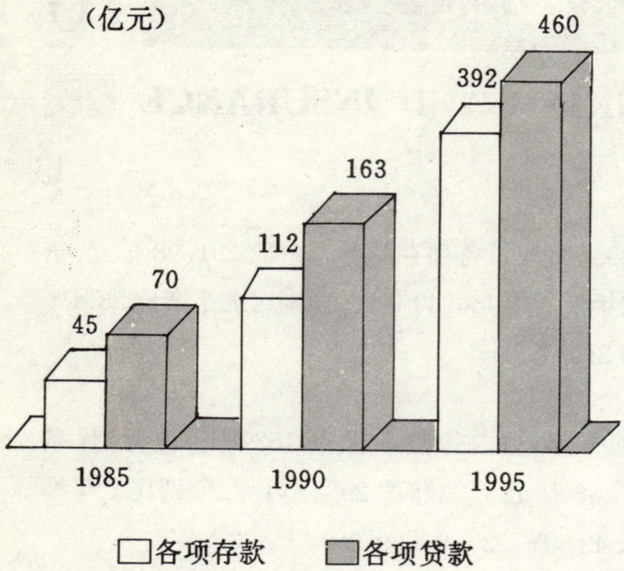

城乡居民储蓄存款

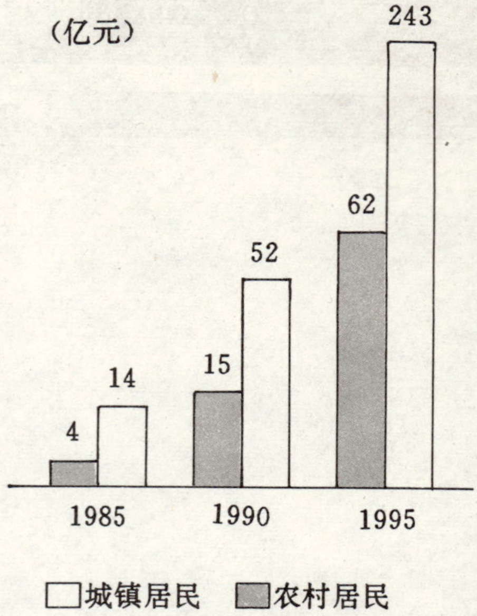

银行现金收入和支出

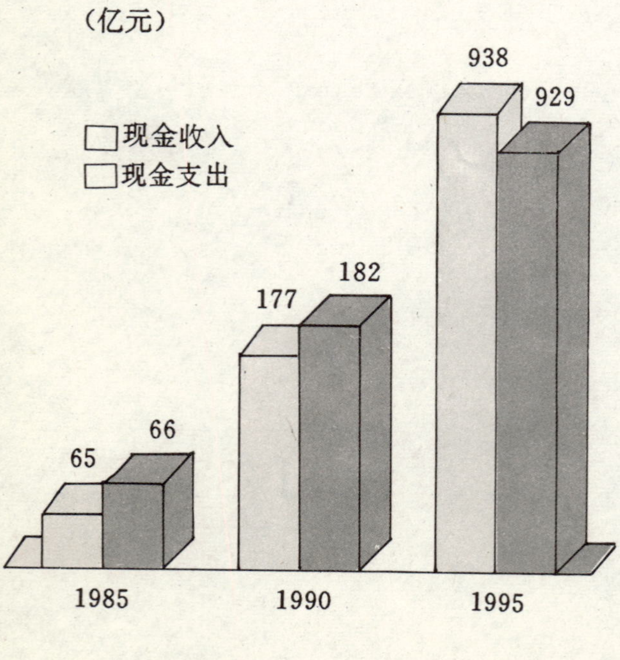

国内保险业务收入

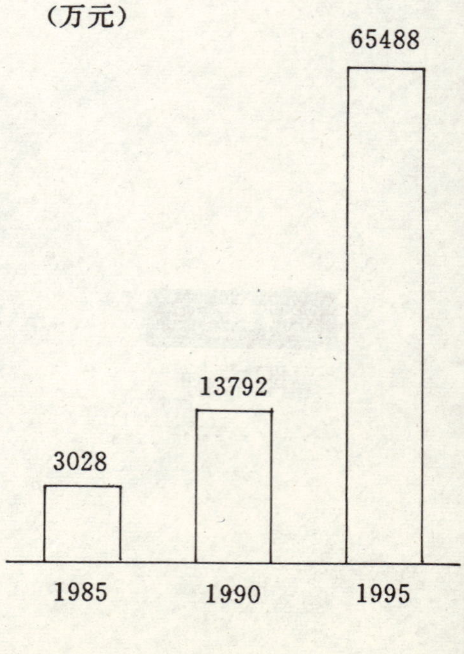

16－1 保险业务经济技术指标

项　　目	1985年	1990年	1992年	1993年	1994年	1995年
一、国内业务						
(一)承保额(亿元)	165.58	398.26	596.50	760.21	1073.99	1529.15
1.企业财产	94.20	213.55	313.56	358.35	541.11	486.95
2.运输工具	6.41	22.00	48.68	89.21	110.02	188.89
3.家庭财产	8.06	18.42	28.35	24.92	18.34	21.18
4.其他险	56.91	144.29	205.91	287.73	404.52	832.13
(二)保　费(万元)	3028	13792	22218	39140	53026	65488
1.企业财产险	1589	4010	5919	7016	8636	9132
2.家庭财产险	130	499	544	700	913	612
3.运输工具及责任险	834	5563	10106	16287	24955	33503
4.货物运输险	397	2871	3195	3784	4299	5240
5.农业险	5	2	81	83	－1	3
6.人身意外险	73	835	1273	2401	3261	5375
7.其他险	－	12	1100	8869	10963	11623
(三)保险储金(万元)	563	6061	19426	11652	15504	22341
1.简易人身险	299	2078	2569	5602	6924	7723
2.养老金险	1	639	5706	－	9	－
3.其他	263	3344	11151	6050	8571	14618
(四)赔案件数(件)	1115	1117	41542	71737	84468	87509
(五)已决赔款(万元)	1384	4209	8907	20546	27316	29823
1.企业财产险	630	918	1611	3187	3195	2499
2.家庭财产险	66	308	390	662	604	589
3.运输工具及责任险	626	2346	5359	11389	17391	17667
4.货物运输险	35	365	671	928	1307	1782
5.农业险	8	2	115	111	65	3
6.人身意外险	18	268	389	746	1335	2100
7.其他险	1	2	372	3523	3419	5183
赔付率(％)	45.7	30.5	40.1	52.5	51.5	45.5
(六)给付	4	2322	4371	8766	7410	8134
1.简易人身险	4	395	1790	4629	5223	5489
2.养老金险	－	1	16	－	－	－
3.其 他	－	1926	2565	4137	2187	2645
二、国外业务						
(一)承保额(万美元)	34819	105152	326301	541964	530738	960528
(二)保　费(万美元)	152	264	343	397	335	418
(三)赔款件数(件)	118	270	187	156	222	283
(四)已决赔款(万美元)	17	71	88	81	90	93
(五)赔付率(％)	11.2	26.9	25.7	20.4	26.9	22.2

注：本表92年起含太平洋保险公司数据，94年起含平安保险公司数据。

16－2 银行各项存款年末余额

单位:万元

项　　目	1985 年	1990 年	1992 年	1993 年	1994 年	1995 年
各项存款合计	**451788**	**1115113**	**1841999**	**2276847**	**3060893**	**3919757**
1.企业存款	189885	367189	652038	719147	1110358	1390452
2.财政存款	6429	5778	－2644	14575	43302	64266
3.机关团体、部队存款	29822	50695	36580	58834	71976	76708
4.城镇储蓄存款	144315	522236	864178	1117043	1646682	2363803
5.农业存款	41535	65979	102892	143014	152256	17194
6.信托存款	13514	12638	25887	21943	34586	7334
7.其他存款	26288	90597	163068	202291	1733	－

16－3 银行各项贷款年末余额

单位:万元

项　　目	1985 年	1990 年	1992 年	1993 年	1994 年	1995 年
各项贷款合计	**703205**	**1631457**	**2570109**	**3095751**	**3787512**	**4604032**
一、短期贷款	531793	1281492	1819589	2151918	2622063	3115764
#工业贷款	246872	668878	961579	1132074	1311390	1514647
商业贷款	209369	410197	609865	882587	868883	1013518
建筑业贷款	6787	32846	38898	46763	50675	60861
农业贷款	8085	20376	33297	36651	41328	64826
二、中长期贷款	120823	273909	559425	722947	973151	1253594
#技术改造贷款	78845	151716	367016	493265	628592	790929
基本建设贷款	39158	111012	177504	214726	262439	303344
地方开发贷款	2820	11101	14825	14876	17156	16620
三、信托贷款	23451	5846	28680	19048	5129	623
四、其他贷款	19053	31834	99809	135878	187169	234051

注:1994 年以前短期贷款为流动资金贷款,中长期贷款为固定资产贷款。

16－4 银行现金收入和支出

单位:万元

项目	1985年	1990年	1992年	1993年	1994年	1995年
一、现金收入合计	**651730**	**1769248**	**2997550**	**4762390**	**6660959**	**9383070**
商品销售收入	340896	630246	880160	1290866	1692456	2038269
服务事业收入	52040	144622	245702	368856	480726	631532
税款收入	4282	13066	19807	27716	34701	49949
农村信用社收入	27130	59168	76254	99250	144107	196932
乡镇企事业收入	9804	17727	31555	50871	92240	139471
城乡个体经营收入	2047	6620	16414	28500	55903	108661
储蓄存款收入	177161	707191	1298418	2208633	3176464	4790302
其它金融机构	–	26852	69128	121804	241084	331477
汇兑收入	6928	24187	40077	43253	66370	96502
其他收入	31442	107759	211159	368803	540677	850477
债券收入	–	31810	108876	153838	136231	149498
二、现金支出合计	**660872**	**1818951**	**3076333**	**4798490**	**6676015**	**9288346**
工资和对个人其他支出	284550	637949	874727	1106907	1506580	1843628
#国家工资支出	130886	284911	371508	457298	658109	819543
国家职工奖金支出	24717	56569	80708	112102	127820	153827
国家对个人其他支出	54993	151935	224205	282499	381176	460503
城镇集体单位工资支出	68516	133175	182478	233515	228448	268752
农副产品采购支出	62544	112667	125449	143180	190727	212304
农村信用社支出	54532	81244	127852	180335	179987	216602
工矿产品收购支出	3907	9477	18562	37790	51000	67342
行政企事业支出	55603	152803	277146	446591	607748	775384
乡镇企事业支出	20172	53363	91981	127853	177891	214193
#工资性支出	11019	30286	47630	66147	85407	87444
城乡个体经营支出	4064	12292	26906	51573	75456	119858
储蓄存款支出	139244	579626	1167278	1999436	2783224	4214983
其它金融机构	–	11088	35172	81631	143309	220230
汇兑支出	13288	39545	81491	170078	246814	314738
其他支出	22968	87744	189849	367007	609276	987124
债券支出	–	41153	59920	86109	104003	101960
三、现金回笼(＋)或投放(－)	**－9142**	**－49703**	**－78783**	**－36100**	**－15056**	**＋94724**

16-5 城乡居民储蓄存款余额

单位:万元

年份　　区市县	总　　计	城镇储蓄	农村储蓄
1985	186359	144315	42044
"七五"时期			
1986	252860	191834	61026
1987	326363	250207	76156
1988	361790	280318	81472
1989	488779	384332	104447
1990	673062	522236	150826
"八五"时期			
1991	881780	681098	200682
1992	1213539	864178	349361
1993	1587446	1117043	470403
1994	2142228	1646682	495546
1995	3045064	2428742	616322

主要统计指标解释

【存款】 企业、机关、团体或居民根据可以收回的原则,把货币资金存入银行或其他信用机构保管并取得一定利息的一种信用活动形式。根据存款对象的不同可划分为企业存款、财政存款、机关团体存款、基本建设存款、城镇储蓄存款、农村存款等科目。它是银行信贷资金的主要来源。

【贷款】 银行或其他信用机构根据必须归还的原则,按一定利率,为企业、个人等提供资金的一种信用活动形式。我国银行贷款,分流动资金贷款、固定资产贷款、城乡个体工商户贷款以及农户贷款等科目。

【承保额】 又叫保险金额。它是保险人对被保险人负担损失补偿或约定给付的金额。它是保险合同上的最高责任额,也是计算保费的依据。

【保费】 又叫保险费。是保险人根据保险合同的有关规定,为被保险人取得因约定危险事故发生所造成的经济损失补偿(或给付)权利,付给保险人的代价。包括财产险和人身险储金收入。

【赔款】 保险事故发生后,经查证确属保险责任范围以内的保险目标的损失,保险人根据保险合同的规定履行赔偿义务,给予被保险人的款项叫做赔款。赔款可分为已决赔款和未决赔款两种。

教育、科技和文化 17

SCIENCE, EDUCATION AND CULTURE

●1995 年，普通高等学校 20 所，在校学生 7.02 万人，毕业生 2.05 万人。

●1995 年，科学研究和技术开发机构 399 个，科学技术人员 2.39 万人。

●1995 年，全市共获国家发明奖 1 项，科技进步奖 13 项，市科技进步奖 100 项。

●1995 年，出版图书 2.56 亿册。

资料整理

吴 沛 施 琳

每一专任教师负担学生数

（高等、中等、小学之和）　（人）

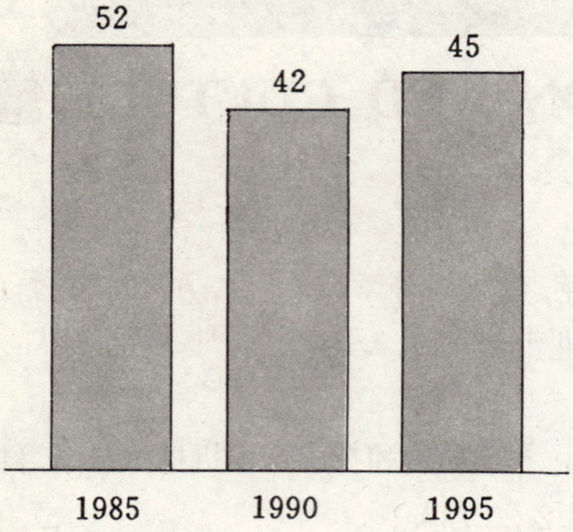

每万人中有大学在校学生

（人）

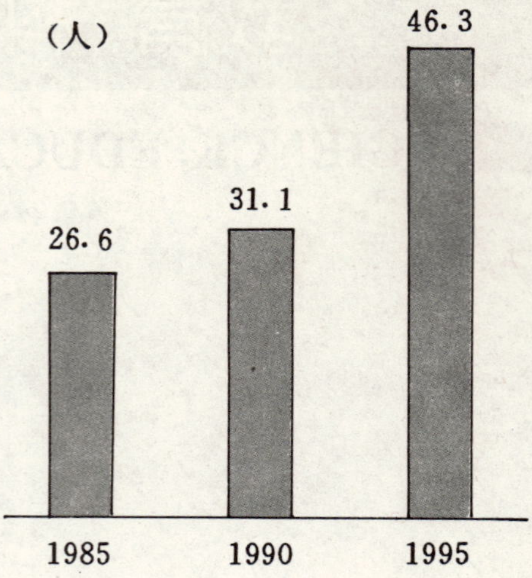

自然科学技术研究获奖项目数

（1995年）

（项）

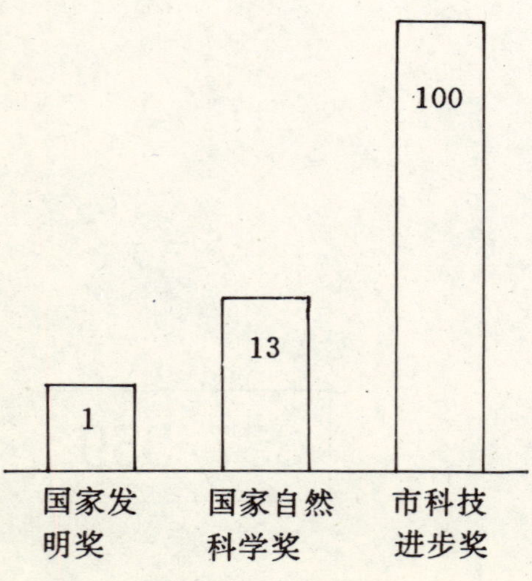

图书出版种数

（种）

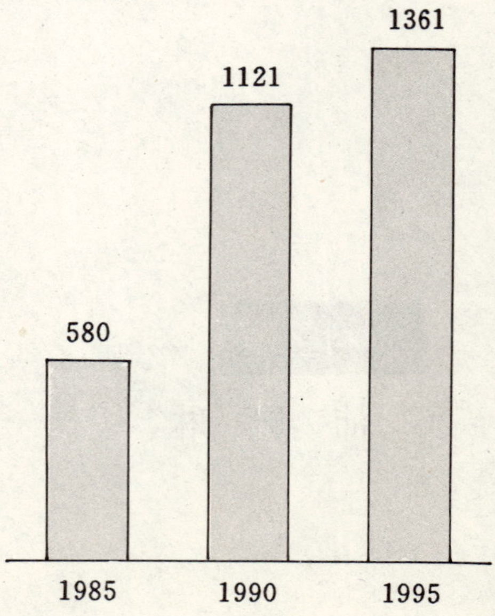

17－1 教育事业基本情况

指　　标	1985年	1990年	1992年	1993年	1994年	1995年
一、各类全日制教育学校数(所)						
高等学校	16	18	18	18	20	20
中等学校	1309	1402	1441	1453	1375	1329
技工学校	100	111	114	115	114	115
普通中学	1075	1150	1168	1170	1104	1055
职业中学	91	90	108	117	107	109
小学	8805	8269	8093	7928	7528	7158
二、专任教师(人)						
高等学校	7783	8316	8336	8375	8760	8921
中等学校	41274	46394	47897	47511	49066	50894
技工学校	2246	3198	3801	3677	3176	3587
普通中学	34294	37454	38220	38182	39583	40916
职业中学	2033	2531	2937	3349	3503	3736
小学	56010	53439	54405	55215	57006	57242
三、招生数(人)						
高等学校	13170	13545	17588	22466	22365	22859
中等学校	230912	222489	206431	218332	256558	263627
技工学校	8871	10188	11058	10573	11234	10381
普通中学	201031	193113	168209	172339	212956	217885
职业中学	12944	10345	15744	21234	19390	21426
小学(万人)	17.01	16.68	23.16	27.72	25.09	20.90
四、在校学生数(人)						
高等学校	37317	45981	50577	60725	68012	70214
中等学校	667235	676490	585063	575455	639957	697130
技工学校	16846	29062	33868	33959	32204	27561
普通中学	602708	595934	487726	463571	522297	578008
职业中学	25672	25076	34142	42540	48278	51410
小学(万人)	175.77	112.86	118.76	128.68	132.85	133.04
五、毕业生数(人)						
高等学校	6827	12479	13443	13279	15148	20452
中等学校	192423	193353	194932	180331	160468	176292
技工学校	5444	9183	9492	10834	11014	14013
普通中学	175946	167301	163322	135491	127948	135043
职业中学	5096	8107	9120	9311	11949	16385
小学(万人)	24.55	20.34	17.02	20.89	20.72	20.63
六、每一专任教师负担学生数(人)						
高等学校	5	6	6	7	8	8
中等学校	16	15	12	12	13	14
小学	31	21	22	23	23	23

17－2 分区(市)县教育基本情况

(1995年)

区(市)县	学校数(所)				在校学生数(人)				专任教师数(人)			
	普通高中	普通初中	职业中学	小学	普通高中	普通初中(万人)	职业中学	小学(万人)	普通高中	普通初中	职业中学	小学
全市合计	**180**	**875**	**108**	**7158**	**64452**	**51.36**	**51078**	**133.04**	**6050**	**34866**	**3699**	**57242**
渝中区	10	16	18	60	4249	2.20	7392	4.16	409	1647	412	2522
大渡口区	4	11	3	32	814	0.87	2593	1.68	96	605	164	995
江北区	13	14	7	99	2145	1.74	4764	3.29	255	1500	341	2271
沙坪坝区	16	34	5	137	5993	2.51	2913	5.13	583	1816	229	2598
九龙坡区	13	22	8	175	3715	2.75	3225	5.50	439	1939	281	2782
南岸区	15	13	4	88	2079	1.70	3203	3.10	241	1242	176	1682
北碚区	12	30	6	231	3470	2.16	2324	4.95	328	1559	178	2463
万盛区	4	17	1	103	868	1.03	684	2.45	142	641	80	985
双桥区	2	1		16	200	0.15	59	0.30	39	131	6	195
渝北区	8	45	7	444	3122	2.32	2764	6.41	256	1833	177	3030
巴南区	8	61	5	366	3168	3.09	1841	6.94	279	2036	103	3348
江津市	14	90	5	772	4517	4.30	4655	11.19	400	2923	293	5280
合川市	10	76	3	785	4563	4.44	2421	13.10	449	2741	190	4944
永川市	7	78	9	593	4992	3.70	3180	9.84	350	2535	198	3415
长寿县	10	54	3	430	4317	3.10	1188	6.41	409	2232	180	3673
綦江县	9	68	5	577	2166	2.83	2319	8.11	282	2094	193	3952
潼南县	5	43	4	582	3106	2.67	1456	10.32	211	1665	104	2874
铜梁县	5	44	5	466	3392	2.44	929	6.60	225	1419	105	2456
大足县	5	61	3	503	2564	3.03	917	9.82	190	1641	129	2825
荣昌县	6	46	3	414	2647	2.34	995	8.62	224	1380	72	2731
璧山县	4	51	4	285	2365	1.99	1256	5.12	243	1287	88	2221

17-3 各级各类学校数

单位:所

年份	高等学校	中等学校	中等专业学校	普通中学	高中	初中	职业中学	小学	盲、聋、哑学校	幼儿园
1985	16	1309	143	1075			91	8805	6	3608
“七五”时期										
1986	17	1299	151	1054			94	8676	18	3167
1987	17	1367	168	1109			90	8550	17	3683
1988	18	1382	162	1129			91	8443	19	3411
1989	18	1389	163	1134	189	945	92	8354	22	3093
1990	18	1402	162	1150	178	972	90	8269	22	3625
“八五”时期										
1991	18	1431	163	1162	173	989	106	8195	22	3319
1992	18	1441	165	1168	178	990	108	8093	25	3241
1993	18	1453	166	1170	177	993	117	7928	23	2842
1994	19	1375	164	1104	190	924	107	7528	24	3216
1995	20	1329	165	1055	180	875	109	7158	23	5079

注:中等专业学校数含技工校数,下同。

17-4 各级各类学校专任教师数

单位:人

年份	高等学校	中等学校	中等专业学校	普通中学	高中	初中	职业中学	小学	盲、聋、哑学校	幼儿园
1985	7783	41274	4947	34294			2033	56010	47	7990
“七五”时期										
1986	7928	41176	5613	33276			2287	54282	62	8408
1987	8288	42165	5981	33898			2286	53164	63	11361
1988	8468	44295	6359	35536			2400	53181	97	11951
1989	8395	45147	6322	36345			2480	52515	126	11520
1990	8316	46394	6409	37454			2531	53439	108	11899
“八五”时期										
1991	8242	47081	6435	37864			2782	54222	184	13519
1992	8336	47897	6740	38220			2937	54405	220	13957
1993	8375	47511	6196	38182			3349	55215	225	13497
1994	8760	49066	5980	39583			3503	57006	250	12357
1995	8921	50894	6242	40916	6050	34866	3736	57242	239	12558

17－5 各级各类学校在校学生数

单位:人

年份	高等学校	中等学校	中等专业学校	普通中学	高中	初中	职业中学	小学	盲、聋、哑学校	幼儿园
1985	37317	667235	38855	602708	86631	516077	25672	175.80	268	194373
"七五"时期										
1986	41839	673928	44319	602135	83968	518167	27474	160.90	441	202408
1987	44796	687943	48617	614776	79435	535341	24550	143.60	423	296918
1988	46724	703318	51582	628291	78074	550217	23445	128.50	555	278327
1989	45344	695557	53493	617756	78677	539079	24308	117.80	638	236339
1990	45981	676490	55480	595934	82035	513899	25076	112.90	863	276570
"八五"时期										
1991	46763	625696	58791	537863	84108	453755	29042	113.10	950	345635
1992	50577	585063	63195	487726	81913	405813	34142	118.80	1728	391796
1993	60725	575455	69344	463571	71320	392251	42540	128.70	1609	307368
1994	68012	639957	69382	522297	64402	457895	48278	132.85	1185	297639
1995	70214	697130	67712	578008	64452	513556	51410	133.04	1519	326352

17－6 各级各类学校招生数

单位:人

年份	高等学校	中等学校	中等专业学校	普通中学	高中	初中	职业中学	小学	盲、聋、哑学校	幼儿园
1985	13170	230912	16937	201031	30649	170382	12944	170070	39	
"七五"时期										
1986	12887	244639	18180	215066	28358	186708	11393	175027	85	
1987	13923	252751	19696	223437	27084	196353	9618	181513	65	
1988	14110	255502	18857	227033	26255	200778	9612	220659	–	
1989	12586	239564	17631	212346	28175	184171	9587	211436	192	116662
1990	13545	222489	19031	193113	29911	163202	10345	166798	284	152764
"八五"时期										
1991	13666	199589	19791	166707	28472	138235	13091	176243	155	120434
1992	17588	206431	22478	168209	26227	141982	15744	231551	315	–
1993	22466	218332	24750	172339	22282	150057	21243	277241	216	199252
1994	22365	256558	24212	212956	21194	191762	19390	250867	208	164943
1995	22859	263627	24316	217885	25651	192234	21426	208982	211	221990

17－7 各级各类学校毕业生数

单位:人

年份	高等学校	中等学校	中等专业学校	普通中学	高中	初中	职业中学	小学	盲、聋、哑学校	幼儿园
1985	6827	192423	11381	175946	27910	148036	5096	245485	42	
"七五"时期										
1986	8376	199853	13843	179635	28206	151429	6375	261834	60	
1987	10581	196521	15029	172756	28882	143874	8736	318499	45	
1988	12021	181477	14990	158688	25276	133412	7799	328718	–	
1989	13046	183669	16355	161066	25041	136025	6248	289522	87	118312
1990	12479	193353	17945	167301	24033	143268	8107	203385	68	128123
"八五"时期										
1991	12746	200522	17987	175357	23760	151597	7178	161189	56	151942
1992	13443	194932	18008	167804	25968	141836	9120	170231	138	–
1993	13279	180331	21001	150019	28062	121957	9311	168042	309	234781
1994	15148	160468	20571	127948	24766	103182	11949	207180	151	180999
1995	20452	176292	24864	135043	21653	113390	16385	206333	262	159519

17－8 技工学校数和学生数

年份	学校数(所)	专任教师数(人)	在校学校数(人)	招生数(人)	毕业生数(人)
1985	100	2246	16846	8871	5444
"七五"时期					
1986	105	2606	20943	9562	6113
1987	118	2794	24065	9966	6420
1988	111	3007	26009	9478	6979
1989	112	3110	26977	9210	9021
1990	111	3198	29062	10188	9183
"八五"时期					
1991	112	3323	32216	9962	9402
1992	114	3801	33868	11058	9492
1993	115	3677	33959	10573	10834
1994	114	3176	32204	11234	11014
1995	115	3587	27561	10381	14013

17－9 普通高等学校基本情况

（1995 年）　　　　单位：人

项　　目	招生数	毕业生数	在校学生数	#研究生	专任教师数	#教授副教授
全市合计	**22859**	**20452**	**70214**	**2682**	**8921**	**3133**
重庆大学	2750	2775	9433	980	1348	604
西南师范大学	2190	2166	6596	326	1072	442
西南农业大学	1730	1643	4861	230	723	300
西南政法学院	1332	1453	3995	300	404	137
重庆建筑大学	1765	1374	6320	410	856	387
重庆交通学院	800	1121	3364	51	435	136
重庆邮电学院	901	540	3022	76	267	77
重庆医科大学	986	837	3990	238	668	255
重庆师范学院	1500	1514	4506	17	422	162
重庆商学院	880	731	2619	–	242	55
四川外语学院	677	607	2249	48	315	72
四川畜牧医学院	542	479	1499	–	206	51
渝州大学	1114	1119	3912	–	426	82
重庆建筑专科学校	837	459	2126	–	203	32
重庆师范专科学校	910	1200	2272	–	297	45
重庆工业管理学院	1050	891	3088	–	281	72
重庆钢铁专科学校	630	530	1631	–	177	35
四川美术学院	358	241	956	6	197	80
重庆教育学院高师班	920	772	2141	–	–	–
重庆石油专科学校	594		925	–	206	69
重庆电力专科学校	393		709	–	176	40

17－10 普通高等学校分科学生数

(1995年)　　单位:人

项　　目	毕业生数	#本　科	招生数	#本　科	在校学生数	#本　科
总　　计	**20452**	**8614**	**22859**	**11488**	**70214**	**41056**
经济学	3215	584	3750	1709	9867	5064
法　学	1387	917	1316	811	4049	2968
教育学	817	237	854	335	2435	1282
文　学	3217	942	3412	1454	9388	4881
历史学	502	233	387	143	1243	628
理　学	2091	888	1897	877	5990	3522
工　学	7393	3679	9360	5010	29977	17629
农　学	627	514	472	450	1948	1894
医　学	1203	620	1411	699	5317	3188

17－11 中等专业学校基本情况

(1995年)　　单位:人

项　　目	学校数(所)	毕业生数	招生数	在校学生数	教职工数	#专任教师
全　市　总　计	**50**	**10851**	**13935**	**40151**	**6561**	**2655**
一、中等专业学校	**35**	**8082**	**11197**	**31697**	**5204**	**1972**
工业学校	13	4525	4839	14904	2539	803
农业学校	4	689	1668	3837	497	209
医药学校	7	1029	1789	5323	978	390
财经学校	5	1045	1344	4245	600	312
政法学校	1	198	382	601	123	45
体育学校	1	36	130	292	93	43
艺术学校	2	82	114	332	117	57
其他学校	2	478	931	2163	257	113
二、中等师范学校	**15**	**2769**	**2738**	**8454**	**1357**	**683**
#幼儿师范学校	1	179	310	910	183	84

17-12 成人教育基本情况

(1995年) 单位:人

项目	学校数(所)	毕业生数	招生数	在校学生数	教职工数	#专任教师
一、高等学校	**24**	**7206**	**7112**	**19367**	**2995**	**1493**
1.广播电视大学	1	2669	2561	7963	126	47
2.职工高等学校	19	2829	2742	7524	2081	1014
3.管理干部学院	2	192	388	862	194	98
4.教育学院	2	912	568	1446	594	334
5.中大普通班	-	604	853	1572	-	-
二、中等专业学校	**61**	**5681**	**9967**	**25690**	**1709**	**873**
1.广播电视中等专业学校	2	2271	3538	10770	23	15
2.职业中等专业学校	35	2731	5809	12953	729	335
3.干部中等专业学校	2	-	-	-	52	24
4.函授中等专业学校	2	349	249	1138	-	-
5.教师进修学校	20	330	371	829	905	499

17-13 成人中、小学和成人技术培训基本情况

(1995年) 单位:人

项目	学校数(所)	毕业生数	招生数	在校学生数	教职工数	#专任教师
一、成人中学	**88**	**5549**	**11601**	**13842**	**661**	**516**
1.职工中学	27	3103	7691	8276	213	198
高中	17	1953	3473	4058	115	100
初中	10	1150	4218	4218	98	98
2.农民中学	61	2446	3910	5566	448	318
高中	21	1141	1675	2136	219	127
初中	40	1305	2235	3430	229	191
二、成人初等学校	**766**	**48787**	**44961**	**46228**	**992**	**324**
职工初等学校	4	424	474	506	12	9
农民初等学校	762	48363	44487	45722	980	315
#小学班	490	31316	30981	31629	719	188
扫盲班	272	17047	13506	14093	261	127
三、成人技术培训学校	**6370**	**1835903**	**859755**	**896636**	**3987**	**1764**
1.职工技术培训学校	69	22705	18206	20027	518	196
2.农民技术培训学校	6301	1813198	841549	876609	3469	1568
#县办	3	3420	688	1298	26	21

17－14 社会力量办学班数和学生数

单位:班、人

项　　目	1990年	1991年	1992年	1993年	1994年	1995年
一、文化教育						
学习	60528	58323	76634	70164	52007	69767
毕、结业	20244	23595	25882	10006	50022	39731
二、专业技术教育						
学习	31479	12809	47660	57416	16089	16806
毕、结业	18129	19224	32725	43799	13479	12870
三、基础教育						
学习人数	–	–	–	–	82573	61155
毕业人数	–	–	–	–	8323	9650
四、岗位培训						
学习人数	–	–	–	–	10477	8204
毕业人数	–	–	–	–	9202	7648
五、继续教育						
学习人数	–	–	–	–	3469	2706
毕业人数	–	–	–	–	3189	2314

17－15 社会力量办学学校数和教师数

年　份	学校数(所)								教职工人数(人)	
	合计	民主党派	人民团体	社会团体	集体经济组织	企业事业组织	公民个人	其他		#专兼职教师
1990	–	–	–	–	–	–	–	–	6275	4191
"八五"时期										
1991	578	36	110	99	25	76	232	–	6162	4712
1992	578	51	44	183	37	135	128	–	7468	5553
1993	1075	34	–	138	163	460	280	–	9176	6144
1994	1008	360	–	90	219	118	2183	–	9645	6543
1995	1073	41	–	80	289	146	504	13	10370	6672

17－16 科学研究与技术开发机构和人员数

项　　目	1990年	1991年	1992年	1993年	1994年	1995年
一、机构总数(个)	**316**	**336**	**340**	**379**	**393**	**399**
1.独立科研机构	62	65	71	71	65	63
中央	18	18	18	17	14	17
省属	4	4	4	6	5	6
市属	40	43	49	48	37	40
2.非独立科研机构	254	271	269	308	328	336
中央	21	24	26	26	26	33
市属以下	233	247	243	282	302	303
二、科技人员数(人)	**31197**	**31007**	**31168**	**33638**	**23194**	**23850**
高级技术职称	2993	2806	2920	3544	3826	4205
中级技术职称	6126	6064	6201	7143	7051	7684
初级技术职称	8253	8326	7993	7969	7387	7579
其他	13825	13811	14054	14982	4930	4382

17－17 自然科学技术研究获奖项目数

单位:项

年　　份	国家发明奖	国家自然科学奖	国家科学进步奖	四川省科技进步奖	重庆市科技进步奖
1985	8	－	39	63	－
“七五”时期					
1986					
1987	4	2	6	63	75
1988	4	－	5	52	68
1989	1	－	8	42	67
1990	4	－	12	47	67
“八五”时期					
1991	2	－	8	44	73
1992	1	－	3	54	57
1993	1	1	4	52	85
1994	－	－	－	64	91
1995	1	－	13	－	100

17－18 科协系统科技活动情况

（1995 年）

项　　目	单位	科协合计	市级科协	县(市)级科协	市级学会
一、机构数	个	22	1	21	116
二、人员数	人	151	52	99	99867
三、学术活动					
1.国内学术活动					
次数	次	80	80	－	349
参加人数	人次	734	734	－	27276
交流论文数	篇	107	107	－	20809
2.国内举行的国际学术会议					
次数	次	1	1	－	6
中方参加人数	人	75	75	－	205
中方交流论文	篇	1	1	－	79
外方参加人数	人	10	10	－	21
外方交流论文	篇	7	7	－	21
3.赴国外参加国际学术会议					
次数	次				24
派出人数	人次				41
交流论文	篇				76
4.科学考察					
国内次数	次	38	38	－	139
国内参加人数	人次	1112	1112	－	712
国外次数	次	11	11	－	12
国外参加人数	人次	102	102	－	16
四、科技培训					
1.院校培训结业学员数	人	454		454	2844
2.培训班培训人次	人次	1104972	8318	1096654	84093
3.外派研修生人数	人	9	9	－	2
五、科普活动					
1.讲座次数	次	2007	30	1977	489
参加人次	万人次	111.92	1.05	110.87	3.88
2.展览次数	次	1454	1	1453	154
参加人数	万人	157.84	0.15	157.69	8.83

17－18续表　　(1995年)

项　　目	单位	科协合计	市级科协	县(市)级科协	市级学会
3.科技夏(冬)令营	次	3	3	－	－
4.青少年科技竞赛					
组织次数	次	10	10	－	－
获省级以上奖数	项	382	382	－	－
六、咨询活动					
1.无偿服务数	项	3194	199	2995	2456
2.完成合同	项	2414	67	2347	4637
决策咨询	项	181	2	179	4611
3.咨询合同实现金额	万元	4431	2001	2430	156
上交利税	万元	58	58	－	－
净收入	万元	76	76	－	－
七、出版					
1.科技报纸	种	2	2	－	2
发行量	万份	1956.8	1956.8	－	0.8
2.科技期刊	种	2	2	－	42
发行量	万册	863	863	－	839
3.论文集	种	1	1	－	41
发行量	册	400	400	－	11052
发表学术论文	篇	12	12	－	2339
4.科技图书	种	62	62	－	32
发行量	册	151.2	151.2	－	1.9

17－19 技术市场交易项数和金额

项　　目	1991年	1992年	1993年	1994年	1995年
一、技术买方					
1.项数(项)	2032	2887	3301	2441	2077
#工业企业	1865	2353	2549	1713	1323
科研机构	51	110	231	143	405
各级管理部门	33	87	109	95	63
技术贸易机构	6	19	96	69	41
个人及个人合伙	12	14	30	18	6
2.金额(万元)	6884	13219	20122	24195	26360
#工业企业	6440	11381	15763	17226	16067
科研机构	182	681	1225	1197	2640
各级管理部门	104	416	781	4018	5227
技术贸易机构	13	270	918	444	883
个人及个人合伙	31	88	73	123	28
二、技术卖方					
1.项数(项)	2032	2887	3301	2441	2077
#工业企业	93	1100	1108	410	525
科研机构	441	626	665	615	812
大中专院校	135	461	365	288	194
技术贸易机构	1247	599	989	1000	487
个人及个人合伙	67	43	33	33	7
2.金额(万元)	6884	13219	20122	24195	26360
#工业企业	567	4593	4771	3832	4194
科研机构	2589	3435	4214	8463	10254
大中专院校	393	2542	3863	2948	4391
技术贸易机构	3111	2410	6157	7741	3693
个人及个人合伙	115	102	652	240	521

17－20 专利受理量及批准量

项　　目	1990年	1991年	1992年	1993年	1994年	1995年
全市专利受理合计	**358**	**507**	**753**	**639**	**515**	**318**
发明	60	75	124	112	57	35
实用新型	264	416	583	459	375	239
外观设计	34	16	46	68	83	44
受理量中:						
个人	226	365	533	459	359	237
大专院校	15	32	42	25	12	14
科研单位	17	19	31	30	31	21
工矿企业	42	56	89	78	55	36
机关团体	18	35	38	47	58	10
全国、省专利受理量合计	**41469**	**50040**	**67135**	**77276**	**77735**	**83045**
国内	38585	45395	61788	68135	67807	68880
国外	4884	4645	5347	9123	9928	14165
全市专利批准量合计	**184**	**204**	**272**	**607**	**345**	**305**
发明	4	3	14	21	15	11
实用新型	174	190	245	534	291	237
外观设计	6	11	13	52	39	57
批准量中:						
个人	119	143	184	419	227	207
大专院校	15	12	21	27	24	8
科研单位	16	11	10	28	19	25
工矿企业	24	21	38	91	48	32
机关团体	10	17	19	42	27	33
全国、省专利批准量合计	**22588**	**24616**	**31475**	**62127**	**43297**	**45064**
国内	19304	21178	28311	56882	39777	41248
国外	3284	3438	3164	5245	3520	3816

17－21 各类技术合同签定及执行情况

(1995年)

项　　目	合同数(项)	合同额(万元)	实现金额(万元)	实现率(%)
全市合计	**2077**	**26360**	**18754**	71.1
技术开发	345	11101	8074	72.7
技术转让	388	3193	2946	92.3
技术咨询	331	3739	1647	44.1
技术服务	1013	8329	6087	73.1

17－22 文化事业机构和人员数

机 构 类 别	1985年	1990年	1992年	1993年	1994年	1995年
一、机构数(个)						
电影放映单位	1995	1345	1346	1345	1364	1348
艺术表演团体	34	25	24	23	19	19
文化馆	21	21	21	21	21	21
公共图书馆	14	20	22	22	23	23
博物馆	6	6	6	6	6	7
二、人员数(人)						
电影放映单位	5283	3928	3943	3875	3873	
艺术表演团体	2919	1968	1893	1985	1608	1644
文化馆	389	477	567	520	562	478
公共图书馆	314	578	558	502	519	589
博物馆	308	408	483	506	417	584

17－23 艺术事业机构和人员数

(1995年)

单位:个、人

机 构 类 别	全 市 合 计		文 化 部 门			
			全民所有制		集体所有制	
	机构数	人员数	机构数	人员数	机构数	人员数
一、艺术表演团体	19	1644	12	1373	7	271
话剧、儿童、滑稽剧团	1	89	1	89	–	–
歌剧、舞剧、歌剧剧团	1	120	1	120	–	–
歌舞剧团、轻音乐团	1	197	1	197	–	–
文工团、文室队、乌兰牧骑	–	–	–	–	–	–
戏曲剧团	11	903	7	739	4	164
曲、杂、木、皮团	5	335	2	228	3	107
二、艺术表演场所	16	255	13	227	3	28
#剧场、影剧院	16	255	13	227	3	28
三、艺术创作机构	3	17	3	17	–	–
四、艺术研究机构	1	16	1	16	–	–
五、艺术展览机构	–	–	–	–	–	–
六、演出公司	1	60	1	60	–	–
七、其他艺术机构	12	663	12	663	–	–

17－24 艺术表演团体收支情况

(1995 年)

种类	补贴团数(个)	国家经费补贴(万元)	业务及其他收入(万元)	#演出收入	总支出(万元)	#预算内支出	#排练制作费
全市总计	**19**	**1152**	**1334**	**238**	**2136**	**1096**	**121**
国营剧团	12	1081	1209	206	1919	995	115
集体经营剧团	7	78	125	22	217	101	6
按剧种分:							
话剧、儿童、滑稽剧团	1	116	24	23	139	116	20
歌剧、舞剧、歌剧剧团	1	103	141	63	247	109	2
歌舞团、轻音乐团	1	133	117	28	197	130	–
文工团、文室队、乌兰牧骑							
戏曲剧团	11	597	829	29	1111	527	85
#京剧团	1	144	444	9	271	144	81
曲、杂、木、皮团	5	203	223	86	442	214	13

17－25 群众艺术馆、文化馆业务活动及经费情况

(1995 年)

项目	单位	总计	群众艺术馆	文化馆
一、单位数	个	**22**	**1**	**21**
举办展览	个	147	2	145
组织、文艺活动	次	353	29	324
二、举办训练班				
班次	次	606	23	583
结业人数	万人次	2.3	0.1	2.2
三、总支出	万元	**1601**	**143**	**1458**
#预算内	万元	379	118	261
业务费	万元	252	41	211
修缮费	万元	160	25	135

17－26 公共图书馆基本情况

(1995 年)

类别	藏书(万册)	建筑面积(平方米)	阅览座位(个)	图书借阅人次数(万人次)	图书供阅册次(万册)
总计	**654.5**	**63709**	**4609**	**190.8**	**248.5**
一、市级图书馆	**366.3**	**16232**	**456**	**49.3**	**120.8**
重庆市图书馆	343.5	12710	230	26.1	40.8
重庆市少儿图书馆	22.8	3522	226	23.2	80.0
二、区级图书馆	**205.1**	**29343**	**2405**	**82.4**	**69.4**
渝中区	52.9	3960	350	13.4	2.9
大渡口区	2.6	1760	520	4.6	1.5
江北区	6.2	3300	281	3.3	1.3
沙坪坝区	12.1	4408	272	27.3	30.9
九龙坡区	10.8	3300	－	4.1	3.5
南岸区	13.0	1607	250	8.0	16.7
北碚区	76.5	3000	202	14.3	5.2
万盛区	4.0	1500	200	2.4	1.2
双桥区	0.3	110	30	－	－
渝北区	5.3	3058	150	3.8	2.4
巴南区	21.4	3340	150	1.2	3.8
三、县(市)级图书馆	**83.1**	**18134**	**1748**	**59.1**	**58.3**
江津市	23.2	3022	200	2.0	4.1
合川市	15.3	1368	70	1.7	1.0
永川市	6.6	1838	164	2.6	9.5
长寿县	6.4	2640	320	5.7	3.5
綦江县	6.1	1650	154	5.2	5.8
潼南县	5.9	1110	140	15.0	15.4
铜梁县	3.5	250	50	2.1	2.9
大足县	4.2	2400	300	2.4	1.8
荣昌县	9.5	2150	200	18.4	4.5
璧山县	2.4	1706	150	4.0	9.8

17－27 文物机构业务活动及经费情况

(1995 年)

项目	文物机构	博物馆	文物保护管理机构
一、藏品(件)	**206251**	**190718**	**15533**
#一级品	411	408	3
二、经费支出(万元)	**1524.8**	**1433.2**	**91.6**
#预算内	732.4	672.6	59.8
#业务费	426.0	336.5	89.5
考古发掘费	3.1	3.1	－
维修费	173.9	85.8	88.1
三、第三产业增加值(万元)	**437.8**	**318.0**	**119.8**

17-28 图书出版数

年份	种数（种）	#新出版	总印数（万册）	总印数（千印张）
1985	580	478	30227	1130652
“七五”时期				
1986				
1987				
1988	1006	809	21751	802450
1989	1269	1057	26798	1003617
1990	1121	818	25868	899278
“八五”时期				
1991	1322	849	27374	954238
1992	1408	941	29409	1011359
1993	1136	735	20037	724884
1994	1515	982	25249	1534996
1995	1361	645	25624	1083025

17-29 分类图书出版数量

(1995)

类别	种数（种）	#新出版	总印数（万册）	总印数（千印张）
总计	**1361**	**645**	**25624**	**1083025**
一、书籍	**1005**	**489**	**15214**	**640413**
#哲学、社会科学总论	31	16	11	1141
政治、法律	27	17	32	1834
文化、科学、教育、体育	585	208	14429	583286
语言、文字	36	18	204	26465
文学	43	30	19	2242
艺术	52	21	395	9251
历史、地理	33	31	13	1638
数理科学、化学	27	20	12	1778
医药、卫生	24	21	17	2519
农业科学	2	2	1	92
工业技术	85	57	51	7202
综合性图书	10	4	11	929
经济	36	31	15	1727
二、课本	**261**	**141**	**9346**	**427213**
大专课本	182	122	158	14734
中专课本	11	4	63	520
小学课本	28		5642	5258
教学图书	14	9	76	4295
三、少年儿童读物	**93**	**13**	**1059**	**15373**
四、图片	**2**	**2**	**5**	**26**

17－30 重点文物和名胜古迹

重庆市现列入全国重点文物保护单位 4 个；省级文物保护单位 22 处；市级文物保护单位 112 处；

名称	时间	地址	备注
八路军重庆办事处旧址	1938－1946 年	红岩村 13 号及曾家岩 50 号	
北山摩崖造像	唐宋	大足县	包括佛湾、观音坡、佛耳峰、营盘山
宝项山摩崖造像	宋	大足县	包括大佛湾、小佛湾、广大山、龙谭松林坡
中美合作所集中营旧址	1939－1949 年	沙坪坝区磁器口附近	
桂园	1945 年	市中区中四路 107 号	重庆谈判期间毛主席在域内办公地及“双十协定”签字处
杨闇公墓		潼南县	1957 年迁葬于此、立碑
南山摩崖造象	唐宋	大足县	
石篆山摩崖造象	宋	大足县	
石门山摩崖造象	宋	大足县	
汉阙	汉	江北区	
涞滩摩崖造象	宋	合川县	
大佛寺摩崖造象	宋	潼南县	
大佛寺摩崖造象	明	江津县	
多宝塔	宋	大足县	
钓鱼城遗址	宋	合川县	
解放碑	1945 年	市中区邹容路中心	纪念抗日战争胜利及解放重庆建筑物
邹容烈士纪念碑	1911 年	市中区南区公园	建于 1946 年
古今桥	宋	合川县	
育才学校旧址	近代	合川县草街子	
马龙山卧佛	现代	潼南县马龙山	
塔坪寺	宋	江北县	
弹子石磨岩造像	元	南岸弹子石	
石坎崖菩群	汉	江津凤场乡	
沙坝子墓	宋	荣昌县许溪乡	

17－31 广播电台及节目制作情况

项　　　目	单位	1985年	1990年	1993年	1994年	1995年
一、基本情况						
职工人数(市台)	人	276	356	373	350	241
电　　台	座	1	2	8	9	9
发射台及转播台	座	2	2	2	2	2
节　　目	套	3	3	10	11	11
平均每日播出时间	时、分	30:40	30:24	105:28	116:06	108:51
广播人口覆盖率	%		91.0	82.0	85.0	85.0
二、自办广播节目日平均播音时间						
新闻节目	时、分	1:35	3:14	11:00	13:45	11:15
文艺节目	时、分	14:20	11:38	31:11	38:54	36:26
专题节目	时、分	4:20	5:07	21:00	21:20	18:35
教育节目	时、分	3:20	3:20	5:22	5:47	6:10
服务性节目	时、分	6:05	6:05	15:05	14:00	17:35

17－32 电视台及节目制作情况

项　　　目	单位	1985年	1990年	1993年	1994年	1995年
一、基本情况						
职工人数(市台)	人	189	252	300	297	263
电视台	座	2	2	3	3	3
节　目	套	2	3	4	4	4
平均每周播出时间	时、分	90:00	77:45	121:45	190:52	200:30
广播人口覆盖率	%		73.0	75.0	75.0	75.0
二、自办广播节目日平均播出时间						
新闻节目	时、分	7:23	5:20	16:50	31:41	13:15
文艺节目	时、分	11:07	32:24	48:30	74:33	103:08
专题节目	时、分	15:25			2:20	4:50
教育节目	时、分	4:32	1:46	6:25	20:19	12:00
服务性节目	时、分	1:55	2:50	13:45	27:58	35:27

主 要 统 计 指 标 解 释

【普通高等学校】 指按照国家规定的审批程序批准举办，通过全国统一招生考试，招收高级中等学校毕业生和具有同等学历者，实施高等教育，培养高等专门人才的学校。包括大学、专门学校、专科学校和短期职业大学。

【成人高等学校】 指按照国家规定的审批程序批准举办，招收在职高中毕业或同等学历者，利用多种形式对成人实施高等教育，培养相当普通高等学校专科或本科毕业水平的专门人才的学校。包括广播电视大学、职工高等学校、农民高等学校、干部管理学院、教育学院、独立函授学院以及普通高等学校举办的函授、夜大学等。

【小学学龄儿童入学率】 指调查范围内已入小学学习的学龄儿童占校内外学龄儿童总数(包括弱智儿童在内，但不包括盲聋哑儿童)的比重。计算公式：

$$\text{小学学龄儿童入学率} = \frac{\text{已入学的小学学龄儿童数}}{\text{校内外小学学龄儿童总数}} \times 100\%$$

【独立研究与开发机构】 指有明确的任务和研究方向，有一定学术水平的业务骨干和一定数量的研究人员，具有研究、开发、开展学术工作的基本条件，主要进行科学研究与技术开发活动，并且在行政上有独立的组织形式、财务上独立核算盈亏，有权与其他单位签订合同，在银行有单独户头的单位。包括国务院各部门、中国科学院、中国社会学科院和各省、自治区、直辖市以及地(市)以上[含地(市)]各部门所属的全民所有制独立的科学研究与技术开发机构。

【独立研究与开发机构职工】 指在科学研究与技术开发机构工作，并由其支付工资的各种人员，包括固定职工、合同制职工、其他职工，不包括编制以外的离休、退休人员和停薪留职人员，但包括招聘人员。

【研究与发展经费支出】 指报告期内科技经费中用于研究与试验发展课题活动(基础研究应用研究、试验发展)的全部实际支出。包括用于研究与发展课题活动的直接支出，还包括间接用于研究与发展活动的一切支出(院、所管理费、维持院所正常运转的必需费用和与研究发展有关的基本建设支出)。

【科学家和工程师】 指大学毕业及以上文化程度和其他具有高、中级职称的从事科技活动人员。

【其他科技人员】 指中专、大学毕业和具有初级职称的从事科技活动人员。

【自然科学技术人员】 指已取得科学技术职称，或大学、中专的理、工、农、医院系毕业，以及国民经济各部门从工作实践中提拔，从事理、工、农、医等自然科学技术的研究、教学、生产的专业人员和在机关、企业、事业中从事科学技术业务管理工作的专业人员。

【工程技术人员】 指在国民经济各行业从事工程技术工作的自然科学技术专业人员，包括高级工程师、工程师、助理工程师、技术人员和未评定职称的技术人员。

【农业技术人员】 指在国民经济各行业从事农业技术工作的自然科学技术专业人员，包括：高级农艺师、农艺师、助理农艺师、技术员和未评定职称的技术人员。

【卫生技术人员】 指在国民经济各行业从事卫生医务工作的自然科学技术专业人员，包括：正副主任医师、主治医师、医师、医(护)士和未评定职称的技术人员。

【科学研究人员】 指在国民经济各行业从事科学技术活动的自然科学技术专业人员，包括：正副研究员、助理研究员、研究实习员、技术员和未评定职称的技术人员。

【教学人员】 指在国民经济各行业从事自然科学技术方面教学活动的专业人员，包括：正副教授、讲师、助教、教师和在中学从事自然科学技术方面教学活动的人员。**【发明】** 专利法及其实施细则所称的发明是指对有关产品、方法或其改进所提出的新的技术方案。

【实用新型】 专利法及其实施细则所称实用新型是指对产品的形状、构造或者其结合所提出的适于实用的新的技术方案。

【外观设计】 专利法及其实施细则所称外观设计是指对产品的形状、图案、色彩或者其结合所作出的富有美感并适于工作上应用的新设计。

【技术开发活动】 是指以工业企业为主体开展的科学技术活动。包括：基础研究、应用研究、实验发展和研究与实验发展成果应用的四部分科学技术活动。

【1.基础研究】 指不直接考虑用途，以揭示客观事物的本质、运动规律、获得新发现、新学说为目的或对已有的规律、发展、学说作系统性的补充而进行的理论研究或实验，其成果以科学论文、科学著作为主要形式。

【2.应用研究】 利用基础研究所发现的知识，确定特定的目标，为了明确基础研究成果的实用化

的可能性,探索新方法(原理性)而进行的独创性研究,以及对已经实用化的技术探索新的应用方法(原理性而进行的研究。以及对已经实用化的技术探索新的应用方法(原理性)而进行的研究。应用研究实际上并不直接产生新的(或改进)产品或工艺,其成果以科学论文、科学著作和原理性模型为主。

【3.实验发展】 指利用基础研究,应用研究及实际经验所获得的知识,为研制新的材料、产品和装置的原型,建立的新的工艺、系统和服务,以及对已生产和建立的产品、工艺进行实质性改进而从事的系统性工作,其成果为一种具有新产品或新技术基本特征的原型,或为实验报告。

研究研究、应用研究和实验发展简称研究与发展。

【4.研究与发展成果应用】 为解决研究与发展活动阶段产生的新产品、新装置、新工艺、新技术、新方法、新系统和服务等能投入生产或在实际中运用所存在的技术问题而进行的系统性活动。

【技术开发项目(课题)】 指一般为企业以上管理机构订定,并实际有专门人员实施的技术开发活动的项目(课题)。若项目(课题)只列入计划,未实施,不统计;若计划项目(课题)在实施过程中分解为多个小项目(课题),则按实际的技术开发项目(课题)进行情况统计,不按计划项目数统计。

【技术改造支出总额】 指用于企业技术改造支出费用的总额。技术改造是指企业在坚持科学技术进步的前提下,把科学技术成果应用于企业生产的各个领域(产品、设备、工艺等),用先进的技术改造落后的技术,用先进的工艺、设备代替落后的工艺、设备、实现以内涵为主的扩大再生产,从而提高产品质量,促进产品更新换代、节约能源、降低消耗,全面提高社会综合经济效益。

【技术引进支出总额】 指企业在报告年内用于购买国外技术(包括购买设计、流程配方、图纸、工艺专利等技术资料)的费用,以及引进国外的关键设备、仪器、样机所支付的经费总额。其中:

用于引进设计、图纸、工艺、专利的经费:包括购买国外设计、流程配方、工艺、图纸、专利等技术资料用款。

用于消化吸收的经费:指企业在报告年内,对国外引进项目进行消化吸收所支出的经费总额,包括:人员培训费、测绘费、参加消化吸收工作的人员工资、工装、工艺开发费、必备的配套设备费、翻版费等。引进技术的消化吸收,指对引进技术的掌握、应用、复制而开展的工作,以及在此基础上的创新。通过这项工作,能够具备掌握引进技术和自我开发能力。

用于购买国内技术的经费:指本企业在报告年内为发展本企业的生产,而购买国内(企业外单位)技术成果的经费支出:包括购买设计图纸、工艺、配方、关键设备等所支付的经费总额。

【新产品】 指在报告期内,从本企业角度出发,下列两种类型的产品,一是全新产品,其用途、技术设计和材料三者都有显著变化的产品。二是在原有产品的基础上,其性能得到提高或改进的产品。

若产品在美学上(外观、颜色、图案设计、包装等)的改变及技术上的较小变化,属产品差异,不作为新产品统计。

【国家级新产品】 是指经国家有关部门认定,并有国家级鉴定证书的新产品。

【高技术产品销售收入】 高技术产品销售收入与一般产品销售收入概念相同,所不同的是其产品是高技术领域的产品。从统计范围来看,高技术产品销售收入是企业全部产品销售收入的组成部分。

【高技术产品】 是指高技术领域的工业产品。高技术领域包括下列范围:

1.微电子和电子信息技术;

2.空间科学和航空航天技术;

3.光电子科学和光电机一体化技术;

4.生命科学和生物工程技术;

5.材料科学和新材料技术;

6.能源科学和新能源、高效节能技术;

7.生态科学和环境保护技术;

8.地球科学和海洋工程技术;

9.基本物质科学和辐射技术;

19.医药科学和生物医学工程;

11.其他在传统产业基础上应用的新工艺、新技术。

【全部技术性收入】 包括一般性技术收入和高技术性收入。

【本企业开发的科技成果转让收入】 填写报告年内本企业对外企业转让本企业当年或以往的科技成果(如设计图纸、配方、工艺……)的收入总额。其中:

【技术出口收入】 指本企业报告年内向国外转让本企业当年或以往的科技成果(如设计图纸、配方、工艺……)的收入、收入为外币时需按当时的江价换算为人民币计算填写。

【本企业对外技术服务收入】 指企业在报告年内,本企业对企业外单位提供的有偿服务,如:试验测试、技术培训、技术指导、咨询服务等获得的收入总额,不包括对本企业产品实行质量保修而进行的服务。

【高技术性收入】 是企业报告年内与高技术产

品及高技术有关的技术、工艺等技术转让、技术咨询、技术服务、技术培训、技术工程设计、试验等所获得的收入。它是企业报告年内全部技术性收入的组成部分。

【文化事业机构】 指从事专业文化工作和为专业文化工作服务的单独核算、独立建制的单位。不包括文化主管部门直属单位举办的其他行业和各部门的业余文化组织。

【艺术表演团体】 指从事戏曲、音乐、舞蹈、杂技等专业艺术表演、有独立账户,实行单独核算的团体。不包括半工半艺、半农半艺的业余剧团。

【电影放映单位】 指具有放映机器设备、固定或不固定的的放映场所与专职或兼职的放映技术人员,经有关部门登记批准,经常为一定的观众对象放映电影的机构。包括经批准对外开放进行营业。并与电影发行放映管理机构分账的专用放映单位和军委系统租片单位。

【电影观众人数(人次)】 指各类型放映单位及军委系统租片单位映出的观众人次数。一个观众连续看了一部长片和短片专场规定的短片,为二人次。

【艺术表演观众人数(人次)】 指售票、包场演出或民族地区免费演出的艺术表演观众人次数。不包括彩排审查和内部观摩演出的观看人次数。

体育、卫生、社会福利和其他 18

SPORTS, PUBLIC HEALTH, SOCIAL WELFARE AND OTHERS

●1995年,全市各级举办运动会1309次,参加运动会的运动员19.97万人。

●1995年,全市打破世界记录1项,全国记录4项,省记录20项,市记录60项。

●1995年,全市拥有卫生机构2224个,病床4.5万张,卫生技术人员5.56万人,其中医生2.53万人。

●1995年,全市律师工作者1024人。

资料整理

施 琳

每万人拥有医生

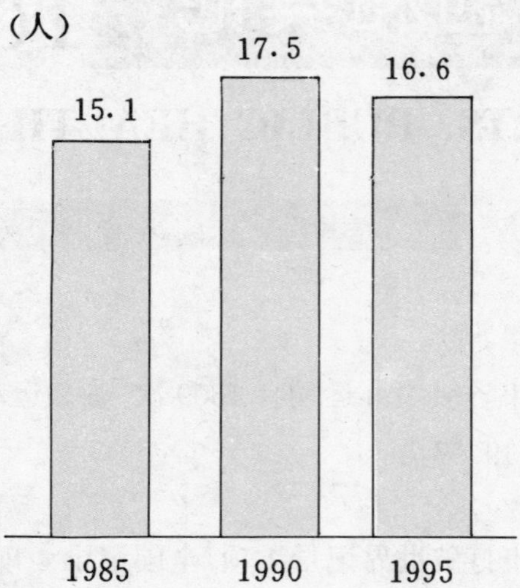

每万人拥有医院病床

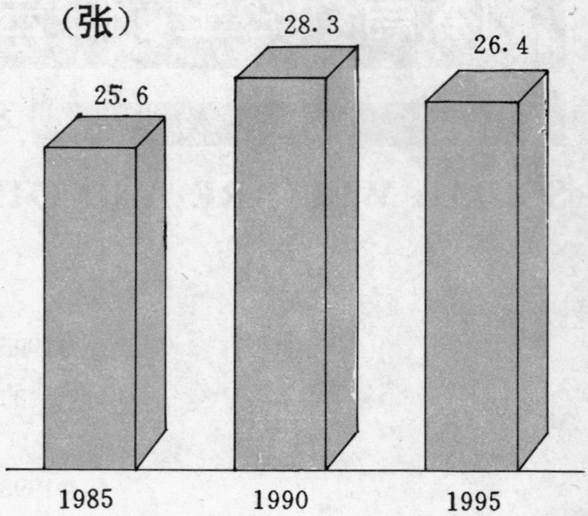

等级运动员构成

（1995年）

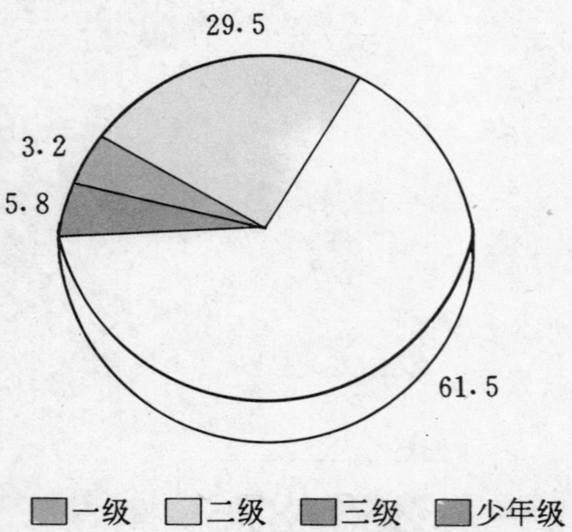

“三废”综合利用

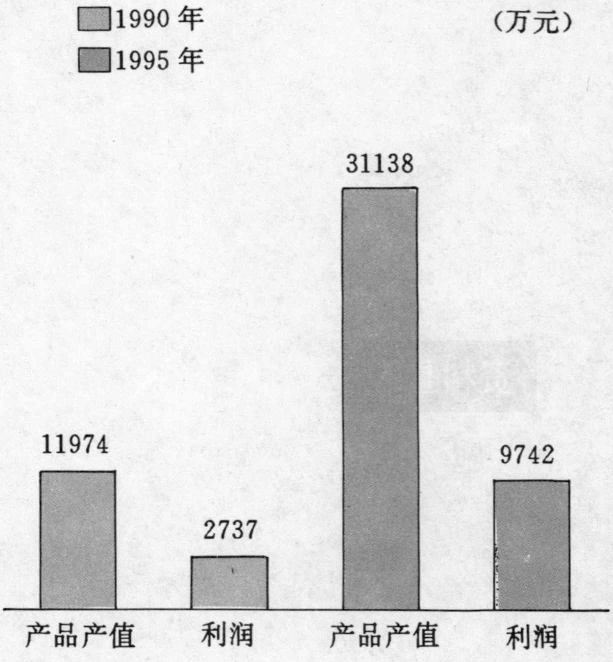

18－1 体育活动情况

项　　　目	1985年	1990年	1992年	1993年	1994年	1995年
一、国内体育						
1.举办运动会次数(次)	2135	2221	2086	1455	1507	1309
县级以上	782	807	595	696	770	650
国家级	－	－	－	－	－	－
省级	－	－	－	－	－	－
地级	76	－	－	86	79	78
县级	706	－	－	610	691	572
乡镇级	1353	1414	1491	759	737	659
2.参加运动会的运动员(人)	226842	232245	279299	181766	209671	199672
县级以上	83188	143807	116617	117077	143163	133027
国家级	－	－	－	－	－	－
省级	－	－	－	－	－	－
地级	15463	－	－	20543	20182	22111
县级	67725	－	－	96534	122981	110916
乡镇级	143654	88438	162682	64689	66508	66645
3.优秀运动员(人)	153	111	94	101	179	113
4.等级运动员发展人数(人)	521	1106	1030	1004	783	945
5.等级裁判员发展人数(人)	554	834	756	1277	1043	1204
6.《国家体育锻炼标准》达标人数(人)	574563	957125	2121278	1726176	961586	1066439
二、国际体育						
来渝的国家和地区(起)	3	9	5	12	5	2
来渝的运动员(人次数)	72	34	55	76	47	133

18－2 业余体育学校基本情况

年　　份	学校数(所)	在校学生数(人)	输送和考入高等学校人数(人)	#输送优秀运动员人数	专职教练员人数(人)
1985	34	2374	253	99	158
“七五”时期					
1986	39	2384	162	84	163
1987	59	3272	265	57	148
1988	63	3809	218	70	148
1989	36	4086	274		156
1990	40	3461	244		157
“八五”时期					
1991	45	3826	311	209	183
1992					
1993	27	3298	345	220	149
1994	27	3504	355	225	152
1995	27	2916	283	169	146

18－3 等级运动员和等级裁判员分项发展人数

(1995年)

单位:人

运动项目	等级运动员	运动健将	一级	二级	三级	少年级	等级裁判员
总计	**945**	**–**	**30**	**279**	**581**	**55**	**1204**
#女	408	–	–	112	262	26	293
#田径	353	–	1	31	272	49	391
游泳	116	–	–	39	71	6	56
跳水	4	–	–	4	–	–	–
体操	40	–	–		40	–	16
艺术体操	48	–	–	9	39	–	–
举重	4	–	2	2	–	–	–
中国式摔跤	10	–	3	7	–	–	–
柔道	11	–	3	4	–	–	3
击剑	1	–	–	1	–	–	–
中国象棋	2	–	–	2	–	–	1
足球	53	–	–	42	11	–	62
蓝球	89	–	–	40	49	–	292
排球	56	–	–	34	22	–	71
乒乓球	11	–	1	6	4	–	2
羽毛球	12	–	1	7	4	–	13
航空模型	7	–	1	5	1	–	–
武术	58	–	3	36	19	–	91
航海模型	7	–	4	3	–	–	–

18－4 体育运动打破纪录项数和人数

项目	1985年	1990年	1992年	1993年	1994年	1995年
一、世界纪录						
项数	–	–	–	1	–	1
人数	–	–	–	2	–	1
次数	–	–	–	1	–	1
二、全国纪录						
项数	–	8	–	6	4	4
人数	–	5	–	4	3	3
次数	–	11	–	6	5	5
三、四川省纪录						
项数	14	53	11	36	39	20
人数	15	35	7	26	23	18
次数	32	84	12	43	50	26
四、本市纪录						
项数	52	80	15	73	74	60
人数	44	43	11	47	36	31
次数	109	109	17	108	77	72

18－5 卫生事业基本情况

年份　区市县	机构数（个）	#医院	床位数（张）	卫生技术人员（人）	#医生	#护师、护士
1985	2494	881	35939	49999	21212	8412
“七五”时期						
1986	2632	812	35883	51009	22100	8638
1987	2644	804	37699	51817	22482	8862
1988	2633	809	39534	53076	23606	10041
1989	2655	822	41621	53335	25393	11722
1990	2668	821	41951	54097	25903	12386
“八五”时期						
1991	2677	822	43388	54999	25722	12579
1992	2669	821	43926	55865	25774	12894
1993	2247	794	44456	54453	25047	12924
1994	2224	1090	44564	55129	25166	13356
1995	2224	1088	45032	55605	25228	13601
渝中区	166	23	5620	8926	4075	2837
大渡口区	35	12	844	1234	525	305
江北区	102	26	3433	3450	1388	1018
沙坪坝区	129	36	3733	3967	1585	1044
九龙坡区	137	33	3479	4603	2058	1212
南岸区	84	21	2319	2807	1215	838
北碚区	135	47	2551	2464	1196	622
万盛区	37	18	1131	1297	494	501
双桥区	7	3	115	172	83	40
渝北区	92	73	784	1524	720	235
巴南区	131	71	2438	2801	1172	620
江津市	189	124	2571	3304	1849	511
合川市	160	111	2557	2837	1325	525
永川市	115	54	2807	3065	1420	704
长寿县	91	53	1658	2693	1236	573
綦江县	109	71	2262	2579	1000	699
潼南县	104	68	1119	1375	742	277
铜梁县	126	67	1506	1747	899	244
大足县	112	72	1416	1534	786	192
荣昌县	78	57	1591	2054	822	393
璧山县	85	48	1098	1172	638	211

18-6 卫 生 机 构 数

单位:个

年 份	总 计	医 院	#县及县以上	#农村卫生院	疗养院、所	门诊部、所	专科防治所、站
1985	2494	881	130	751	11	1476	7
"七五"时期							
1986	2632	812	132	680	10	1627	7
1987	2644	804	136	668	9	1639	9
1988	2633	809	139	670	9	1623	8
1989	2655	822	190	608	9	1622	8
1990	2668	821	190	610	9	1625	8
"八五"时期							
1991	2677	822	198	607	9	1590	8
1992	2669	821	199	606	9	1581	8
1993	2247	794	202	577	9	1230	5
1994	2224	1090	202	873	9	909	6
1995	2224	1088	201	872	9	908	6

18-6 续表

单位:个

年 份	卫 生防疫站	妇幼保健所、站	药品检验所、室	其他卫生事业机构	医学科学研究机构	高等医药院 校	中等医药院 校
1985	24	21	22	43	3	1	5
"七五"时期							
1986	24	21	22	100	3	1	5
1987	23	21	22	106	3	1	7
1988	23	21	22	107	3	1	7
1989	23	21	22	107	3	1	7
1990	27	20	22	124	4	1	7
"八五"时期							
1991	27	21	22	166	4	1	7
1992	27	21	22	168	4	1	7
1993	29	21	22	107	5	2	23
1994	29	21	22	108	5	2	23
1995	29	22	22	110	5	2	23

18－7 卫生机构床位数

单位:张

年　份	总　计	医　院	#县及县以上医院	#农村卫生院	疗养院、所	其他卫生机构	每万人医院床位数(张)
1985	35939	18221	17079	9646	1987	548	25.6
"七五"时期							
1986	35883	32302	22453	8943	1678	1247	25.1
1987	37699	33730	23752	9049	1706	1050	23.3
1988	39534	35164	24895	9266	1848	1063	24.1
1989	41621	36992	26568	9353	1929	1238	25.1
1990	41951	37348	26905	9372	1741	1356	25.2
"八五"时期							
1991	43388	38375	27949	9371	1877	1411	25.8
1992	43926	38900	28470	9400	1851	1380	26.0
1993	44456	39408	28821	9633	1857	1172	26.6
1994	44564	39648	29148	9570	1807	1060	26.2
1995	45032	39968	29317	9724	1825	1090	29.6

18－8 卫生机构人员数

单位:人

年　份	总　计	卫生技术人员	#医　生	#中医师	#西医师	#中医士	每万人医生数(人)
1985	63259	49999	21212	1347	8648	5967	15.1
"七五"时期							
1986	64743	51009	22100	1374	8751	6133	15.5
1987	65661	51817	22482	1442	8895	6267	15.5
1988	66689	53076	23606	2330	11497	4500	16.2
1989	66969	53335	25393	3673	13540	4217	17.3
1990	67917	54097	25903	4019	13924	4259	17.5
"八五"时期							
1991	69446	54999	25722	3940	13899	4223	17.3
1992	70693	55865	25774	3920	14036	4218	17.2
1993	69460	54453	25047	3888	14591	3472	16.7
1994	69939	55129	25166	4309	15179	3111	16.6
1995	70533	55605	25228	4367	15081	3333	16.6

18－9 卫生事业机构、床位和人员数

(1995年)

机构类别	机构数(个)	床位数(张)	人员数(人)	卫生技术人员	其他技术人员	管理人员	工勤人员
全市总计	**2224**	**45032**	**70533**	**55605**	**1280**	**6418**	**7230**
医院合计	1088	39968	53192	42443	334	4790	5625
县及县以上医院	201	29317	38058	29336	334	3570	4818
综合医院	154	20063	26325	20446	196	2351	3332
中医医院	25	3129	4132	3386	16	397	333
医学院附属医院	3	1742	3238	2387	63	286	502
传染病院	1	170	195	129	4	25	37
精神病院	7	1571	897	646	7	105	139
结核病院	2	612	525	337	7	75	106
妇幼保健院	1	300	396	284	4	46	62
麻风病院	1	100	22	17	－	3	2
职业病职	2	320	445	321	－	61	63
口腔医院	1	50	236	174	6	29	27
肿瘤医院	1	479	609	442	17	82	68
康复医院	1	33	29	21	－	7	1
中西医结合医院	1	502	609	455	1	70	83
其他专科医院	1	246	400	291	13	33	63
农村卫生院	872	9724	14220	12396	－	1140	684
其他医院	15	927	914	711	－	80	123
疗养院、所	9	1825	808	413	8	118	269
门诊部、所	908	1361	6102	5402	1	354	345
专科防治所、站	6	40	184	132	2	24	26
卫生防疫站	29	20	1847	1447	42	190	168
妇幼保健所、站	22	353	810	655	1	87	67
药品检验所、室	22	－	275	205	8	38	24
其他卫生事业机构	110	1090	1147	840	49	149	109
医学科学研究机构	5	30	674	184	251	94	145
高等医药院校	2	150	1720	738	376	344	244
中等医药院校	23	195	1256	610	208	230	208
个体开业人员	－	－	2536	2536	－	－	－

18－10 卫生机构各类人员数

单位:人

人员分类	1985年	1990年	1992年	1993年	1994年	1995年
一、全市总计	**63259**	**67917**	**70693**	**69460**	**69939**	**70533**
卫生技术人员	49999	54097	55865	54458	55129	55605
其他技术人员	840	1313	1287	1271	1369	1280
管理人员	4827	5667	6385	6432	6214	6418
工勤人员	7593	6840	7156	7304	7227	7230
二、卫生技术人员						
中医师	1347	4019	3920	3888	4309	4367
西医师	8648	13924	14036	14591	15179	15081
中西医结合高级医师	15	76	78	92	126	122
护师	954	5907	5688	6729	7844	8125
中药师	134	758	753	811	1030	1109
西药师	601	1670	1611	1756	1853	1895
检验师	418	1343	1366	1250	1578	1659
其他技师	187	668	662	756	830	847
中医士	3844	3177	3078	2707	2179	2016
西医士	5967	4259	4218	3472	3111	3333
护士	7458	6479	7206	6195	5512	5476
助产士	1188	960	910	756	678	650
中药剂士	975	1149	1273	1202	1032	964
西药剂士	1497	1052	1133	977	885	886
检验士	1151	698	739	543	575	564
其他技士	679	531	526	508	431	477
其他中医	1391	448	444	297	262	309
护理员	4101	2257	2556	2481	2454	2382
中药剂员	1459	715	760	677	588	533
西药剂员	1139	679	716	636	612	592
检验员	536	334	414	378	397	344
其他初级卫生技术人员	6300	2994	3778	3751	3664	3874
三、每万人口有卫生技术人员(人)	35.6	36.5	37.3	36.2	36.5	36.6
#医生	15.1	17.5	17.2	16.7	16.6	16.6

18－11 卫生机构医疗工作情况

(1995年)

机构类别	总诊疗人次数(万人次)	#门诊	健康检查人数(万人)	入院人数(万人)	出院人数(万人)	家庭病床总数(张)	治愈率(%)	好转率(%)	病死率(%)
全市总计	**4530.0**	**4464.8**	**102.2**	**63.3**	**63.2**	**2673**	**69.3**	**26.0**	**1.5**
一、医院	**3289.6**	**3249.5**	**60.4**	**60.6**	**60.5**	**2673**	**69.3**	**26.0**	**1.5**
县级县以上医院	1850.4	1814.9	36.4	34.3	34.5	2494	64.3	30.0	2.3
卫生部门	840.5	831.1	22.7	22.7	22.9	1479	62.5	31.8	2.0
综合医院	385.3	379.2	16.9	13.7	13.8	521	63.1	31.2	2.0
中医医院	243.0	241.0	2.9	3.2	3.2	445	59.2	36.4	1.5
医学院附属医院	130.0	128.9	0.3	3.3	3.3	152	69.4	24.5	2.3
传染病院	0.8	0.7	－	0.1	0.1	192	73.2	19.5	1.8
精神病院	5.3	5.3	1.1	0.4	0.4	－	37.8	55.3	1.0
结核病院	2.7	2.7	－	0.2	0.2	－	11.4	76.9	3.8
妇幼保健院	10.9	10.9	0.2	0.3	0.3	－	92.3	6.9	－
职业病职	6.2	6.2	0.5	0.2	0.2	74	54.1	36.3	3.9
肿瘤医院	9.8	9.8	0.5	0.5	0.6	－	43.8	44.7	3.5
口腔医院	12.9	12.9	－	－	－	－	85.2	13.8	－
中西医结合医院	27.6	27.5	0.2	0.5	0.5	13	63.9	30.8	2.9
其他专科医院	6.0	5.8	－	0.3	0.3	82	59.6	34.6	2.6
工业及其它部门	1009.9	983.9	13.7	11.7	11.6	1015	67.9	26.3	3.0
农村卫生院	1388.2	1383.6	22.4	25.9	25.7	68	76.5	20.4	0.3
其他医院	51.0	51.0	1.7	0.4	0.3	111	46.3	48.1	2.8
二、预防保健门诊部、所	**1240.4**	**1215.3**	**41.8**	**2.7**	**2.7**	－	－	－	－
#门诊部、所	714.8	714.8	20.7	－	－	－	－	－	－
疗养院、所	11.1	10.9	0.1	0.5	0.5	－	－	－	－
卫生防疫站	3.0	3.0	12.8	－	－	－	－	－	－
专科防治所、站	2.6	2.6	0.1	－	－	－	－	－	－
妇幼保健所、站	46.7	44.9	4.2	0.6	0.6	－	－	－	－

18－12 社会福利事业、企业单位数和工作人员

项目	机构（个）			人员（人）		
	1985年	1994年	1995年	1985年	1994年	1995年
全市合计	**570**	**1168**	**1163**	**14623**	**26987**	**29100**
一、优抚事业单位	7	14	14	97	125	124
1.革命伤残军人休养院	1	1	1	77	73	71
2.光荣院	4	6	6	15	32	33
3.烈士纪念建筑物管理单位	–	7	7	–	20	20
二、军队离退休干部休养院	–	23	24	–	150	155
三、社会福利事业单位	21	23	25	809	885	881
四、殡葬事业单位	17	21	20	225	330	342
五、军队供应管理单位	–	4	4	–	75	81
六、社会福利企业单位	525	1083	1076	12913	25422	27513
#社会办	496	1029	1038	9011	20848	23363

18－13 社会福利事业单位基本情况

项目	机构(个)		人员(人)		床位数(人)		年末收养人数(人)	
	1994年	1995年	1994年	1995年	1994年	1995年	1994年	1995年
全市合计	**712**	**680**	**2374**	**2277**	**19503**	**18523**	**13034**	**12751**
一、民政部门办社会福利事业单位	37	32	1010	985	3370	3790	1994	2404
优抚休疗养院	7	7	105	104	96	256	145	139
二、城镇集体办光荣院敬老院	278	505	610	1034	6162	11676	4419	8088
光荣院	–	–	–	–	–	–	–	–
敬老院	278	505	610	1034	6162	11676	4419	8088
三、农村集体办光荣院、敬老院	397	143	754	258	9971	3056	6621	2259
光荣院	–	–	–	–	–	–	–	–
敬老院	397	143	754	258	9971	3056	6621	2259

18－14 享受补助、救济人员情况

项目	单位	1985年	1990年	1992年	1993年	1994年	1995年
农村贫困户得到救济人数	人次	257043	199763	108763	136464	140551	99995
农村散居五保户人数	人	28226	24445	20641	－	－	－
#得到国家定期定量救济人数	人	904	827	2253	304	1375	65
得到集体给予补助人数	人	24489	22905	17008	19037	21215	21464
城镇困难户得到救济和补助人次数	人次	16226	33415	43457	36628	36462	35894
#得到国家定期定量救济人数	人	3909	3492	3157	3813	4295	5202
精减退职老弱残职工得到救济人数	人	12466	12951	12954	12816	12735	12537
享受原工资40%救济人数	人	4488	4164	4073	3993	3956	3853
享受定期定量救济人数	人	7978	8787	8881	8823	8779	8684
本年新增扶贫户数	户	44045	29331	25958	26888	31824	29483
本年新增脱贫户数	户	19370	27063	27364	27284	30094	28884

18－15 自然灾害救济情况

项目	单位	1985年	1990年	1992年	1993年	1994年	1995年
一、遭受自然灾害的成灾人口	万人	**309.78**	**167.0**	**613.96**	**283.41**	**402.85**	**447.07**
占农业人口比重	%	28.95	14.98	54.88	25.39	36.13	40.13
成灾人口中：							
特重灾民	万人	18.90	24.10	81.63	16.16	66.41	82.89
重灾民	万人	74.39	59.60	214.20	73.52	145.00	173.21
轻灾民	万人	216.49	86.30	318.14	193.73	191.44	191.77
二、得到国家救济的成灾人口	万人	**13.32**	**22.03**	**15.91**	**14.57**	**10.35**	**16.99**
三、自然灾害救济费用	万元	**173**	**616**	**506**	**337**	**337**	**932**
#生活救济费用	万元	93	416	216	264	264	594

18－16 “三废”排放、处理及综合利用情况

项　　目	1985年	1990年	1992年	1993年	1994年	1995年
一、废水排放总量(万吨)	62117	64000	65021	69597	52262	62546
工业废水	50268	49199	39017	34252	30574	29184
经过处理的	5025	11045	15938	11396	8545	10086
符合排放标准的	19611	21877	20746	19916	17903	17401
二、废气排放总量(亿标立方米)	1627	1422	1995	1614	1851	1708
燃烧过程中废气	972	1010	1454	1313	1420	1336
经过消烟除尘的	254	503	551	566	588	632
生产工艺过程中废气	654	412	541	501	431	372
经过净化处理的	66	342	416	362	273	259
废气中:						
二氧化硫(万吨)	80.36	70.94	78.09	77.07	79.00	75.74
工业烟尘(万吨)	12.36	17.92	7.01	5.47	5.07	4.68
三、工业粉尘排放量(万吨)	17.35	7.07	5.59	5.31	4.60	4.99
工业粉尘回收量(万吨)	19.60	13.85	23.44	28.82	27.99	25.30
四、工业固体废物(万吨)						
产生量	1156	678	724	706	646	684
处置量	526	19	119	89	127	85
综合利用量	313	263	351	357	323	387
排放量		100	36	20	16	16
历年堆存总量	7646	8051	8536	8804	8985	9167
五、三废综合利用(万元)						
产品产值		11974	18815	19311	20585	31138
利润		2737	4728	6465	7676	9742

18－17 企事业污染治理情况

项　　目	1985年	1990年	1992年	1993年	1994年	1995年
一、资金来源合计(万元)	3532.39	6275	10282	7857	8581	12862
基本建设资金	777.93	1612	1730	1307	1700	6212
更新改建资金	925.16	3021	4970	2556	3944	3681
综合利用利润留成	146.31	129	116	225	214	183
环境保护补助资金	730.01	754	2052	2050	1887	1280
#贷款	539.03	149	1841	1858	1734	1157
其他	413.94	759	1414	1718	836	1506
二、资金使用合计(万元)	3532.38	7622	10282	7857	8581	12862
治理废水	1727.52	3756	4305	3115	3449	5731
治理废气	1034.16	2766	3987	2026	3064	3848
治理废物	306.92	792	485	1314	1080	1257
治理噪声	88.21	270	1323	849	810	480
其他	375.57	38	182	552	177	1546
三、当年安排治理项目(个)	332	519	447	414	350	239
当年竣工项目(个)	334	497	332	359	272	185
四、当年竣工项目设计处理利用“三废”能力						
废水(吨/日)	2471.25	4284	3423	16000	36355	17640
废气(万标立方米/时)					15152	180
固体废物(万吨/年)	16.18	7.58	14.10	46.90	13.40	7.10

18－18 律师、公证、调解工作基本情况

项　　目	单位	1985年	1990年	1994年	1995年
一、律师工作					
律师事务所	所	26	28	56	69
律师工作者	人	566	987	1248	1024
#专职	人	78	231	284	326
聘请担任法律顾问单位	处	684	1885	3042	3543
民事代理	件	1767	6863	4987	4892
刑事代理	件	1128	5629	3770	3241
非诉讼案件	件	306	1031	3079	18831
解答法律询问	件	17922	38716	24093	26467
代与法律事务文书	件	7521	11963	9781	8574
二、公证工作					
公证处	个	22	22	22	22
公证人员	人	65	122	122	117
#公证员	人	23	75	86	105
受理公证书	件	9832	34223	56759	58427
出证	件	–	33693	55646	58422
三、人民调解工作					
专职司法助理员	人	319	659	849	808
人民调解委员会	个	12942	12203	12635	12769
调解员	人	125327	113674	152593	143943
调解纠纷	件	125324	126945	105738	90820

18－19 国　内　公　证　文　件

单位:件

项　　目	1985年	1990年	1993年	1994年	1995年
一、经济公证合计	7236	26229	30487	33499	30360
#购销	293	82	405	223	1107
建筑工程承包	567	297	203	161	59
农林企副渔业承包	872	391	621	335	88
财产租赁	58	306	890	290	122
劳动合同	2431	6235	6252	4546	78
贷款	399	3829	2651	12465	9456
二、民事公证合计	2176	7464	22038	16148	13086
#收养	565	1254	1267	1292	1401
继承权	107	526	1940	751	123
遗嘱	141	328	346	251	1205
房屋买卖	137	246	775	1013	1378
房屋租凭	64	518	417	691	632
产权	314	63	324	452	179
协议书	–	1027	3537	3962	5452
宅基地使用权	–	–	2624	300	–

18－20 涉外公证文书

单位:件

项目	1985年	1990年	1993年	1994年	1995年
涉外公证合计	**420**	**1978**	**5064**	**6652**	**7488**
出生	117	260	1081	1251	1802
学历	56	170	1003	870	1165
死亡	2	6	30	35	56
婚姻状况	50	162	708	767	1134
亲属关系	54	140	417	523	667
未受刑事处分	52	223	662	813	1001
委托书	–	18	106	284	400
声明书	–	–	82	38	53
经历	–	140	183	350	365
副本与原本相符	–	22	128	89	33
商标注册	–	–	4	–	–
其他经济合同	–	–	14	2	7

18－21 调解纠纷

单位:件

项目	1985年	1990年	1993年	1994年	1995年
调解纠纷合计	**125324**	**126945**	**103575**	**105738**	**94862**
婚姻	18685	24411	25934	25684	24557
继承	3092	4588	4241	4653	3810
赡抚养	7008	7898	7354	8173	6603
房屋、宅基权	10578	8686	5752	6214	5323
债务	2239	4216	5123	9494	5267
生产经营	15410	16656	11764	12677	11547
赔偿	11737	9430	8472	8857	7275
邻里	–	17773	17287	17430	15298
其他	50700	11103	8136	7526	7610

主要统计指标解释

【等级运动员人数】 指经考核正式批准授予等级运动员称号的人数。运动员等级分为国际运动健将、运动健将一级运动员、二级运动员、三级运动员、少年级运动员。

【等级裁判员人数】 指经考核正式批准授予等级裁判员称号的人数。裁判员等级分为国际裁判、国家级裁判、一级裁判、二级裁判、三级裁判。

【体育馆】 指有固定看台可供篮球、排球、羽毛球、乒乓球、体操等项目训练比赛活动用的室内场地。以看台容纳观众人次分，甲级6000人以上，乙级4000－6000人，丙级2000－4000人，丁级2000人以下。

【医院】 指名称为医院，设有固定床位能收容病人住院并能为病人提供医疗、护理服务的医疗机构。包括县及县以上医院、农村乡卫生院、其他医院三部分。按所属性质分为卫生部门、工业及其他部门、集体所有制三类。其中县及县以上医院按业务性质分为综合医院和专科医院。

【卫生技术人员】 指卫生事业机构支付工资的全部固定职工和合同制职工中现任职务为卫生技术工作的人员。包括中医师、西医师，中西医结合高级医师、护师、中药师、西药师、检验师、其他技师、中医士、西医士、护士、助产士、中药剂士、西药剂士、检验士、其他技士、其他中医、护理员、中药剂员、西药剂员、检验员、其他初级卫生技术人员。

【医生】 指经卫生部门审查合格，从事医疗工作的专业人员。分为中医医生和西医医生。包括卫生技术人员中的中医师、西医师、中西医结构高级医师、中医士、西医士和其他中医。

【社会福利事业单位】 指集中收养社会孤老、残、幼的机构。包括由民政部门管理的社会福利院、儿童福利院、精神病人福利院和城镇集体办的福利院，以及农村集体举办的敬老院。

【社会福利企业单位】 指以安置城镇有一定劳动能力的盲、聋、哑和肢体残疾人员就业为目的，享受国家减免税待遇的全民所有制或集体所有制企业。包括福利工厂、福利商业服务业、假肢厂和安置农场等单位。

【农村五保户】 指农村中既无劳动能力，又无经济来源的孤、老、残、幼家庭户。由集体供养，做到保吃、保穿、保医、保葬(弧儿保教)。

大中型企业情况 19

LARGE AND MEDIUM ENTERPRISES CONDITIONS

- 1995年,大中型工业企业单位312个,产品销售收入465.96亿元,利税总额44.67亿元。

- 1995年,大中型企业更新改造投资36.04亿元,比上年增长35.8%;技术开发项目2188项,从事技术开发人员27016人,技术开发经费支出69521万元。

- 工业、建筑业、批发零售贸易和餐饮业、对外经济贸易业和科技企业排序资料。

资料整理

陈　平　岑　健
赵东兵　周小平
吴　沛

379/394

19－1 大中型工业企业概况

(1995年)

单位:万元

类　　行	单位数(个)	年平均职工人数(人)	工业总产值(当年价)	固定资产原值年末数	产品销售收入	利税总额
全市总计	**312**	**739580**	**4616375**	**4785775**	**4659639**	**446729**
按经济类型分						
国有经济	261	660388	36773953	41028288	37423108	3038814
集体经济	25	29577	1209282	567702	1182020	43451
股份制经济	12	39136	6497902	2379977	6322514	1223186
外商投资经济	5	5458	1171665	3497827	1191612	37885
港、澳、台投资经济	9	5021	510952	383954	477140	123951
按轻重工业分						
轻工业						
以农产品为原料	75	111244	378234	424729	389046	2833
以非农产品为原料	60	88915	630235	549100	612445	51847
重工业						
采掘工业	6	90112	111981	286936	108205	9322
原料工业	44	142965	992979	1711843	1088612	74835
加工工业	127	306344	2502947	1813167	2461332	307891
按行业分						
采掘业						
煤炭采选业	6	90112	111981	286936	108205	9322
制造业						
食品加工业	9	7805	25309	40072	28291	－3564
食品制造业	10	10653	40936	39593	54409	1479
饮料制造业	4	2776	35347	38178	35177	10779
烟草加工业	1	2527	47135	27851	51362	26322
纺织业	36	73987	172807	219764	165533	－34132
皮革、毛皮、羽绒及其制品业	1	1133	578	5513	301	－953
木材加工及竹、藤、棕、草制品业	1	2274	2938	14898	2899	－420
家具制造业	1	124	645	1350	725	33
造纸及纸制品业	9	7693	33708	28543	32449	916
印刷业、记录媒介的复制	4	3935	16846	23628	16155	1019
文教体育用品制造业	1	614	－	－	－	－
化学原料及化学制品制造业	37	50914	334692	280137	335381	25233
医药制造业	9	12029	122958	60316	117408	10323
化学纤维制造业	3	11709	140569	211906	132737	12601
橡胶制品业	5	8927	39128	79676	35335	－519
塑料制品业	6	3514	16602	10603	16588	744
非金属矿物制品业	18	20228	77251	93660	72424	8923
黑色金属冶炼及压延加工业	7	76475	470105	590790	518056	31247
有色金属冶炼及压延加工业	5	15456	190025	235530	177544	5575
金属制品业	8	9951	40949	38401	39381	2004
普通机械制造业	28	55332	195681	255552	198645	9238
专用设备制造业	9	8861	21771	35609	20324	－1998
交通运输设备制造业	24	52555	587580	309955	559382	66207
武器弹药制造业	25	130284	1404636	818367	1396366	232006
电气机械及器材制造业	15	18439	93719	64718	91068	4670
电子及通信设备制造业	10	17093	97570	112016	94166	－4595
仪器仪表及文化、办公用机械制造业	9	23662	93783	119953	95249	1447
其他制造业	1	145	601	1145	2040	205
电力煤气水生产供应业						
电力、蒸汽、热水的生产和供应业	8	15751	183494	666271	220509	33521
煤气生产和供应业	1	1739	1160	29858	27100	－1948
自来水的生产和供应业	1	2883	15874	44988	14431	1046

19－2 大中型工业企业更新改造投资

指　　标	更新改造投资总额		#国　有
	1995 年	1994 年	1995 年
一、建设项目			
施工项目(个)	577	500	505
全部建成投产项目(个)	310	216	269
二、计划总投资(万元)	937714	843616	800081
开工至报告期累计完成投资	686474	601621	579461
开工至报告期累计新增固定资产	435329	299949	385545
三、本年完成投资(万元)	360358	265319	280790
1.按用途分			
生产性建设	333202	248895	255085
非生产性建设	27156	16424	25705
#住宅	12585	10609	12200
2.更改细用途			
#增　　产	225165		16505
节　　能	9283		7765
其他节约	469		351
增加品种	67500		57249
提高质量	20531		18656
三废治理	1348		1152
四、本年新增固定资产(万元)	339511	198799	298914
五、资金来源合计(万元)	423765	298778	343057
上年末结余资金	43581	42671	41912
本年资金来源	380184	256107	301145
国家预算内资金	19325	1000	19325
国内贷款	133675	131311	117095
债券	–	–	–
利用外资	14475	3369	6826
自有资金	203155	116968	148479
#企业单位自有	177194	104479	122518
其他资金	9554	3441	9420
#集资	4224	2000	4090
六、本年施工房屋面积(万平方米)	136.19	130.25	119.12
#住宅	44.89	43.00	43.70
本年竣工房屋面积	65.16	55.57	53.01
#住宅	21.49	22.33	20.85

19－3 大中型工业企业技术开发人员状况

（1995 年）　　单位：人

类　　别	从事技术开发人员数	#工程技术人员	#科学家工程师	企业办技术开发机构人员数	#科学家工程师
总　　计	**27016**	**16829**	**10831**	**8485**	**4182**
一、按隶属关系分					
中央属企业	11444	7044	4984	4134	2061
省属企业	－	－	－	－	－
地方属企业	15572	9785	5847	4351	2121
二、按规模分					
大型企业	20007	12857	8549	6811	3400
中型企业	7009	3972	2282	1674	782
三、按行业分					
煤炭采选业	173	162	94	－	－
食品加工业	131	70	67	58	28
食品制造业	320	103	92	92	15
饮料制造业	38	20	18	9	5
烟草加工业	11	11	6	－	－
纺织业	1186	727	291	75	38
皮革、毛皮、羽绒及其制品业	2	2	2	－	－
木材加工及竹、藤、棕、草制品业	－	－	－	－	－
家具制造业	－	－	－	－	－
造纸及纸制品业	139	55	14	32	9
印刷业、记录媒介的复制	104	68	22	15	10
文教体育用品制造业	－	－	－	－	－
化学原料及化学制品制造业	2519	1516	828	1037	400
医药制造业	487	282	188	207	103
化学纤维制造业	216	100	76	147	34
橡胶制品业	264	192	97	139	34
塑料制品业	18	18	16	3	1
非金属矿物制品业	281	161	93	83	25
黑色金属冶炼及压延加工业	1294	994	815	617	364
有色金属冶炼及压延加工业	715	488	451	10	6
金属制品业	422	217	120	113	52
普通机械制造业	3535	2304	1512	546	314
专用设备制造业	788	348	274	208	113
交通运输设备制造业	2686	1476	833	906	451
武器弹药制造业	6258	4136	2864	2604	1284
电气机械及器材制造业	1030	560	315	290	156
电子及通信设备制造业	2319	1257	914	966	519
仪器仪表及文化、办公用机械制造业	1999	1489	790	324	219
其他制造业	15	10	－	2	－
电力、蒸汽、热水的生产和供应业	51	48	29	2	2
煤气生产和供应业	15	15	10	－	－

19－4 大中型工业企业技术开发活动经费支出情况

（1995年）　　单位：万元

类别	技术开发经费支出	#开发新产品用款	技术改造经费支出	技术引进经费支出	用于消化吸收的经费	购买国内技术用款
总计	**69521**	**42934**	**276369**	**125814**	**4391**	**1402**
一、按隶属关系分						
中央属企业	29757	17734	122845	93586	1083	252
省属企业	–	–	506	–	–	–
地方属企业	39764	25200	153018	32228	3308	1150
二、按规模分						
大型企业	41231	25468	208202	113935	3752	485
中型企业	28290	17466	68167	11879	639	917
三、按行业分						
煤炭采选业	106	1	1191	1	–	–
食品加工业	513	469	615	–	–	–
食品制造业	158	90	287	2005	–	–
饮料制造业	16	15	4396	3190	–	–
烟草加工业	11	11	2998	–	–	–
纺织业	3423	1568	2315	2575	3	93
皮革、毛皮、羽绒及其制品业	1	1	–	–	–	–
木材加工及竹、藤、棕、草制品业	–	–	–	–	–	–
家具制造业	–	–	–	–	–	–
造纸及纸制品业	4229	397	3126	–	–	80
印刷业、记录媒介的复制	282	62	3000	2931	–	94
化学原料及化学制品制造业	5497	2268	33129	7992	27	524
医药制造业	1523	1215	10736	–	–	188
化学纤维制造业	859	113	32200	3275	495	–
橡胶制品业	405	386	538	655	–	82
塑料制品业	251	251	40	–	–	–
非金属矿物制品业	225	179	9689	–	–	–
黑色金属冶炼及压延加工业	3298	956	15869	298	500	65
有色金属冶炼及压延加工业	1835	1568	2134	2254	947	5
金属制品业	4693	2571	7676	4599	55	23
普通机械制造业	6433	3103	7193	4216	611	75
专用设备制造业	552	494	2177	579	–	48
交通运输设备制造业	5051	3400	53994	4690	1526	–
武器弹药制造业	15915	12665	58377	82880	26	52
电气机械及器材制造业	4225	3961	4390	1102	1	69
电子及通信设备制造业	5039	3893	2296	825	–	2
仪器仪表及文化、办公用机械制造业	4393	3272	1557	1748	201	3
其他制造业	8	8	–	–	–	–
电力、蒸汽、热水的生产和供应业	570	9	16381	–	–	–
煤气生产和供应业	12	12	700	–	–	–

19－5 大中型工业企业技术开发项目情况

（1995 年）　　单位:项

类　　别	项目数	新产品项目数	当年已完成项目	当年已投产项目	研究与发展项目数	基础研究	应用研究	试验发展
总　　计	**2188**	**1464**	**1085**	**819**	**553**	**—**	**31**	**522**
一、按隶属关系分								
中央属企业	792	500	352	260	316	－	21	295
省属企业	－	－	－	－	－	－	－	－
地方属企业	1396	964	733	559	237	－	10	227
二、按规模分								
大型企业	1529	891	677	477	453	－	21	432
中型企业	659	573	408	342	100	－	10	90
三、按行业分								
煤炭采选业								
食品加工业	27	－	13	10	－	－	－	－
食品制造业	36	35	24	19	－	－	－	－
饮料制造业	24	22	12	12	10	－	－	10
烟草加工业	10	9	6	5	－	－	－	－
纺织业	3	3	2	2	－	－	－	－
皮革、毛皮、羽绒及其制品业	80	68	67	48	4	－	2	2
家具制造业	1	1	－	－	－	－	－	－
造纸及纸制品业	－	－	－	－	－	－	－	－
印刷业、记录媒介的复制	2	2	1	1	1	－	－	1
文教体育用品制造业	7	6	6	7	2	－	－	2
化学原料及化学制品制造业	151	114	72	46	54	－	－	54
医药制造业	68	52	31	10	－	－	－	－
化学纤维制造业	21	6	15	15	3	－	－	3
橡胶制品业	62	55	27	9	41	－	－	41
塑料制品业	2	2	2	2	－	－	－	－
非金属矿物制品业	24	16	17	10	9	－	2	7
黑色金属冶炼及压延加工业	237	39	66	62	10	－	6	4
有色金属冶炼及压延加工业	27	17	12	14	9	－	－	9
金属制品业	40	32	24	24	－	－	－	－
普通机械制造业	358	218	177	99	67	－	－	67
专用设备制造业	25	23	18	15	1	－	－	1
交通运输设备制造业	188	152	116	113	30	－	6	24
武器弹药制造业	393	250	140	83	225	－	15	210
电气机械及器材制造业	38	38	25	20	8	－	－	8
电子及通信设备制造业	108	102	44	46	37	－	－	37
仪器仪表及文化、办公用机械制造业	239	199	160	144	42	－	－	42
其他制造业	1	1	1	1	－	－	－	－
电力、蒸汽、热水的生产和供应业	15	1	6	2	－	－	－	－
煤气生产和供应业	1	1	1	－	－	－	－	－

19－5续表

类　别	新产品销售收入(万元)	出口新产品销售收入(万元)	专利申请数(项)	专利获准数(项)
总　计	**910607**	**27216**	**48**	**45**
一、按隶属关系分				
中央属企业	530663	10363	17	22
省属企业	－	－	－	－
地方属企业	379944	16853	31	23
二、按规模分				
大型企业	809980	21536	34	36
中型企业	100627	5680	14	9
三、按行业分				
煤炭采选业	840	－	1	－
食品加工业	707	－	－	－
食品制造业	1078	435	－	－
饮料制造业	992	－	－	－
烟草加工业	198	－	－	－
纺织业	9659	185	1	－
匹革、毛匹、羽绒及其制品业	－	－	－	－
木材加工及竹、藤、棕、草制品业	－	－	－	－
家具制造业	－	－	－	－
造纸及纸制品业	13170	－	－	－
印刷业、记录媒介的复制	67	－	－	－
化学原料及化学制品制造业	37701	10093	8	4
医药制造业	7389	21	－	－
化学纤维制造业	464	－	－	1
橡胶制品业	2391	164	－	－
塑料制品业	1606	－	－	1
非金属矿物制品业	4308	57	2	1
黑色金属冶炼及压延加工业	6449	905	5	6
有色金属冶炼及压延加工业	47013	－	1	－
金属制品业	5507	3597	1	1
普通机械制造业	30228	405	6	5
专用设备制造业	4280	40	－	－
交通运输设备制造业	269568	1162	5	6
武器弹药制造业	396179	8761	11	16
电气机械及器材制造业	13325	90	3	1
电子及通信设备制造业	38139	317	－	－
仪器仪表及文化、办公用机械制造业	19351	1020	2	1
电力、蒸汽、热水的生产和供应业	－	－	2	2

19－6 大中型建筑企业科技活动人员构成

(1995 年) 单位:人

类别	企业科技活动人员合计	具有高、中级职称或大学本科及以上学历人员	在企业办科技机构中的人员	具有高、中级职称或大学本科及以上学历人员	企业中从事研究与发展活动的人员	具有高、中级职称或大学本科及以上学历人员
总计	**1253**	**629**	**55**	**29**	**117**	**50**
1.按隶属关系分组						
中央	908	418	41	20	70	23
地区	345	211	14	9	47	27
2.按企业规模分组						
大型	816	434	40	19	109	45
中型	437	195	15	10	8	5
3.按资质等级分组						
一级	1060	506	43	22	66	19
二级	193	123	12	7	51	31
4.按行业小类分组						
土木工程建筑业	1253	629	55	29	117	50
①房屋建筑业	424	252	40	19	66	19
②矿山建筑业	313	94	12	7	8	5
③铁路、公路、隧道、桥梁建筑业	72	45	–	–	43	26
④堤坝、电站、码头建筑业	368	174	–	–	–	–
⑤其他土木建筑业	76	64	3	3	–	–

19－7 大中型建筑企业科技经费使用情况

(1995年)　　单位:万元

类　　别	本年经费支出总额	劳动务(含工资)	原材料费	固定资产购建费	其　他	企业办科研机构经费支出
总　　计	**915.0**	**274.1**	**168.0**	**448.6**	**24.3**	**22.4**
1.按隶属关系分组						
中　央	232.7	157.6	52.0	10.7	12.4	17.6
地　区	682.3	116.5	116.0	437.9	11.9	4.8
2.按企业规模分组						
大　型	836.1	210.1	155.4	448.6	22.0	20.4
中　型	78.9	64.0	12.6	－	2.3	2.0
3.按资质等级分组						
一　级	786.7	194.4	137.5	431.6	23.2	22.4
二　级	128.3	79.7	30.5	17.0	1.1	－
4.按行业小类分组						
土木工程建筑业	915.0	274.1	168.0	448.6	24.3	22.4
①房屋建筑业	719.6	139.3	132.8	431.6	15.9	20.4
②矿山建筑业	13.0	11.3	1.7	－	－	－
③铁路、公路、隧道、桥梁建筑业	90.2	49.2	22.9	17.0	1.1	－
④堤坝、电站、码头建筑业	43.0	31.8	5.1	－	6.1	－
⑤其他土木建筑业	49.2	42.5	5.5	－	1.2	2.0

19－8 大中型建筑企业科技活动产出情况

（1995 年）　　单位：人

类别	企业科技成果转让收入（万元）	企业对外提供技术服务收入（万元）	企业科技开发成果获奖数（项）	国家级（项）	省部级（项）	科技论文（篇）	科技著作（篇）	专利申请数（件）	专利授权数（件）
总计	**189.1**	**422.1**	**16**	**–**	**5**	**45**	**1**	**1**	**1**
1.按隶属关系分组									
中央	–	400.3	12	–	3	30	1	1	1
地区	189.1	21.8	4	–	2	15	–	–	–
2.按企业规模分组									
大型	189.1	42.6	4	–	2	25	–	–	–
中型	–	379.5	12	–	3	20	1	1	1
3.按资质等级分组									
一级	189.1	419.6	11	–	2	34	1	1	1
二级	–	2.5	5	–	3	11	1	1	1
4.按行业小类分组									
土木工程建筑业	189.1	415.2	16	–	5	45	1	1	1
①房屋建筑业	189.1	35.7	3	–	3	15	–	–	1
②矿山建筑业	–	379.5	1	–	1	1	–	1	–
③铁路、公路、隧道、桥梁建筑业	–	–	3	–	1	10	–	–	–
④堤坝、电站、码头建筑业	–	–	–	–	–	10	–	–	–
⑤其他土木建筑业	–	–	9	–	–	9	1	–	–
线路、管道和设备安装业	–	6.9	–	–	–	–	–	–	–
#设备安装业	–	6.9	–	–	–	–	–	–	–

19-9 大中型建筑企业研究与发展活动情况

(1995年)

类　　别	有研究与发展活动企业数(人)	研究与发展活动人员合计(人)	具有高、中级职称或大学本科及以上学历人员(人)	研究与发展课题合计(项)	实验发展(项)	研究与发展内部经费支出合计(万元)	实验发展(万元)
总　　计	**4**	**117**	**50**	**12**	**12**	**124.2**	**124.2**
1.按隶属关系分组							
中　央	2	70	23	6	6	41.5	41.5
地　区	2	47	27	6	6	82.7	82.7
2.按企业规模分组							
大　型	3	109	45	10	10	121.2	121.2
中　型	1	8	5	2	2	3.0	3.0
3.按资质等级分组							
一　级	2	66	19	6	6	39.3	39.3
二　级	2	51	31	6	6	84.9	84.9
4.按行业小类分组							
土木工程建筑业	4	117	50	12	12	124.2	124.2
①房屋建筑业	2	66	19	6	6	39.3	39.3
②矿山建筑业	1	8	5	2	2	3.0	3.0
③铁路、公路、隧道、桥梁建筑业	1	43	26	4	4	81.9	81.9

19－10 工业企业排序资料

(1995年)　　单位:万元

序号	企业名称	销售收入	序号	企业名称	销售收入
1	中国嘉陵工业股份有限公司(集团)	440950	16	西南车辆制造厂	42679
2	建设工业(集团)有限责任公司	430248	17	重庆建锋摩托车配件总厂	37586
3	重庆钢铁(集团)有限责任公司	368364	18	重庆三峡油漆股份有限公司	35417
4	庆铃汽车(集团)有限公司	312810	19	长寿化工总厂	35196
5	长安汽车有限责任公司	267066	20	国营华伟电子设备厂	33074
6	中国石化四川维尼纶厂	123668	21	西南合成制药总厂	31331
7	西南铝加工厂	109334	22	南桐矿务局	30589
8	重庆特殊钢(集团)公司	104738	23	重庆冶炼厂	30504
9	华能国际电力开发公司重庆分公司	81850	24	松藻矿务局	30074
10	四川汽车制造厂	75342	25	重庆康明斯发动机有限公司重庆汽车发动机厂	27744
11	重庆电业局	70984	26	重庆燃气有限责任公司	27100
12	重庆川仪股份有限公司	59563	27	重庆长安铃木汽车有限公司	26922
13	重庆卷烟厂	51362	28	四川染料厂	25729
14	重庆长江电工厂	50563	29	重庆啤酒集团公司	25408
15	重庆发电厂	44786	30	重庆奥妮化妆品有限公司	24728

序号	企业名称	利税总额	序号	企业名称	利税总额
1	中国嘉陵工业股份有限公司(集团)	105674	16	国营华伟电子设备厂	3728
2	建设工业(集团)有限责任公司	90740	17	重庆发电厂	3685
3	庆铃汽车(集团)有限公司	50447	18	重庆渝州齿轮厂	3359
4	长安汽车有限责任公司	37483	19	重庆液化空气有限公司	3291
5	重庆钢铁(集团)有限责任公司	28156	20	松藻矿务局	3142
6	重庆卷烟厂	26322	21	重庆北盛玻璃制品有限公司	3029
7	重庆电业局	24972	22	重庆特殊钢(集团)公司	2979
8	中国石化四川维尼纶厂	12061	23	江津市水泥厂	2759
9	重庆啤酒集团公司	11022	24	重庆机床厂	2726
10	重庆奥妮化妆品有限公司	8341	25	西南合成制药总厂	2707
11	重庆川仪股份有限公司	4593	26	四川汽车制造厂	2654
12	浦益斯汽油机有限公司	4232	27	重庆华川机械厂	2650
13	重庆康明斯发动机有限公司重庆汽车发动机厂	3811	28	南桐矿务局	2604
14	重庆牙膏厂	3773	29	西南药业股份有限公司	2557
15	重庆建锋摩托车配件总厂	3762	30	重庆三峡油漆股份有限公司	2294

序号	企业名称	生产用固定资产原值	序号	企业名称	生产用固定资产原值
1	华能国际电力开发公司重庆分公司	311067	16	重庆市自来水公司	42573
2	重庆钢铁(集团)有限责任公司	309373	17	南桐矿务局	40703
3	中国石化四川维尼纶厂	176573	18	重庆啤酒集团公司	32875
4	重庆电业局	161916	19	四川汽车制造厂	29490
5	建设工业(集团)有限责任公司	158307	20	天府矿务局	29311
6	西南铝加工厂	154619	21	重庆燃气有限责任公司	26349
7	长安汽车有限责任公司	130176	22	四川染料厂	26170
8	重庆特殊钢(集团)公司	123304	23	永荣矿务局	25468
9	庆铃汽车(集团)有限公司	120797	24	狮子滩水力发电总厂	24976
10	中国嘉陵工业股份有限公司(集团)	78755	25	重庆卷烟厂	23999
11	重庆发电厂	76970	26	嘉陵一本田发动机有限公司	23359
12	重庆长安铃木汽车有限公司	72829	27	四川柴油机厂	23298
13	松藻矿务局	66107	28	西南车辆制造厂	23045
14	重庆轮胎总厂	46497	29	望江机器制造总厂	22284
15	重庆川仪股份有限公司	44272	30	长寿化工总厂	22064

19-11 建筑业企业排序资料

(1995年) 单位:万元

序号	企业名称	增加值	序号	企业名称	增加值
1	中国第十八冶金建设公司	13124	16	重庆桥梁工程公司	3013
2	四川电力建设一公司	8421	17	长江航道局重庆工程局	2945
3	重庆第一建筑(集团)公司	7905	18	重庆钢铁公司建筑安装公司	2921
4	重庆第九建筑工程公司	7709	19	四川煤矿建设第九工程处	2798
5	铁道部第十一工程局第五工程处	6899	20	重庆第四建筑工程公司	2734
6	重庆第二工业设备安装公司	6257	21	重钢产业公司建设工程公司	2612
7	交通部第二航务工程局第二工程公司	6165	22	重庆市两江建筑安装工程公司	2468
8	重庆住宅建筑工程公司	6146	23	重庆第一工业设备安装公司	2415
9	重庆第二建筑工程公司	5860	24	重庆长寿建设工程公司	2380
10	重庆第八建筑工程公司	4796	25	重庆天府建筑安装工程总公司	2288
11	重庆第三建筑工程公司	4697	26	重庆市渝中区第三建筑工程公司	2064
12	成都铁路局第一工程公司	3991	27	重庆电力建设公司	1960
13	四川煤炭第二建筑安装工程公司	3599	28	长寿县建筑公司	1917
14	重庆市渝通公路工程总公司	3133	29	重庆巴洲建筑安装工程公司	1841
15	永荣矿务局建筑安装工程总公司	3107	30	重庆通力工程总公司	1832

序号	企业名称	生产用固定资产原值	序号	企业名称	生产用固定资产原值
1	中国第十八冶金建设公司	13389	16	重庆市两江建筑安装工程公司	2410
2	重庆市渝通公路工程总公司	6371	17	重庆第八建筑工程公司	2402
3	长江航道局重庆工程局	6044	18	四川煤矿建设第九工程处	2255
4	重庆第一建筑(集团)公司)	5989	19	重庆市渝中区第七建筑工程公司	2209
5	交通部第二航务工程局第二工程公司	5765	20	重钢产业公司建设工程公司	2109
6	四川电力建设一公司	5563	21	重庆市荣昌建设总公司	2084
7	重庆住宅建筑工程公司	5051	22	重庆通力工程总公司	2059
8	重庆建筑机械化工程总公司	4066	23	重庆钢铁公司建筑安装公司	1912
9	重庆第二工业设备安装公司	3832	24	重庆市公路工程总公司	1875
10	铁道部第十一工程局第五工程处	3594	25	重庆市北碚建筑安装工程公司	1833
11	重庆第九建筑工程公司	3534	26	成都铁路局第一工程公司	1749
12	重庆第二建筑工程公司	3153	27	重庆天府建筑安装工程总公司	1700
13	重庆第四建筑工程公司	2831	28	四川煤炭第二建筑安装工程公司	1591
14	重庆第三建筑工程公司	2639	29	重庆第一工业设备安装公司	1511
15	重庆桥梁工程公司	2599	30	重庆市第一市政工程公司	1491

序号	企业名称	利税总额	序号	企业名称	利税总额
1	中国第十八冶金建设公司	4662	16	四川煤矿建设第九工程处	1349
2	四川电力建设一公司	4421	17	重庆市两江建筑安装工程公司	1156
3	铁道部第十一工程局第五工程处	3856	18	重庆第八建筑工程公司	1067
4	交通部第二航务工程局第二工程公司	3641	19	重庆第一工业设备安装公司	991
5	重庆第九建筑工程公司	2872	20	重庆桥梁工程公司	932
6	重庆第一建筑(集团)公司)	2599	21	重庆钢铁公司建筑安装公司	919
7	重庆第二工业设备安装公司	2575	22	四川煤矿建设第五工程处	918
8	重庆住宅建筑工程公司	2328	23	重庆长寿建设工程公司	867
9	永荣矿务局建筑安装工程总公司	1936	24	重庆市第一市政工程公司	853
10	四川煤炭第二建筑安装工程公司	1842	25	渝北区水电建设总公司	839
11	重庆第二建筑工程公司	1743	26	重庆通力工程总公司	790
12	重钢产业公司建设工程公司	1673	27	重庆永川市城南建筑工程公司	732
13	成都铁路局第一工程公司	1662	28	长寿县建筑公司	723
14	重庆第三建筑工程公司	1637	29	四川省煤炭第一建筑安装工程公司	698
15	长江航道局重庆工程局	1467	30	重庆天府建筑安装工程总公司	641

19－12 批发零售贸易企业排序资料

（1995 年）　　单位：万元

序号	企业名称	销售额	序号	企业名称	销售额
1	重庆交电采购供应站	110803	16	四川汽车工业重庆销售总公司	27780
2	重庆市石油总公司	86135	17	中国兵工物资西南公司	27177
3	重庆百货大楼股份有限公司	80534	18	重庆市粮食储运公司	25032
4	重庆市油脂公司	70586	19	重庆金属材料股份有限公司	23763
5	重庆百货集团公司	70377	20	重庆市化工原料采购供应站	23060
6	中国轻工物资供销西南公司	67750	21	重庆医药公司	21563
7	重庆二轻工业供销总公司	58662	22	重庆市化工轻工公司	21157
8	中国烟草总公司重庆市公司	54459	23	中国邮电器材重庆公司	20830
9	重庆市机电设备总公司	47857	24	重庆市物资回收总公司	17614
10	新华书店重庆发行所	34454	25	重庆市新世纪百货公司	16708
11	重庆铁路嘉陵交电公司	34143	26	重庆四达电器销售公司	16577
12	重庆市棉麻公司	33692	27	四川省重庆市江北区百货公司	16426
13	重庆市纺织工业供销公司	31544	28	中国物资储运总公司重庆公司	15663
14	重庆市农业生产资料总公司	31181	29	重庆食品集团公司	15636
15	重庆友谊华侨股份有限公司	28198	30	重庆两百股份有限公司	15099

序号	企业名称	固定资产合计	序号	企业名称	固定资产合计
1	重庆百货集团公司	13105	16	重庆市粮食储运公司	4278
2	重庆交电采购供应站	9989	17	中国烟草总公司重庆市公司	3882
3	重庆市石油公司	9603	18	重庆五金采购供应站	3783
4	重庆工业品贸易中心	7405	19	重庆市机电设备总公司	3558
5	重庆两百股份有限公司	6963	20	重庆市新华书店	3140
6	重庆医药公司	6724	21	重庆物资贸易中心	3032
7	重庆百货大楼股份有限公司	6710	22	重庆市化工轻工公司	2984
8	重庆新世纪百货公司	6539	23	重庆市日用杂品总公司	2906
9	重庆友谊华侨股份有限公司	6305	24	重庆市油脂公司	2754
10	重庆金属材料股份有限公司	5471	25	重庆兴华日用杂品公司	2748
11	重庆化工原料采购供应站	5429	26	重庆市北碚区石油煤建总公司	2638
12	重庆市燃料公司	5411	27	中国邮电器材重庆公司	2631
13	重庆纺织品采购供应站	5235	28	重庆针织品采购供应站	2522
14	中国兵工物资西南公司	4592	29	合川食品公司	2521
15	中国物资储运总公司重庆公司	4567	30	万盛区粮食公司	2493

序号	企业名称	利税总额	序号	企业名称	利税总额
1	重庆百货大楼股份有限公司	6906	16	重庆市烟草公司潼南县公司	343
2	中国烟草总公司重庆市公司	3172	17	中国邮电器材重庆公司	341
3	重庆友谊华侨股份有限公司	920	18	重庆市沙坪坝百货总公司	311
4	新华书店重庆发行所	807	19	重庆市烟草公司璧山县公司	283
5	重庆两百股份有限公司	793	20	重庆渝中区中药材公司	282
6	重庆川东化工原料公司	781	21	重庆市烟草公司渝中区分公司	264
7	重庆新世纪百货公司	781	22	重庆万宏物资公司	246
8	四川省盐业公司重庆分公司	628	23	重庆市烟草公司合川分公司	224
9	綦江县农资总公司	561	24	重庆市江北区百货公司	222
10	中国轻工物资供销西南公司	518	25	重庆市二轻工业供销总公司	221
11	重庆市农业生产资料总公司	453	26	重庆市烟草公司綦江县公司	216
12	重庆市燃料公司	438	27	中国兵工物资西南公司	213
13	重庆市烟草公司巴县公司	426	28	重庆市烟草公司永川公司	180
14	重庆市九龙坡区石桥铺粮油公司	420	29	重庆市烟草公司北碚区公司	178
15	长寿县农业生产资料公司	371	30	重庆市烟草公司大足县公司	178

19－13 外商投资企业排序资料

(1995 年)　　单位:万元

序号	企业名称	固定资产原值	序号	企业名称	固定资产原值
1	庆铃汽车股份有限公司	121355	16	重庆平和铝业有限公司	8336
2	重庆长安铃木汽车有限公司	70206	17	重庆青少年科普文化中心(有限公司)	8308
3	重庆建设雅马哈摩托车有限公司	28983	18	重庆渝州宾馆有限公司	8178
4	嘉陵－本田发动机有限公司	24187	19	重庆长新化工有限公司	6791
5	重庆康明斯发动机有限公司	22367	20	重庆渝港钛白粉股份有限公司	6777
6	重庆宾馆有限公司	18246	21	重庆葛兰素制药有限公司	5770
7	重庆液化空气有限公司	16664	22	重庆大有国际游船旅游有限公司	5558
8	重庆百事天府饮料有限公司	13060	23	重庆瑞力士机械有限公司	5024
9	重庆中策轮胎有限公司	10544	24	重庆长江依之密活塞工业有限公司	5013
10	重庆望江铃木摩托车有限公司	10273	25	重庆长江轴承工业有限公司	4824
11	重庆金联陶瓷有限公司	9696	26	重庆人民宾馆有限公司	4746
12	重庆庆铃铸造有限公司	9513	27	重庆沙坪大酒店有限公司	4613
13	重庆扬子江饭店有限公司	9467	28	重庆玻璃纤维有限公司	4487
14	重庆国际复合材料有限公司	9375	29	重庆铜梁红蝶锶业有限公司	4487
15	兆峰陶瓷(重庆兆瓷)有限公司	8804	30	重庆奥妮化妆品有限公司	4428

序号	企业名称	主营业务收入	序号	企业名称	主营业务收入
1	庆铃汽车股份有限公司	299076	16	重庆康明斯发动机有限公司	8613
2	重庆建设雅马哈摩托车有限公司	51099	17	重庆江陵发动机有限公司	8277
3	重庆新隆基国际产业有限公司	26945	18	重庆望江铃木摩托车有限公司	8154
4	重庆长安铃木汽车有限公司	26922	19	重庆群鹰实业发展有限公司	7979
5	重庆奥妮化妆品有限公司	24728	20	重庆渝新毛纺有限公司	7288
6	重庆佳昌冶金有限公司	18045	21	重庆北盛玻璃制品有限公司	7180
7	重庆中策轮胎有限公司	15929	22	重庆信丰电话设备有限公司	7097
8	重庆平和铜业有限公司	14145	23	重庆华新国际城市发展有限公司	6821
9	重庆隆鑫汽油机制造有限公司	13583	24	重庆明信通讯实业有限公司	6554
10	浦益斯汽油机有限公司	13300	25	重庆嘉陵置业发展有限公司	6296
11	重庆正大有限公司	12952	26	重庆百事天府饮料有限公司	5946
12	重庆宾馆有限公司	11853	27	重庆铜梁红蝶锶业有限公司	5915
13	重庆扬子江饭店有限公司	10204	28	永川市川龙生物化学有限公司	5556
14	重庆液化空气有限公司	10084	29	重庆浦嘉利发动机有限公司	5481
15	重庆平和铝业有限公司	9077	30	重庆－意达太尔通信设备有限公司	5182

序号	企业名称	利税总额	序号	企业名称	利税总额
1	庆铃汽车股份有限公司	43941	16	重庆华新国际城市发展有限公司	665
2	重庆奥妮化妆品有限公司	8341	17	重庆海峡兄弟有限公司	654
3	重庆建设雅马哈摩托车有限公司	4262	18	重庆华利光学有限公司	639
4	浦益斯汽油机有限公司	4232	19	重庆－意达太尔通信设备有限公司	562
5	重庆液化空气有限公司	3575	20	重庆古华畜产有限公司	559
6	重庆北盛玻璃制品有限公司	3029	21	永川市川龙生物化学有限公司	487
7	重庆扬子江饭店有限公司	2587	22	兆峰陶瓷(重庆兆瓷)有限公司	483
8	重庆铜梁红蝶锶业有限公司	1814	23	重庆天府可乐渝龙食品饮料有限公司	399
9	重庆宾馆有限公司	1560	24	重庆 3S 精密压铸加工有限公司	306
10	重庆长江轴承工业有限公司	1124	25	重庆得意家具有限公司	300
11	重庆平和铝业有限公司	1036	26	重庆建格电气实业有限公司	248
12	重庆渝港钛白粉股份有限公司	882	27	重庆贝迪房地产开发有限公司	245
13	重庆康明斯发动机有限公司	765	28	重庆百吉厨房用具有限公司	233
14	重庆澳斯通讯语声技术有限公司	752	29	重庆铃丰汽车配件制造有限公司	227
15	重庆隆鑫汽油机制造有限公司	704	30	重庆美华设计印务有限公司	205

19－14 大中型工业企业技术开发排序资料

（1995 年）

序号	企业名称	技术开发人员(人)	序号	企业名称	技术开发人员(人)
1	长安汽车有限责任公司	2056	16	重庆长风化工厂	420
2	重庆川仪股份有限公司	1404	17	重庆第四棉纺织厂	387
3	重庆钢铁(集团)有限责任公司	669	18	建设工业(集团)有限责任公司	361
4	长寿化工总厂	645	19	国营重庆重型铸锻厂	350
5	綦江齿轮厂	624	20	重庆康明斯发动机有限公司	349
6	西南计算机工业公司	603	21	西南车辆制造厂	331
7	重庆电机厂	600	22	重庆无线电测试仪器厂	315
8	西南铝加工厂	599	23	重庆机床厂	307
9	国营建安仪器厂	566	24	重庆巴山仪器	307
10	重庆晋林机械厂	528	25	四川齿轮箱厂	304
11	重庆水轮机厂	522	26	四川省重庆船厂	278
12	重庆特殊钢(集团)公司	475	27	重庆市酿造调味品公司	278
13	重庆华川机械厂	459	28	重庆红宇机械厂	275
14	四川庆岩机械厂	450	29	重庆华光仪器厂	268
15	重庆矿山机器厂	450	30	望江机器制造总厂	264

序号	企业名称	技术开发项目(个)	序号	企业名称	技术开发项目(个)
1	重庆川仪股份有限公司	151	16	重庆锻造厂	25
2	重庆钢铁(集团)有限责任公司	136	17	重庆红宇机械厂	24
3	重庆机床厂	99	18	重庆汽车配件制造总厂	24
4	长安汽车有限责任公司	62	19	重庆金仑消声器厂	24
5	重庆特殊钢(集团)公司	88	20	望江机器制造总厂	23
6	重庆通用机器厂	59	21	中国嘉陵工业股份有限公司(集团)	21
7	重庆利华橡胶总厂	40	22	重庆巴山仪器厂	21
8	建设工业(集团)有限责任公司	39	23	四川维尼纶厂	20
9	重庆华江机械厂	35	24	国营重庆无线电厂	20
10	邮电部重庆通信设备厂	33	25	重庆第六棉纺织厂	20
11	重庆锅炉总厂	33	26	重庆气体压缩机厂	20
12	重庆华渝电气仪表总厂	28	27	重庆长江电工厂	19
13	重庆水轮机厂	28	28	重庆益民机械厂	19
14	重庆红岩汽车弹簧厂	27	29	重庆陵川机械厂	19
15	重庆华光仪器厂	26	30	西南铝加工厂	18

序号	企业名称	技术开发经费支出(万元)	序号	企业名称	技术开发经费支出(万元)
1	重庆华亚现代纸业有限责任公司	4182	16	国营青江机械厂	1103
2	长安汽车有限责任公司	2883	17	重庆变压器厂	1074
3	重庆钢丝绳厂	2440	18	重庆华川机械厂	1046
4	重庆长江电工厂	2362	19	重庆江北化肥厂	1029
5	建设工业(集团)有限责任公司	2081	20	邮电部重庆通信设备厂	1014
6	重庆川仪股份有限公司	1845	21	四川江津增压器厂	1000
7	重庆电机厂	1781	22	国营前卫仪表厂	965
8	红岩机器厂	1723	23	中国石化四川维仑纶厂	850
9	望江机器制造总厂	1659	24	重庆长江钢厂	836
10	重庆钢铁(集团)有限责任公司	1603	25	重庆第二针织厂	835
11	重庆仪表厂	1503	26	长寿化工总厂	801
12	西南计算机工业公司	1499	27	重庆铝制品加工厂	715
13	四川省重庆船厂	1354	28	重庆起重机厂	700
14	重庆制盖有限公司	1181	29	重庆华渝电气仪表总厂	682
15	重庆第四棉纺织厂	1165	30	重庆电线总厂	665

19－15 饲料工业基本情况

指　　标	计量单位	1995年	指　　标	计量单位	1995年
一、企业个数	个	245	2.饲料原料工业产品	吨	5455
1.饲料加工业	个	241	#骨粉	吨	2835
#日产5吨以上的	个	24	酒槽粉	吨	2300
2.饲料添加剂原料	个	4	油菜蛋白	吨	320
二、职工人数	人	4265	3.饲料添加剂原料	吨	1365
#工人	人	2318	#氯化胆碱	吨	300
工程技术人员	人	803	硫酸亚铁	吨	500
管理人员	人	813	五、主要财务指标		
三、工业总产值(现价)	万元	97403	1.产品销售收入	万元	96770
1.饲料加工业	万元	95723	#饲料加工业	万元	95090
2.饲料原料工业	万元	445	饲料添加剂原料工业	万元	1235
3.饲料添加剂原料	万元	1235	2.利税总额	万元	3023
四、饲料产量	吨	458082	#饲料加工业	万元	2863
1.饲料加工业产量	吨	451262	饲料添加剂原料工业	万元	145
#配、混合饲料	吨	421587	3.全部流动资金平均余额	万元	16370
浓缩饲料	吨	20259	#饲料加工业	万元	16204
添加剂预配饲料	吨	9416	饲料添加剂原料工业	万元	163

19－16 区(市)县饲料工业产值、产量

(1995年)

区　市　县	现价工业总产值(万元)	产　量(吨)	区　市　县	现价工业总产值(万元)	产　量(吨)
全市合计	**97403**	**458082**	巴　南　区	11986	40745
渝　中　区	－	－	江　津　市	4240	21200
大渡口区	－	－	合　川　市	1518	8882
江　北　区	10316	53390	永　川　市	3402	17286
沙坪坝区	295	2000	长　寿　县	8185	41622
九龙坡区	196	940	綦　江　县	4153	20769
南　岸　区	1965	4715	潼　南　县	705	4400
北　碚　区	5561	2340	铜　梁　县	3581	18730
万　盛　区	504	2901	大　足　县	964	5261
双　桥　区	1800	7000	荣　昌　县	18618	80030
渝　北　区	23837	123268	璧　山　县	582	2603

附　　录 20

APPENDIX

●全国国民经济主要指标

●四川省国民经济主要指标

●十九个重点城市主要社会经济指标

●1995年渝万涪黔国民经济主要指标

资料整理

刘隆丽

20－1 全国国民经济主要指标

指　　　标	单　位	1985 年	1990 年	1993 年	1994 年	1995 年
一、全国人口	万人	105851	114333	118517	119850	121121
二、从业人员	万人	49873	64680	67240	68090	68910
#职工人数	万人	12358	14059	14849	14849	14900
三、国内生产总值	亿元	8964	18548	34634	46622	57734
第一产业	亿元	2542	5017	6882	9457	11365
第二产业	亿元	3867	7717	16429	22372	28274
工　业	亿元	3449	6858	14144	19360	24718
建筑业	亿元	418	859	2285	3013	3556
第三产业	亿元	2556	5814	11324	14793	18094
#运输邮电业	亿元	407	1148	2123	2686	3237
商　业	亿元	878	1420	3091	4076	5094
四、全社会固定资产投资总额	亿元	2543.2	4449.3	12457.9	16370.3	19445.2
五、财政收入	亿元	1866.4	3312.6	5114.8	5218.1	6187.7
财政支出	亿元	1844.8	3452.2	5319.8	5792.6	6809.2
六、货物周转量	亿吨公里	18365	26207	30510	33261	35381
七、沿海主要港口货物吞吐量	万吨	31154	48321	67835	74370	77070
八、邮电业务总量	亿元	29.6	81.7	462.7	688.2	988.9
九、社会消费品零售总额	亿元	3801.4	7250.3	12237.0	16264.7	20597.9
十、进出口总额(海关数)	亿美元	696.0	1154.4	1957.0	2366.2	2808.5
出口总额	亿美元	273.5	620.9	917.4	1210.1	1487.7
进口总额	亿美元	422.5	533.5	1039.6	1156.1	1320.8
十一、主要产品产量						
粮　食	万吨	37911	44624	45649	44510	46657
棉　花	万吨	414.7	450.8	373.9	434.1	476.5
油　料	万吨	1578.4	1613.2	1803.9	1989.6	2243.7
糖　料	万吨	6046.8	7214.5	7624.2	7345.2	7940
猪牛羊肉	万吨	1760.7	2513.5	3225.5	3692.7	4253.8
水产品	万吨	705	1237	1823	2143	2525
布	亿米	146.7	188.8	203.0	211.3	184.3
机制纸及纸板	万吨	911	1372	1914	2138	2030
原　煤	万吨	8.72	10.80	11.51	12.40	12.92
发电量	亿千瓦小时	4107	6212	8395	9281	9861
原　油	万吨	12490	13331	14524	14608	14902
钢	万吨	4679	6635	8956	9261	9861
成品钢材	万吨	3693	5153	7716	8428	7939
水　泥	万吨	14595	20971	36788	42118	44561

注：本表价值指标除邮电业务总量 1985 年、1990 年按 80 年不变价计算，1991 年以后按 90 年不变价计算以外，其余均按当年价格计算。

20－2 四川省国民经济主要指标

指　　标	单 位	1985年	1990年	1993年	1994年	1995年
一、全省人口	万人	10187.5	10813.4	11002.4	11084.4	11162.9
二、从业人员	万人	5116.2	5872.8	6226.0	6255.1	6301.2
#职工人数	万人	833.46	936.07	983.37	985.5	990.3
三、国内生产总值(当年价)	亿元	606.40	1186.22	2096.48	2777.88	3534.0
第一产业	亿元	224.59	417.71	569.95	788.39	977.0
第二产业	亿元	242.33	428.56	892.79	1166.22	1486.6
第三产业	亿元	139.48	339.95	633.74	823.27	1070.4
四、工农业总产值(90年不变价)	亿元	1360.91	2031.26	3157.87	3724.41	4234.85
#农业	亿元	599.46	734.81	813.02	845.78	912.12
工业	亿元	761.45	1296.45	2344.85	2878.63	3322.73
五、全社会固定资产投资总额	亿元	144.9	227.2	610.8	773.9	942.5
#国有固定资产投资	亿元	93.4	163.1	376.0	429.7	517.5
#基本建设投资	亿元	51.1	89.8	219.2	253.4	309.1
更新改造投资	亿元	31.1	54.7	113.9	145.4	160.3
六、旅客周转量	亿人公里	271.0	348.5	580.7	644.8	590.5
货物周转量	亿吨公里	367.0	586.6	974.1	782.8	864.7
邮电业务总量(90年不变价)	亿元	2.77	6.50	16.04	23.96	37.40
七、社会消费品零售总额	亿元	241.67	472.03	762.08	1006.6	1300.5
八、进出口总额	万美元	51930	136320	288427	372470	433295
进口总额	万美元	16991	24700	123306	144521	159863
出口总额	万美元	34939	111620	165121	227949	273432
九、财政收入	亿元	58.76	119.82	202.5	136.0	167.1
财政支出	亿元	64.16	142.71	209.6	237.4	277.7
十、主要产品产量						
粮　食	万吨	3830.5	4265.3	4246.1	4232.3	4581.7
油　料	万吨	151.2	155.6	133.9	138.9	170.2
甘　蔗	万吨	264.2	238.7	180.2	165.0	179.5
水　果	万吨	81.7	127.1	186.4	186.8	215.3
水产品	万吨	12.9	23.3	31.4	36.1	42.0
猪牛羊肉	万吨	283.8	407.3	465.9	502.2	553.3
布	万米	75699	81531	90400	106535	117157
机制纸及纸板	万吨	64.0	77.4	69.8	115.80	129.2
原　煤	万吨	5558	6785	7934	8795	9561
发电量	亿千瓦小时	221.4	342.6	436.2	525.2	576.0
天然气	亿立方米	56.4	66.2	72.9	76.8	76.64
钢	万吨	392.7	495.3	675.8	663.6	684.8
成品钢材	万吨	260.0	355.5	492.2	527.7	549.9
水　泥	万吨	1019.2	1351.9	2254.0	2487.3	2750.7
农用化肥	万吨	135.2	179.4	209.31	230.66	289.1

20－3 十九个重点城市主要社会经济指标(一)

指　　标	单位	北京	天津	上海	沈阳	大连
一、综合						
市辖区	个	10	13	14	9	6
市辖县	个	8	5	6	4	4
土地面积	平方公里	16808	11305	6341	12980	12574
#市区土地面积	平方公里	1370	4276	2057	3495	2415
年末总人口	万人	1070.32	894.64	1301.37	666.79	535.00
#非农业人口	万人	696.86	507.04	921.70	415.08	250.00
年末全部从业人数	万人	665.30	515.30	794.19	392.18	280.00
国内生产总值(当年价)	亿元	1394.89	920.11	2462.57	682.65	645.00
二、农业						
乡村劳动力	万人	163.59	169.85	230.43	102.00	132.80
年末实有耕地面积	千公倾	399.39	426.13	290.00	567.00	282.00
粮食产量	万吨	259.76	207.46	218.26	215.10	123.00
农业增加值(当年价)	亿元	81.44	63.21	61.68	51.16	68.99
农业总产值(90年不变价)	亿元	90.43			56.39	96.50
农业总产值(当年价)	亿元	164.47	133.25	183.47	101.93	136.30
三、工业						
全部工业总产值(当年价)	亿元	1938.64	2230.69		1005.51	1240.30
全部工业总产值(90年不变价)	亿元	1444.53			861.46	981.40
独立核算工业企业主要指标						
固定资产原值	亿元	1390.03	1273.46		610.57	612.70
固定资产净值年平均余额	亿元	842.47	628.11		326.69	348.10
流动资产平均余额	亿元	1103.20	888.92		561.99	443.20
工业增加值(当年价)	亿元		348.62		164.98	162.90
产品销售收入	亿元	1590.36	1376.70		533.82	622.40
#产品销售税金及附加	亿元	26.46	14.66		8.50	6.10
利润总额	亿元	85.29	59.60		17.72	9.60
四、交通、邮电、电力						
货物运输总量(发送量)	万吨	33801	24040	27571	13052	17295
#铁路	万吨	4591	2722	6416	584	2144
公路	万吨	29087	19323	6273	12467	12620
水运	万吨		1517	14845		2529
客运总量(发送量)	万人次	10084	3308	5265	11227	10413
#铁路	万人次	5188	1802	2929	3388	1937
公路	万人次	4250	1464	1257	7747	7867
水运	万人次	－	5	512	－	530
邮电业务总量	万元	561296	187195	556988	119095	112645
年末电话机数	万部	241.70	135.61	278.20	76.15	57.00
全年用电量	亿千瓦时	222.59	176.34		82.00	82.00
#工业用电	亿千瓦时	140.0	133.93		54.00	62.00

20－3续表1

指标	单位	青岛	武汉	广州	深圳	西安
一、综合						
市辖区	个	7	11	8	5	7
市辖县	个	5	2	4	－	6
土地面积	平方公里	10654	8467	7434	2020	9983
#市区土地面积	平方公里	1102	4727	1443	328	1066
年末总人口	万人	684.63	710.01	646.71	345.12	648.21
#非农业人口	万人	193.91	406.68	395.28		255.71
年末全部从业人数	万人	374.15	398.64	391.08	244.90	372.60
国内生产总值(当年价)	亿元	520.76	606.91	1252.71	795.69	351.26
二、农业						
乡村劳动力	万人	258.66	123.51	153.49	13.00	212.37
年末实有耕地面积	千公顷	487.00	225.75	132.44	4.40	309.31
粮食产量	万吨	329.16	173.01	98.25	0.53	175.25
农业增加值(当年价)	亿元	112.23	60.74	73.54	12.92	41.40
农业总产值(90年不变价)	亿元	118.23	50.51	64.55	9.01	37.08
农业总产值(当年价)	亿元	192.38	94.34	126.81	23.27	75.46
三、工业						
全部工业总产值(当年价)	亿元	941.26	883.58	1735.05	1226.49	405.90
全部工业总产值(90年不变价)	亿元	621.89	631.47	1355.28	1047.22	374.34
独立核算工业企业主要指标						
固定资产原值	亿元	410.36	586.36	827.90	843.95	337.93
固定资产净值年平均余额	亿元	243.44	275.27	565.22	681.82	170.57
流动资产平均余额	亿元	404.05	457.65		593.89	291.35
工业增加值(当年价)	亿元	162.25	179.13		286.97	73.69
产品销售收入	亿元	667.35	586.74	1309.62	1080.81	271.07
#产品销售税金及附加	亿元	14.55	12.32	32.05	3.73	2.04
利润总额	亿元	15.65	16.97	54.71	62.71	－6.94
四、交通、邮电、电力						
货物运输总量(发送量)	万吨	39171	13252	26280	3542	9790
#铁路	万吨	4205	5055	2286	220	3317
公路	万吨	11787	5376	11996	2720	6468
水运	万吨	2185	2657	11987	598	－
客运总量(发送量)	万人次	11933	9471	16107	8261	9069
#铁路	万人次	1480	2242	2530	963	2678
公路	万人次	9785	6388	12437	6890	6128
水运	万人次	601	625	660	198	－
邮电业务总量	万元	113825	128565	463690	368945	76450
年末电话机数	万部	59.70	84.90	213.91	81.17	48.25
全年用电量	亿千瓦时	67.23	101.10	132.91	91.78	57.93
#工业用电	亿千瓦时	45.85	70.24	66.18	49.73	32.56

20－3续表2

指　　标	单位	哈尔滨	长春	南京	宁波	厦门
一、综合						
市辖区	个	7	6	10	6	6
市辖县	个	5	4	5	5	1
土地面积	平方公里	18466	18881	6516	9365	1516
#市区土地面积	平方公里	1637	3116	976	1033	555
年末总人口	万人	568.90	677	521.72	526.20	121.36
#非农业人口	万人	327.33	262	259.04	115.30	52.90
年末全部从业人数	万人	293.17	345.00	298.75	412.40	90.33
国内生产总值(当年价)	亿元	393.55	261.75	576.46	638.50	250.55
二、农业						
乡村劳动力	万人	81.00	180.00	140.90	334.0	38.61
年末实有耕地面积	千公顷	586.00	1102.00	212.15	218	29.29
粮食产量	万吨	282.66	691	168.57	172.8	19.17
农业增加值(当年价)	亿元		89.15	43.88	85.70	15.70
农业总产值(90年不变价)	亿元	43.74	78.52	42.13	67.13	13.67
农业总产值(当年价)	亿元	87.97	144.51	86.20	123.95	25.66
三、工业						
全部工业总产值(当年价)	亿元	488.98	511.13	1264.19	1475.35	400.56
全部工业总产值(90年不变价)	亿元	328.00	366.68	924.81	1154.20	330.98
独立核算工业企业主要指标						
固定资产原值	亿元	327.94	273.20	607.48	357.15	188.62
固定资产净值年平均余额	亿元	176.82	167.81	335.61	256.66	137.76
流动资产平均余额	亿元	327.96	417.49	431.08	362.25	208.06
工业增加值(当年价)	亿元	88.59	107.99	216.94	150.56	307.62
产品销售收入	亿元	334.97	356.26	864.60	664.70	58.63
#产品销售税金及附加	亿元	8.28	8.61	13.86	99.78	7.35
利润总额	亿元	－4.54	3.57	20.21	29.46	
四、交通、邮电、电力						
货物运输总量(发送量)	万吨	5922	7232	11079	9551	2340
#铁路	万吨	821	883	956	537	292
公路	万吨	4951	6349	4577	7840	1062
水运	万吨	149	－	4600	1173	982
客运总量(发送量)	万人次		4848	9947	19716	1575
#铁路	万人次	2816	2448	1192	518	219
公路	万人次	1725	2366	8659	18870	964
水运	万人次	4	－	121	283	139
邮电业务总量	万元	102418	53056	117843	104157	84330
年末电话机数	万部	59.95	52.83	84.19	65.44	29.03
全年用电量	亿千瓦时	45.67	51.00	95.82	62.00	22.81
#工业用电	亿千瓦时	24.85	30.00	73.98	44.00	15.35

20－3续表3

指　　标	单 位	重庆	成都	杭州	济南
一、综合					
市辖区	个	11	7	5	5
市辖县	个	10	12	7	5
土地面积	平方公里	23114	12390	16596	8227
#市区土地面积	平方公里	6076	1382	430	2119
年末总人口	万人	1520.41	971.60	597.96	542.12
#非农业人口	万人	406.49	300.86	191.43	186.04
年末全部从业人数	万人	867.16	593.96	422.55	324.22
国内生产总值(当年价)	亿元	742.57	713.67		481.52
二、农业					
乡村劳动力	万人	619.10	421.01	257.70	183.55
年末实有耕地面积	千公倾	698.52	449.00	174.50	339.00
粮食产量	万吨	586.94	398.97	192.22	252.48
农业增加值(当年价)	亿元	160.63	96.29	57.51	67.94
农业总产值(90年不变价)	亿元	112.70	84.48	52.42	63.22
农业总产值(当年价)	亿元	238.74	150.45	99.64	114.07
三、工业					
全部工业总产值(当年价)	亿元	1201.09	1226.23		669.87
全部工业总产值(90年不变价)	亿元	1000.79	950.17		555.15
独立核算工业企业主要指标					
固定资产原值	亿元	601.91	452.31	330.30	318.38
固定资产净值年平均余额	亿元	332.03	262.42	276.09	198.38
流动资产平均余额	亿元	499.40	414.71	495.54	255.32
工业增加值(当年价)	亿元	158.35	144.02	189.74	130.87
产品销售收入	亿元	643.97	542.69	772.85	422.56
#产品销售税金及附加	亿元	13.64	9.43	10.84	17.22
利润总额	亿元	2.95	7.71	24.22	16.30
四、交通、邮电、电力					
货物运输总量(发送量)	万吨	18667	11659	11720	
#铁路	万吨	2960	1714	359	
公路	万吨	14681	9893	7021	
水运	万吨	1022	48	2842	
客运总量(发送量)	万人次	25854	19931	16550	
#铁路	万人次	1962	1703	1171	
公路	万人次	22556	17968	14921	
水运	万人次	1092	60	339	
邮电业务总量	万元	87815	109547	144440	65206
年末电话机数	万部	53.14	54.82	80.49	42.58
全年用电量	亿千瓦时	116.18	59.44	94.09	64.94
#工业用电	亿千瓦时	89.31	41.04	71.83	46.34

20－4 十九个重点城市主要社会经济指标(二)

指　　标	单 位	北京	天津	上海	沈阳	大连
五、固定资产投资						
全社会固定资产投资额(含商品房)	亿元	841.46	393.18	1601.79	136.92	237.10
#基本建设投资	亿元	236.21	128.24	551.86	79.70	47.80
更新改造投资	亿元	141.03	74.27	389.20	41.74	29.90
房地产开发投资	亿元	169.17	69.44	466.20	39.68	73.30
六、市政公用事业						
年末实有住宅居住面积	万平方米	5382	3515		2608	1471
人均居住面积	平方米	8.87	7.50	7.95	6.90	7.80
自来水生产能力(包括自备水源)	万吨/日	221.2	221.0	557.2	237.0	108.0
全年供水总量	万吨	91913	67669	145900	65518	30354
#生活用水量	万吨	60182	23726	80900	34485	11623
家用煤气普及率(包括液化气)	%	91.7	92.2	86.6	92.0	95.0
年末铺装道路面积	万平方米	2869	3453	3434	2369	1039
七、商业						
社会消费品零售总额	亿元	826.98	375.64	970.04	295.41	272.00
#国有经济	亿元	337.98	89.58	409.90	84.30	45.70
批发零售贸易业、餐饮业网点数	个	279512	165658	128519	142371	109000
批发零售贸易业、餐饮业人员	万人	88.51	52.97	61.47	59.08	41.40
八、对外经济与贸易						
外贸出口总额	万美元		299800	1157700	98805	252000
实际利用外资	万美元	1977700	211000	289261	66521	91000
接待境外旅游者人数	人次	2068700	130769	1367900	103696	131000
九、财政、金融						
地方预算内财政收入	万元	1152600	618977	2273000	355482	429000
地方预算内财政支出	万元	1544000	933313	2678900	459200	563000
银行货币净回笼(净投放＋)	万元		－100000		－1324568	
城乡居民储蓄年末余额	万元	12540000	5499700	13961300	4688619	3925000
十、教育、科学、卫生						
高等学校在校学生人数	人	182173	68080	144100	88067	52000
中等专业学校在校学生人数	人	75893	59731	108500	37065	21000
成人高等学校在校学生人数	人	190122	59449	75500	48311	15000
专业技术人员	人	1126617	601936	847852	448381	259000
医院个数	个	629	416	485	374	253
医院床位数	张	64211	37280	66900	37344	25727
医生人数	人	54114	33520	53800	21964	13873
十一、人民生活						
职工平均货币工资	元	8100	6501	9242	4860	6624
城市居民人均生活费收入	元	5868	4226	7196	3721	4774
农民人均纯收入	元	3224	2531	4246	1812	2438
居民消费价格总指数	%	117.3	115.3	118.7	116.5	115.7
商品零售价格总指数	%	112.6	110.6	113.0	113.5	113.6

20－4续表1

指　　　　标	单　位	青岛	武汉	广州	深圳	西安
五、固定资产投资						
全社会固定资产投资额(含商品房)	亿元	214.00	322.23	618.25	275.82	103.42
#基本建设投资	亿元	54.61	90.41	164.20	140.12	29.69
更新改造投资	亿元	33.76	67.40	79.67	7.05	28.63
房地产开发投资	亿元	34.96	28.74	98.32	65.26	21.65
六、市政公用事业						
年末实有住宅居住面积	万平方米	1165	3725	3070	873	1612
人均居住面积	平方米	8.1	7.2	9.6		7.7
自来水生产能力(包括自备水源)	万吨/日	79.0	361.0	364.0	154.2	97.0
全年供水总量	万吨	22513	107909	124184	33802	35885
#生活用水量	万吨	8255	43019	82334	13521	12406
家用煤气普及率(包括液化气)	%	77.3	65.0	86.6		55.7
年末铺装道路面积	万平方米	1177	1421	1983	869	1022
七、商业						
社会消费品零售总额	亿元	170.76	302.61	547.96	300.39	180.22
#国有经济	亿元	46.14	56.58	132.01	94.17	60.93
批发零售贸易业、餐饮业网点数	个	114012	118547	213486	87928	91672
批发零售贸易业、餐饮业人员	万人	34.54	56.05	129.39	31.47	49.65
八、对外经济与贸易						
外贸出口总额	万美元	245072	3114	624722	845224	30000
实际利用外资	万美元	86573	11500	225298	173545	18653
接待境外旅游者人数	人次	120146	157432	1706706	1853700	413481
九、财政、金融						
地方预算内财政收入	万元	294771	288353	970543	880168	182058
地方预算内财政支出	万元	376982	313080	1112435	934220	184184
银行货币净回笼(净投放+)	万元	234211	－773112	－530331	－715857	－851756
城乡居民储蓄年末余额	万元	2672988	2277695	9756545	4664200	2914647
十、教育、科学、卫生						
高等学校在校学生人数	人	24908	150019	95429	5291	108670
中等专业学校在校学生人数	人	23744	105062	97049	3423	37372
成人高等学校在校学生人数	人	33621	120825	98300	9345	77627
专业技术人员	人			379504	53595	355000
医院个数	个	228	224	221	63	368
医院床位数	张	18126	29602	28721	6495	28265
医生人数	人	13840	24861	23321	6050	18846
十一、人民生活						
职工平均货币工资	元	6164	5327	10268	12583	4763
城市居民人均生活费收入	元	5357	4170	8553	11118	3914
农民人均纯收入	元	2225	1842	4433	4517	1353
居民消费价格总指数	%	116.2	118.4	113.5	112.4	117.0
商品零售价格总指数	%	114.2	114.0	109.7	110.8	114.6

20－4续表2

指　　标	单 位	哈尔滨	长春	南京	宁波	厦门
五、固定资产投资						
全社会固定资产投资额(含商品房)	亿元	124.42	108.66	233.86	264.19	133.92
#基本建设投资	亿元	53.32	45.58	78.65	63.03	41.41
更新改造投资	亿元	32.00	13.75	47.08	19.51	13.24
房地产开发投资	亿元	34.96	22.61	59.45	71.59	59.88
六、市政公用事业						
年末实有住宅居住面积	万平方米	1792	1324	1831	3029	446
人均居住面积	平方米	7.0	7.0	8.1	13.0	9.4
自来水生产能力(包括自备水源)	万吨/日	87.0	66.0	380.0	104.0	59.7
全年供水总量	万吨	29443	24260	117762	27583	16507
#生活用水量	万吨	15988	15619	34184	11403	4764
家用煤气普及率(包括液化气)	%	43.0	78.4	92.4		82.7
年末铺装道路面积	万平方米	1791	940	1276	1193	618
七、商业						
社会消费品零售总额	亿元	201.06	131.80	240.20	225.10	92.35
#国有经济	亿元	53.50	27.23	76.42	45.73	28.49
批发零售贸易业、餐饮业网点数	个	95489	89275	69717	121318	22138
批发零售贸易业、餐饮业人员	万人	46.28	30.44	28.73	29.40	8.26
八、对外经济与贸易						
外贸出口总额	万美元	10939	14533	80810	236840	347915
实际利用外资	万美元	14340	18161	41531	44981	132160
接待境外旅游者人数	人次	68672	29732	231704	80538	254409
九、财政、金融						
地方预算内财政收入	万元	217036	98515	294266	247943	216262
地方预算内财政支出	万元	330085	187632	362207	353819	256579
银行货币净回笼(净投放＋)	万元	1155490	－28539		330575	－166400
城乡居民储蓄年末余额	万元	2794703	2431510	2681784	2094162	1157874
十、教育、科学、卫生						
高等学校在校学生人数	人	71981	70774	103719	9764	17823
中等专业学校在校学生人数	人	38321	41661	57012	19617	7653
成人高等学校在校学生人数	人	63148	31707	155650	11415	1425
专业技术人员	人	393015	319148	315636	156000	34452
医院个数	个	307	303	228	345	35
医院床位数	张	27225	23644	19019	12315	3947
医生人数	人	17763	15974	16384	8716	1675
十一、人民生活						
职工平均货币工资	元	4482	5013	7016		9282
城市居民人均生活费收入	元	3374	3305	4658	6804	6354
农民人均纯收入	元	2142	1841	2471	3350	3359
居民消费价格总指数	%	115.8	115.9	115.1	119.1	112.7
商品零售价格总指数	%	113.2	114.4	111.2	112.6	113.6

20－4 续表 3

指　　标	单 位	重庆	成都	杭州	济南
五、固定资产投资					
全社会固定资产投资额(含商品房)	亿元	200.93	215.63	232.34	112.76
#基本建设投资	亿元	42.54	67.32	46.85	27.64
更新改造投资	亿元	58.60	21.15	23.14	26.54
房地产开发投资	亿元	43.63	54.54	52.80	16.46
六、市政公用事业					
年末实有住宅居住面积	万平方米	1920	3455	1005	1120
人均居住面积	平方米	7.0	8.7	8.6	8.0
自来水生产能力(包括自备水源)	万吨/日	230.4	158.0	101.1	114.2
全年供水总量	万吨	55229	49000	32563	32252
#生活用水量	万吨	21789	19831	18589	20698
家用煤气普及率(包括液化气)	%	70.9	85.1	81.3	
年末铺装道路面积	万平方米	1233	698	677	1597
七、商业					
社会消费品零售总额	亿元	274.46	285.97	262.04	188.02
#国有经济	亿元	65.43	64.17	90.16	46.10
批发零售贸易业、餐饮业网点数	个	236764	215812	116982	153547
批发零售贸易业、餐饮业人员	万人	58.56	64.82	33.61	423704
八、对外经济与贸易					
外贸出口总额	万美元	85567	38300	96800	
实际利用外资	万美元	56928	6581	45776	25294
接待境外旅游者人数	人次	124922	118006	42659	54468
九、财政、金融					
地方预算内财政收入	万元	344226	296952	230431	169943
地方预算内财政支出	万元	429124	352085	249050	196339
银行货币净回笼(净投放＋)	万元	－94724	－721492		
城乡居民储蓄年末余额	万元	3045064	3413800	1853512	2130667
十、教育、科学、卫生					
高等学校在校学生人数	人	70214	77507	58570	56550
中等专业学校在校学生人数	人	40151	51160	42784	47944
成人高等学校在校学生人数	人	58220	70437	44291	23475
专业技术人员	人	372891	407356	192758	
医院个数	个	1088	567	414	216
医院床位数	张	39968	33048	26684	19534
医生人数	人	25228	24745	16465	15122
十一、人民生活					
职工平均货币工资	元	4850	5638	7156	5850
城市居民人均生活费收入	元	4053	4709	6096	4490
农民人均纯收入	元	1554	1649	3012	1813
居民消费价格总指数	%	119.4	117.5	116.5	117.3
商品零售价格总指数	%	116.3	114.5	113.3	113.2

20－5 渝万涪黔国民经济和社会发展主要指标

(1995年)

指 标	计量单位	合 计	重 庆	万 县	涪 陵	黔 江
地面积	平方公里	82368	23114	29450	12868	16936
口和劳动力						
末总人口	万人	3001.78	1520.41	835.59	368.23	277.55
#非农业人口	万人	559.43	406.49	79.32	48.53	25.09
男	万人	1566.65	790.54	438.17	191.50	146.44
女	万人	1435.13	729.87	397.42	176.73	131.11
城镇人口	万人	1591.78	1430.15	79.19	46.82	35.62
乡村人口	万人	1410.00	90.26	756.40	321.41	241.93
人口出生率	‰	–	11.06	14.58	13.71	17.90
人口死亡率	‰	–	6.93	7.71	6.97	7.40
人口自然增长率	‰	–	4.13	6.87	7.02	10.50
社会从业人员	万人	1712.15	867.10	479.95	214.70	150.40
#第一产业	万人	1016.14	439.00	326.64	144.80	105.70
第二产业	万人	324.21	216.10	61.81	30.60	15.70
第三产业	万人	371.80	212.00	91.50	39.30	29.00
#城镇个体从业人员	万人	36.05	24.56	7.32	2.86	1.31
乡村劳动力	万人	1363.18	619.10	422.40	180.28	141.40
国内生产总值						
国内生产总值(现价)	万元	10103864	7425713	1359303	885518	433330
第一产业增加值	万元	2650467	1606289	565142	280524	198512
第二产业增加值	万元	4245827	3345081	428689	352632	119425
第三产业增加值	万元	3207570	2474343	365472	252362	115393
#交通运输业	万元	384763	282234	47475	45208	9846
批发零售贸易业、餐饮业	万元	838006	631936	89435	69370	47265
国内生产总值(可比价)	万元	5615336	3810137	924687	595609	284903
第一产业增加值	万元	1355511	669650	378093	189606	118162
第二产业增加值	万元	2595978	1930862	321588	251799	91729
第三产业增加值	万元	1663847	1209625	225006	154204	75012
#交通运输业	万元	214334	153150	26744	27428	7012
批发零售业、餐饮业	万元	429393	303126	54171	42101	29995
国内生产总值指数(以上年为100、可比价)	%	112.29	110.98	116.32	114.00	111.84
第一产业	%	106.20	103.20	109.80	108.80	108.50
第二产业	%	112.76	110.46	122.94	115.90	115.65
第三产业	%	116.98	116.74	119.07	118.00	112.78
四、农村经济						
农林牧渔业劳动力	万人	1016.14	436.78	313.02	146.19	120.15
年末实有耕地面积	公顷	1629116	698515	480500	243330	206771
年末农业机械总动力	万千瓦	–	209	–	53	29
化肥施用折纯量	吨	621519	269790	184656	91187	75886

注:本资料按地县年报统计口径计算。

20－5 续表 1　　　　　　　　(1995 年)

指　　　　标	计量单位	合计	重庆	万县	涪陵	黔
通电村数	个	19522	8002	6299	2821	
农村用电量	万千瓦小时	176370	102502	31866	30153	
农林牧渔业总产值(现价)	万元	4063001	2387400	900692	447728	3
农业总产值	万元	2417559	1469591	527347	227526	1
#种植业产值	万元	2307913	1409496	496706	217670	1
林业总产值	万元	108995	38242	35607	15682	
牧业总产值	万元	1446800	813552	324999	195527	11
渔业总产值	万元	89647	66015	12739	8993	
农林牧渔业增加值(现价)	万元	2663765	1606289	578440	280524	19
农林牧渔业总产值(90 价)	万元	2280768	1127004	596586	310841	24
农业总产值	万元	1249885	627166	332573	153341	13
#种植业产值	万元	1150113	574953	305831	142511	12
林业总产值	万元	82195	23982	27634	13323	1
牧业总产值	万元	900402	440839	229594	138727	9
渔业总产值	万元	48286	35017	6785	5450	
农作物总播种面积	千公顷	3528.42	1420.95	1093.75	510.09	50
#粮食	千公顷	2878.85	1175.65	901.27	414.31	387
棉花	千公顷	1.25	0.00	1.06	0.03	
油料	千公顷	202.70	57.48	67.20	32.07	45
糖料	千公顷	10.95	2.32	8.55	0.05	0
粮食产量	吨	11864592	5869300	3055352	1528223	1411
棉花产量(皮棉)	吨	2905	2567	205	15	
油料产量	吨	251073	74972	78281	35223	62
麻类产量	吨	11198	2054	1963	4214	2
糖类产量	吨	87529	74190	12460	628	
烟叶产量	吨	78324	4395	17460	14950	41
蚕茧产量	吨	52075	24717	12870	11025	34
茶叶产量	吨	17452	10212	3171	3096	9
水果产量	吨	595539	242679	265539	61317	260
年末大牲畜存栏头数	头	1470502	304452	418978	275750	4713
年末生猪存栏头数	头	17985434	7909503	5548569	2542307	19850
年末羊存栏只数	只	2059426	110604	960001	238096	7507
当年出售和自宰肉猪头数	头	19347042	9632902	5293997	2672974	17471
猪牛羊肉产量	吨	1396104	693689	382011	184385	1360
#猪肉	吨	1344175	683490	362976	175557	1221
禽蛋产量	吨	192146	90744	50502	37901	129
禽肉产量	吨	125948	68851	28972	20801	732
水产品产量	吨	117138	85000	16385	13323	243
农民年人均纯收入	元	－	1554	1021	993	82
乡镇企业单位数	个	611262	307056	134929	102239	6703
乡镇企业职工人数	人	3239530	2100000	572442	359239	20784

20－5续表2　　(1995年)

指　　标	计量单位	合计	重庆	万县	涪陵	黔江
乡镇企业工程技术人员	人	72800	51197	11815	7307	2481
乡镇企业总产值(现价)	万元	13002756	10227549	1148503	1131978	494726
乡镇企业总产值(90价)	万元	12875623	10133188	1127070	1151649	463716
乡镇企业营业收入	万元	12192955	9706844	1029371	1012184	444556
乡村工业营业收入	万元	2772676	2263865	247603	164226	96982
乡镇企业各项费用支出	万元	3653015	2994113	337133	209382	112387
乡镇企业利税总额	万元	533464	473982	31349	14510	13623
乡镇企业实交国家税金	万元	66813	41278	13751	7036	4748
乡镇企业利润总额	万元	111689	86380	13789	4609	6911
乡村工业利税总额	万元	148663	115434	11482	10593	11154
乡镇企业纯利润	万元	95628	75370	10600	3450	6208
乡镇企业工资总额	万元	372256	280073	49073	28985	14125
乡镇企业固定资产原值	万元	914550	638528	134336	113088	28598
乡镇企业固定资产净值	万元	665865	469498	99925	75153	21289
乡镇企业出口产品交货总额	万元	117415	105320	8167	2654	1274
五、工业						
全部工业企业及生产单位数	个	166846	57452	43070	49041	17283
#国有经济	个	2221	1252	499	272	198
集体经济	个	23132	15503	3472	3271	886
私营经济	个	136736	38963	37491	44204	16078
全部工业总产值(现价)	万元	11902894	9522588	1075031	1017444	287831
#轻工业	万元	4639902	3296524	672564	487166	183648
重工业	万元	7262992	6226064	402467	530278	104183
#地县及以下属	万元	9411208	7333872	980883	852464	243989
#县及县以下属	万元	4950215	3117953	828575	764363	239324
#国有经济	万元	5840719	4884562	407426	406163	142568
集体经济	万元	2564757	2042918	244770	228595	48474
私营经济	万元	1756935	1112218	269103	294069	81545
“三资”企业	万元	598765	581723	7249	9793	－
#乡及村属工业	万元	1578738	1184935	193768	157571	42464
全部工业总产值(90价)	万元	8854713	7018485	864816	743188	228224
#轻工业	万元	3587831	2528162	550566	354249	154854
重工业	万元	5266882	4490323	314250	388939	73370
#地县及以下属	万元	6990080	5414775	782602	606952	185751
#县及县以下属	万元	3753280	2355064	671748	543987	182481
#国有经济	万元	3982388	3324449	270763	268071	119105
集体经济	万元	2030349	1618266	203350	173831	34902
私营企业	万元	1400606	863129	251431	222620	63426
“三资”企业	万元	489447	476206	5457	7784	－
#乡及村属工业	万元	1240270	915464	176388	118088	30330
全部独立核算工业企业主要指标						

20－5 续表 3　　(1995 年)

指标	计量单位	合计	重庆	万县	涪陵	黔江
企业个数	个	11472	7612	2154	1375	331
#亏损企业个数	个	3783	2701	569	402	111
职工人数	人	1747124	1347362	213968	146326	39468
#集体	人	622704	465033	92408	56160	9103
工业总产值(现价)	万元	8879150	7620141	510601	594714	153694
#集体	万元	1796892	1432837	178064	164762	21229
#轻工业	万元	2895048	2201518	321193	262243	110094
以农产品为原料	万元	1598238	1024513	239804	229630	104291
以非农产品为原料	万元	1296810	1177005	81389	32613	5803
#重工业	万元	5984102	5418623	189408	332471	43600
采掘工业	万元	268799	205247	29123	22597	11832
原料工业	万元	1716251	1539902	65539	84862	25948
加工工业	万元	3999052	3673474	94746	225012	5820
工业总产值(90 价)	万元	6532107	5578094	394642	428441	130930
#集体	万元	1436510	1142467	154523	124218	15302
#轻工业	万元	2257923	1713035	254015	189081	101792
重工业	万元	4274184	3865059	140627	239360	29138
工业销售产值(现价)	万元	－	6503469	455814	502298	－
#集体	万元	－	1113544	157544	130977	－
工业增加值(按生产法计算)	万元	1931042	1583470	122255	179548	45769
#集体	万元	375071	289680	43593	37403	4395
资本金合计	万元	3124169	2630204	225975	201468	66522
流动资产年末数	万元	6140588	5349115	352263	339558	99652
流动资产年平均余数	万元	5697180	4993967	321629	293782	87802
固定资产原价年末数	万元	7268328	6019135	553649	582181	113363
固定资产净值年末额	万元	5127867	4166131	419956	452513	89267
固定资产净值年平均余额	万元	4027427	3320345	349123	274412	83547
资产总计	万元	13321972	11327866	895177	887322	211607
流动负债合计	万元	6503933	5536035	455109	371842	140947
长期负债合计	万元	2673115	2052129	251397	315507	54082
所有者权益合计	万元	4138163	3739702	185881	198069	14511
产品销售收入	万元	7511382	6437782	449443	493753	130404
#产品销售成本	万元	6078651	5249580	363382	372615	93074
产品销售税金及附加	万元	196307	136472	8828	23714	27293
产品销售费用	万元	170742	131316	17957	17475	3994
产品销售利润	万元	1051276	906052	59275	79949	6000
管理费用	万元	753020	643448	50503	48297	10772
财务费用	万元	－	－	－	－	8829
亏损企业亏损额	万元	307014	248348	27165	19340	12161
利润总额	万元	5163	29522	－14750	139	－9748
利税总额	万元	579092	483742	17595	52363	25392